HISTORY OF ROMAN

[爱尔兰] W.C.麦克德默特 著　　谭华 译

宙斯的后代：
从两个狼孩讲起的罗马往事

中国画报出版社·北京

图书在版编目（CIP）数据

　　古罗马800年：全三册 /（爱尔兰）W.C.麦克德默特 著；谭华译. -- 北京：中国画报出版社，2024.8
　　ISBN 978-7-5146-2244-7

　　Ⅰ.①古… Ⅱ.①W… ②谭… Ⅲ.①古罗马—历史 Ⅳ.①K126

　　中国国家版本馆CIP数据核字(2023)第201981号

古罗马800年
[爱尔兰] W.C.麦克德默特 著　　谭华 译

出 版 人：方允仲
责任编辑：李聚慧
责任印制：焦　洋

出版发行：中国画报出版社
地　　址：中国北京市海淀区车公庄西路33号　邮编：100048
发 行 部：010-88417418　010-68414683（传真）
总编室兼传真：010-88417359　版权部：010-88417359

开　　本：32开（880mm×1230mm）
印　　张：20.125
字　　数：500千字
版　　次：2024年8月第1版　2024年8月第1次印刷
印　　刷：三河市金兆印刷装订有限公司
书　　号：ISBN 978-7-5146-2244-7
定　　价：168.00元（全三册）

目录
CONTENTS

第 1 章

意大利早期居民

— 001 —

第 2 章

意大利最早的特洛伊殖民地

— 025 —

第 3 章

罗马首位国王

— 043 —

第 4 章

罗马第二位国王

— 065 —

第 5 章

罗马第三位国王

— 077 —

第 6 章

罗马第四位国王

— 085 —

第 7 章

罗马第五位及第六位国王

— 093 —

第 8 章

第七位（也是最后一位）罗马国王

— 103 —

第 9 章

罗马共和国建立

— 115 —

第 10 章

首位独裁官 A. 波斯图米乌斯

— 131 —

第 11 章

平民脱离

— 139 —

第 12 章

沃尔西人打败罗马人

— 151 —

第 13 章

罗马暴乱

159

第 14 章

十人委员会

169

第 15 章

维爱城之围及陷落

181

第 16 章

高卢人入侵

— 193 —

第 17 章

《李锡尼-塞克提乌斯法》

— 209 —

1

意大利早期居民

古罗马人不仅长期统治着意大利半岛，还控制着他们当时已知的最远地区。在研究罗马史之前，我们有必要考虑辉煌的古罗马文明的屹立基础、其建造者拥有的"材料"及克服的困难。

罗马人从未公正地对待意大利各城邦，对附属邦国也很残忍。在早期历史中，我们发现罗马人好战、野蛮，同很多部族发生过战争。也许和罗马人的历史一样，这些部族的历史也值得深入研究。如果命运之神偏爱它们，让它们赢得战争，也许我们就会获得它们的历史档案。在部族间的战争中，胜利往往伴随着消亡。战败的部族即使未被消灭，也会遭受残忍对待：土地被征收，生计被剥夺，城堡被占据，民族记录被付之一炬；贵族们沦为奴隶，或者被迫迁往其他地区，或者沦为农奴，被罚在原本属于自己的土地上耕作。罗马法虽然在这些部族实施了，但这些部族未能获得罗马人的权利或特权。附属于罗马的意大利城邦，其民众享有的最高权利只与罗马最贫穷、最低贱的阶层处于同一水平。这便是这些意大利城邦为罗马服务所获得的奖励。

在这种部族战争带来的毁灭性影响之下，意大利的古老民族迅速消亡，其法律、文学、语言如今就如神秘传说一样。由于人类持续不断的研究，古波斯的楔形文字、尼罗河流域的圣书体得以流传至今。伊特鲁

宙斯的后代:从两个狼孩讲起的罗马往事

里亚(Etruria)和翁布里亚(Umbria)的碑刻、萨宾人和奥斯坎人(Oscans)的文字记载,虽然任何一个普通学者都能识别这些文献使用的字符,但至今仍无法破译。[①]有关这些部族的有趣历史,只能从古人汇编的罗马编年史中找到只言片语,而且这些只言片语往往模糊隐晦、互相矛盾;或者可以从文献学家的深入研究中寻找线索。然而,这些文献学家往往也是依靠非常有限的根据进行推测的。从相似的语言结构和词形变化中可以看到部族演化的痕迹。在结合历史证据研究之后,这种变化就更加可信了。如果不能为部族变化提供依据,这些历史证据就显得无关紧要了。截至19世纪,我们掌握的涉及意大利各部族兴亡的有趣的话题、相关的材料,都得益于重要的历史证据。对此,我们应该有一些正确看法,这样才能充分认识这一值得铭记的罗马民族的历史。

意大利的古称

在历史长河中,这块土地曾被称为赫斯珀利亚(Hesperia)、奥索尼亚(Ausonia)和意大利(Italia)等。古意大利地处欧洲的一个大半岛,从威尼斯湾(Gulf of Venice)延伸到西西里岛(Sicily)西北海岸,跨越将近七百五十英里[②]。意大利(即上述名称中的最后一个)是这块土地在古代最常用的名称,同时也是其现代名称。赫斯珀利亚(意为西方之国)这一名称最开始是希腊人(Hellas)所取,因为与希腊人自己的海岸相比,此地位于西方。奥索尼亚、奥德里亚(Œnotria)和杰帕基亚(Japygia)这些名称则是其他不同地区的

[①] 格罗特芬德(Grotefend)、缪勒(Mülle)和莱普修斯(Lepsius)撰写的关于这一主题的最好著作,都只不过是奇妙的猜想而已。——原注

[②] 英制长度单位,1英里约合1.61千米。——译者注

第1章 意大利早期居民

部族所使用的。

意大利的土地非常肥沃。适宜的气候滋养了这个"植物王国",为此地带来了丰富的物产。这里盛产葡萄、橄榄和谷物。丰富多样的作物足够养育当地人,使其得以自给自足,无须与外界互通有无。整体而言,这是一片树木茂密的平原,伴有蜿蜒崎岖的山谷,还有大片被条条河流灌溉的肥沃土地。源于阿尔卑斯山脉西侧、跨越南北的亚平宁山脉将意大利半岛分为几乎相等的两半,并向东西延伸出众多支脉。亚平宁山脉及其支脉是所有灌溉意大利半岛的河流的发源地。意大利半岛的西海岸有许多能够容纳大型船舶出入的海湾和海港。然而,在这里,海上贸易一直不受重视。意大利曾经的气候比现在寒冷,古罗马作家在作品里常常提到霜冻,诗人贺拉斯(Horace)将索拉克特山(Mount Soracte)描述为雪山。现代的意大利人从未见过这种景观。

古意大利的地理特征

古意大利半岛的中西部海岸被后世称为拉丁姆。罗马人的语言,即拉丁语,就由此得名。这里生活着萨贝利人(Sabellians)和奥斯坎人。拉丁姆起于台伯河(Tiber)河口,一直延伸到奇尔切奥海岬(Cape Circeii)和泰拉奇纳(Terracina)。拉丁姆的巫术闻名遐迩。据说太阳神赫利俄斯(Helios)[①]之女喀耳刻(Circe)[②]曾在此地对旅行者施行巫术,毁灭那些被命运带到自己

[①] 赫利俄斯是希腊神话中的太阳神,有时也被称为泰坦。传说中,赫利俄斯每天驾着马车从东到西穿越天空。——译者注
[②] 喀耳刻是希腊神话中的女巫,太阳神赫利俄斯和海洋女神珀尔斯的女儿。喀耳刻能够通过药物和咒语把人变成狼、狮子和猪等动物。——译者注

宙斯的后代：从两个狼孩讲起的罗马往事

面前的人。拉丁姆的海岸大部分是长满冷杉的沙洲。海岸向南通往拉维尼姆 (Lavinium) 港、努米库斯河 (Numicus) 和一大片森林。森林北面是茹图利人 (Rutuli) 的政治中心阿尔代亚 (Ardea)。海岸继续向南便到了安提乌姆 (Antium) 海岬和奇尔切奥海岬。奇尔切奥海岬北面是安提乌姆及庞廷沼泽 (Pontine Marches)。与沿岸相比，拉丁姆内陆的土壤更加肥沃。拉丁姆内陆的重要小镇有维利特雷〔Velitrae，或称韦莱特里 (Velletri)〕、萨特里库姆 (Satricum)、苏萨波梅提亚 (Suessa Pometia) 和科里奥利 (Corioli)。

奇尔切奥海岬和利里河 (Liris) 之间有一片地区，叫新拉丁姆。新拉丁姆的海滨有斐洛尼亚圣林 (Lucus Feroniae)①、泰拉奇纳〔或称安克苏尔 (Anxur)〕和阿米克赖 (Amyclae)。阿米克赖曾是拉科尼亚人 (Laconian)②的殖民地，当时就叫阿米克赖，后来便沿用了此名。新拉丁姆的海滨还有丰达努斯〔Fundanus，或称丰迪 (Fondi)〕潟湖、卡库班 (Caecuban) 山区和福尔米亚 (Formian) 山区。这些山区以酿酒闻名。在利里河畔坐落着明图尔诺城 (Minturnae)，这座城附近是沼泽。在这片沼泽地区，马略③曾躲避了苏拉④的追捕。

明图尔诺和帕埃斯图姆湾 (Gulf of Poestum) 之间是土地肥沃的坎帕尼亚，这里有以葡萄酒闻名的费乐纳斯 (Falernians)。坎帕尼亚沿岸城市有卡普阿 (Capua)、那不勒斯〔Naples，古称帕耳忒诺珀 (Parthenope)〕、赫库兰尼姆 (Herculaneum)、庞贝 (Pompeii) 和斯塔比伊 (Stabiae)。内地有著名的小城诺拉

---

① 斐洛尼亚圣林是伊特鲁利亚的一座古老神殿。在图卢斯·霍利乌斯时代，拉丁人和萨宾人都曾到过这里。公元前211年，斐洛尼亚圣林曾遭到汉尼拔的大肆掠夺。——译者注
② 以拉刻代蒙人为主。——译者注
③ 即盖乌斯·马略 (Gaius Marius, 公元前157年—公元前86年)。——译者注
④ 即"幸运者"卢基乌斯·科尔内利乌斯·苏拉 (Lucius Cornelius Sulla Felix, 公元前138年—公元前78年)。——译者注

第1章 意大利早期居民

(Nola)。在该城,所向披靡的汉尼拔①将军首次受阻;也是在该城,罗马首任皇帝屋大维(Octavius)降生和驾崩。坎帕尼亚地区还有维苏威火山(Mount Vesuvius)。维吉尔(Virgil)曾盛赞这片火山地区土壤肥沃。让维苏威火山更闻名的是,它毁灭了周围那些倒霉的城市。

从帕埃斯图姆到皮西努姆(Picenum)和阿布鲁齐(Abruzzi)的乡村之间是以优质葡萄闻名于世的卢卡尼亚(Lucania)。卢卡尼亚地区最著名的小镇之一是帕埃斯图姆,希腊人称为波塞冬尼亚(Posidonia)。传说帕埃斯图姆曾受希腊海神波塞冬〔(Poseidon),罗马神话称其为尼普顿(Neptune)〕的庇佑。因此,在帕埃斯图姆,人们建了一座巨大神殿②供奉波塞冬。神殿遗迹至今仍然让游客惊

供奉波塞冬的大神殿遗迹。乔瓦尼·巴蒂斯塔·皮拉内西(Giovanni Battista Piranesi, 1720—1778)创作的蚀刻版画

---

① 即汉尼拔·巴尔卡(Hannibal Barca,公元前247年—公元前183年或公元前182年)。——译者注
② 据最新研究,这座神殿被命名为帕埃斯图姆的第二赫拉神殿〔Second Temple of Hera (Paestum)〕。——译者注

宙斯的后代：从两个狼孩讲起的罗马往事

叹不已。这座神殿早在屋大维时代就已成为废墟。在观赏这座宏伟的神殿遗址时，屋大维也赞叹不已。卢卡尼亚地区气候温暖宜人，据说周围的乡村一年生长两季玫瑰。

从卢卡尼亚往南，古意大利陆地一直向南延伸，远达布鲁提乌姆半岛（Bruttium）和墨西拿海峡（Strait of Messina）。从墨西拿海峡向北环绕，可达塔伦图姆（Tarentum）①湾，塔伦图姆湾附近有卡拉布里亚半岛（Calabrian peninsula），向北延伸到亚得里亚海（Adriatic Sea）。在长长的海岸线上，除帕利努鲁斯（Palinurus）海岬外，仅有少数几个有名的聚居地：雷焦（Rhegium，曾是希腊殖民地）、锡巴里斯（Sybaris）、塔伦图姆和布林迪西（Brundisium）。布林迪西港是意大利旅客前往希腊的主要海港。从布林迪西港继续向北，将到达坎尼（Cannae）。在这里，罗马人曾惨败于迦太基人（Carthaginians）。此外，从布林迪西港向北，还可到达加尔加努斯山（Mount Garganus）、安科纳（Ancona）、皮西努姆，以及阿里米努姆（Ariminum）。阿里米努姆附近有卢比孔河（Rubicon）。意大利中部地区大湖众多，其中有富齐诺湖（Lacus Fucinus）和特拉西梅诺湖（Lacus Thrasymenus）。在特拉西梅诺湖畔，汉尼拔曾率军大败罗马人。此外，还有贝纳库斯湖（Lacus Benacus）和卢克林湖（Lacus Lucrine）。这两个湖泊为罗马人的餐桌提供了丰富的鱼类，是罗马人特别喜爱的食物的来源。

意大利早期居民

在意大利早期居民中，佩拉斯吉人（Pelasgians）似乎人数最多。佩拉斯吉人是个古怪的流浪民族，从希腊西北地区来到意大利。远古时期，佩

---

① 即塔兰托，拉丁语称塔伦图姆。——译者注

第1章 意大利早期居民

拉斯吉人就占据了意大利。现在已经无法确定佩拉斯吉人是何时迁至此地的。但可以确定，佩拉斯吉人并非意大利原住民。在希腊，佩拉斯吉人的绝对统治地位一直持续到公元前11世纪。他们为希腊语这一著名语言的产生奠定了基础。小亚细亚（Asia Minor）西海岸的多里斯人（Dorian）和伊奥尼亚人（Ionian）也有大量人口迁徙到希腊。这些部族之间不时地发生血腥的战争。正是因为这些战争，佩拉斯吉人逐渐灭绝。他们创立的君主制遭到废除，共和制取而代之。不过，佩拉斯吉人的智慧和才能未被完全征服。截至19世纪，在一些遗迹中仍然可见其痕迹。比如，在雅典卫城（Acropolis of Athens）的巨型城墙，以及迈锡尼（Mycenae）、梯林斯（Tiryns）和奥尔霍迈诺斯（Orchomenos）的大片遗迹中，都有佩拉斯吉人智慧和才能的体现。

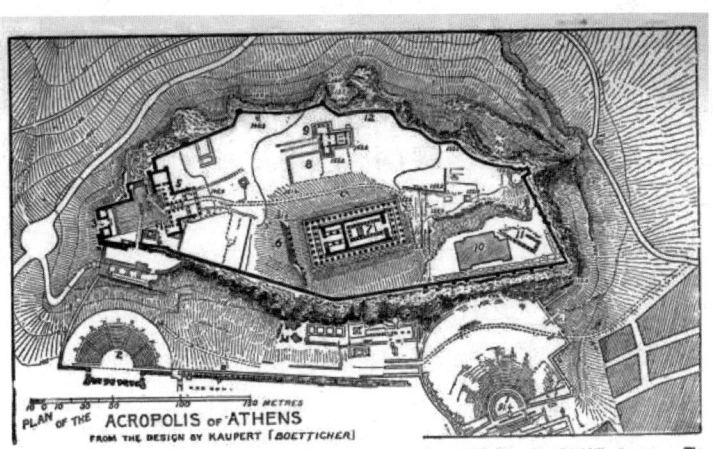

雅典卫城设计图：1.狄俄尼索斯剧院；2.阿提库斯音乐厅；3.博伊勒大门；4.胜利圣殿；5.卫城山门；6.梯田式排墙；7.帕台农神殿；8.雅典一座古神殿的地基；9.伊瑞克提翁神殿；10.卫城博物馆（现代）；11.古代未知建筑；12.伊瑞克忒翁神殿；13.城墙里的柱子。（长度单位和海拔单位为米）

宙斯的后代：从两个狼孩讲起的罗马往事

在意大利，佩拉斯吉人的命运则大不相同。佩拉斯吉人虽然很早就被萨贝利-奥斯坎部族群〔Sabello-Oscans[①]，这是一个坚韧的山地部族群，居住在列蒂（Reate）和武尔图雷山（Mount Vultur）之间的地区，自夸是从土地之中冒出来的〕征服，却继续占据翁布里亚的领土，统治范围延伸到了亚平宁山脉（Apennines）以东。亚平宁山脉以西的伊特鲁里亚居民中有很大部分就是佩拉斯吉人。佩拉斯吉人在建筑和农业方面造诣很高，发明了独特的排水法和灌溉法。在拉丁语里，几乎所有跟战争和追赶相关的表达都源于奥斯坎人，而跟劳作与和平相关的表达都源于希腊人或佩拉斯吉人。

伊特鲁里亚人

伊特鲁里亚是古意大利最大的城邦，占意大利的大部分面积。伊特鲁里亚与拉丁姆的北部相邻，东部连接亚平宁山脉，西部靠近伊特鲁里亚海。伊特鲁里亚的居民主要有托斯卡纳人（Tuscany）、伊特鲁里亚人、第勒尼安人（Tyrrhenians）、第勒塞尼人和拉塞纳人。[②]

伊特鲁里亚似乎一直聚居着翁布里亚原住民和佩拉斯吉人。伊特鲁里亚人和第勒塞尼人之名似乎源于佩拉斯吉人，很可能是来自第勒斯（Tyrrhis）一词。第勒斯是一座塔。佩拉斯吉人曾庆祝该塔的修建。截至19世纪，意大利仍保留着佩拉斯吉人的许多建筑遗迹。

翁布里亚人和伊特鲁里亚人都有非常古老的历史。根据监察官大

[①] 也叫奥皮坎人（Opicans）。这一名称源于古代词语奥普斯（Ops），表示地球之意。——原注
[②] 莱普修斯一直质疑拉塞纳人（Rasenae）这一名称。他列举了强有力的证据，证明该词只是第勒塞尼人（Tyrseni）一词的错误拼写而已。——原注

第1章 意大利早期居民

加图（Cato the Elder）的记载，翁布利亚主要城市阿梅利亚（Ameria）的建城时间比罗马的还要早三百八十一年。伊特鲁里亚人很早就以预言与占卜术闻名，其独特的宗教形式对古罗马的仪式产生了巨大影响。罗马人的音乐、医学、天文和绘画知识来自伊特鲁里亚人。如尼布尔（Niebuhr）[①]所言，伊特鲁里亚人的艺术知识既非学自希腊人，也非学于迦太基人，而是学于他们北方的民族，或者更有可能，是学自他们传说中的埃及或东方的家乡。在罗马建城纪年364年[②]，喜剧被伊特鲁里亚人首次引入罗马。[③]

伊特鲁里亚的雕塑和埃伊纳岛的雕塑一样，形象都很朴素，似乎从不具有古希腊艺术的自然优雅之气，而是与托斯卡纳绘画一样，充满生机和活力。在最近发掘的伊特鲁里亚墓葬中，发现了一些托斯卡纳绘画，这些绘画体现了绘画者的非凡构思和制作技法。绘画中的人物虽然少有优雅形象，但几乎都栩栩如生，鲜有例外。其中的希腊神话人物刻画得尤其传神。这种天才般的构思设计早期用于陶制品的装饰上，这一点可以从德马拉托斯（Demaratus）的传说中找到证据。德马拉托斯遭到驱逐后，离开了科林斯，迁移到了同源部族伊特鲁里亚辖下的塔尔奎尼亚（Tarquinii），并带去了艺术家欧切尔〔Eucheir（Koroplast）〕和欧格拉姆斯（Eugrammus）。从两人姓名的含义可得知，两人实际上是心灵手巧的陶艺家和技法娴熟的设计师。我们对伊特鲁里亚艺术的了解大部分都源于伊特鲁里亚人的陶艺品。不可否认，伊特鲁里亚艺术配得上其在古代享有的盛誉。

---

① 即巴特霍尔德·格奥尔格·尼布尔（Barthold Georg Niebuhr，1776—1831）。——译者注
② 即公元前390年。——译者注
③ 李维（Livy）：《罗马史》（*Ab Urbe Condita*），第7页。——原注

宙斯的后代：从两个狼孩讲起的罗马往事

———

伊特鲁里亚人的统治非常独特，他们的最高权力似乎属于十二城联盟①，这一联盟共同选举出一位大祭司掌管全部民族节日。据维吉尔记载，这十二个城邦曾划分了部族分支，每三个部族为一支，每个部族又分为四个氏族。这些部族和氏族虽然都听从一城号令，但各自有单独的首领。当选的首领终身在位。这些城邦虽然组成了城邦联盟，但彼此独立。如果有战事，其中一位首领便会被推选为最高军事长官。各城邦向最高军事长官选派一位刀斧手，以示效忠最高军事长官，维护其权威。在维吉尔的描述中，伊特鲁里亚人是驻扎在一片大平原上的民族，由于各个部族都有一个世袭酋长，因而需要一个天命首领来统一整个民族。

除首领统治外，各城邦曾有独立强大的寡头政府。这个寡头政府由卢库蒙②(Lucumones, 或称贵族)组成。这些贵族统治着被贬为奴隶的人。与沃尔西尼(Volsinii)有关的记载可以佐证此事。据记载，沃尔西尼的奴隶曾发生叛乱。这些反叛的奴隶控制沃尔西尼多年，在此期间大肆残害曾经的主人们。叛乱简直和现代革命一样血腥。③同所有叛乱一样，这一叛乱中也是叛民夺取最高权力。各时期都有卢库蒙带着家人和卫队及随从迁移到罗马。在这些卢库蒙的故土沃尔西尼内乱多发的时期，这种迁移更加频繁。然而，来到罗马后，这些卢库蒙很少能够跻身于罗马高级官员阶层。卢库蒙在罗马城市中的一块指定区域生活。长久以来，罗马公民习惯将这些卢库蒙视为外来者(寄居者)。④

伊特鲁里亚人的宗教信仰是伊特鲁里亚宪法的一个重要源泉。伊特

---

① 古希腊也有类似的组织结构，称为近邻同盟（Amphictyhonic League）。——原注
② 伊特鲁里亚人统治者的头衔，与拉丁语词汇rex类似。——译者注
③ 1789年法国大革命和1796年海地黑人革命。——原注
④ 凯里斯·维本纳就是这些移民中的一员。——原注

第1章 意大利早期居民

鲁里亚人的信仰有着悲观和朴素的特点。在对国家未来的看法上，伊特鲁里亚人远比希腊人和罗马人更有远见。他们不像罗马人那样让自己的神话充斥异域特征，不会盲从于自己无法理解的东西，也不会让自己的神明成为下流传说和讽刺文学的主题。伊特鲁里亚人的神明非常严厉、强大，不能像对待凡人一样对待他们。这些神明中，最伟大的当数提尼亚 (Tina)[①]、塔尔纳 (Talna)[②] 和密涅瓦 (Minerva)[③]，分别象征权力、财富和智慧。三者一起成了一个伟大的全知全能的神，即宇宙的创立者和统治者。与东方一些古老民族一样，伊特鲁里亚人的神明形象也存在扭曲的情况。从这些扭曲中不难看出伊特鲁里亚人更加纯洁高贵的信仰。这一信仰的部分信徒很早就脱离出来了，发展成了伊特鲁里亚部族。我们通过这些神明的特征了解伊特鲁里亚人在权力、财富和智慧方面的特性。他们相信存在着一个全知全能的神，他用无限正义统治着宇宙众生。

在伊特鲁里亚及古希腊，季节的循环往复、自然和宇宙面貌的千变万化，都由神秘的符号来表示。在人们的迷信之下，这些符号的最初含义、暗示含义往往被遗忘。这些神话的各种版本被罗马人的圣书 (sacred books) 引用，在那里也遭遇了相似的命运——原意被人遗忘。在这些神明之上，有一个"神秘之神" (Shrouded Gods) 集会，任何人都不可直呼其全名。[④] 这个集会行使最高决定权，其权力甚至位于全知全能的神之上。

[①] 提尼亚是伊特鲁里亚神话中的雷电、天空和风暴之神，相当于希腊之神宙斯和罗马之神朱庇特。——译者注
[②] 在伊特鲁里亚神话中，塔尔纳是分娩女神，也是提尼亚的妻子。——译者注
[③] 在罗马神话中，密涅瓦是手工艺、职业、艺术及战争女神，常常被认为是希腊神话中的雅典娜。——译者注
[④] 这就像古希腊神话中的魔王狄摩高根，"无人敢直呼其名。"见弥尔顿作品集，《失乐园》，第二卷，第965行。——原注

宙斯的后代:从两个狼孩讲起的罗马往事

同后来的伊壁鸠鲁(Epicurus)的门徒一样,这些"神秘之神"不相信神明会无视凡人的事务,而认为凡人最平常的行为都会受到超自然力量的注视和指引。从出生的那一刻开始,婴儿的人生就注定会受到善恶之神的影响。其个人意愿和对善或恶的自然偏见,决定了他的命运。在躯体埋进寂静的坟墓之后,他在地球上整个一生的两个可怕见证者——善恶之神,便将其颤抖的灵魂带到强大的铁面判官的王座之前,接受审判:黑暗邪魔之神控诉其罪孽;光明守护之神为其功德请求奖赏,为其过失请求原谅。

伊特鲁里亚人墓葬中的雕塑生动形象地刻画了这些神明鬼怪。邪魔之神(the demon of Evil)身形巨大,皮肤黝黑,长满胡须,像东方地狱里(Oriental Hades)的孟凯尔〔Munkir (Munkar)〕和纳吉尔〔Nekir (Nakir)〕①一样,佩带武器,手持木槌,迫使那些对其不满之人屈服。光明守护之神则温和仁慈,常常出来拯救落入其可怕的死敌——邪魔之神之爪的那些灵魂。否则,那些灵魂就会遭受惩罚,被迫套在一个坐着蒙面之鬼(a shrouded ghost)的车上,同邪魔之神一起驶往死亡法庭,接受无情审判。伊特鲁里亚人认可并且崇拜这种借怪物堤丰(Typhon)之名的惩罚。印度教教徒(Hindoos)致敬的审判之神是湿婆(Siva)。堤丰上身为人形,长有翅膀,腰部以下是两条巨蛇,头部盘满扭曲之蛇,整个身躯令人惧怕至极。在伊特鲁里亚神话里,努尔细亚(Nursia)②和曼图斯(Mantus)③分别对应着在古希腊诸神中的阿特罗波斯(Atropos)和普路托(Pluto)。

---

① 在伊斯兰末世论中,孟凯尔和纳吉尔是两个在坟墓中测试死者信仰的天使。——译者注
② 在古罗马和伊特鲁里亚的神话中,诺尔蒂亚(Nortia)是掌管时间、宿命、命运和机遇的女神。——译者注
③ 在古罗马和伊特鲁里亚的神话中,曼图斯是冥界之神。——译者注

堤丰，其上身为人形，长有翅膀，腰部以下是两条巨蛇。
瓦茨劳斯·霍拉尔（Wenceslaus Hollar, 1607—1677）绘

宙斯的后代：从两个狼孩讲起的罗马往事

伊特鲁里亚人的计时方法严谨精细。这充分说明伊特鲁里亚人与东方国家早有联系。和其他很多部族不一样，伊特鲁里亚人没有仅仅满足于观察那些有规律的时间变化，比如昼夜交替、冬夏循环、月相变换、潮起潮落，而是效仿迦勒底(Chaldea)的先贤凝望星空。依据那些闪亮星星的缓慢运行，伊特鲁里亚人创立了精准的计时表格。普勒阿得斯星团(Pleiades)[①]、许阿得斯星团(Hyades)[②]、熊的守护者星(Arcturus)[③]、俄里翁座(Orion)[④]和马车座(Wain)[⑤]，这些名字便是源于伊特鲁里亚时期。最初，人们将这些星座的升降现象分为两类，古希腊人称为靠近太阳类和宇宙空间类。前者为星星刚刚出现或受阳光照射覆盖之时，后者为星星升起或下降于可视地平线之时。古希腊人最初将这些计时方法用于农业耕作，记录不同劳作的合适季节，以便耕种土地。最晚在维吉尔所处的时代，意大利农民就已充分掌握了这些季节时令的变化。这是他们从被征服的伊特鲁里亚人那里学来的。

伊特鲁里亚人丰富的天文知识似乎只有小部分传到了古罗马人那里。得益于这些丰富的天文知识，伊特鲁里亚人精准地计算出了历法，编制了纪事表。伊特鲁里亚的占卜者利用同样的知识，神秘地预测个人和国家的命运。伊特鲁里亚人信奉一条奇异的法则，即这个世界有八个世俗日，每个世俗日是一千一百年，分为十个隐世日。整个轮回一共是八千八百年。依据命运的安排，诸神应该服从这一不可逆转的法则，经历凡人的普通命运。现存的伊特鲁里亚遗迹与布克哈特(Buckhardt)

---

① 即昴宿星团。——译者注
② 即毕宿星团。——译者注
③ 即大角星。——译者注
④ 即猎户座。——译者注
⑤ 即北斗七星。——译者注

第1章 意大利早期居民

发现的佩特拉（Petra）的遗迹相似。佩特拉是以东人（Edomites）又名以土买人（Idumeans）的政治中心。根据伊特鲁里亚人的石墓及其装饰雕塑，游客们就可以知道自己正身处卡摩斯（Camers）或塔尔奎尼亚的遗址。大石凿出的圆形剧场、台柱、柱廊、金字塔形陵墓、工艺精妙的墓葬，排列得错落有致，形成一座座风景别致的逝者之城，让各方游客大饱眼福。同样在伊特鲁里亚，游客也能见到这样的遗迹。近代犹太人普遍认为，其敌对征服者蒂图斯（Titus）就是伊特鲁里亚人。这可谓实现了那一古老预言：雅各（Jacob）应该臣服于以扫（Esau）。

不过，伊特鲁里亚人并未试图从星相中读出人类的命运，而是认为祭品的内脏及鸟类的迁徙，能够清楚地揭示命运的法则。下面说说古罗马人从伊特鲁里亚人那里学来的占卜方法。伊特鲁里亚人很擅长解读闪电现象。女巫们精通神秘的黑暗魔法，施法几乎从不失败。据说，所有这些技艺都是先知塔吉斯（Tages）传授的。塔吉斯是从地里冒出来的矮人，他制定的律法后来得到塔尔洪①（Tarchon）——伊特鲁里亚传奇立法者来古格士②（Lycurgus）的批准。

关于伊特鲁里亚人的礼仪和习俗，我们只能做出模糊的猜测。截至19世纪，与这一民族有关的古代历史记载都消失了。作家凯基纳③和诗人贺拉斯的著作都已亡佚。罗马皇帝克劳狄④的二十卷本《伊特鲁里亚

---

① 在维吉尔的《埃涅阿斯纪》中，塔尔洪是第勒尼安人的国王，领导了伊特鲁里亚人与埃涅阿斯结盟对抗特努斯和其他拉提亚部落。——译者注
② 来古格士（Lycurgus，约公元前820年），是斯巴达的传奇立法者，因根据德尔斐的阿波罗神谕建立了斯巴达社会的军事改革而受到赞誉。——译者注
③ 即奥卢斯·凯基纳（Aulus Caecina），公元前1世纪的罗马作家。——译者注
④ 即克劳狄一世（Claudius I, 公元前10年—54年）。——译者注

宙斯的后代：从两个狼孩讲起的罗马往事

史》(Tyrrhenica) 也已亡佚。①据古籍资料来看，克劳狄的著作并无很高的文学价值。然而，我们有理由相信，即使这位皇帝有些糊涂，他也比很多著名作家更熟悉自己的臣民。

伊特鲁里亚人墓葬上的绘画体现了精美的生命艺术。墓葬里发现了很多做工精细的珠宝和黄金饰品，还有古代盥洗室里需要的一切用品，比如抛光的铁质镜子，装饰丰富的花环，有桃金娘做的、有常春藤做的、还有橡树叶做的，都镀了纯金。还有项链、手镯、耳环、指环，个个都很精美。其中一个墓穴里布置了一个宴会场景，里面男女宾客各半。宾客们坐在长椅上，围成一圈，中间摆着一张表面光滑的四脚桌子。可以看出，宴会上摆放的食物中有鸡蛋，这是伊特鲁里亚人宴席上的一道重要菜品。当时在罗马，鸡蛋同样是重要菜品。宴会中还有吟游乐师吹着双管。这种乐器类似19世纪的单簧管，更像埃及人的长笛（flute）。男男女女的舞者手持响板，跟着音乐节拍跳着舞。此外，还有作词人。桌子上摆满了高脚杯，杯里斟满了酒。对一个如此钟爱装饰的民族而言，在死者的坟墓里，我们可能期待看到很多陪葬品。然而，在伊特鲁里亚人的墓葬中，这些东西却很少见。墓葬中的布置主要是宴会场景。而且，宴会场景布置得极其怪异，非常不协调。

一些瓮（urns）上画有执法场面，有法官与侍从的权力标志，展现了审判从开始到结束的全过程。另外，在一些瓶上画着运动会场面，有戴着牛皮手套或护手的拳击手在打拳击，有战车赛、竞走、摔跤、掷铁饼或铁圈，还有全副武装的勇士在展开马上长矛比武。圆形剧场四周是看

---

① 独处时，克劳狄一世醉心于文学创作。在其著作之中，有一部八卷本《迦太基史》〔History of Carthage（Carchedonica）〕。此书如今已失传。克劳狄一世晚年沉溺女色，浪费了自己的文学天赋，并且结局凄惨。因此，克劳狄一世臭名昭著。——原注

第1章 意大利早期居民

台，看台上有衣着华贵的社会名流，他们舒舒服服地坐着观看比赛；看台下站着的观众虽然身份低微，但同样充满观赛热情。

前面提过伊特鲁里亚人掌握了丰富的美术知识，但这并不意味着其雕塑或绘画作品都非常精彩。伊特鲁里亚人后来创作的很多作品都非常粗陋。伊特鲁里亚花瓶上的图案一般是深红褐色底色加黑色边框。这种设计暗淡无趣，令人生厌。在其中一个花瓶上，我们看到了陶工旋盘。[①]这种工具与19世纪使用的工具没有差别。这充分说明早在古罗马人出现之前，伊特鲁里亚人就已经产生了先进的文明。

据说伊特鲁里亚人豪华奢侈，放荡不羁。虽然这种形象源于古罗马作家的描述，但从伊特鲁里亚人墓碑上的一些图画来看，这种说法并非毫无依据，而是有着充分的证据。当然，也许伊特鲁里亚人并不比其控诉者——古罗马人更放荡，甚至可能没有古罗马人那么放荡。

伊特鲁里亚文学已经完全失传了。仅存的一些碑铭几乎没有记录什么，倒是留下了让人绝望的谜团。1456年发现的伊库维姆牌铭（Eugubine Tablets）[②]并非纯伊特鲁里亚人的文字，而是翁布里亚人的语言。该碑铭有一部分文字为伊特鲁里亚文，另一部分文字为罗马文。跟希伯来文和其他闪米特语族[③]文字一样，伊特鲁里亚文也是从右往左书写和阅读。碑铭上有少数词的意思与其说是被破译了，倒不如说是被猜出来了。整个

---

① 陶工旋盘（Potter's wheel）早在荷马时代（Epic Age of Homer）就有使用。"在轮子固定之前，陶工用双手转动轮子。"《伊利亚特》（Iliad），第二十八章。柯珀（Cowper）译。——原注
② 这些是黄铜片，或者桌子，几个世纪之前发现于意大利古比奥（Gubbio）古镇。——原注
③ 闪米特语族〔该名称源于诺亚（Noah）的长子闪（Shem）〕包含希伯来语（Hebrew）、阿拉伯语（Arabic）、叙利亚语（Syriac）、科普特语（Coptic）和埃塞俄比亚语（Ethiopic）。——原注

宙斯的后代：从两个狼孩讲起的罗马往事

———

碑铭很长，记录的内容应该是祭祀和占卜仪式。

19世纪上半叶，在托斯卡纳的切尔韦泰里(Cervetri)发现了一个瓮。瓮的表面刻有伊特鲁里亚文的字母表和简单文字。这也许可以为文献学家(philology)提供一些线索。截至19世纪中叶，我们对这一语言的了解仅限于散落在罗马作家费斯图斯①和瓦罗②作品中的一些词语。和其他罗马人一样，两人对伊特鲁里亚语也一无所知。③至此，我们已经指出了伊特鲁里亚人的主要特征。此后，其历史与罗马编年史紧密交织在一起。后文将在相关章节对其进行阐述。

翁布里亚人

伊特鲁里亚大部分地区的土著都是翁布里亚人。关于翁布里亚人的历史，我们知之甚少。我们只知道，在伊特鲁里亚强大之前，翁布里亚人几乎占据了整个意大利半岛北部。他们在历史上的活动范围似乎一直局限于台伯河左岸和亚平宁山脉东部。翁布里亚人虽然被伊特鲁里亚人征服，但给伊特鲁里亚人留下了很多原始影响。伊特鲁里亚的名称来源甚至都受到了翁布里亚人的影响。

———

① 即塞克斯特斯·蓬佩尤斯·费斯图斯（Sextus Pompeius Festus），主要活跃于2至3世纪。——译者注
② 即马库斯·特伦提乌斯·瓦罗（Marcus Terentius Varro，公元前116年—公元前27年）。——译者注
③ 尼布尔曾指出，我们对伊特鲁里亚语的全部了解仅限于两个词：Aveil和Ril（他生活于……年）。但仍然不能完全确定这两个词哪个是名词，哪个是动词。很多著名学者将伊特鲁里亚语归为凯尔特语族的分支。一些学者尝试用爱尔兰语来翻译伊特鲁里亚碑铭，因为爱尔兰语是凯尔特语族中现存的最古老语言。由于这些实验并未充分建立在文献学(philology)原则之上，所以翻译结果并不理想。——原注

第1章 意大利早期居民

萨宾人

台伯河南边到卢卡尼亚边界，曾有两个伟大的意大利民族，即萨宾人〔或称萨贝利人〕和奥斯坎人。根据大加图的记载，萨宾人发源于阿米特努姆（Amiternum）。阿米特努姆是现代阿布鲁齐地区最高的山。后来，萨宾人征服了土著翁布里亚人和卡斯坎人（Cascans）。翁布里亚人和卡斯坎人分别生活在萨宾人聚居地的两边。斯特拉博（Strabo）和狄奥尼修斯[①]指出，萨宾人迁徙的原因与古意大利的一种风俗相关。根据这种风俗，如果一个城市或部族遭遇战争或瘟疫，此地人就把来年春天出生的所有生物奉养起来〔称为春之祭（ver Sacrum）〕。二十年后，人们会宰牛献祭，把年轻人派出去征服新的家园，开拓聚居地。

萨宾人认为自己在这种远征中会得到超自然神力相助。其中一个部族赫彼奈人（Hirpinians）得到了神助，跟着一匹狼迁徙。有一个迁徙队由一只啄木鸟〔woodpecker，这是敬献给战神玛尔斯（Mars）的鸟〕带领，来到当时佩拉斯吉人生活的皮西努姆。另一个迁徙队跟着一头牛来到了奥斯坎人的地界，认为这是神的旨意。这支迁徙队后来成了伟大的萨谟奈民族（Samnite）。这一民族后来与罗马历史关系密切。

萨谟奈的一个部族——马尔西人，是一个勇猛好战的民族。马尔西人后来成了罗马步兵团的重要力量，有"罗马步兵团之花"的美誉。奥斯坎人则主要居住在台伯河和拉奥河（Laos）之间的乡村。奥斯坎人中有一支被称为奥索尼人（Ausonii）。奥索尼人征服了沃尔西人（Volsci）和埃魁人

[①] 即哈利卡纳苏的狄奥尼修斯（Dionysius of Halicarnassus，约公元前60年—公元前7年），罗马时期的古希腊语历史学家、修辞学教师。——译者注

宙斯的后代：从两个狼孩讲起的罗马往事

(Aequi)两个强大氏族(septs)。两大氏族都是罗马早期的顽固死敌。

在几个部族合并之后，萨宾人似乎形成了同时具有各自方言特色的一门语言。这门语言叫奥斯坎语，或萨贝利-奥斯坎语。早期的拉丁语正是在此基础上形成的。甚至连紧邻罗马城农业区的语言也受到了奥斯坎语的影响。因此，这一语言被称为"罗马民族通用语言"。在很长一段时间里，纯拉丁语仅限于在罗马城和其紧邻的殖民地使用。在很长时期内，奥斯坎语中的滑稽风格深受罗马人喜爱。比起伊特鲁里亚语，学者们在释读奥斯坎语时更加幸运。班齐碑铭(Tabula Bantina)上留下来的一些奥斯坎语文字被轻松破译，因为奥斯坎语用的文字跟罗马人的文字相同。

萨宾人的宗教与伊特鲁里亚人的宗教完全不同。在萨宾人的宗教中，主神是日神萨布斯(Sabus)。萨布斯是桑库斯(Sancus)①之子，又名雅努斯(Janus)或迪阿努斯(Dianus)。萨布斯的妹妹月神狄安娜(Diana)掌管夜晚之光。萨宾人非常崇拜太阳和星星，还崇拜一些

在萨宾神殿中发现的桑库斯雕像

---

① 在罗马神话中，桑库斯是忠诚、诚实和誓言之神。——译者注

第1章 意大利早期居民

特定的动物。他们专门划定了圣林以示对这些动物的崇拜，并在圣林中燃起不灭之火。在此需要说明，赛伯伊人(Sabaeans)或古阿比西尼亚人(Abyssinians)可能是萨宾人的母族。赛伯伊人同样着迷于星球崇拜。[①]萨图尔(Saturn)和妻子奥普斯(Ops)可能都是代表地球的神明。罗马神话中的奥普斯，又名瑞亚(Rhea)或库柏勒(Cybele)。罗马妇女会举行神秘仪式庄重祭祀奥普斯，称其为良善女神。

至此，我们回顾了意大利早期部族的聚居地。我们的回顾以古代历史学家的证据为凭，或者是依据各种渠道的资料推测。这些部族的名称在后期经常发生更替，统治边界有时收缩，有时扩大，在此过程中，一些无名村落发展为主要城市。古老的强大王朝也只存在于浪漫的传奇，或模糊的历史记载中。意大利民族声称倒在罗马的怀抱里，这也只不过是悲哀的骄傲罢了。从今以后，历史学家必须以寻找傲慢征服者的起源为使命，解开错综复杂的传说网络的谜团，从中缕出一条历史真相。这样一来，也许才能将我们带出历史迷宫，我们才不会再落入歪曲的传说和篡改的年表之中。令人欣喜的是，这一使命不再艰难。天才的脚步已经为我们踏出了明确的道路。的确，目标仍未实现，但至少道路已经明

---

① 赛伯伊人最先给约伯(Job)带来灾难。我们发现那位族长害怕约伯崇拜天使军。(《圣经·约伯记》，第三十一章，第27页)因此，根据我们了解的伊特鲁里亚人的宗教，不难推测，意大利的这些早期居民带来了一些与真正的神有关的知识。不过，这些知识掺杂了盲目崇拜。——原注

宙斯的后代：从两个狼孩讲起的罗马往事

———

确。尼布尔^①的天赋才华和阿诺德（Arnold）的平静哲学已经为后人开拓出了一条大道。也许那些最有学问的学者可以骄傲地沿着这条道路前行。

---

① 虽然对古典学术事业贡献巨大，但无法否认，尼布尔这位杰出学者的研究并非完全都是原创。16世纪和17世纪，在探寻哲学性历史方面，有许多先驱者的足迹，比如穆拉托里（Muratori）、西古尼乌斯（Sigonius）、格拉雷亚努斯（Glarean）和佩里佐尼乌斯（Perizonius）。佩里佐尼乌斯的《历史批判》（*Animadversiones Historicae*）是一部杰作。该书的主要目的是考察和驳斥古代历史学家记载的矛盾之处。但由于时代偏见，该书随即被埋没，在很长一段时间里几乎被完全忽略。在《历史批判词典》（*Historical and Critical Dictionary*）中，培尔（Bayle）也普遍怀疑罗马早期的编年史。后来，在《新科学》（*Scienza Nuova*）中，约翰·巴蒂斯塔·维科〔John Baptist Vico（Giambattista Vico）〕发扬了这种怀疑精神，不过他显得更加博学，批判更少一些。也许可以说，《新科学》是第一部完整的历史哲学著作。但《新科学》这部作品的写作风格太过晦涩，几乎无人能够欣赏。同样的故作晦涩也让约翰·巴蒂斯塔·维科那些前辈的名声黯然失色。毫无疑问，尼布尔是第一个将这些研究整理得明晰易读的人。他还运用大量知识，研究了那些至今探索还远不完善或不甚完善的问题。约翰·巴蒂斯塔·维科的大部分观点都被尼布尔采纳，不过未被公开引用。在梵蒂冈宗座图书馆〔the Vatican library（Bibliotheca Apostolica Vaticana）〕，枢机主教马伊（Mai）的近期发现，包括吕底亚（Lydian）的《论农民》《法学阶梯》（*Institutes of Gaius*）和西塞罗（Cicero）的《论共和国》（*De Republica*），对尼布尔这位德国历史学家帮助极大。于是，尼布尔立即利用这一新发现来研究罗马宪法史。他也许不是第一个从事哲学探索的人。不过，尼布尔学识渊博，把许多先驱者难以捉摸的、几近遗忘的作品进行了整理浓缩，提高了那些作品的可读性。这也是尼布尔的卓越功绩。——原注

2

意大利最早的特洛伊殖民地

早期，大约是在特洛伊战争（Trojan War）时期，阿卡迪亚（Arcadia）①的首领伊万德犯了意外杀人罪，被愤愤不平的臣民赶出了阿卡迪亚。据说，伊万德是赫耳墨斯（Mercury）②和先知女神（Prophetic Nymph）卡尔门蒂斯（Carmentis）③的儿子。伊万德召集了很多愿意追随自己一起流放的随从之后，带着子女和家庭守护神开始了流亡之旅。他把自己和家人的命运交给了海洋，从海上漂流到了意大利的拉丁姆海岸。他沿着台伯河上行，和随从在一片山丘上落脚。后来，这个落脚点发展成了罗马城。在这里，伊万德建立了帕拉丁（Pallantium），以此纪念故乡阿卡迪亚一处自己最爱的休息寓所。

当时在阿文蒂诺山（Aventine Hill），有个叫卡库斯（Cacus）的凶残大盗出没为患。卡库斯是火神与锻造之神武尔坎（Vulcan）之子。武尔坎赐予了儿子卡库斯令人恐惧的超能力。卡库斯能从嘴巴和鼻孔中喷火。附近的牧羊人都十分惧怕卡库斯这个怪物，听到他的名字都吓得发抖。卡库斯经常

---
① 阿卡迪亚位于希腊，是伯罗奔尼撒半岛的一个内陆国家。——原注
② 赫耳墨斯是宙斯与迈亚的儿子，是奥林匹斯十二主神之一。——译者注
③ 在古罗马宗教和神话中，卡尔门蒂斯是掌管分娩和预言的女神。——译者注

宙斯的后代：从两个狼孩讲起的罗马往事

掠夺牧民的牛羊，如果谁敢反抗，就会被他残忍杀害。他的肆无忌惮注定了其悲惨的结局。

在战胜三身飞怪(the triple-bodied)革律翁(Geryon)①之后的凯旋途中，大力神海格立斯(Hercules)赶着肥美的牛群途经卡库斯出没的地区。卡库斯看

大力神海格立斯战胜革律翁。
弗朗西斯科·德·苏尔巴兰(Francisco de Zurbarán, 1598—1664)绘

到这些牛，顿时起了贪心。与革律翁大战后，海格立斯有些疲倦，便让牛群在台伯河里喝些水，在附近的草地上吃些草，自己则在此期间睡了

---

① 传说革律翁三头三身。——原注

第 2 章 意大利最早的特洛伊殖民地

一觉。卡库斯趁此机会,偷偷溜出山洞,从阿尔克墨涅(Alcmena)[①]之子海格立斯的牛群中抓走了四头公牛和许多小母牛。由于害怕海格立斯前来追捕,找自己报仇,卡库斯便从后面抓着这些动物的尾巴,将它们拖到了自己住的山洞里。这样一来,动物们混乱的蹄印就能迷惑追捕者。然后,卡库斯便搬了块巨石封住了洞口。

醒来后,海格立斯发现有一些牛不见了。这些被盗走的牛是牛群中最好的牛。于是,海格立斯沿着蹄印寻找。可这些错误的蹄印误导了他。结果,海格立斯想尽办法都没能找回被盗走的牛。他筋疲力尽,却毫无结果,于是准备离开。刚要离开时,那些剩下的牛哀怨地叫着,不愿离开这片肥美的草地。山洞里,被卡库斯偷去的牛听到了叫声,回应着草地上的牛。海格立斯顺着叫声找对了路,去复仇了。他赶忙追到阿文蒂诺山,但找了很久都没有找到山洞入口。海格立斯十分愤怒,把山撕开了一大块,从裂口处冲向惊慌失措的卡库斯。卡库斯向海格立斯喷出烈火,但根本无法伤到他。海格立斯杀死了怪物卡库斯。看着卡库斯的尸体,附近的牧民小伙们还有些发抖,有些后怕,但很高兴卡库斯这个残忍的敌人此刻终于死掉了。小伙们为自己的拯救者海格立斯举办了简朴、原始的谢恩之宴。伊万德和臣民知道了英雄海格立斯的神奇血统和惊人战绩,为纪念海格立斯设立了一个祭祀仪式和年度比赛。两大阿卡迪亚家族——臣服于伊万德的波提提伊家族和皮纳里伊家族,竞相争夺这个祭祀仪式的祭司之职。祭祀宴会宣布之后,波提提伊家族的成员先到了,正好赶上主持祭祀仪式的时间。在人们按照习俗享用完了祭品

[①] 在希腊神话中,阿尔克墨涅是迈锡尼国王埃勒克特律翁(Electryon)的女儿,也是底比斯国王安菲特律翁(Amphitryon)的妻子。——译者注

宙斯的后代：从两个狼孩讲起的罗马往事

的内脏之后，皮纳里伊家族的成员才赶到。因此，这一古老宗教仪式的祭司之职就一直由波提提伊家族成员担任。此后，皮纳里伊家族成员被禁止品尝祭品的内脏。

特洛伊的安忒诺耳和埃涅阿斯传说

特洛伊（Troy）被阿特柔斯（Atridae）的儿子们[①]率领的军队攻陷时，城里最高贵的公民都被这些无情的胜利者抓去当了奴隶。可能是受到神明的特殊眷顾，也可能是自身极其渴望和平，在海伦（Helen）的周旋下，两个首领——特洛伊人安忒诺耳和埃涅阿斯被放回来了，逃过了和臣民一样为奴的命运。两人逃到了克里特岛（Crete）的伊达山（Mount Ida）森林，在那里召集了幸存下来的朋友，砍了山上的松树，造了许多船，供这些幸存的人使用。安忒诺耳和埃涅阿斯开着船驶向不同方向。安忒诺耳的船队很幸运，在亚得里亚海的海岸，提马乌斯河（Timavus）河畔登陆了。赶走了土著欧加内人（Euganei）之后，安忒诺耳的船队与从小亚细亚的帕夫拉戈尼亚（Paphlagonia）迁移而来的移民一起建立了帕塔维乌姆（Patavium）城，或称帕多瓦（Padua）城。帕塔维乌姆后来因历史学家李维出生于此而闻名。

作为一个强大民族的祖先，埃涅阿斯经历的磨难远远超过一般人。受太阳神阿波罗的神谕，埃涅阿斯奉命寻找赫斯珀利亚的肥沃海岸。由于无法控制神力，埃涅阿斯在色雷斯（Thrace）海岸沿线徘徊了七年，一直在希腊诸岛和西西里岛海滨之间来来回回。在西西里岛，由于长途跋涉劳累过度，埃涅阿斯的父亲——年迈的安喀塞斯（Anchises）去世

[①] 指阿伽门农（Agamemnon）和墨涅拉俄斯（Menelaus）。——译者注

第 2 章 意大利最早的特洛伊殖民地

了。在特洛伊战火中,埃涅阿斯背着父亲安喀塞斯逃了出来。最终,期待已久的大陆出现在了眼前,埃涅阿斯激动地跳上了拉丁姆海岸。然而,还有新的麻烦等着疲倦的特洛伊人(Trojan)。拉丁姆的国王拉提努斯(Latinus)率领军队驱逐这些外来者特洛伊人。但在跟特洛伊人的首领埃涅阿斯会谈之时,拉提努斯发现了一个古老传说,即拉丁姆的预言

在特洛伊战火中,埃涅阿斯背着父亲安喀塞斯逃了出来。
卡尔·凡·卢(Carle van Loo, 1705—1765)绘

宙斯的后代：从两个狼孩讲起的罗马往事

家早已预知这些外来者的到来。受神明安排，埃涅阿斯将成为拉提努斯之女拉维尼娅(Lavinia)的丈夫。拉提努斯立即给这些特洛伊人提供了住所和庇护，同其首领埃涅阿斯联姻，与之共享拉丁姆王国。埃涅阿斯高兴地接受了这些条件，但其婚礼很快就被一支强大的敌军打断。

茹图利人的国王图努斯(Turnus)曾与年轻的公主拉维尼娅订有婚约。如今，拉丁姆国王拉提努斯如此青睐埃涅阿斯这个完全陌生的外来者，使图努斯愤愤不平。图努斯向周围各城邦的统治者求助，向特洛伊人发起了一场战争。结果茹图利人战败，图努斯被杀。埃涅阿斯迎娶了拉维尼娅，并与国王拉提努斯共享拉丁姆王国。特洛伊人也开始享受拉丁人的热情款待。然而，埃涅阿斯的幸福并不长久。经历了三年繁荣统治之

埃涅阿斯打败图努斯。
卢卡·焦尔达诺（Luca Giordano, 1634—1705）绘

第 2 章 意大利最早的特洛伊殖民地

后，伊特鲁里亚国王梅曾提乌斯（Mezentius）看着拉维尼姆崛起，便心生嫉妒，于是向埃涅阿斯发起了战争。在努米库斯河附近发生的一场战役中，英雄埃涅阿斯消失了。据说埃涅阿斯消失在了巨浪之中。也有传言

埃涅阿斯与梅曾提乌斯的战斗。
瓦茨拉夫·霍拉尔（Wenceslas Hollar，1607—1677）绘

说爱神维纳斯（Venus）让埃涅阿斯升天成神了，以人间朱庇特（Terrestrial Jupiter）之名享受凡人的祭拜。

宙斯的后代:从两个狼孩讲起的罗马往事

阿斯卡尼俄斯〔Ascanius,或称尤路斯(Iulus)〕的传说

阿斯卡尼俄斯又名尤路斯,出生于特洛伊沦陷之前,其父亲是埃涅阿斯,母亲是特洛伊公主克瑞乌萨(Creusa of Troy)。阿斯卡尼俄斯继承了父亲埃涅阿斯的财富。然而,几年之后,阿斯卡尼俄斯却离开了拉维尼

阿斯卡尼俄斯。绘者信息不详,约绘于16世纪

姆,在阿尔班山(Alban Mount)附近建立了阿尔巴隆加。后来,罗马人称自己发源于阿尔巴隆加,并引以为傲。

拉丁姆王朝政治中心转移到了阿尔巴隆加。阿斯卡尼俄斯的后裔统治了阿尔巴隆加长达三个世纪之久。当时的阿尔布拉河(Albula),现在叫台伯河,是伊特鲁里亚的南部边界。阿尔班(Alban)很多王子相继继承了

第 2 章 意大利最早的特洛伊殖民地

王位：西尔维厄斯(Silvius, 阿斯卡尼俄斯的儿子)、埃涅阿斯·西尔维厄斯(Aeneas Silvius)、阿尔巴(Alba)、阿提斯(Atys)、卡普斯(Capys)、卡佩图斯(Capetus)、梯伯里努斯(Tiberinus, 死于阿尔布拉河水域, 台伯河之名因他而来)、阿格里帕(Agrippa)、罗慕路斯·西尔维厄斯(Romulus Silvius)、阿芬提努斯(Aventinus)、普罗卡斯(Procas)及其儿子努米特(Numitor)和阿穆利乌斯(Amulius)。

上述传说考辨

根据早期拉丁语传说，希腊人源源不断地迁往意大利。这些移民迁移如此频繁，可能让很多人高估了希腊移民在罗马历史上的重要性。事实上，希腊移民可能并非如此重要。但如果我们看看佩拉斯吉人对意大利人口的巨大影响，以及对意大利公民制度和宗教制度产生的影响，就会觉得意大利本地人努力将自己的起源追溯到那些早已被遗忘的希腊移民就不足为奇了。

历史上国家之间的交往，比如希腊和意大利之间的交往，使双方有很多相似之处。这不仅体现在这两个民族的宗教信仰中，也表现在其日常风俗习惯之中。用早期希腊人迁往意大利沿海的移民现象来解释这种相似性，简单合理，为人们的疑问提供了现成的答案，也为罗马历史上的公民制度和宗教制度变革提供了合理的理由。

在这些传说中，外族征服从未损害本族的民族自豪感。外来者总是被描绘为某个统治者家族被流放的成员，充满不幸，身边没有军队或勇士，只有几个忠诚的随从跟随，指望土著的热情接待，寻求庇护。当然，这种移民对周边部族产生的影响很小。移民很快就融入了当地的大部族。

宙斯的后代：从两个狼孩讲起的罗马往事

———

有一点不可忽视，就是这些外来者最初的家园总是被安放在一些纯佩拉斯吉人的居住地，比如阿卡迪亚山区、克里特岛，或者利姆诺斯岛（Lemnos）。这些传说中，伊万德的故事就是典型的一例。由于多里斯人的本土发生暴乱，一些人被迫逃亡他乡。我们在所有这些传说中都找到了与此事有关的线索。多里斯人移民、希腊人被新的民族征服，这很可能就佐证了我们的线索。

伊万德的传说只不过是口述相传。我们不必像尼布尔那样，认为帕拉丁与阿卡迪亚的帕拉丁〔Pallantium（Arcadia）〕二者被混淆了。在早期的历史学家那里，这种混淆尤其明显。那些早期的历史学家似乎极度热衷于寻找这种矛盾的荒唐事。根据诗人维吉尔的记载，伊万德及其追随者对朱庇特和西尔瓦努斯（Silvanus）[1]的独特祭拜方式，纯粹是佩拉斯吉人的仪式。尼布尔认为伊万德只是拉提努斯的另一名称。在一个传说中，伊万德将女儿嫁给了海格立斯；而在另一个传说中，伊万德则将女儿嫁给了埃涅阿斯。传说伊万德和拉提努斯的父母都是先知。然而，传说中，伊万德比拉提努斯早两代，两人中间隔着皮库斯（Picus）[2]和法乌努斯（Faunus）[3]两代统治。

如果我们认为海格立斯[4]是一个真实的人，并且消灭了一伙可怕的强盗，那么解释卡库斯的故事就很简单了。但从神话故事里抹去一个超

---

[1] 在罗马神话中，西尔瓦努斯是森林与农牧之神。——译者注
[2] 在罗马神话中，皮库斯是拉丁姆的第一位国王，农神萨杜恩的儿子。——译者注
[3] 在古罗马宗教和神话中，法乌努斯是森林之神、平原之神和田野之神，头上长有角。——译者注
[4] 很难追溯祭拜海格立斯的源头在哪里，也无法确切考证海格立斯与萨宾人之神——桑库斯的关系。"波提提伊"和"皮纳里伊"分别被解释为"成功的人"和"饥饿的人"，拉丁语里"Potior"意为"拥有"，希腊语里"πειναω"意为"饥饿"。——原注

第 2 章 意大利最早的特洛伊殖民地

自然人物的各个细节会严重影响阐明事实。尼布尔的看法比较客观公道，他认为这些号称是最真实的传说，毫无疑问还不如那些更浮夸的传说古老、可靠。

安忒诺耳和埃涅阿斯传说考证

与埃涅阿斯的迁移故事出现的时间相比，安忒诺耳迁移到利古利亚（Liguria）的故事很可能出现得更晚。安忒诺耳的故事似乎源于希腊诗人，源于《伊利亚特》的后续故事，后续故事讲述了特洛伊毁灭之后的传说。

荷马笔下的安忒诺耳是位老者，年老体衰，不用服兵役，免去了上战场打仗，便被安排和其他老者一起守城门。安忒诺耳的孙子们都在特洛伊人手下服役。鉴于安忒诺耳在特洛伊战争时的身体状况，我们很难确定他晚年的身体状况如何。殖民地的首领一般都是身强力壮的年轻人。的确，在维吉尔笔下，伊万德是位老者，并且移居拉丁姆很多年。伊万德的儿子就是他在拉丁姆跟一个萨宾女人生的。欧加内人这一名字像是希腊语。据说欧加内人被安忒诺耳驱逐。我们不能简单地认为安忒诺耳统治了帕夫拉戈尼亚人（Paphlagonians）的一个部族。帕夫拉戈尼亚人的名字并未出现在特洛伊的同盟者之中。

埃涅阿斯的故事十分重要，从其与本书主题紧密相关的部分开始，尤为重要。

尼布尔精心收集了所有与埃涅阿斯迁移有关的原始证据。荷马告诉我们"埃涅阿斯应该统治特洛伊人，其孙子，其孙子的子子孙孙，

宙斯的后代：从两个狼孩讲起的罗马往事

———

都应该继承其统治"。然而，《小伊利亚特》^①〔Lesser Iliad，有人认为其作者是希腊诗人莱斯克斯 (Lesches)〕的一份残卷将埃涅阿斯描述成了一个俘虏。在特洛伊毁灭之后，他被阿喀琉斯 (Achilles) 之子涅俄普托勒摩斯〔Neoptolemus，又名皮洛士 (Pyrrhus)〕俘虏到了希腊舰队上。在索福克勒斯 (Sophocles) 的悲剧《拉奥孔》(Laocoon, 现已亡佚) 中，特洛伊沦陷之前，埃涅阿斯就已撤退，同很多弗里吉亚人 (Phrygians) 一起出发寻找新的住所。希腊诗人斯特西克鲁斯 (Stesichorus) 则歌颂了埃涅阿斯从特洛伊的撤退，赞扬埃涅阿斯保护了自己的父亲安喀塞斯及家庭守护神。但没有证据表明斯特西克鲁斯提到了埃涅阿斯将意大利占为殖民地。大约在斯特西克鲁斯所处时代的两个多世纪前，米利都的阿尔克提努斯 (Arctinus of Miletus, 据说他是荷马的学生) 只写了埃涅阿斯从大火中救下了守护神雅典娜的雕像 (Palladium) 或者是智慧女神密涅瓦的神圣雕像。大约在罗马城建立三个半世纪后，曾书写弗里吉亚人历史的刻帕隆 (Cephalon) 提道：在色雷斯建立了埃涅亚 (Aenea) 后不久，埃涅阿斯就死了，但他的四个儿子之一罗穆斯 (Romus) 和其父亲当年的追随者一起，在特洛伊陷落后建立了罗马城。这是与意大利的特洛伊殖民地有关的最早记载。但这一记载和流行的传说有很大差别。

在赫西俄德 (Hesiod) 的《神谱》(Theogony) 中，拉提努斯是尤利西斯 (Ulysses)^② 和女神喀耳刻的儿子。被禁闭在圣岛 (Sacred Isles) 时，拉提努斯与哥哥阿迪亚斯 (Ardeas)、弟弟忒勒戈诺斯 (Telegonus) 一起，统治了著名的伊特鲁里亚人。与米南德 (Menander) 同时代的杰拉的阿波罗多罗斯 (Apollodorus of Gela)，把罗穆斯写成埃涅阿斯和拉维尼娅的儿子。公元前5世纪，喜剧

---

① 《小伊利亚特》如今只留下短短几行，保萨尼阿斯引用了这几行。——原注
② 即奥德修斯的别名。——译者注。

第 2 章 意大利最早的特洛伊殖民地

诗人卡里阿斯（Callias）提及国王拉提努斯与罗马（Roma）结婚。拯救守护神这一传统可能源于拉维尼姆的珀那忒斯（Penates）①崇拜。据说这与萨莫色雷斯岛（Samothrace）的卡比茹人（Cabiri）的宗教仪式一样。如果我们相信历史学家提麦奥斯（Timaeus），可以去看看保存在拉维尼姆神殿的一些泥塑。当地人称这些泥塑来自古特洛伊。早在罗马建城纪年515年②，罗马元老院（Roman Senate）就称自己与特洛伊人有密切联系，并给凯旋者（Callinicus）塞琉古二世（Seleucus II）写了封信，要求免除伊利昂人（Ilians）的进贡，因为伊利昂人与罗马人有亲缘关系。在屋大维统治时代，人们坚信上述观点。屋大维本人也十分赞同这种幻想，于是计划重建特洛伊，并且将王朝政治中心迁移到那里。据说贺拉斯创作《歌集》（Ode, 第三卷第二节）就是为了阻止屋大维的这一计划。

罗马诗人奈维乌斯③（Naevius, 活跃于公元前234年④的第一次布匿战争期间）的残卷中关于埃涅阿斯的传说，与索福克勒斯和米利都的阿尔克提努斯两人描写的内容很像。维吉尔的《埃涅阿斯纪》（Aeneid）正是以早期拉丁诗人奈维乌斯的史诗为基础创作的。奈维乌斯笔下的主角带着随从和财物挤在一艘船上。根据19世纪仍保留的许多残卷，以及一些古代训诂学者的证据，我们完全可以认为，维吉尔描写的狄多（Dido）⑤的激情和《暴风雨集》中的情节，都取材于早期罗马诗人奈维乌斯的作品。

---

① 珀那忒斯，即家庭守护神。拉尔（Lares）是每个罗马家庭供奉的祖先，源于拉列斯一词，这是一个伊特鲁里亚语词汇。——原注
② 即公元前238年。——译者注
③ 奈维乌斯是最早的拉丁诗人，米利都的阿尔克提努斯则是最早的希腊诗人，两人的作品有明确的创作日期可供查证。——原注
④ 第一次布匿战争时间为公元前264年到公元前241年，原作可能有误。——译者注
⑤ 在罗马和希腊传说中，狄多是迦太基女王，创建了迦太基，与埃涅阿斯坠入情网，后因被抛弃而自杀。——译者注

宙斯的后代：从两个狼孩讲起的罗马往事

———

的确，萨莫色雷斯岛的佩拉斯吉诸神崇拜、众卡比洛斯神崇拜，以及与之相似的拉维尼姆的家庭守护神珀那忒斯崇拜，也许是解读整个传说故事的线索。在一些传说中，拉丁姆人都是尤利西斯的后裔，是早期的希腊移民。但在意大利，这一传说并不流行。特洛伊人和阿卡迪亚人都源于佩拉斯吉人。两个民族有着相同的神明崇拜。也许是这一传统从东方传入意大利，这才在意大利产生了与家庭保护神珀那忒斯崇拜有关的记载。

关于特洛伊人在拉丁姆的具体移民情况，以及后来的埃涅阿斯历史传说，同样有很多不同版本。在有些传说中，特洛伊人与图努斯和拉提努斯的联军展开了一场大战。图努斯战死了。拉提努斯则向胜利的侵略者特洛伊人求和了。在所有与意大利外来移民有关的传说中，拉提努斯的女儿拉维尼娅这一形象几乎都出现过，并且都嫁给了外来者的首领。有的说她叫劳纳（Launa），是伊万德的女儿，嫁给了海格立斯。有的说她是俄诺特里亚人（Oenotrians）的国王拉提努斯的女儿，嫁给了斐亚克斯（Phaeax）之子罗克罗斯（Locrus）。有的甚至说她是提洛岛（Delos）国王阿纽斯（Anius）的女儿，嫁给了埃涅阿斯。

埃涅阿斯死在努米库斯河，及其以朱庇特·英帝格斯（Jupiter Indiges）之名受人崇拜，在大多数与意大利外来者有关的故事中都有描述。所有从特洛伊来的人，无论是打了胜仗还是吃了败仗，都注定摆脱不了经历一些流浪的宿命。早期的希腊诗叫νοστοι，描写的就是特洛伊人的冒险之旅，大多是充满悲伤的人和故事。比如，阿特柔斯的儿子们、尤利西

第 2 章 意大利最早的特洛伊殖民地

斯、狄俄墨得斯(Diomedes)[①]、透克洛斯(Teucer)[②]、埃阿斯(Ajax)[③]、俄琉斯(Oileus)[④]，在历史传说中，这些人都充满悲惨遭遇。狄俄墨得斯的故事尤其悲惨。他在阿尔戈斯的不幸遭遇，在意大利的寄人篱下，同伴变成了鸟，这些都非常像埃涅阿斯那颠沛流离的不幸遭遇。罗马大祭司每年都在执政官的陪同下，到努米库斯河边向埃涅阿斯致敬，为他祈祷。根据大加图的描述，埃涅阿斯的父亲安喀塞斯来到了希望之乡，在那里最先建立的城市是特洛伊，不是拉维尼姆。

阿尔巴隆加古城

阿斯卡尼俄斯建立阿尔巴隆加古城的故事与埃涅阿斯密切相关。故事成立与否，依赖于我们对与埃涅阿斯有关传说的信任程度。在一个故事里，拉维尼姆建立三十年后，尤路斯建立了阿尔巴隆加；另外一个故事里，拉维尼姆是一块殖民地，由六百个阿尔班贵族家庭建立。至少有一点可以确定，多年以来，拉维尼姆一直都是各代拉丁姆王国的政治中心，还被视为诸神的居所。同时，有很多传说表明阿尔巴隆加古城的历史更久远。

拉丁姆似乎一直受阿尔巴隆加古城管辖。拉丁姆的人口由普里斯奇

[①] 狄俄墨得斯是希腊神话中的英雄，参与了特洛伊战争，出生在泰迪厄斯和迪伊普尔之家，后来成了阿尔戈斯(Argos)的国王。——译者注

[②] 在希腊神话中，透克洛斯是萨拉米斯岛国王忒拉蒙的儿子，参与了特洛伊战争。——译者注

[③] 埃阿斯是希腊神话中的英雄，国王忒拉蒙的儿子，透克洛斯的同父异母兄弟。——译者注

[④] 在希腊神话中，俄琉斯是洛克里斯的国王。——译者注

宙斯的后代：从两个狼孩讲起的罗马往事

――――

（Prisci）和拉丁尼（Latini）两支部族联盟构成。普里斯奇和拉丁尼统称为拉丁尼人或古拉丁人。拉丁尼人居住在三十个乡（townships）。普林尼（Pliny）划分了二十个拉丁小镇和三十个阿尔巴小镇。然而，现已无从考证普林尼是如何划分两者的。据说，阿尔巴平民（Populi Albensis）地区是阿尔巴的移民区。

罗马建立

人们通常认为阿尔巴国王名单是伪造的。天才历史学家李维对其描述精妙绝伦，细节十分精确。李维似乎曾考证过一些历史事实，反驳过一些谬误。历史学家狄奥尼修斯用希腊语写过罗马古代史的著作《罗马古事记》（Roman Antiquities）。他对自己的著作十分满意，因此拒绝将其传说故事修改成正史。但他的著作结构实在混乱。此外，令人遗憾的是，狄奥尼修斯写的故事只讲到高卢人占领了罗马城为止。在罗马历史上，高卢人占领罗马城之后的时代是一个让人充满遐想的时代。

3

罗马首位国王

阿尔巴国王普罗卡斯有两个儿子：努米特和阿穆利乌斯。普罗卡斯将阿尔巴隆加的世袭王位传给了大儿子努米特。但阿穆利乌斯野心勃勃，对亡父普罗卡斯的敬畏和对哥哥努米特的兄弟情，都没能压制住其欲望。阿穆利乌斯驱逐了哥哥努米特，篡夺了王位，杀死了哥哥的儿子们，迫使哥哥的女儿瑞亚·西尔维娅（Rhea Silvia）成了维斯塔贞女[①]，使哥哥努米特的王位无子嗣继承，以此确保篡夺的王位没有任何威胁。

然而，维斯塔贞女瑞亚·西尔维娅生了两个男孩，并且声称战神玛尔斯是这两个私生子的父亲。得知此事后，阿穆利乌斯大发雷霆。他自知罪孽深重，因而十分恐惧。暴君阿穆利乌斯处死了瑞亚·西尔维娅，还下令将其双胞胎儿子扔进水流湍急的台伯河。当时台伯河突发大水，淹没了河岸。执行阿穆利乌斯命令的人根本无法靠近滚滚洪流，于是将两个孩子丢在了一处水浅之地。这些人走后，湍流很快就退去了。两个无助的孩子大哭起来。哭声引来了一匹母狼。然而，这个食肉野兽不仅

[①] 维斯塔贞女是古罗马在维斯塔神殿照料圣火的妇女之一，是维斯塔的祭司，在服侍期内过着独身生活。——译者注

宙斯的后代：从两个狼孩讲起的罗马往事

没有伤害这两个孩子，还忘记了凶残的本性，给了两个孩子奶吃。与之相比，残忍的人类却没给过两个孩子一口奶。国王的牧羊人浮士德勒

母狼不仅没有伤害这两个孩子，还忘记了凶残的本性，给两个孩子奶吃。约翰·加德纳·威尔金森爵士（Sir John Gardner Wilkinson，1797—1875）绘

(Faustulus)恰巧经过此地，发现那匹狼在舔熟睡的孩子。于是，牧羊人浮士德勒从那个"野蛮的养育者"那里救走了这对双胞胎，把他们托付给了妻子照顾，同自己的孩子一起抚养。夫妻俩给这对双胞胎分别取名为罗慕路斯和雷穆斯(Remus)。双胞胎很快长大了。两人强壮勇猛，成了强盗的克星。强盗长期以来让周围村庄的牧羊人担惊受怕。罗慕路斯和雷穆斯兄弟俩召集了一批和自己一样勇猛的壮士，把强盗赶出了老巢。兄弟俩分配了辛苦夺来的战利品。强盗们不能正面战胜这对双胞胎兄弟，便想出了一条奸计。他们逮住了机会，趁罗慕路斯和雷穆斯同弟兄们庆

浮士德勒把双胞胎托付给妻子照顾。

尼古拉斯·米尼亚（Nicolas Mignard,1606—1668）绘

宙斯的后代：从两个狼孩讲起的罗马往事

———

祝牧神节〔Lupucalia，这是纪念阿卡迪亚神潘（Pan）的节日〕时，冲向兄弟俩，杀害其同伴，最终俘虏了兄弟俩。这伙强盗还厚颜无耻地向阿穆利乌斯控告罗慕路斯和雷穆斯，说他们掠夺邻近村庄。由于强盗们诬告双胞胎兄弟侵扰最厉害的地方是努米特的领地，所以兄弟俩就被送到了努米特手上。在询问兄弟俩的姓名和出身时，努米特发现两人和自己女儿的出身之间存在巧合，感到十分奇怪。接着，浮士德勒的证据使努米特坚信站在眼前的就是自己的亲外孙。得知自己的血统之后，年轻的兄弟俩愤怒之极，发誓要复仇。兄弟俩召集了拥护者，包围了阿穆利乌斯的王宫，向阿穆利乌斯这个暴君发起了进攻，杀死了这个篡位者，把努米特迎回王位。听了罗慕路斯和雷穆斯兄弟俩的故事，民众纷纷称赞两人的勇猛。努米特晚年一直稳坐祖先传下来的王位，直到去世。

罗慕路斯和雷穆斯两兄弟秉性豪爽，不甘平庸，无法忍受平静安宁的生活，不愿长期做外祖父的臣民。年轻的兄弟俩向往从前自由自在的日子，便决定到儿时生活的那些山上建一座城。但这对双胞胎兄弟面临一个难题：该以谁为首。因此，兄弟俩打算通过找神谕的办法决定以谁为首。两人先各选一座山。罗慕路斯选了帕拉丁山。雷穆斯选了阿文蒂诺山。然后两人分别寻找各自山上的预兆。谁先发现神谕就以谁为首。神谕首先降临给了雷穆斯。雷穆斯看到了六只秃鹫。正当雷穆斯准备宣告得到预兆时，罗慕路斯看到了十二只。于是，双方侍从开始争论。一方坚持以先看到为准，一方坚持以数量多为准。雷穆斯一方在这场争论中落败。于是，罗慕路斯成了这个新兴城邦的唯一首领。罗慕路斯带领侍从建了围墙，把帕拉丁山和周围的土地围了起来，还邀请附近的牧羊人住进这个新的家园。

由于建立罗马城的进程十分缓慢，于是，罗慕路斯采取措施让其变

第 3 章 罗马首位国王

成了庇护之地：收留邻邦的罪犯，还有那些因暴乱或犯罪，遭到祖国驱逐流放之徒。这些措施很快让罗马聚集了许多胆大妄为、无法无天之徒。也只有严厉的罗慕路斯能够约束这些狂徒。罗慕路斯成立了执法机构，选拔了政务官执法，并且选用了十二个执束杆侍从[①]以护卫政务官执法。罗慕路斯特意选择了十二这个数字，以纪念和感谢当年预兆中出现的十二只秃鹫。神圣的宗教权利构成了这座新城中最强的团结纽带。粗鲁的农民要接受教导，认识到存在惩罚者。惩罚者会在来世惩罚那些逃避了人间司法判决的罪犯。罗慕路斯还在议员中选出了最称职的一百位议员。

掠夺萨宾人

当时，罗马城的人口都是男性。在此情形下，这座新城肯定很快就会消亡。罗慕路斯替臣民向邻邦寻求联姻，但都遭到了傲慢的拒绝。邻邦不愿意与外族和不法之徒建立姻亲关系。罗慕路斯派出的各路使者也遭到羞辱。邻邦嘲笑罗马使者说："罗慕路斯最好也开辟一个避难所收留女人，她们正适合做罗马人的妻子。"罗慕路斯压制着愤怒，准备举行一场大型狩猎庆典，以纪念罗马谷物之神康苏斯（Consus）——伊特鲁里亚信仰里的尼普顿。罗慕路斯邀请了附近城市一些家族的成员参与庆典。在好奇心驱使下，很多萨宾人和克鲁斯图美伦（Crustumerium）的人前来参加庆典。安特穆奈（Antemnae）的人也来参观这座新建的罗马城。访客们

[①] 执束杆侍从（lictor）是古罗马地方法官的侍从和保镖，最初由第一任国王罗慕路斯设立。——译者注

宙斯的后代:从两个狼孩讲起的罗马往事

聚精会神地观看眼前的庆典场面。罗慕路斯趁机发出约定信号,派人抓住了这些外来者的妻子和女儿并将她们强行带走。女人们的兄弟或丈夫人太少,救不了她们。女人们祈求神明保佑也无济于事。这些女俘虏的

罗慕路斯趁机发出约定信号,派人抓住了这些外来者的妻子和女儿并将她们强行带走。
尼古拉斯·普桑(Nicolas Poussin,1594—1665)绘

恸哭声淹没了众人的叫喊和罗慕路斯的劝告。罗慕路斯告诉这些女人,既然她们绝无可能回到丈夫或者家人身边,就安心珍惜在这里的新生活,享受从前一样的爱护。

因为受到善良、恭敬的对待,这些萨宾女人很快便不再恐惧和愤怒了,但她们的亲人准备复仇。克鲁斯图美伦和安特穆奈两地居民前来攻

第3章 罗马首位国王

打罗马城。然而,罗慕路斯击退了这支联军,亲手杀死了联军将军阿克隆(Acron)。他把战利品带到了卡比托利欧山(Capitolium Hill),并在那里划出了一片区域用于建造朱庇特神殿。自此以后,这座神殿一直是古罗马辉煌的象征。

萨宾人虽然行动得迟缓一些,但在战场上很勇猛。国王蒂图斯·塔蒂乌斯(Titus Tatius)带领萨宾人来到罗马城,贿赂了罗马指挥官塔培乌斯[①]的女儿塔培亚(Tarpeia),许诺给她三个金手镯。因此,萨宾人得以在晚上

萨宾人许诺给塔培亚三个金手镯,引诱她背叛罗马城。出自海伦·艾德琳·古尔伯(Hélène Adeline Guerber, 1859—1929)所著的《罗马人的故事》

[①] 即斯普里乌斯·塔培乌斯(Spurius Tarpeius,主要活跃于罗慕路斯时代)。——译者注

宙斯的后代：从两个狼孩讲起的罗马往事

进入城堡。塔培亚为萨宾人背叛了罗马城。萨宾人给塔培亚的回报是用盾砸死了她。卡比托利欧山上用于执行死刑的塔培亚之岩 (Tarpeian rock) 的名称正是源于塔培亚。塔培亚就死在岩壁附近。黎明时，罗马人察觉到了城堡中的敌人，十分愤怒，慌忙冲去反击。由于事先缺乏防御，罗马人损失惨重，勇猛的首领霍斯图斯·霍斯特利乌斯 (Hostus Hostilius) 也战死了。罗马人一路溃败，退到了帕拉丁的老城门那里。罗慕路斯和罗马城里那群亡命之徒一起匆匆逃亡。罗慕路斯举起武器朝向天空，祈求朱庇特给自己及率领的这支耻辱逃亡的军队一些启示。他似乎得到了神明的启示，大喊道："朱庇特命令你们停下，回去战胜敌人。"首领罗慕路斯的喊声使这些逃亡的罗马人重新振作起来。于是，他们转头反击。正在萨宾人的首领蒂图斯·塔蒂乌斯高呼自己战胜了背信弃义的、懦弱的敌人罗马人时，罗慕路斯就率领军队突然杀了回来，打断了他的胜利呼喊。双方都怒火冲天，重新开始了战斗。如果那些萨宾女人没有顶着凌乱的头发冲向士兵中间，战场肯定会变成一片血海，死伤无数。萨宾女人一边恳求自己的父亲和兄弟，另一边哀求自己现在的丈夫，不要互相残杀，不要伤害她们的后代。如果非要解决这场争端，双方必须放下武器，寻找造成这场不幸的起因。于是，双方休战了。这些萨宾女人的亲属留在了罗马城，以萨宾颇有影响力的妇女们的名字命名，在罗马城形成了三十支胞族 (curia) [①]。蒂图斯·塔蒂乌斯和罗慕路斯共享了王位。两个民族很快便融合在了一起。

蒂图斯·塔蒂乌斯统治罗马的时间并不长。这些事件过去几年后，

[①] 胞族，音译为库里亚，是古罗马早期的一种部族组织形式，一支胞族由十个氏族组成。——译者注

萨宾女人一边恳求自己的父亲和兄弟,另一边哀求自己现在的丈夫,不要互相残杀,不要伤害她们的后代。雅克-路易·大卫(Jacques-Louis David,1748—1825)绘

宙斯的后代:从两个狼孩讲起的罗马往事

蒂图斯·塔蒂乌斯在拉维尼姆遇刺。一些劳伦特人(Laurentines)曾遭受蒂图斯·塔蒂乌斯的不公正对待,怀恨在心,刺杀了他。罗慕路斯并未因蒂图斯·塔蒂乌斯的死而悲伤,也没为其报仇。后来,两场战争又牵动了

一些劳伦特人曾遭受蒂图斯·塔蒂乌斯的不公正对待,怀恨在心,刺杀了他。
雅克·雷图(Jacques Réattu, 1760—1833)绘

罗马人的心,一场是与菲德奈人(Fidenates)的战争,另一场是与维爱(Veii)人的战争。无敌的罗慕路斯率军击溃了来自这两个邦国的敌人。此后,罗马持续了四十年的和平。其间,罗马的财富和实力迅速增长。罗慕路

第3章 罗马首位国王

斯组建了一支三百人的贴身侍卫队，叫克勒莱斯（Celeres）[1]，保护自身安全。罗马人通过征战，掠夺土地，领土面积大大增加了。

然而这时，罗马城要失去其杰出的缔造者罗慕路斯了。罗慕路斯完成了自己的使命。他建立的这座城市——罗马城，注定要长存于历史长河中。历经帝国更替，罗马城依然屹立不倒。敌人再也不敢靠近罗马城的大门，农民安安全全地收割庄稼。罗马城的城墙内，宫殿和神殿拔地而起。军队聚集在战神广场（Campus Martius），祭坛上摆满祭品。天空突然变黑了，一场暴风雨驱散了众人。风暴消退后，众人向王座望去，王座空了！罗慕路斯再也没有出现。传说这位英雄乘坐父亲玛尔斯的火红战车，升天为神了。众人齐聚，十分悲伤，泣不成声。随后，他们一致向罗慕路斯这位不朽首领致敬，奉其为神，求其保护自己。有不少人声称罗慕路斯遇害了：罗马元老院怨恨罗慕路斯，并害死了他。但这种说法被普罗库卢斯·尤利乌斯（Proculus Julius）的证据推翻了。普罗库卢斯·尤利乌斯是位高尚的公民，他称罗慕路斯曾在自己面前现身，并且预言其建立的罗马城未来将是一座伟大的城市。罗

罗慕路斯在普罗库卢斯·尤利乌斯面前献身。彼得·保罗·鲁本斯（Peter Paul Rubens，1577—1640）绘

---

[1] 克勒莱斯是罗马国王的侍卫，由罗慕路斯建立，共有三百人。克勒莱斯是罗马贵族中最强壮、最勇敢的战士，也是军队中最勇敢、最忠诚的士兵。——译者注

宙斯的后代：从两个狼孩讲起的罗马往事

马人相信普罗库卢斯·尤利乌斯说的故事，竞相敬拜罗慕路斯这位不朽祖先，称呼其为战神奎里努斯（Quirinus）。

罗慕路斯的辉煌人生到此为止。他的名字将会永远流传。卡比托利欧山朱庇特神殿却已是一堆废墟，只剩一块孤零零的石头。罗马七丘上也没有留下多少当年的记忆。

罗慕路斯传说考证

在传说历史中，有关罗慕路斯出生和罗马城建立的记载很模糊。相关叙述主要源于李维。整个故事充斥着史诗感，包含古代英雄史诗的所有元素：神界血统、英勇无敌、神明介入、主角最终成为神。传说中的所有其他内容则都不同程度地衬托了这些元素。当然，无须多言，这些关于罗马建立的传说极不可信，甚至可能完全是虚构的。那么到底真相如何？很遗憾，就如传说本身肯定不真实，这一故事肯定也值得怀疑。各种历史传说中，也许有些蛛丝马迹，能够帮助我们探索真相。

在这些传说中，罗慕路斯和雷穆斯的母亲是一位女祭司。她有不同的名字：伊利娅（Ilia）、瑞亚·西尔维娅、艾米利娅（Aemylia）。很早以前，据著名古典学者佩里佐尼乌斯考证，这位女祭司只在作为埃涅阿斯女儿的身份时才叫伊利娅，作为阿尔巴公主的身份时叫瑞亚·西尔维娅。[①]尼布尔猜测，瑞亚源自拉丁词Rea，意思是"受控告之人"，寓意不好。但这一猜测证据不足。在有些传说中，她嫁给了第伯里努斯[②]。[③]

[①] 《历史批判》，第七章。——原注
[②] 即台伯河河神。——译者注
[③] 贺拉斯：《世纪之歌》（Carmen Saeculare）第一章，第二节。——原注

第 3 章 罗马首位国王

恩尼乌斯 (Ennius) 的一份残卷将她描写为一个孤儿。关于她的名字，众说纷纭。虽然如此，我倾向认为，在传说中，人们似乎有意让"努米特"和"阿穆利乌斯"这两个名字代表两个人物各自的性格和各自的历史。"努米特"意思是"正义之人""有权有理之人"，这一名字源于希腊词"υομος"，意思是"一条法律"，可能经过拉丁词——numen（守护神）、nummus（货币）演化而来，其词源相同。同样，Numa（努马）这一名字的意思就是"立法者"。我们也可以很容易地从希腊词αιμνλος中找到"阿穆利乌斯"的词源，意思是"狡诈""背叛"。这也可以解释为什么希腊诗人要叫伊利娅为艾米利娅。牧羊人浮士德勒的名字含义就是"养育者""养父"。

据说，在还是婴儿时，罗慕路斯和雷穆斯兄弟俩曾被一只啄木鸟喂养。那只啄木鸟是玛尔斯的神鸟。这一说法可能源于兄弟俩曾在无花果树 (Ficus Ruminalus) 下出现。Picus（皮库斯）一词，意思是"啄木鸟"，很可能由此混淆而来。

从浮士德勒妻子卢帕 (Lupa) 的放荡行为来看，试图借助卢帕来解释"母狼乳婴"事件[①]，就跟运用历史依据解释古代神话一样，徒劳无益。这个重要人物的真实名字应该是阿卡·劳伦缇雅 (Acca Larentia)。公元前295年，罗马人立了一匹母狼和两个婴儿的青铜雕像——"母狼乳婴"〔she-wolf (Capitoline Wolf)〕。这充分说明罗马人自己都不相信啄木鸟喂兄弟俩的说法。这一雕像屹立至今，是罗马早期壮丽艺术的见证。

在普鲁塔克 (Plutarch) 的著作《希腊罗马名人传》(Vitae parallelae) 中，阿穆利乌斯又叫塔契久斯 (Tarchetius)。书中记载的罗慕路斯和雷穆斯出生的故

---

① "Lupa"字面意思为"母狼"，在口语中则有"妓女"之意。——译者注

宙斯的后代：从两个狼孩讲起的罗马往事

事，与之后的塞尔维乌斯·图利乌斯 (Servius Tullius) 的身世故事非常相似。两个故事都是讲某个神下凡，之后又渴望与其神界家族联盟。这似乎是托斯卡纳版本的传说。

关于罗马城的建立时间，众说纷纭。通过考证，罗马学者瓦罗认为是公元前753年，第六个奥林匹亚周期 (Olympiad) 期间；①罗马历史学家大加图认为是公元前752年；还有一些观点认为是在公元前760年至公元前729年之间。这些观点主要见于希腊历史学家的著作。还有一版传说，雷穆斯傲慢地越过了罗马城的边界墙，被其双胞胎兄弟罗慕路斯杀死了。在其他传说中，雷穆斯则死于罗慕路斯的拥护者之一克勒尔 (Celer) 之手。这表明雷穆斯可能是被克勒莱斯杀死，也就是被自己兄弟罗慕路斯的护卫杀死的。这一传说后来又衍生出另一传说，讲述了罗慕路斯建立雷穆里亚城 (Remuria)，以安抚其兄弟雷穆斯愤怒的灵魂。

罗马建城纪念日定在4月21日。这一天也是祭祀罗马神话中牧畜女神的帕莱斯 (Pales) 节。节日当天，牧羊人在仙女祭坛上摆满牛奶、水果、鲜花等祭品，还通过穿越稻草火焰来净化自己及牲畜。这一习俗在一些凯尔特民族之中传承至今。

罗马城界限，也就是古罗马城的边界，有一个黄铜 (braze) 犁头标志。犁头上拴着一头小公牛和一头小母牛。在城墙建造过程中，工匠们小心翼翼地将土块朝内翻，因为当时人们认为任何一个土块朝外翻都很不吉利。历史学家塔西陀 (Tacitus) 给罗慕路斯的罗马城界限绘制

---

① 自公元前776年起，奥林匹亚运动会开始在古希腊城邦埃利斯定期举办。奥林匹亚运动会每四年举办一次。要算出某年举办的奥林匹亚运动会是第几届，只需将举办年份减去776年（注意是公元前776年），然后把得数除以四，取绝对值，就能得到答案。——原注

第 3 章 罗马首位国王

了地图。根据该地图,罗马城界限始于屠牛广场(Forum Boarium),即牲畜市场〔位于塞普蒂米乌斯·塞维鲁凯旋门(Arch of Septimius Severus)〕,靠近雅努斯神殿(Temple of Janus),向前延伸,经过马戏之谷(Valley of the Circus),直至大祭坛(Ara Maxima),然后从塞维鲁建筑(Septizonium)①到图拉真浴场(Baths of Trajan,称为元老院会场),再到威利亚山〔Mount Velia(Velian Hill)〕山顶和拉尔神殿,最后到圣道(Via Sacra)旁的广场。

最初,罗马城界限不仅包括帕拉丁山,还包括山下很大一片区域。这片区域旁边是阿文蒂诺山。后来建造的大竞技场也位于这片区域。同罗马城其他地势较低的地方一样,大竞技场也被浅水淹着。神圣预言和当地传统使罗马城一直保持着其初始范围,直到罗马建城纪年674年②,苏拉统治时代,罗马城的居民才敢扩大罗马城界限的初始范围。三十六年后,罗马城界限的范围再次改变。古罗马最坚定的改革者之一尤利乌斯·恺撒(Julius Caesar)将其扩大。之后在罗马纪元746年③,屋大维再次扩大罗马城界限。依据《王权法》(Lex Regia),罗马皇帝韦斯巴芗(Vespasian)也有权扩大罗马城界限,这也许是我们掌握的与罗马城界限扩展有关的最后证据。截至19世纪中叶,很难确定罗马城界限多次扩展的范围到底有多大,因为塔西陀的记载只涉及罗慕路斯最初建造的古城墙(Pomærium of Romulus)。

最初的七丘(Septimontium)④,或者罗马七丘,后来虽然都未改变名称,但其实质变化很大。七丘包括帕拉丁山、威利亚山、凯马路斯山

---

① 塞维鲁建筑是古罗马的一座建筑,由罗马皇帝塞维鲁在公元203年所建。——译者注
② 即公元前80年。——译者注
③ 即公元前8年。——译者注
④ 根据现有研究,"Septimontium"指的是一个节日,本书作者沿用了普鲁塔克的用法,即"Septimontium"与罗马七丘混用。——译者注

宙斯的后代：从两个狼孩讲起的罗马往事

(Cermalus)、西里欧山(Caelius)、法古塔尔山(Fagutal)、奥庇乌斯山(Oppius)、契斯庇乌斯山(Cispius)。七丘之中，只有三座山包含在最初的罗马城中，即西里欧山、帕拉丁山和由奥庇乌斯山与契斯庇乌斯山交接而成的埃斯奎利诺山(Esquiline)。卡比托利欧山、维米那勒山(Viminal)、奎里纳莱山(Quirinal)和阿文蒂诺山都是后来才包括进去的。

一般认为，罗马城最初的范围没有越过台伯河，甚至没超过阿涅内河(Anio)。这种情形下，一天之内就能轻松巡视全城。周围城邦对罗马城的嫉妒迫使罗马人严密监视边境上的任何侵犯行为。罗马城南部和西部的辖地只有不过方圆五六英里的范围。辖地内的所有土地都是罗马贵族家庭的财产。

关于罗马建立的历史知识，现在可以简洁地将其概括为："一个与阿尔巴有某些关系的拉丁部族，定居在帕拉丁山。一群萨宾勇士占领了这个拉丁部族在奎里纳莱山和卡比托利欧山的家园。后来这个拉丁部族通过联姻及其他方式与那群萨宾勇士结盟了。这两个群体又与第三个群体结盟，聚居在西里欧山和埃斯奎利诺山。其中似乎有佩拉斯吉人。这些佩拉斯吉人可能来自坐落于罗马城和拉维尼姆城之间的梭伦平原(Solonian Plain)，也可能来自河对岸的切尔里(Caere)附近。这些部族一起组成了一个城邦，由一位国王或人民首领(magister populi)，以及罗马元老院统治。这是城邦统治的三种最初典型要素。"上述这段节选自唐纳森[①]作品的引文是一个非常好的概括。但我们需要知道，罗马城这些主要组成部分之间的融合进展得非常缓慢。最初，罗马城的人口有两个来源：一是拉丁人，二是萨宾人。这毋庸置疑。双胞胎兄弟的传说、雅努斯神

---

① 即约翰·威廉·唐纳森（John William Donaldson，1811—1861）。——译者注

第 3 章 罗马首位国王

殿、罗慕路斯和蒂图斯·塔蒂乌斯共治罗马,以及神话传说的许多其他内容,不仅表明了罗马城内存在两个不同部族,还显示两者之间是敌对关系。两个群体生活在同一城墙内并相互敌对,类似情形在西班牙历史中的摩尔人统治时期出现过,甚至在爱尔兰历史中也出现过。我们不断见到这样的情形:一个城市一部分由土著凯尔特人(Celts)占据,另一部分被丹麦(Danish)、盎格鲁-诺曼(Anglo-Norman)移民占据。外来移民和本土居民的冲突持续了几个世纪。

罗马城最初的姊妹城叫什么,记载早已亡佚。经过研究,一些学者提出了三种推测:雷穆里亚、奎里姆(Quirium)、勒乌凯鲁姆(Leucerum)。我倾向于第二种推测。除了传说中提到的罗慕路斯之名,我们别无其他证据证明第一种推测。第三种推测则与后一个时代相关。当时,在首领西里欧·维彼纳(Caelius Vibenna)的带领下,佩拉斯吉勒乌凯莱斯人(Pelasgian Leuceres)迁移到了西里欧山和埃斯奎利诺山。Quirites(或者叫Quirium)这一名称是对古罗马人的称呼,尤其是在热烈演说中对市民(populace)的称呼。这一称呼由几个不同的词混合衍化而来:一是"Quiris",意思是"一支矛";二是"Cures"(库列斯),是古代萨宾人的政治中心。"奎里努斯"很可能只是萨宾城居住者对罗慕路斯的称呼而已,就像塞尔维乌斯·图利乌斯也被称为马斯塔那(Mastarna)。

对罗马人来说,掠夺萨宾人只是为了通婚这一目的在别无选择之下的奇招,因为罗马城与奎里姆城之间,最初没有合法婚姻(或者叫异族通婚权)。由于两个部族之间差异很大,也就不难解释为什么互不通婚。不难想象,群体中的一部分人拿起武器去抢夺另一部分人独占的稀有资源。他们成功抢到资源,宣示自己是独立的,享有同等的市民权利。这从罗慕路斯与萨宾人的国王蒂图斯·塔蒂乌斯分享王权的传说中也可以得到

宙斯的后代：从两个狼孩讲起的罗马往事

印证。

据说在罗慕路斯和蒂图斯·塔蒂乌斯联合统治期间，最初的罗马胞族数量是三十个。根据传说，之所以划分了三十个胞族，是因为罗马人抢走的萨宾女人数量为三十个。罗马人当时断然不可能只抢走了这么少的女人。早期历史学家对此感到十分震惊。这些历史学家试图寻找依据解释这一观点，认为这个数量只包含了最高贵的萨宾妇女和少女。如果考虑到三十这一数字与意大利城邦政治组织结构的特别联系，我们的观点应该更接近事实真相。从阿尔巴部族的历史中，我们已经发现，以"三"为基础一直是这种划分的基本方式。次要的划分方式则不同。因此，我们可以看到，维吉尔告诉我们，在曼图亚（Mantua）①，划分方式以"四"为基础；在罗马城，则扩大到以"十"为基础来划分。在罗马城，以"三"为基础的划分方法似乎在拉丁人的罗慕奈斯部族（Latin Rhamnes）和萨宾人的第提埃斯部族（Sabine Titienses）中使用过，前者生活在罗马镇（Roma），后者生活在奎里姆镇。"Rhamnes"（罗慕奈斯）一词的词源现在尚不确定。"Titienses"（第提埃斯）的词源很有可能是"titis"。在萨宾语里，"titis"的意思是士兵。奎里纳莱山和帕拉丁山之间的一条道路，就是后来有名的圣道，也是罗马镇和奎里姆镇的分界线。

这些敌对的部族和平相处之后，在这条边界上建了一座神殿，纪念古意大利太阳神雅努斯。每逢对外战争，这座神殿的入口都将开放，便于两边的居民在战时互相帮助。外来征服的危机过去后，神殿入口则会

---

① 古老的城市，混合的血统，三大部族各有数支，组成政府；一支部族四个小镇，都听命于政府，《曼图亚法》（The Mantuan laws）让托斯卡纳人统治政府。德莱顿（Dryden）译，《埃涅阿斯纪》，第十五节，第201行。关于这一主题，也可参见福尔比格（Forbiger）的考证注解。——原注

雅努斯神殿。彼得·保罗·鲁本斯绘

宙斯的后代：从两个狼孩讲起的罗马往事

关闭。两边所有的交往随之结束。许多个世纪后，部族差别早已被遗忘，但这一传统依然保留了下来。罗马人好战，最开始是被周围部族的敌意激怒，不得不自卫，所以形成了好战的性格。后来，罗马人对外征服的渴望被激起，便很少再享受和平日子。因此，雅努斯神殿之门，从罗马建城之日算起，到罗马帝国崩溃，前后长达七个多世纪，也只关闭过三次。①

---

① 第一次是在努马·庞皮里乌斯统治时期；第二次是在罗马建城纪年513年（公元前241年），第一次布匿战争结束后，执政官曼利乌斯（Manlius）下令关闭；第三次是在罗马建城纪年723年（公元前31年），亚克兴战役（Battle of Actium）结束后。罗马建城纪年750年（公元前4年）耶稣出生时，屋大维也曾无奈下令关闭神殿，迎颂"和平之主"（Prince of Peace）弥赛亚（Messiah）降临。——原注

4

罗马第二位国王

罗慕路斯死后不久，罗马元老院和罗马人民之间便发生了长期激烈的争执。萨宾人想重获此前已经让与蒂图斯·塔蒂乌斯的王权。罗马元老院拒绝了这一要求，并且实行了专制统治。罗马元老院从萨宾人中选出了一百人，将他们分成十人一组，即十人队，每个十人队任命一个元老进行管理。每个管理十人队的元老，身上佩戴着齐全的国王执权标志，每隔五天巡视一次。这些新的管理者被称为摄政（Interreges），任期为一年。然而，民众（populace）对多层统治感到不满，要求城邦统治权归属于一个国王，并且由民众自己来选举统治者。元老们无法再拒绝民众的呼声，也不敢反对民众的意愿，便同意了民众的要求。罗马元老院召集全体元老召开会议，通过了一项法令。该法令规定罗马人可以公开选举一位国王，如果所选国王配得上罗慕路斯的王位，罗马元老院应予以批准。民众很满意贵族提出的意见，决定把选举权留给元老，由元老们通过选举来决定王位的归属。

努马·庞皮里乌斯当选为国王，各方都赞扬其美德。罗马人和萨宾人的利益冲突因他当选为王而缓解。他出生在萨宾人的政治中心库列斯。传说他曾受到哲学家毕达哥拉斯（Pythagoras）的教导，学习了许多深奥

宙斯的后代：从两个狼孩讲起的罗马往事

的哲学知识。即使在以品德高尚和朴素节俭著称的民族之中，努马·庞皮里乌斯的纯洁行为也令人交口称赞。罗马国王努马·庞皮里乌斯的名字传遍四方，周围城邦的人都对他钦佩不已。罗马人非但没有嫉妒努马·庞皮里乌斯这位威望甚高的外来者，反倒热烈祝贺其接受加冕。加冕前，罗马人进行了占卜，结果大吉。在臣民的欣喜欢呼中，努马·庞皮里乌斯加冕为国王。他的天赋和虔诚很快就体现在其颁布的法令和建立的制度中。

努马·庞皮里乌斯立法的主要目的似乎是将一个民族的好战思想引向伟大的统一宗教崇拜，让民众免受对外征战和对内争斗的苦难。为了使臣民充分敬畏法令，努马·庞皮里乌斯声称自己受教于女神厄革里亚(Egeria)[①]，每晚在阿里恰(Aricia)小树林中聆听女神厄革里亚讲述众神的秘密宗教仪式和伟大的道德原则。努马·庞皮里乌斯创立了一系列制度。一是设立朱庇特祭司，称为十二舞蹈祭司(Salii)。舞蹈祭司们负责祭祀玛尔斯，并在祭祀时身带武器跳祭祀舞。二是设立维斯塔贞女。贞女们负

[①] 在罗马神话中，厄革里亚是一个仙女，也是罗马第二位国王努马·庞庇里乌斯的顾问。——译者注

第 4 章 罗马第二位国王

责确保维斯塔神殿的圣火永不熄灭。三是设立大祭司（pontiffs）。大祭司们负责保存神圣祭祀记录，掌管所有与宗教仪式和节日相关的事务。四是确定灵魂或死者幽灵的祭品，以及完善和确立占卜仪式。

对划分宗教节日和举行宗教仪式，以及民政管理而言，固定的时间划分和表示方法都很重要。因此，努马·庞皮里乌斯又将自己的修正天赋转向了历法改革。他把一年分成十二个月，在罗慕路斯最初划分的十

努马·庞皮里乌斯在阿里恰小树林中聆听女神厄革里亚讲述众神的秘密宗教仪式和伟大的道德原则。菲利斯·贾尼（Felice Giani，1758—1823）绘

宙斯的后代：从两个狼孩讲起的罗马往事

———

个月的基础上增加了一月和二月。他还发现运用阴历体系记录太阳运行总天数很不精确，因而在历法中每隔一年为当年增加一个月，称为闰月（Mercedonius）。这一闰月天数为二十二天或二十三天。这样一来，每二十四年，每个月的天数又回到了最开始的数目。

在努马·庞皮里乌斯统治时期，财产权被首次确立，并开始受法令保护。对于在动荡时代——罗慕路斯统治时期属于整个部族的土地，努马·庞皮里乌斯将其中一部分用于宗教用途。他还确立了关于界神特耳米努斯（Terminus）的祭祀崇拜，以此宣告罗马边界神圣不可侵犯，以及合法财产受法令保护。

通过这些崇高的工作，努马·庞皮里乌斯愉快地实现着自己的人生梦想，直到生命终点。在他生命尽头到来之时，女神厄革里亚也未能拯救他。罗马人敬爱的国王努马·庞皮里乌斯永远离开了。他为臣民鞠躬尽瘁。臣民们忠诚于他，并且非常热爱他，认为其三十四年的统治时间似乎太过短暂了。

努马·庞皮里乌斯的历史

努马·庞皮里乌斯[①]的美好传说引起了罗马历史研究者的极大关注，因为在他所处的时代，第一缕微弱的文明曙光照耀在罗马人这个粗鲁好战的民族身上。整个传说展现了罗马人对和平的向往，对宗教仪式的狂热。这是一个性格暴躁冲动的民族在长期持续残酷征战之后的自然

---

① "努马"一词的意思是立法者，"庞皮里乌斯"或"波皮里乌斯（Popilius）"一词的意思是人民选举之人。——原注

第 4 章 罗马第二位国王

反应。我们完全有理由认为,在公元前715年至公元前673年期间,一位有着萨宾血统的国王改变了罗马当时的异教,改造了其残忍的仪式和混乱的组织形式,使其具有了常规的仪式和正常的组织形式。不过,该如何评价努马·庞皮里乌斯传说故事的独特历史价值,这一问题仍然很难解答。

将努马·庞皮里乌斯的传说说成是从一个遥远的国家迎来一位罗马国王的故事,纯属无稽之谈。这种说法显然是来自那些不懂罗马历史的人。这些人不知道早期的罗马有很大一部人口是萨宾人,也绝没想到罗马元老院的元老会向罗马人民让步,同意人民自己选举国王。这些人也不知道元老院同意让他们选举国王是奥帕坎人的罗慕奈斯部族对萨宾人的第提埃斯部族的屈服。这些部族会轮流从本族选举一位国王统治整个国家。因此,努马·庞皮里乌斯极有可能不是库列斯人,而是生活在奎里纳莱山和卡比托利欧山的奎里姆人。他的继任者图路斯·荷提里乌斯(Tullius Hostilius)是罗慕奈斯军团的一员。第四代国王安库斯·马基乌斯(Ancus Marcius)是萨宾人。安库斯·马基乌斯死后,古罗马进入了塔奎尼乌斯家族统治下的伊特鲁里亚王朝(Etrurian dynasty)。塔奎尼乌斯家族的统治给古罗马注入了新元素。卢凯雷斯部族的到来清除了罗马最初的特征,为古罗马带来了新的色彩。

萨摩斯岛(Samos)的毕达哥拉斯在哲学体系里讲述的努马·庞皮里乌斯的传说与历史年代完全不符,毕达哥拉斯生活的时代比努马·庞皮里乌斯的时代晚了将近两个世纪。对于这一差异,我们也不能解释为存在另一个人与努马·庞皮里乌斯同名。的确,有一种小众的说法流传至今。这种说法认为,在塞尔维乌斯·图利乌斯统治时期,毕达哥拉斯在意大利南部的克罗托内(Crotona)和梅塔蓬图姆(Metapontum)的学校教学。的

宙斯的后代：从两个狼孩讲起的罗马往事

确,塔西陀记载的努马·庞皮里乌斯与卡墨奈(Camenae)之间的故事触及了毕达哥拉斯式的缄默[①],但这也并不能直接说明塔西陀曾经学习了希腊哲学。

我们不能把努马·庞皮里乌斯颁布宗教法令看作一种革新。确切地说,努马·庞皮里乌斯致力于建立一套有序统一的宗教崇拜。因为在拥有至高权力之后,他发现各种不同的宗教权利和信条相互冲突。在这种统一教义中,作为平民大众宗教,萨宾人的宗教元素明显占主体。虽然在塔奎尼乌斯(Tarquins)王朝统治时期,伊特鲁里亚人的宗教影响过罗马宗教,但罗马神话最主要的特征仍然具有萨宾人的宗教特点。努马·庞皮里乌斯的法令传播到了罗马和奎里姆的居民那里。虽然两地的公民章程诱发了长期的血腥争斗,但努马·庞皮里乌斯的法令在两地具有同等效力。因此,我们可以发现,每个部族都有一个维斯塔贞女、两个占卜师、两个大祭司,以及十个祭司,每支胞族有一个祭司。祭司是一种古代的传令官,负责处理与不同城邦宪法相关的事务。与民众私人宗教崇拜相关的事情则由每个家庭的一家之主负责管理。

努马·庞皮里乌斯建立了占卜师学院。我们需要解释一下古罗马神话的分支体系之一——占卜。目前尚不确定占卜的起源。有些著名学者认为占卜起源于伊特鲁里亚人,也有人认为发源于萨宾人。虽然"augurium"(占卜)一词的来源仍有很大争议,但其来源应该是"Avis"一词,意思是一只鸟。还有一些词来源与之相似,比如"auspicium"

---

① 毕达哥拉斯式的缄默:毕达哥拉斯学派的禁令,规定信徒长期缄默,每天做一次严格的自我反省,类似中国古代的"吾将三省吾身"。毕达哥拉斯学派的信徒要接受长期的训练和考核,遵守很多规范和戒律,宣誓永不泄露学派的秘密和学说。——译者注

第 4 章 罗马第二位国王

（吉兆）和"aucupatio"（捕猎），因为占卜的主要依据是有翼一族的飞行状态。

占卜分为五种类型。第一种，根据天象进行占卜，比如日食、月食、彗星、打雷、闪电。第二种，根据鸟类进行占卜，此种占卜分为两类：鸣禽类预兆，即依据鸟的叫声占卜，比如猫头鹰、大乌鸦、松鸡等鸟类；飞禽类预兆，即依据鸟的飞行状态占卜，如老鹰、秃鹫、苍鹭等鸟类，占卜时主要观察其数量和飞行方向。第三种，根据小鸡吃食占卜，如果小鸡贪食，则视为吉兆，反之则视为凶兆，这种占卜方法主要用在军事远征之际。第四种，根据四足动物足迹占卜，观察路上四足动物的足迹，判断行程吉凶，任何个人都可以使用这种占卜方法。此方法在意大利非常流行。第五种，依据意外事件占卜，比如打喷嚏、绊倒、失火之类的意外事件。

占卜方式：占卜师站在特定位置，手持利吐斯〔一种起源于伊特鲁里亚的曲杆（curved rod）〕，向空中划出自己期望出现预兆的一片范围。占卜师在天空中划出的区域叫"templum"[①]。这一名称现在的意思就是该词的原有之意。此外，占卜师还配备有一个帐幕，也叫神庙，或者小神庙。占卜师在这个帐幕中观察预兆，等待某种规定的预兆将神明的旨意显现出来。如果占卜在罗马城界限内或者罗马的古老边界范围之内进行，则不用搭建帐幕。因为在卡比托利欧山已有合适之地供占卜师这一神秘先知使用，那里早已建有永久的占卜处所，即占卜神坛。

检查献祭给神明的野兽内脏也是罗马占卜学的一个重要内容。检查内脏的祭司叫脏卜师（haruspices）。这些脏卜师根据祭品内脏的外形判断吉

---

① 即temple（神殿）的拉丁语原型，词根tem-的意思是划分。——译者注

宙斯的后代：从两个狼孩讲起的罗马往事

凶。如果祭品在祭坛上静静地站着，死时毫无挣扎，则视为吉兆，尤其是其内脏健康无损，则视为大吉之兆。但如果没有一次性杀死祭品，或是破开祭品肚皮后发现一些要害器官染病了，则视为不祥之兆。同样，祭品在祭坛上被焚烧时，脏卜师密切观察火焰和烟雾升起的方式。如果火焰清晰，并且呈金字塔状，则表明献祭者的请求或愿望得到了神明支持。反之，如果祭坛上浓烟滚滚，或者火焰散乱、毫无规则，则表明献祭者的请求或愿望没有得到神明支持。

占卜师一般由贵族担任，享有极大特权，即便是犯下任何罪行，他们的占卜权也不会被剥夺，因为他们受任掌管国家秘密。占卜学院的法令中有一条是对友谊绝对忠诚。如果有人对学院的任何成员怀有敌意，那么这个人绝无可能进入学院成为其中一员。占卜师身穿独特服饰：紫色和深红色条纹的长袍，头戴奇特的无檐帽或锥形帽，手持前面提及的利吐斯，或者占卜法杖。

占卜规律错综复杂，常常难以理解。占卜中充斥神秘主义。占卜也常常出现差错。这种学院数量众多。西塞罗在其优美的《论老年》(De senectute) 中指出，监察官大加图把对占卜这门学科的深入了解视为巨大成就。

从公元前715年努马·庞皮里乌斯统治开始，恰巧很多希腊城邦也开始建立规范的法令。这些法令在很大程度上具有共和政体的特点。罗马的萨宾人和伊特鲁里亚人支持君主政体，是君主政体的主要拥护者。奥斯坎人的政治制度和多里斯人海格立斯后裔 (Heracleidae) 的政治制度相似。奥斯坎人偏爱贵族寡头政治统治。国王和人民都很厌恶这种统治制度。因此，我们也许可以解释，为何罗马元老院要粉碎罗慕路斯的传奇统治制度。元老们希望最高权力能掌握在摄政者手中。独裁者"傲慢

第4章 罗马第二位国王

者"塔奎尼乌斯（Tarquin）则憎恨摄政职位。这个伊特鲁里亚人被放逐后，罗马建立了执政官统治制度。著名的元老院与罗马人民[①]是罗马人对其联邦时代（the times of the commonwealth）政治体制的称呼。这一政治体制常常被误认为一种民主政府。然而，"罗马人民"一词只包含了贵族阶层。普通大众，确切地说，是平民，主要由被征服的拉丁人组成。这些拉丁人无法享受国家赋予的荣誉和特权。当然，拉丁人也并非与这些荣誉和特权完全毫无干系。通过庇护制度，或者是贵族与随从之间的相互关联，平民也可以享受到一部分国家荣誉和特权。

在古罗马，庇主（patron）和随从之间的庇护关系是父子相传的。庇主总是出身于贵族家庭，必须保护随从的利益，处理相关法律问题，在法庭上为随从辩护。随从的职责则更加苛刻。随从必须为庇主的女儿贡献嫁妆，陪同庇主上战场。如果庇主在战场上被俘，随从必须为其支付赎金。庇主和随从不能互相做对方的证人。如果庇主对随从犯下罪行，会被依法剥夺庇主身份，并被判处下地狱。

在罗马共和国后期，平民通过经商积累了财富，提升了身份地位。旧式的庇护制度逐渐衰亡。到后来，庇护制度一词用来表示职业律师与向其寻求法律建议者的关系，和现在使用的意义相同。

庇护制度这一严格的封建制度历史久远。有关庇护制度的起源，截至19世纪仍不得而知。这种制度似乎是罗马人从周围城邦那里借鉴来的。罗马人对庇护制度的改革不在本书探讨范围内。

---

① 罗马元老院和"罗马人民"（Senatus populusque Romanus）。——原注

5

罗马第三位国王

努马·庞皮里乌斯死后，王位继承人是从罗慕奈斯部族中选举出的。新选举出的继承人就是罗马第三位国王——图路斯·荷提里乌斯。图路斯·荷提里乌斯很快就显示出雄心壮志，立志超越前人。不过，他要超越的不是上一任努马·庞皮里乌斯的和平统治，而是罗慕路斯的卓越军事成就。他发现臣民在休养生息中逐渐变得柔弱，失去斗志。于是，图路斯·荷提里乌斯这位不安现状的国王寻找机会四处开战。恰巧当时罗马人和阿尔巴人都侵占了对方的领土。于是，双方派出使者要求对方归还侵占的土地。阿尔巴的使者受到了罗马国王图路斯·荷提里乌斯的特别礼遇和热情接待。由于担心唐突提出归还土地，可能显得粗俗无礼和忘恩负义，阿尔巴使者推迟了几天才将外交文书呈给图路斯·荷提里乌斯。此时，罗马使者在阿尔巴要求归还土地，并遭到了断然拒绝。这一消息传到了图路斯·荷提里乌斯耳中。他立即召见阿尔巴使者，令其讲明阿尔巴人的要求。于是，阿尔巴使者尽量彬彬有礼地向他讲明了阿尔巴人的要求。图路斯·荷提里乌斯回复道："首先拒绝归还理应归还土地的邦国，也应为随之而来的战争大屠杀承担责任。"

图路斯·荷提里乌斯正在为即将准备发起的战争寻找正当理由。他

宙斯的后代：从两个狼孩讲起的罗马往事

含糊的回复消除了他寻找正当理由的所有顾虑。于是，他准备反击不久前越过罗马边界的阿尔巴军队。正当双方军队准备交战时，阿尔巴人提出谈判请求。阿尔巴人的将军梅图斯·富菲蒂乌斯与图路斯·荷提里乌斯会面，诱使他同意了通过单人决斗的方式来决定双方势力的命运。恰巧当时双方军队中都有一组三胞胎兄弟。这两组三胞胎兄弟年龄相仿，身体同样强壮。罗马一方的三兄弟叫荷拉斯兄弟。阿尔巴一方的三兄弟叫库里亚提兄弟。罗马、阿尔巴双方决定让这六个士兵出战——阿尔巴一方三个，罗马一方三个。战斗持续了很久，场面血腥残暴。命运似乎一时间偏爱阿尔巴一方。荷拉斯兄弟中倒下了两个，战死了。在战死前，他们俩也让各自的阿尔巴对手身负重伤。罗马一方的荷拉斯三兄弟现在只剩下荷拉修斯（Horatius）一个人。双方军队的目光都急切地投向他。令罗马人惊恐的是，自己一方这个幸存的士兵转身而逃。提议单人决斗的阿尔巴人高声呼喊着庆祝胜利。然而，阿尔巴人的欢呼很短暂。库里亚提兄弟身负重伤，拖着伤痕累累的身躯追赶对手。三兄弟散开分别追赶。在被追赶途中，荷拉修斯突然转身，杀死了最前面的追赶者。剩下的两兄弟谁都没来得及支援自己的兄弟。很快，又有一个被杀死。库里亚提三兄弟的最后一个，受伤失血过多，也被荷拉修斯这个勇猛的罗马士兵轻易地杀死了。

  罗马人胜利了。荷拉修斯在其罗马同胞的护送下凯旋。凯旋的军队进入罗马城门时，荷拉修斯的妹妹卡米拉（Camilla）发现哥哥肩上披着她恋人的披风。她的恋人正是库里亚提兄弟之一，并且两人已经订婚。这件披风是她亲手做的。卡米拉迎接了凯旋的哥哥。她的眼里满是泪水，充满责备。荷拉修斯这个热血青年，气愤妹妹卡米拉不够热爱罗马，便刺穿了她的心脏，杀死了她。"去死吧"，荷拉修斯说道，"看哪个罗马

贺图路斯·荷提里乌斯的雕像。作者信息不详，约创作于1646年至1670年之间

宙斯的后代：从两个狼孩讲起的罗马往事

女人胆敢为敌人哀悼。"他的这一举动如此不近人情，惊呆了其罗马同胞。他刚刚从战场上赢得的荣誉也无法抵消这些同胞的惊恐。国王图路斯·荷提里乌斯虽然有意袒护荷拉修斯，但不能不伸张正义。两位联合执政官受命审判荷拉修斯的杀人罪。两人给他定了罪，判其接受鞭打和绞刑。执法侍从准备执行法令判决时，荷拉修斯向民众求救。其年迈的父亲普布利乌斯（Publius）穿过人群，恳求同胞们不要让荷拉修斯这个罗马的拯救者和勇士死于行刑者手中，不要让自己失去儿子。他同时声称，自己如果认为儿子荷拉修斯的行为确实犯了罪，早就以父亲的身份惩罚儿子了。在场民众被他的泪水感动了，纷纷同意赦免荷拉修斯。然而，这么大的罪行必须要求犯人赎罪。因此，荷拉修斯应该像俘虏一样戴上枷锁[①]，而且要交付罚款，收归公库。荷拉修斯父子同意了这些要求，并且上交了一些祭品以赎罪。此后，荷拉斯家族一直承受着这一惩罚。

罗马和菲德奈（Fidena）之间爆发了战争。图路斯·荷提里乌斯要求阿尔巴军队支援。依据罗马人和阿尔巴人之间的条约，阿尔巴人的将军梅图斯·富菲蒂乌斯如约带领阿尔巴军队前来支援。但在战斗中，梅图斯·富菲蒂乌斯撤走了军队，保持中立，静观战况。这么大一支军队突然撤走，令罗马人感到惊恐。但图路斯·荷提里乌斯及时发表了阵前演说，宣称是自己下令让梅图斯·富菲蒂乌斯带着阿尔巴军队从侧翼攻击菲德奈军队。于是，罗马士兵的士气得以重振。这一消息迅速传遍交战中的双方军队。菲德奈人惊慌失措，随即大败。于是，梅图斯·富菲蒂乌斯前来祝贺图路斯·荷提里乌斯打了胜仗。机警的图路斯·荷提里乌

[①] 枷锁，或腕锁，是一种由一块直木横着连接另外两块直木的刑具，与绞刑架有点像。罪犯甚至很多战俘都必须戴上这种刑具，以示丧失了自由，应当长期接受法律的严厉惩罚。——原注

第 5 章 罗马第三位国王

斯礼貌地接受了祝贺，同时他发觉梅图斯·富菲蒂乌斯想要将阿尔巴军营和罗马军营联合起来举行祭祀，洗涤战场杀戮的罪恶，便将计就计，打算报阿尔巴人此前撤走军队坐山观虎斗之仇。阿尔巴士兵来到指定地点集合，没有携带任何武器。罗马军团突然将阿尔巴士兵团团包围。图路斯·荷提里乌斯痛斥阿尔巴人的无耻背叛，然后宣布要摧毁阿尔巴城，把城中居民迁到罗马城。梅图斯·富菲蒂乌斯遭了殃。图路斯·荷提里乌斯下令将他绑在两辆战车之间，命令士兵向相反方向驾驶，车裂了梅图斯·富菲蒂乌斯这位阿尔巴将军。

这就是阿尔巴城的命运。罗马军团占领了阿尔巴城的街道，命令哀伤的居民离开，永远放弃自己的家园和祖先的神殿。通往罗马城的道路上布满了被迫离乡的妇女和儿童，路上哭声震天。身后传来的屋顶崩塌的阵阵巨响，仿佛在告诉这些离乡之人，罗马军团已经开始毁城。阿尔巴城就此消失了。从阿斯卡尼俄斯创建阿尔巴城到阿尔巴城被摧毁仅仅经过了四个世纪。为了安置阿尔巴城来的流亡者，罗马城将西里欧山囊括进统治范围，给流亡者提供了居住地。阿尔巴城主要家族的首领也被选拔进入罗马元老院。接下来，罗马人又与萨宾人发生了一场血腥之战 (a sanguinary conflict)。在马利提奥萨森林 (Silva Malitiosa)，罗马人大败萨宾人。

图路斯·荷提里乌斯参与的最后一次战役是征服萨宾人。这次战役对后来的历史产生了很大影响。此后多年，古罗马没有发生过战争。只有狄奥尼修斯（《罗马古事纪》第三卷第三十四章）提到了一场罗马人与拉丁部族之间的战争。这场战争持续了五年之久。战争结束时，双方都没获得什么利益。一场瘟疫震惊了罗马人。占兆官 (soothsayers) 占卜之后宣称，瘟疫爆发是因为超自然力量受到了冒犯，过去在阿尔巴城举行的祭祀超自然力量的古老仪式被遗弃了。于是，罗马人立即开始赎罪，恢复祭祀。在整

宙斯的后代:从两个狼孩讲起的罗马往事

个统治期间,凶狠的图路斯·荷提里乌斯都故意蔑视宗教仪式,认为自己作为一个士兵和国王不应注意这些仪式。如今,他却成了这些迷信的宗教仪式最可怜的受害者。臣民眼见很多人死于瘟疫,被瘟疫的凶猛吓坏了,纷纷拥向各个神殿,把最好的祭品放在祭坛上。但这一切徒劳无益。一场临时祭祀要了图路斯·荷提里乌斯的命。在努马·庞皮里乌斯的记录中,他找到了一些关于朱庇特的祭祀仪式,于是回到宫殿,以便庄严神圣地举行这些祭祀仪式。但他忽视了祭祀仪式中祭祀咒法的一些重要特征,被一道闪电击中而死。国王图路斯荷提里乌斯的尸体和宫殿都在大火中消失了,这发生在他统治古罗马的第三十二年。

6

罗马第四位国王

图路斯·荷提里乌斯死后，罗马的最高权力再次转移回罗马元老院。摄政者召集人民来到元老院会场，选举努马·庞皮里乌斯的外孙安库斯·马基乌斯为下任罗马国王。安库斯·马基乌斯虽然没有继承外祖父努马·庞皮里乌斯的天赋才能和恒心毅力，但在虔诚方面丝毫不输努马·庞皮里乌斯。图路斯·荷提里乌斯的下场吓坏了安库斯·马基乌斯。他认为图路斯·荷提里乌斯的下场是极度渴望征服邻邦和蔑视宗教仪式的必然后果。于是，他下令大祭司抄写外祖父努马·庞皮里乌斯颁布的与祭祀仪式和祭品有关的法令，并公之于众。

附近部族，尤其是古拉丁人，十分轻视安库斯·马基乌斯这位只注重祭祀仪式的罗马国王。其前任图路斯·荷提里乌斯一生都在四处征战，攻打邻邦。现在，这些邻邦多次还击，占领了罗马的领土。安库斯·马基乌斯要求邻邦归还土地，但遭到了拒绝。于是，他吩咐祭司举行仪式，积极备战。根据李维的记载，为了备战，安库斯·马基乌斯派出一个使者，头系羊毛头绳，来到边界，向诸神和脚下的土地演讲："我是罗马使者，我为正义而来，合理合法，请相信我说的话。"接下来，罗马使者传达了罗马元老院的要求。然后传令官召唤诸神为此作

宙斯的后代：从两个狼孩讲起的罗马往事

———

证，说道："如果使者非法要求归还上述人员或财产，诸神可以令其永远不得返回罗马。"使者将这一程序重复了四次，只改动了个别措辞。第一次是越过敌人边界时，第二次是遇见第一个人时，第三次是进入城门时，最后一次是进入广场时。此后，经过三十三天，如果对方仍然没有归还，使者将以下列方式宣战："听着，朱庇特、朱诺、奎里努斯，所有的天上之神、地球之神、地狱之神，我要你们作证：这些人不讲正义。我们的元老将在罗马商议这些问题，确立我们找回权利的最好方式。"此时，传令官回到罗马。国王安库斯·马基乌斯随即召集罗马元老院，诏令如下："就相关事务、争议、争论等问题，罗马人的官方代理和古拉丁人的官方代理人已经进行了会谈，谈判了古拉丁人应该归还什么，赔偿什么，履行什么，然而到现在为止，他们并没有归还该归还的，没有赔偿该赔偿的，也没有履行该履行的。""告诉我，"安库斯·马基乌斯问第一个元老，"你认为该如何应对？"元老回答道："我认为应该通过公平和神圣的战争再次夺回这些财产，我同意并投票支持这种意见。"

如果多数人表示同意，则正式宣战。传令官手持一根裹有铁套或涂血的权杖，前往敌邦边境，在至少三个成年人的见证下，反复宣读以下决议："然而，古拉丁人的行为是在与罗马人民为敌。罗马人民决议要向古拉丁人宣战。罗马元老院也做出了同样的决定，一致投票同意宣战。因此，我与罗马人民向古拉丁人各部族和人民宣战。"然后，传令官将长矛扔过边境。正式宣战仪式结束。

在自己参与的第一场战役中，安库斯·马基乌斯大获全胜。他率军攻下了三座拉丁城市：波利托里乌姆（Politorium）、特列涅（Tellena）和费卡那（Ficana），并将城中居民都迁移到罗马城，安排在阿文蒂诺山聚居，因为

第 6 章 罗马第四位国王

西里欧山和卡比托利欧山已经分别有阿尔巴人和萨宾人聚居。后来，罗马人与古拉丁人又发生了几场战役。直到罗马人在美都利亚（Medullia）大获全胜，双方之间的战争才结束。罗马将贾尼科洛山（Janiculum）纳入版图，修筑了防御要塞，以抵御北方的伊特鲁里亚的攻击。台伯河上建起了第一座桥——苏布里基乌斯桥。城市周围最平坦、最暴露的地方挖起了战壕。安库斯·马基乌斯也是罗马第一位下令抑制犯罪率增长的国王，他还修建了监狱。当时的监狱叫图利亚努姆地牢，或叫马梅尔定监狱（Mamertine Prison）。古罗马将势力一直延伸到海岸，并在台伯河口建了盐场。

苏布里基乌斯桥遗址。出自弗里德里希·波拉克（Friedrich Polack，1835—1915）的作品《共和国时期的罗马》

宙斯的后代：从两个狼孩讲起的罗马往事

安库斯·马基乌斯和图路斯·荷提里乌斯传说考证

有关图路斯·荷提里乌斯和安库斯·马基乌斯的统治显然具有很大传说成分，但仍然比前几任国王的传说更具历史依据。罗慕路斯是罗马城的超自然创立者。努马·庞皮里乌斯则是罗马的超自然立法者。我们发现，在图路斯·荷提里乌斯和安库斯·马基乌斯的传说中，神明介入开始越来越少，叙述情节显得更平凡，却更合理。

如前文所述，从罗慕奈斯部族中选举图路斯·荷提里乌斯为罗马国王，标志着古罗马的最高权力在萨宾人和奥斯坎人之间交替转移。阿尔巴城的毁灭为罗马带来了大量资源，也增加了罗马人的安全感。同时，阿尔巴城的居民迁移到罗马这座胜利的城市，成了罗马平民人口的主体力量。多年以来，这个阶层一直与占统治地位的罗马贵族争夺平等权利。

在图路斯·荷提里乌斯统治时期，罗马的财富一定极其匮乏，因为许多传说都提到罗马人与紧邻罗马城的独立部族之间发生过战争。如果我们相信阿尔巴城沦陷的故事，那么这肯定大大削弱了当时强大的拉丁同盟，因为正是在阿尔巴城被摧毁之后，罗马才开始战胜这些古拉丁人部族。有些历史学家认为当时这些部族全都沦陷了。由此，我们也许可以推断，阿尔巴城的毁灭是罗马征战阿尔巴最重要的特征。

荷拉斯兄弟和库里亚提兄弟的传说故事很可能反映了两个城市的一些史实：首先是两个城市中的居民种族身份，其次是两个城市各自的部族数量。后来，罗马与拉斯·波尔塞纳（Lars Porsena）统治的伊特鲁里亚之间发生了战争。我们发现此次战争中也有类似故事。三个英勇的罗马士兵——荷拉修斯·科克莱斯（Horatius Cocles）、拉提乌斯（Lartius）和贺米尼乌斯

第 6 章 罗马第四位国王

(Herminius)共同守卫贾尼科洛山的苏布里基乌斯桥。

在统治期间，安库斯·马基乌斯的第一个成就似乎是维护平民的利益，使这一阶层成了一支独立于贵族的力量。他将阿文蒂诺山分配给了平民。即使到后来维吉尔生活的时代，安库斯·马基乌斯仍因这一分配而背负着压制贵族的恶名。诗人恩尼乌斯给安库斯·马基乌斯起了"老好国王"的绰号，当时人们乐意给予恩人这个称号。征服每个城邦后，罗马人都会将其土地分为三份。一份归罗马所有，用于建立殖民地。一份还给其原来的所有者，供其在军事服役期间使用。第三份则留下来分给罗马贵族阶层的家族。在公元前377年土地法颁布之前，平民无权分享这些土地。

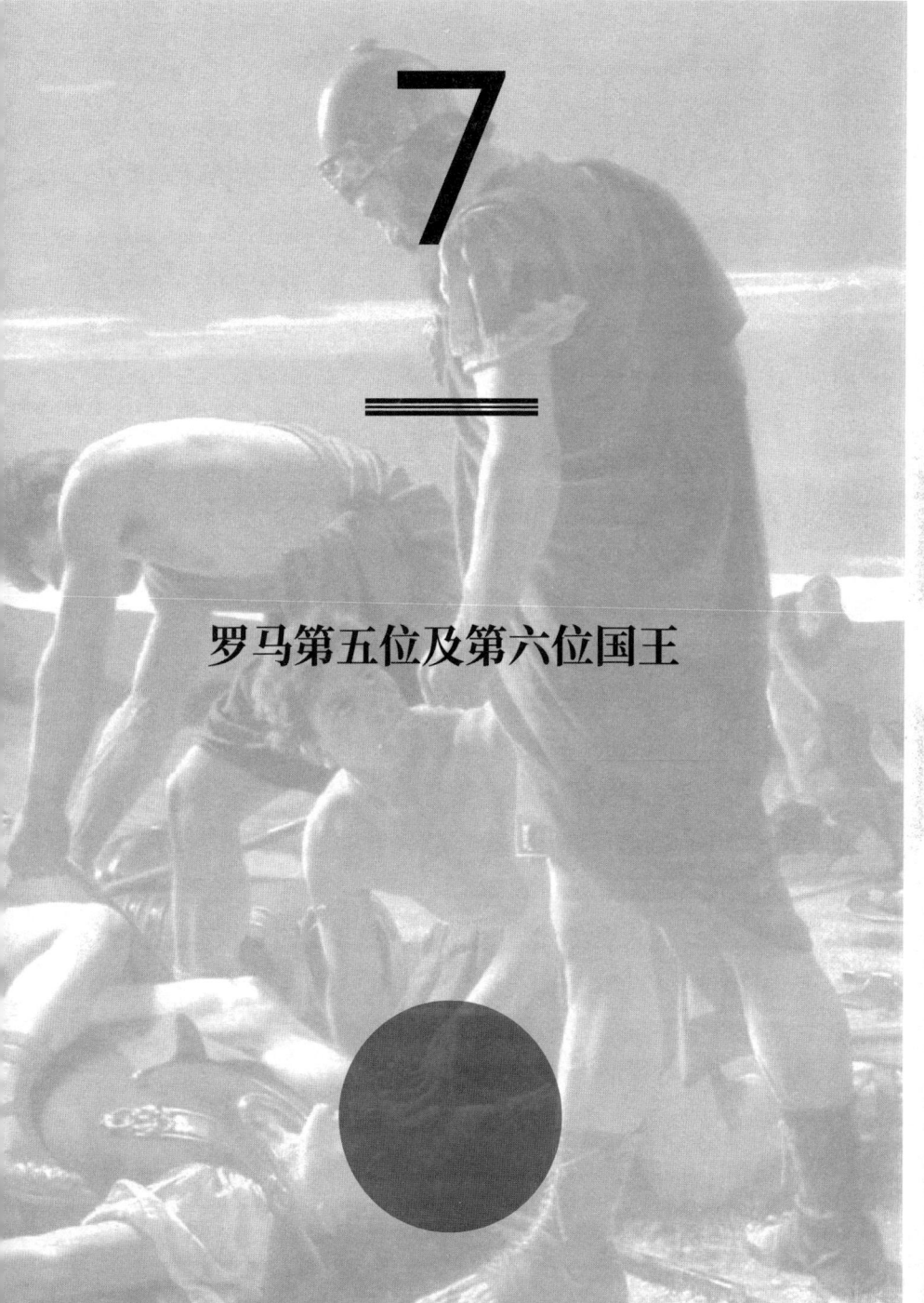

7

罗马第五位及第六位国王

安库斯·马基乌斯统治期间，一个叫卢科莫 (Lucumo) 的外地人迁到罗马城。这个外来者有一半伊特鲁里亚血统，有一半希腊血统。其父德马拉托斯是个流亡者，定居在塔尔奎尼亚。德马拉托斯死后给儿子卢科莫留下了一大笔财产。卢科莫娶了伊特鲁里亚人塔纳奎尔 (Tanaquil)。塔纳奎尔是一位贵妇。她认为无论是自己的高贵出身，还是丈夫的财富，都不能在塔尔奎尼亚给自己和丈夫带来渴望的地位，于是劝丈夫将财产转移到罗马。在两人乘坐双轮战车前往罗马的途中，一只老鹰在卢科莫头顶盘旋了很久，抓走了卢科莫头上的帽子。老鹰抓着帽子在空中飞旋一阵后，又把帽子还了回来。塔纳奎尔和其他伊特鲁里亚妇女一样擅长解读神明的预兆。解读完预兆后，塔纳奎尔激动不已。她大声欢呼着，说自己的丈夫卢科莫是罗马未来的国王。卢科莫来到罗马，买下了一处住所，并改名叫卢基乌斯·塔奎尼乌斯·布里斯库斯。卢科莫这个外来者的财富、礼貌和慷慨大方令罗马人钦佩不已，也让安库斯·马基乌斯对他非常好奇。安库斯·马基乌斯很快接见了卢科莫。就这样，卢科莫成了国王安库斯·马基乌斯的密友和顾问，受命在其死后担任年轻的王子们，即安库斯·马基乌斯的儿子们的监护人。卢基乌斯·塔奎尼乌

宙斯的后代：从两个狼孩讲起的罗马往事

斯·布里斯库斯没有像以前那样慷慨地履行安库斯·马基乌斯的托付。后来，随着国王选举的时间越来越近，他找机会派年轻的王子们远去打猎，自己则趁机着手积极游说，企图获得罗马王位。他让人民回想其在安库斯·马基乌斯统治时期为罗马做出的许多贡献，宣称自己同样享有被选为国王的权利，希望人民像选举蒂图斯·塔蒂乌斯和努马·庞皮里乌斯一样选举他为国王。他的演说巧言令色，人民回想起他对罗马毋庸置疑的贡献，都毫无疑虑地支持他。因此，在几乎没有任何人反对的情况下，卢基乌斯·塔奎尼乌斯·布里斯库斯成功当选为罗马国王。

为了加强自己在罗马元老院的权力，当选为罗马第五任国王的卢基乌斯·塔奎尼乌斯·布里斯库斯为罗马元老院增加了一百位元老，称为少数元老（patres minorum gentium），意思是"下等元老"（senators of the junior houses）。当选为国王之后，卢基乌斯·塔奎尼乌斯·布里斯库斯的早期功绩之一是一场与拉丁人的战争。在这场战争中，他率军攻陷了阿皮奥拉（Apiola），将战利品用于马戏庆祝表演。这些表演活动后来在专门的表演场地定期举行。场内还专门设置了元老席。

卢基乌斯·塔奎尼乌斯·布里斯库斯最先提出在罗马城周围修建石墙，在罗马广场附近设立摊位供民众售卖各类商品。正当罗马忙于这些民生工程时，传来了萨宾人侵犯罗马领土的消息。入侵者萨宾人没有遇到任何阻碍就越过了阿涅内河，但很快被卢基乌斯·塔奎尼乌斯·布里斯库斯率军击败。撤退时，很多萨宾人都死在阿涅内河中。这场战役前，卢基乌斯·塔奎尼乌斯·布里斯库斯觉得罗马骑兵数量不足，决定在罗慕路斯创立的骑兵基础上新增数百骑，并且以自己的名字命名新骑兵。一个叫纳维乌斯（Navius）的占兆官对这一改变提出抗议，因为卢基乌斯·塔奎尼乌斯·布里斯库斯没有事先通过纳维乌斯的神圣占卜艺术去

第 7 章 罗马第五位及第六位国王

咨询神明的意旨。卢基乌斯·塔奎尼乌斯·布里斯库斯见有人反对自己的意愿,十分震怒,便冷笑着问纳维乌斯:"占兆官能用神圣的力量告诉我,我此刻心中所想能实现吗?"占兆官回答肯定能。于是,卢基乌斯·塔奎尼乌斯·布里斯库斯说道:"我刚想的是你用刀劈开磨刀石,拿去,去证明你的预言准确无误。"占兆官随即毫不犹豫地拿起刀,瞬间一刀劈开了磨刀石。卢基乌斯·塔奎尼乌斯·布里斯库斯大吃一惊。①从此,占卜学院深受重视。凡是罗马的大事,开始前都必须由占兆官占卜吉凶。

在战争中,罗马人从萨宾人手里夺走了科拉提亚(Collatia),占领了这片土地。同时,一方面由于罗马人的勇猛,另一方面由于自己的内部纷争,拉丁人在与罗马人的战争中失去了几个重要的城市。在李维的《罗马史》中,与萨宾人的战争结束后,卢基乌斯·塔奎尼乌斯·布里斯库斯再也没有取得其他军事成就。希腊历史学家狄奥尼修斯还记录了罗马的一场胜利。在这场胜利中,罗马的敌人是亚平宁山脉西南部的伊特鲁里亚十二城联盟。十二城联盟战败了,向卢基乌斯·塔奎尼乌斯·布里斯库斯投降,并将王权标志交给他保存。

在战场上征服敌人后,卢基乌斯·塔奎尼乌斯·布里斯库斯重新将精力放在战前没能完成的公共工程上。石墙竣工了,城中铺满了巨大的、通向四面八方的下水道——马克西姆下水道(Cloaca Maxima)。罗马石墙这一巨大工程如今都让观者惊叹不已。

---

① 哥尔德斯密斯(Goldsmith)认为是国王卢基乌斯·塔奎尼乌斯·布里斯库斯亲自劈开了磨刀石,但我没有找到权威证据。我采纳了李维的叙述。——原注

宙斯的后代：从两个狼孩讲起的罗马往事

罗马第六位国王塞尔维乌斯·图利乌斯的传说

考尼库隆（Corniculum）被塔奎尼乌斯攻陷后，一个叫奥克里西娅（Ocrisia）的贵妇被俘到罗马，成了王后塔纳奎尔的仆人。在罗马人的攻城战中，奥克里西娅的丈夫战死了。奥克里西娅的遗腹子出生在罗马王宫，并受到了精心养育。有一天，他睡着了，头上似乎有耀眼的火光在嬉戏。仆人们吓坏了，迅速赶来扑灭这些火焰。但王后塔纳奎尔阻止了这些仆人，不许他们打扰他。他醒来之后，神秘之火消失了。塔纳奎尔通晓神明的预兆，认为这是未来显赫的标志，于是告诉丈夫卢基乌斯·塔奎尼乌斯·布里斯库斯，这个遗腹子未来可能继承其王位。卢基乌斯·塔奎尼乌斯·布里斯库斯赐予了他塞尔维乌斯·图利乌斯这个名字，将其和自己的儿子们一起抚养长大。成年后，塞尔维乌斯·图利乌斯娶了卢基乌斯·塔奎尼乌斯·布里斯库斯的女儿，并很快在罗马获得声望。

在卢基乌斯·塔奎尼乌斯·布里斯库斯统治的第三十八年，前国王安库斯·马基乌斯的儿子们密谋对付他。这些前朝王子的密谋与其说是希望夺回王位，不如说是复仇，报其阴谋夺走安库斯·马基乌斯王位继承权之仇。密谋是这样实施的。两个乡下人来到王宫门口，假装吵得不可开交，吵闹声传到了卢基乌斯·塔奎尼乌斯·布里斯库斯耳中。他传令两人前来觐见。在他专心听着其中一人叽里呱啦的解释时，另一个人用斧头猛地砍向他的头。国王卢基乌斯·塔奎尼乌斯·布里斯库斯昏倒在地。两个暗杀者被逮捕。王宫宫门立即被关闭。塔纳奎尔发现卢基乌斯·塔奎尼乌斯·布里斯库斯受到的是致命伤，于是马上告诫塞尔维乌斯·图利乌斯要用尽一切办法继承王位，统治罗马。卢基乌斯·塔奎尼乌斯·布里斯库斯很快就驾崩了。塔纳奎尔将死讯隐瞒了好几天。她

第7章 罗马第五位及第六位国王

告诉民众，卢基乌斯·塔奎尼乌斯·布里斯库斯身体不适。在他身体不适期间，他希望民众听从塞尔维乌斯·图利乌斯的命令。等到卢基乌斯·塔奎尼乌斯·布里斯库斯的死讯被公之于众时，塞尔维乌斯·图利乌斯已经获得了王权。他虽然被元老院选为罗马国王，却没得到任何法令的批准。

为了避免遭受和前任国王卢基乌斯·塔奎尼乌斯·布里斯库斯相似的灾难，塞尔维乌斯·图利乌斯将自己的两个女儿大图利娅和小图利娅分别嫁给了卢基乌斯·塔奎尼乌斯·布里斯库斯的两个儿子傲慢者塔奎尼乌斯和阿伦斯·塔奎尼乌斯（Aruns Tarquinius）。但这一做法使塞尔维乌斯·图利乌斯自己的结局更悲惨。在一场与维爱人（Vejentes）的战役中，塞尔维乌斯·图利乌斯大获全胜，威名远扬。之后，他开始了一项让自己在罗马历史上名垂青史的事业。

努马·庞皮里乌斯创立了罗马教会法（Roman ecclesiastical law），塞尔维乌斯·图利乌斯决定根据前几任国王的零散规定，建立一部与教会法对应的公民宪法。根据罗马人民的财产状况，他将罗马人分为六个等级。第一等级的人，财产达到十万阿斯①（ases, 约三百二十英镑），这一等级又分为四十个资深（seniores）百人队和四十个新手（juniores）百人队。第二等级的人，财产至少达到七万五千阿斯（约二百四十英镑）。第三等级的人，财产达到五万阿斯（约一百六十英镑）。第四等级的人，财产达到两万五千阿斯（约八十英镑）。第五等级的人，财产达到一万一千阿斯（约三十五英镑）。财产低于第五等级规定的人，都归为第六等级，叫以头计数者（Capite censi），或无产者

---

① 阿斯是一种青铜铸造的钱币，后来用黄铜铸造，此币种使用于罗马王政时代、罗马共和国和罗马帝国。——译者注

宙斯的后代：从两个狼孩讲起的罗马往事

〔Proletarii（Proletariat）〕。①这些人免纳贡品，只交人头税。

除这六个等级外，塞尔维乌斯·图利乌斯还设立了五个百人队。其中两个是工匠队，隶属于第一等级；两个是乐师队〔即科尔努号手（cornicines）和图巴号手（tubicines）〕，位列第五等级之后。第五个百人队包括奴隶和所有其他免服兵役的人。因此，百人队的数量达到一百七十五支。塞尔维乌斯·图利乌斯给骑兵增加了十八支百人队。其中六支百人队来自卢基乌斯·塔奎尼乌斯·布里斯库斯最初创立的三支骑兵百人队。塞尔维乌斯·图利乌斯将这三支百人队扩充为六支，每队两百名骑兵。这些骑兵全部来自贵族阶层。新增的另外十二支百人队主要从富裕的平民中挑选。这些平民百人队和贵族百人队一样，每支百人队有两百名骑兵。因此，骑兵百人队的士兵总数为三千六百人，都是男兵。根据法律和特定兵役条件，所有这些士兵都配备特殊武器。一般而言，士兵级别越高，配备的防御装备越好。②每个骑兵买马养马的钱都由公共财政支付。这笔财政源于向寡妇征收的赋税，赋税税额似乎不是太高。尤其是对继承了丈夫大笔遗产的寡妇而言，这笔赋税似乎不是太严苛。而且寡妇还免交其他各种贡税。

除了上述划分法，塞尔维乌斯·图利乌斯还为平民设立了一种特殊组织。他将罗马城分为四个区域，将罗马乡村地区〔或称罗马田野（ager romanus）〕分为二十六个区域。这些区域分别叫城市部落区（tribus urbana）和乡村部落区（tribus rusticae），共有三十个平民部族居住地。这些部族居住地的名称虽然与贵族居住地相关，却具有独立的选举权。平民部族的会

---

① 按人头算的人。——原注
② 就像在中世纪一样，骑士或男爵从头到脚都穿戴钢盔。其仆人却只穿一件皮坎肩，戴一个铁头盔。——原注

第 7 章 罗马第五位及第六位国王

议〔即库里亚大会（comitia tributa）〕完全属于平民阶层，无须贵族参加。城市的人口和资源可以通过人口普查（Census）统计，每五年统计一次，叫五年普查（lustrum）。塞尔维乌斯·图利乌斯第一次的人口普查统计罗马人口为八万。根据后来的元老费边·皮克托尔（Fabius Pictor）的记载，这一数字只包含能拿起武器上战场的人口数。奎里纳莱山、维米那勒山和埃斯奎利诺山被划入了罗马城，埃斯奎利诺山成了皇室住所所在地。整个罗马城被石墙围住。罗马城的范围扩大了。

尽管徒劳无益，但塞尔维乌斯·图利乌斯仍然忙于建立一部永久流传的治理城市的宪法。而此时，他那乱伦的家庭却给他埋下一个可怕的命运。塞尔维乌斯·图利乌斯的两个女儿，大图利娅和小图利娅分别嫁给了傲慢者塔奎尼乌斯和阿伦斯·塔奎尼乌斯。两位前王子的性格和各自配偶的性格完全不同。阿伦斯·塔奎尼乌斯品性温和、宽容大度，其妻子小图利娅却凶悍、焦躁、野心勃勃。小图利娅那温顺的姐姐大图利娅却嫁给了傲慢者塔奎尼乌斯这样一个傲慢、自私、性情暴躁的男人。不孝的小图利娅厌倦了父亲塞尔维乌斯·图利乌斯的长期统治，也厌烦丈夫阿伦斯·塔奎尼乌斯的腼腆性格。她发现傲慢者塔奎尼乌斯跟自己臭味相投，更懂自己的高傲自大和勃勃野心，于是决心暗杀丈夫阿伦斯·塔奎尼乌斯和姐姐大图利娅，除掉自己和傲慢者塔奎尼乌斯之间的障碍。就这样，阿伦斯·塔奎尼乌斯和大图利娅突然离奇死去。小图利娅和傲慢者塔奎尼乌斯这对罪恶的男女结合了。塞尔维乌斯·图利乌斯和臣民们悲伤不已，却不敢惩罚这对大逆不道的男女。

后来几年里，傲慢者塔奎尼乌斯在大逆不道之路上犹豫不决，继续忍受着塞尔维乌斯·图利乌斯的统治，没有制造麻烦。最后，他终于被配偶小图利娅的嘲弄激怒了，开始贿赂罗马元老院，并且私下里谴责塞

宙斯的后代：从两个狼孩讲起的罗马往事

尔维乌斯·图利乌斯，称其是个平民，是个篡位者。有一天，一群带着武器的侍从保护傲慢者塔奎尼乌斯来到罗马广场。他登上王位台阶，命令传令官召集罗马元老院。有的元老受其贿赂，有的元老受其威胁，都遵从其命令来到罗马广场。元老们听到傲慢者塔奎尼乌斯滔滔不绝地一面激烈谴责塞尔维乌斯·图利乌斯，一面极力夸赞自己。

一个吓坏的信使赶来向年老的国王报信。听到消息后，塞尔维乌斯·图利乌斯十分震怒，匆忙赶到罗马广场，要求女婿傲慢者塔奎尼乌斯解释为何这么做，却遭到蛮横的拒绝。于是，双方扭打起来。混乱中，塞尔维乌斯·图利乌斯从元老院议事堂〔senate-house（Curia Julia）〕的台阶摔了下来，昏倒在台阶下，流血不止。几个忠诚的侍从拼死护送这位不幸的国王回家。然而途中，他还是遭到了篡位者傲慢者塔奎尼乌斯密使的刺杀。那年是塞尔维乌斯·图利乌斯统治罗马的第四十四年。他的女儿小图利娅匆忙赶到罗马广场，庆贺丈夫傲慢者塔奎尼乌斯成为国王，却受到训斥，被责令回家。在回家途中，小图利娅看见父亲的尸体倒在大街上，被人砍得浑身是血。她的车夫看到这一场景吓坏了，勒住了马的缰绳。但小图利娅这个毫无人性的女人命令车夫驾车碾过父亲的尸体。马车驶过，小图利娅的衣服上溅满了自己那遇害父亲的鲜血。这是小图利娅弑父之罪的一个无声的、惨不忍睹的证据。自此以后，这个地方被称为"罪恶之街"。许多年里，善良的国王塞尔维乌斯·图利乌斯一直是传奇故事歌咏的主题。那些谋逆者的名字充满耻辱，令人憎恨。

8

第七位（也是最后一位）罗马国王

罗马国王傲慢者塔奎尼乌斯的罪行没有随着弑杀岳父而结束。所有被他怀疑、支持罗马元老院，甚至同情塞尔维乌斯·图利乌斯命运的元老，都注定要受到这位僭主(tyrant)、篡位者的报复。一些人遭受诬陷而死；一些人遭到暗杀而死；还有一些人主动流亡，庆幸自己得以死里逃生。傲慢者塔奎尼乌斯抄没了这些元老的财产，堆满了自己的金库。罗马元老院的元老人数减少了，傲慢者塔奎尼乌斯心满意足。这样一来，他就能用自己的权威为所欲为了。罗马元老院的空缺没有得到填补。剩下的元老害怕被流放，祈求保命，几乎不敢反对傲慢者塔奎尼乌斯的意图。

傲慢者塔奎尼乌斯做的第一件要事是与各拉丁城邦结盟。为此，他将女儿嫁与塔斯库勒姆(Tusculum)的贵族屋大维·马米利乌斯(Octavius Mamilius)为妻。傲慢者塔奎尼乌斯约定与拉丁各城邦首领会谈，地点选在费伦蒂诺(Ferentinum)的喷泉旁。拉丁首领们在那里等了很长时间。太阳快落山了，傲慢者塔奎尼乌斯依然还没到。图努斯·赫多尼乌斯——一个鲁莽、有民族自尊心的拉丁贵族，向与会的拉丁首领们强烈抗议傲慢者塔奎尼乌斯的无礼，劝大家各自回去。不久，僭主傲慢者塔奎尼乌斯就

宙斯的后代：从两个狼孩讲起的罗马往事

———

来了。得知图努斯·赫多尼乌斯的怨恨后，他便贿赂抗议者图努斯·赫多尼乌斯的仆人指控其主人密谋杀害自己。图努斯·赫多尼乌斯的营帐中挖出来一些武器，这是他的敌人为诬陷他而埋下的。不幸的图努斯·赫多尼乌斯就这样被判死罪，被淹死在费伦蒂诺的喷泉里。

傲慢者塔奎尼乌斯杀死了图努斯·赫多尼乌斯，确保了各拉丁部族服从自己要采取的措施。然后，他开始想方设法使这些部族彻底失去独立。他往罗马军队的每个小队(manipulus)里都编入一些拉丁人，这样一来，军中就没有了拉丁人长官，也没有了拉丁人的军旗，拉丁人被迫承认了罗马的统治。此后，傲慢者塔奎尼乌斯将精力转移到一场与沃尔西人的战争。他率军攻下了波梅提亚，洗劫了这座非常大的城镇，用战利品来完成卡比托利欧山朱庇特神殿的建造。由于这座山上已经修建了好几座小一些的供奉其他神明的神殿，因此，人民认为有必要通过占卜来询问是应该保留那些小神殿，还是放弃那些小神殿，将这座山留给朱庇特神殿。轮到界神特耳米努斯神殿时，占卜显示，就像罗马帝国稳定长存一样，特耳米努斯神殿会在此长存。除此之外，其他小神殿都被占卜显示没必要保留。四十个银匠被征召来修建朱庇特神殿。这些银匠大部分都是罗马人在掠夺波梅提亚时带回的俘虏。

拉丁城市伽比拒绝加入傲慢者塔奎尼乌斯的联盟。于是，罗马军队很快抵达伽比。在战场上，伽比人(Gabines)击退了罗马国王傲慢者塔奎尼乌斯的军队。于是，傲慢者塔奎尼乌斯转用计谋破城。其子塞克斯特斯·塔奎尼乌斯逃到伽比城，告诉城里的居民，自己好不容易才从残酷的父亲那里逃亡出来。他表现出对父亲十分仇恨，诱使伽比人任命自己为伽比军队的指挥，上战场攻打罗马人。在傲慢者塔奎尼乌斯的故意退败下，塞克斯特斯·塔奎尼乌斯取得了几场胜利，使伽比人对其真诚和

第8章 第七位（也是最后一位）罗马国王

勇猛更加信任。最后，他发现自己的权威足够大，便偷偷派了一个信使到傲慢者塔奎尼乌斯那里，询问下一步该怎么做。傲慢者塔奎尼乌斯没有给出答复，但在花园里散步时，当着信使的面，掐断了看到的长得最高的罂粟花，以此自娱自乐。信使没有得到答复，便回到了伽比，向狡猾的塞克斯特斯·塔奎尼乌斯讲述了汇报的整个经过。于是，塞克斯特斯·塔奎尼乌斯立即以各种借口监禁或处死了许多有威望的伽比公民。他查抄了这些人的财产，并分给了其他人。就这样，伽比很快就落入了罗马人手中。

  与此同时，卡比托利欧山上的朱庇特神殿正在紧锣密鼓地修建。由于伊特鲁里亚长久以来以拥有很多能工巧匠而闻名，罗马便从那里请来工匠帮助修建朱庇特神殿。此外，傲慢者塔奎尼乌斯还向人民征收重税以填补修建朱庇特神殿的各项开销。交不起重税的穷苦人则必须为修建朱庇特神殿服劳役。为了养活自己和家人，他们别无选择。第五任国王卢基乌斯·塔奎尼乌斯·布里斯库斯下令修建的巨大排水工程——马克西姆下水道现在竣工了。罗马的殖民地也延伸到塞尼（Signia）和奇尔切奥的边境。《西卜林书》存放在卡比托利欧山朱庇特神殿下的一间小密室里。关于这些著名的书卷，有一个离奇的传说。有一天，一个女人站在傲慢者塔奎尼乌斯面前，说自己要出售九卷书，要他给自己三百枚金币。九卷旧书要卖这么多钱，傲慢者塔奎尼乌斯认为太贵了，于是骂这个女人太贪婪。于是，这个女人离开了，烧掉了其中三卷，然后又回来卖书了，要的价格还是三百枚金币，跟原来九卷的价格一样。这次，这个女人又遭到了同样的嘲笑。之后，这个女人又将另外三卷付之一炬，然后再次回来，手中只剩三卷，要的价格还是三百枚金币，跟原来全部九卷的价格一样。这个女人奇怪的行为激起了傲慢者塔奎尼乌斯的好奇

宙斯的后代：从两个狼孩讲起的罗马往事

心。他便去询问那些占兆官，却受到占兆官的责备。占兆官责怪他没有立即把那些书都买下来，并劝谏他千万要买下剩余的书。傲慢者塔奎尼乌斯听从了占兆官的劝谏，付钱买下了剩下的三卷书。那个女人马上就消失了。这三卷书的内容全是关于罗马的预言。从此，只要发生任何公共危险或灾难，祭司们都会查阅这三卷书。

　　一个突然发生的预兆让傲慢者塔奎尼乌斯一家非常恐惧，惊慌失措。有人看见一条蛇从王宫里的一根柱子下面溜了出来。为了消除这一不祥之兆，傲慢者塔奎尼乌斯派出使团求取著名的德尔斐神谕（Oracle of Delphi）。他将这一重任派给了两个儿子蒂图斯①和阿伦斯②。与其两个儿子同行的还有他的外甥尤尼乌斯·布鲁图。尤尼乌斯·布鲁图害怕遭到僭主傲慢者塔奎尼乌斯的毒手，因为其兄弟已经被傲慢者塔奎尼乌斯暗杀，于是假装自己是个白痴，通过受辱而免遭迫害。蒂图斯和阿伦斯两位王子在德尔斐求得了神谕，知道了预兆的寓意，便请求神谕告知兄弟俩谁应统治罗马。神谕回答说："最先亲吻自己母亲的那位应该成为罗马国王。"年轻的兄弟俩决定保守秘密，不让哥哥塞克斯特斯·塔奎尼乌斯知道这个神谕，只让他们二人争夺王位。尤尼乌斯·布鲁图对这一神谕的理解则完全不同。他假装摔倒在地，偷偷亲吻了大地。因为在罗马神话中，大地是人类共同的母亲。

　　兄弟俩回到罗马后，一场罗马人与茹图利人的战争爆发了。罗马人

---

① 即蒂图斯·塔奎尼乌斯（Titus Tarquinius，主要活跃于公元前6世纪下半叶至公元前5世纪初）。——译者注
② 即阿伦斯·塔奎尼乌斯（Aruns Tarquinius，主要活跃于公元前6世纪末至公元前5世纪上半叶）。——译者注

第8章 第七位(也是最后一位)罗马国王

包围了阿尔代亚。围城期间,塞克斯特斯·塔奎尼乌斯在和从兄[①]科拉提努斯[②]及一群朋友一起吃晚饭时,谈起了各自妻子的美貌和美德。科拉提努斯夸赞自己的妻子卢克雷蒂娅很出众,要求大家一起立即骑马前往罗马,再从罗马去科拉提亚,见到自己的妻子卢克雷蒂娅之后做评价。这群热血青年,刚喝完酒,浑身酒劲,立即上马,直奔罗马。他们发现塔奎尼乌斯家族成员的配偶们陶醉于奢华的宴会,对出征在外的丈夫们毫不关心。然而在科拉提亚,他们看到了卢克雷蒂娅。卢克雷蒂娅生活节俭朴素,和女仆们一起纺纱。她的高尚品德令这群青年钦佩不已。不过,她的美貌却激起了塞克斯特斯·塔奎尼乌斯的邪恶念想。

克雷蒂娅生活节俭朴素,和女仆们一起纺纱。
威廉·德·普尔特(Willem de Poorter, 1608—1668)绘

---

① 二人有同一个曾祖父。——译者注
② 即卢基乌斯·塔奎尼乌斯·科拉提努斯(Lucius Tarquinius Collatinus,主要活跃于公元前6世纪下半叶至公元前5世纪上半叶)。——译者注

宙斯的后代:从两个狼孩讲起的罗马往事

得意扬扬的科拉提努斯和大家一起回到了阿尔代亚的军营。几天后,塞克斯特斯·塔奎尼乌斯独自一人去了科拉提亚。在那里,他受到了卢克雷蒂娅的热情接待。卢克雷蒂娅将他视为自己丈夫的朋友和族人。深更半夜时,塞克斯特斯·塔奎尼乌斯这个恶棍手持一把出鞘的剑,来到卢克雷蒂娅的床边,上床躺在她身边,威胁说要杀死她家里的奴隶。惊恐的卢克雷蒂娅害怕丑闻传出,不敢反抗。第二天天亮时,凶残的塞克斯特斯·塔奎尼乌斯离开了卢克雷蒂娅的家。

塞克斯特斯·塔奎尼乌斯强暴卢克雷蒂娅。蒂齐亚诺·韦切利奥(Tiziano Vecellio,1488 或 1490—1576)绘

第8章 第七位（也是最后一位）罗马国王

卢克雷蒂娅派了一个信使到罗马，给父亲卢克莱修[①]和丈夫科拉提努斯报信，请求他们尽快赶到科拉提亚。他们赶来了。一同赶来的还有普布利乌斯·瓦勒留斯·普布利库拉（Publius Valerius Publicola）和尤尼乌斯·布鲁图。卢克雷蒂娅因为受了侮辱，清白被毁了，痛苦不堪，泪流满面。她把自己的悲惨遭遇告诉了父亲努斯和丈夫，要他们向僭主傲慢者塔奎尼乌斯和其子塞克斯特斯·塔奎尼乌斯报仇。卢克莱修和科拉提努斯决然应允。就在两人尽力安慰悲伤的卢克雷蒂娅时，她突然拿出匕首刺入自己的胸膛，倒地而死。

卢克雷蒂娅的亲友惊恐万分，失声痛哭。一旁的尤尼乌斯·布鲁图突然摘下自己那伪装白痴的面具，把匕首从卢克雷蒂娅的尸体上拔了出来，用卢克雷蒂娅这位贞洁女士的鲜血发誓，要邪恶的塔奎尼乌斯家族血债血偿。然后，他把沾满鲜血的匕首交给了卢克莱修和科拉提努斯。之后，尤尼乌斯·布鲁图就把卢克雷蒂娅的尸体带到科拉提亚市场上，宣告塞克斯特斯·塔奎尼乌斯的罪行，号召人民争取自由。人民心底对自由的渴望和对僭主的憎恨被激发出来。一大群人自发地跟着尤尼乌斯·布鲁图和普布利乌斯·瓦勒留斯·普布利库拉向罗马进发。在罗马，死者卢克雷蒂娅身上残留的血迹同样激起了罗马人民的愤怒。这些人民遭受沉重劳役和苛捐杂税的压迫，早已怨声载道。傲慢者塔奎尼乌斯谋杀年迈的塞尔维乌斯·图利乌斯，还有其种种残暴事迹，迅速浮现在人民眼前。日落前，塔奎尼乌斯家族成员就成了流放者。罗马城完全陷入革命中。

[①] 即斯普里乌斯·卢克莱修·特里西皮提努斯（Spurius Lucretius Tricipitinus，？—公元前509年）。——译者注

宙斯的后代：从两个狼孩讲起的罗马往事

得知罗马城发生了暴动，傲慢者塔奎尼乌斯立即从阿尔代亚赶回罗马，却发现罗马所有的城门都已紧闭。自己刚刚离开的军队，也在尤尼乌斯·布鲁图的鼓动下倒戈相向，宣布反对自己。他发现入城无望，便和两个儿子蒂图斯和阿伦斯退到伊特鲁里亚的切尔里。回到伽比的塞克斯特斯·塔奎尼乌斯也被一些仇人刺杀了。几年前，在塞克斯特斯·塔奎尼乌斯背叛伽比城时，这些刺杀者的亲人们被其处死。

于是，奎尼乌斯家族统治的王朝就此终结在傲慢者塔奎尼乌斯手中。傲慢者塔奎尼乌斯统治了罗马二十五年。罗马君主制于公元前510年终止。

塞尔维乌斯·图利乌斯和塔奎尼乌斯王朝的传说考证

可以说，从傲慢者塔奎尼乌斯被流放和君主制被废止之时起，罗马的传说历史就基本结束了。此后，罗马的编年史中虽然时常可见许多全然理想化的叙事，但已经开始呈现出更加鲜明的历史特征。

在所有与卢基乌斯·塔奎尼乌斯·布里斯库斯相关的传说中，他都是一个伊特鲁里亚人。根据布里斯库斯这一名字和德马拉托斯生活时代错乱的线索[①]，尼布尔认为自己发现了一个强有力的证据，足以证明卢基乌斯·塔奎尼乌斯·布里斯库斯不是伊特鲁里亚人，而是拉丁人。他特别强调一个将卢基乌斯·塔奎尼乌斯·布里斯库斯的妻子叫卡亚·凯西莉亚（Caia Caecilia）而非塔纳奎尔的传说。他还认为罗马一度受伊特鲁里

---

① 在库普塞鲁斯（Cypselus）篡夺了科林斯的统治权力之后，德马拉托斯带领家人迁移到罗马。他有个儿子叫卢科莫，即罗马国王卢基乌斯·塔奎尼乌斯·布里斯库斯。——原注

第8章 第七位(也是最后一位)罗马国王

亚人的统治。同样的理由诱导我们认可这个拉丁语名字——卡亚·凯西莉亚,而非伊特鲁里亚语称呼——塔纳奎尔。同样,会让我们接受托斯卡纳语名字——马斯塔那,而非拉丁语名字——塞尔维乌斯·图利乌斯。我们如果否认塔奎尼乌斯家族的统治属于伊特鲁里亚王朝,那么将无法解释伊特鲁里亚首领拉斯·波尔塞纳试图恢复塔奎尼乌斯家族在罗马的统治。尼布尔反对将卢基乌斯·塔奎尼乌斯·布里斯库斯移民罗马之前的名字称为卢科莫。他认为这不是一个名字,而是一个头衔,显示的是身份等级。然而,罗马人很有可能是这个错误的始作俑者,因为他们完全不懂伊特鲁里亚语。就像很多外国人翻译英文作品一样,也会犯很多荒唐的错误。但我们不能因此怀疑原著的权威性。将德马拉托斯与比其生活年代至少早五十年的科林斯僭主库普塞鲁斯放在同一时代,这一错误与将毕达哥拉斯和努马·庞皮里乌斯放在同一时代一样,因为将巴克齐亚迪家族(the Bacchiadae)驱逐出科林斯,是比较科林斯历次动乱最具体的要点。强大的伊特鲁里亚王朝在罗马的存在痕迹,在罗马神话经历的变化中有迹可循。这些神话显示出了伊特鲁里亚人的性格。不仅如此,在罗马城的公共设施,巨大的马克西姆下水道和古城墙遗迹中,都有伊特鲁里亚王朝的痕迹。传说一个叫西里欧·维彼纳的伊特鲁里亚人,带着一大群随从来到西里欧山和埃斯奎利诺山定居。卢基乌斯·塔奎尼乌斯·布里斯库斯赐予他们荣誉,将他们变为自由人,赐姓卢凯雷斯。传说塞尔维乌斯·图利乌斯在还叫马斯塔那(Mastarna)时,曾是西里欧·维彼纳的朋友,也是其忠实追随者。即使是这段传说,也有不同版本,令人十分困惑费解。有的版本说卢凯雷斯部族是佩拉斯吉农奴,臣服于奥斯坎罗慕奈斯部族。又有版本说卢凯雷斯部族是征服了罗马和奎里姆的伊特鲁里亚人。

宙斯的后代：从两个狼孩讲起的罗马往事

在结束本章前，不得不提一下，我注意到在《瓦罗尼亚努斯》(Varronianus) 中，唐纳森博士提出了一些关于卢凯雷斯部族的奇怪观点。在该书中，他声称卢凯雷斯部族属于佩拉斯吉人，而且是土著；然而在其他地方，他又说卢凯雷斯部族是奎里姆的居民，统治着奥斯坎罗慕奈斯部族。关于卢凯雷斯部族的传说，唐纳森的两种观点完全不同。事实上，对于自己祖先的起源，罗马人完全不清楚。由此，我们也许可以理解为何两种起源的说法长期独立存在。罗马城到底何时建立，也许要结合这两种说法来推测。伟大的古文物研究者维吉尔也许提过这两个城市：

> 然后只见两堆废墟，曾经确是，
> 两座宏伟的城市，如今都遭洪水。
> ——《埃涅阿斯纪》，第八卷

9

罗马共和国建立

僭主傲慢者塔奎尼乌斯被驱逐出罗马城后，整座城市沉浸在狂喜之中。卢克雷蒂娅的受辱之仇已报，其灵魂得以安宁。罗马人民一致起誓，决不允许任何人再剥夺自己的自由。人民等待此刻已久，如今好不容易才获得自由。此后，罗马的最高权力授给了两位执政官。执政官每年由罗马元老院选出，对罗马元老院法令负责。元老们和罗马人民达成一致，同意选举卢克雷蒂娅受伤的丈夫科拉提努斯及另一位复仇者尤尼乌斯·布鲁图为首任执政官。此时当务之急是充实人数削减的罗马元老院。为此，从骑士团中选出了一百六十四名新元老，即各位元老（conscript father）①。此后，这一名称一直用于称呼罗马元老院所有的元老。

　　在傲慢者塔奎尼乌斯被驱逐后这一值得纪念的时期，罗马第一次设立了执政官——罗马共和国中权力最高、最有影响的职位之一。在一个古老传说中，罗马第六任国王塞尔维乌斯·图利乌斯打算废除王权，用执政官来取代国王，执行国王的所有权力，但执政官的行为要

---

① 拉丁语名称为Patres Conscripti，前一个词意思为"父老"，后一个词意思为"新进的人员"，组合起来即为"各位元老"。——译者注

宙斯的后代：从两个狼孩讲起的罗马往事

———

对罗马人民负责，并且其权力应该设有期限。当然，截至19世纪中叶仍无法确定，塞尔维乌斯·图利乌斯是否曾考虑过实行这种共和政体。但我们可以确定，他死去大约二十五年后，在塔奎尼乌斯家族成员被流放时，这样一种执政体制就创立了。不过，为了更好地杜绝执政官可能滥用这一官职赋予的巨大权力，如前所述，选出了两个执政官。两人共同执政，并且任期只有一年。两人互相监督制约，执政官行使执政权力时必须两人共同在场。一人的决议可能被另一人的决议推翻。虽然两位执政官拥有几乎无限的权力，但在任期结束后，他们的行为要受到最严厉的审查。

最初，执政官是从贵族阶层中选出来的。然而，不到一个半世纪后，平民的要求打破了这一限制。也曾有平民担任过这一最高官职。执政官几乎拥有至高无上的权力。执政官是国家民政和军事两个部门的首脑，主持罗马元老院，可以随时召集或暂停罗马元老院会议。罗马元老院的决议由执政官负责执行。罗马和外邦的外交事务首先得向执政官汇报，然后再传达给罗马元老院。外邦使者也不会求见各位元老，而是觐见两位执政官。同样，执政官主持人民议会 (the assembly of the people)，对法令进行投票表决，然后付诸实施。执政官执掌军队的最高权力，因而可以控制贵族议会 (the councils of the aristocracy)，左右平民的投票和选举。执政官到各行省执权时，配备十二位刀斧手。这些刀斧手手执束棒 (fasces, 一束桦木或榆树杆)。束棒中间①绑着一把斧头。但在罗马城中，不允许刀斧手在束棒中间绑斧头。因为在罗马城，刀斧手的个人惩罚权只限于鞭打罪犯，

---

① 我们经常可见一些图画将斧头画在束棒顶部，这是一个常见的错误。从一些执政官钱币上，我们可以看到斧头实际上是绑在束棒侧边的。——原注

扛着束棒的刀斧手。切萨雷·韦切利奥(Cesare Vecellio,约1521—约1601)绘

宙斯的后代：从两个狼孩讲起的罗马往事

并无斩首之权，而斧头象征着斩首之权。罗马城中，执政官每隔一个月轮流执法。在不执法期间，有刀斧手跟随着执政官。但此时，刀斧手不带束棒，表明执政官此时只是一个普通人民。最初，每年只选两位执政官，其年龄不能超过四十三岁。任何人都不能连续两年担任执政官。但这些规定常常被打破，尤其是在独裁官（dictator）秦那①、马略、尤利乌斯·恺撒、庞培（Pompey）和屋大维所处的动荡时代。执政官一旦被下派至行省，或派出执行任何公共职责，就必须得到罗马元老院允许才能返回。如果任期结束后，执政官仍然还在行省执法，则被称为罗马总督。在公民议会（public assemblies）上，罗马总督坐在象牙椅上，手持权杖，或者同样材质的法杖。权杖或法杖顶部绘有鹰的图案，象征罗马总督的权威。执政官这一官职极其重要，因此，罗马人以执政官的名字来纪年。这一习俗一直延续到公元6世纪。不过，只在执政官制度创立到亚克兴战役期间，执政官的权力和威严才真正发挥作用。罗马帝国后期，执政官制度不断变更。最后，执政官不再代表巨大威严和权力。执政官这一官职常常成为一些风云人物的工具。这些人利用执政官的权力来控制世界、扰乱世界，实现其雄心壮志，或者犯下罪行，或者发挥自身天赋。执政官这一职位已经沦落到为外国在罗马进行贸易提供方便的职位。

  罗马人对民主的支持既危险又短暂。刚成为人民偶像不久的科拉提努斯，很快就受到罗马同胞的不信任和怀疑，而这些人的自由还是他以遭受劫难为代价争取来的。他碰巧是上任国王傲慢者塔奎尼乌斯的亲戚。这一点掩盖了他为罗马人做出的所有贡献。这些尚未完全摆脱傲慢

---

① 即卢基乌斯·科尔内留斯·秦那（Lucius Cornelius Cinna，约公元前120年—公元前84年）。——译者注

第9章 罗马共和国建立

者塔奎尼乌斯残酷统治阴霾的民众，还心有余悸，因此要求科拉提努斯辞去执政官之职。于是，科拉提努斯隐退到拉维尼姆城，并在那里去世。普布利乌斯·瓦勒留斯·普布利库拉当选为他的继任者。

一场令人难忘、令人恐惧的阴谋，正在罗马迅速酝酿。一些有地位的年轻人，曾是几位被流放的王子身边的同伴，十分厌恶共和国这种新的政府形式，因为这使他们丧失了享受奢靡生活的机会。最早策划这一阴谋的人中有维特里(Vitellii)和阿基利(Aquillii)兄弟俩。两人与尤尼乌斯·布鲁图有姻亲关系，甚至还诱使其子蒂图斯·尤尼乌斯·布鲁图和提比略·尤尼乌斯·布鲁图参与其阴谋。塔奎尼乌斯家族派使者来到罗马，要求归还其私人财产。密谋者趁机与塔奎尼乌斯家族的使者商讨如何在夜间放塔奎尼乌斯家族成员进入罗马城。使者们在罗马逗留了很长时间等待答复，直到罗马元老院最终决定归还塔奎尼乌斯家族的私产。晚上，这些使者聚集在一个密谋者的家中，以为没有人会发现，就畅谈阴谋，并要求密谋者写一封信给塔奎尼乌斯家族成员以示诚意。一个躲在屋内的奴隶偷听到了这些谈话，于是马上将之报告给了尤尼乌斯·布鲁图和普布利乌斯·瓦勒留斯·普布利库拉。两人虽称赞这个奴隶的情报很及时，但没有立即采取措施，而是在收到密谋者传出信函的消息后，立即逮捕了这些密谋者和其同谋。

塔奎尼乌斯家族的使者们被释放，但所有参与阴谋的罗马人都被判处鞭刑和斩首。这个悲痛的任务落在了尤尼乌斯·布鲁图肩上。他注定要看着自己那两个不幸的儿子在行刑者手下死去。他面无表情地看着这一幕。见此情形，罗马同胞们都感动得泪流满面。报信的奴隶获得了自由，还得到一笔从公库拨出的奖励。傲慢者塔奎尼乌斯和罗马人之间的休战就此结束。罗马元老院撤销了归还傲慢者塔奎尼乌斯这位僭主财产

宙斯的后代：从两个狼孩讲起的罗马往事

的法令，将其财产分给了罗马人民。他的土地被划为一份份面积为七英亩的小块土地，分给了平民。这一举措将平民与罗马共和国的命运紧密地联系在了一起。

与此同时，塔奎尼乌斯家族成员正忙于游说伊特鲁里亚的主要城市，尤其是维爱和塔尔奎尼亚。他们声称自己与伊特鲁里亚人有姻亲关系，有血缘关系。他们的游说没有白费。维爱和塔尔奎尼亚分别派出一支军队进军罗马。在科拉提努斯卸任后，执政官由尤尼乌斯·布鲁图和普布利乌斯·瓦勒留斯·普布利库拉二人担任，他们立即准备迎战敌军。双方——罗马军队和伊特鲁里亚军队在阿尔西亚森林〔forest of Arsia (Silva Arsia)〕中相遇。尤尼乌斯·布鲁图率领骑兵进攻。普布利乌斯·瓦勒留斯·普布利库拉指挥步兵迎战。被流放的王子阿伦斯认出了尤尼乌斯·布鲁图，于是立即策马扬鞭，疾驰而来发起进攻。尤尼乌斯·布鲁图冲上去迎战。双方飞驰的战马迎头猛烈相撞。两位将军都从马上猛地摔下，撞死在地。两军激战许久，僵持不下。直到傍晚，双方都没赢得任何绝对优势。最后，夜幕降临，维爱人和塔奎尼乌斯家族成员离开了战场。罗马人得以凯旋。尤尼乌斯·布鲁图的葬礼盛况空前。为了纪念尤尼乌斯·布鲁图这位英雄，在那个俭朴的时期，所有能办到的都办到了。罗马的主妇们为这位英雄哀悼了整整一年。

最后，在与这样一位令人如此难忘的英雄人物——罗马自由的奠基人尤尼乌斯·布鲁图告别前，好奇的读者一定想知道：科拉提努斯遭受了塔奎尼乌斯家族成员的极端迫害，为何却因与这个被流放家族的成员有亲属关系而被迫辞去执政官之职；尤尼乌斯·布鲁图迫使科拉提努斯辞职，而他正是上任国王傲慢者塔奎尼乌斯的外甥，却仍然被允许继续担任执政官之职。同样很奇怪，陪同傲慢者塔奎尼乌斯的儿子们求取

第 9 章 罗马共和国建立

德尔斐神谕时,尤尼乌斯·布鲁图还是年轻小伙,大约两年后,却有年龄足够大的儿子参与反叛罗马的阴谋。这些奇怪之处和与他有关事迹的其他矛盾一起,给有关他的真实历史蒙上了一层神秘面纱。这样也许更好,因为他的部分行为可能纯属传说。因此,这也许是为了掩盖他的性格缺陷,解释其对科拉提努斯的虚伪,解释其记忆中挥之不去的对儿子残酷无情的控告。

因为普布利乌斯·瓦勒留斯·普布利库拉推迟了一段时间才选出一位人选来接替尤尼乌斯·布鲁图,所以民众开始怀疑他,认为他犹豫不决,企图获得至高无上的权力。他正在威利亚山建造的一座坚固宫殿也受到普遍怀疑。但他察觉到了即将到来的风暴,便下令停止这项工程,并着手建立一套法律体系,使自己马上摆脱了野心勃勃的嫌疑。他颁布了一条法律,规定谁要敢觊觎王位,就把谁连同其财产献给地狱之神。他还赋予了人民上诉权。无论是地方执政长官(magistrate),还是平民,都有上诉权,他本人同样可以被上诉。这使他颇受爱戴。此后,他获得了"取悦民众的人"之称。接着,他选了年老的卢克莱修代替尤尼乌斯·布鲁图。卢克莱修是科拉提努斯的岳父。不过他刚当选几天就死了。之后,马库斯·荷拉修斯·普尔维卢斯(Marcus Horatius Pulvillus)被选为继任者。然而,他专注于供奉卡比托利欧山的朱庇特神殿,这让普布利乌斯·瓦勒留斯·普布利库拉和朋友们十分懊恼。为了将马库斯·荷拉修斯·普尔维卢斯的注意力从其正在履行的神圣职责上转移开,普布利乌斯·瓦勒留斯·普布利库拉给马库斯·荷拉修斯·普尔维卢斯捎了个信,说其儿子死了。当时,马库斯·荷拉修斯·普尔维卢斯正在进行祭祀仪式。他要么是不相信这个消息,要么是害怕疏忽了供奉的重要仪式,只是吩咐把尸体抬去埋了,然后继续祈祷。

宙斯的后代：从两个狼孩讲起的罗马往事

阿尔西亚森林战役失利后，塔奎尼乌斯家族成员退到伊特鲁里亚，寄居在克鲁休姆首领拉斯·波尔塞纳的宫廷里，诱使他对罗马发动战争。听到这一情报，罗马元老院和罗马人民都惊慌失措。元老们决定减轻人民负担，使人民的利益与元老们的利益更加紧密地结合在一起。于是，许多令人讨厌的赋税取消了，尤其是盐税和港口关税。贵族们相互竞争，比谁对平民更加彬彬有礼，更加慷慨大方。敌人伊特鲁里亚人逼近罗马时，罗马人放弃了郊区，逃往城市。伊特鲁里亚人立即占领了贾尼科洛山。如果不是因为荷拉修斯·科克莱斯英勇御敌，伊特鲁里亚人早就跨过台伯河上的苏布里基乌斯桥了。他曾试图号召逃跑的罗马同胞共同御敌，但无人听从，都逃跑了。于是，荷拉修斯·科克莱斯这位英雄一人直奔桥头，在那里单枪匹马堵截全部敌军的进攻。他那两个英勇的同伴——斯普里乌斯·拉提乌斯和蒂图斯·贺米尼乌斯·阿奎林纳斯赶来相助。与此同时，罗马人毁掉了三人身后的苏布里基乌斯桥。苏布里基乌斯桥横梁的倒塌声，还有罗马同胞的叫喊声，警示斯普里乌斯·拉提乌斯和蒂图斯·贺米尼乌斯·阿奎林纳斯在交通完全切断之前撤退。但荷拉修斯·科克莱斯对此不屑一顾，一人独自抵抗伊特鲁里亚人。最终，因为敌军太多，抵挡不住，他便跳进了台伯河，游到了对岸。因为穿戴了盔甲，他最后毫发无伤。他的英勇使自己得到了公库拨付的一笔奖励。此外，他还得到了属于那个时代的简单的感激之礼，即一块他一天能够耕完的地。

拉斯·波尔塞纳见攻城无望，因为一个如此英勇的猛士就阻击了自己的大军，于是他改变了战略，改围攻为封锁。这一策略很快就将罗马城中的居民逼得走投无路。一个叫盖乌斯·穆齐乌斯·科尔都斯的贵族青年，决定来一次大胆冒险，将罗马从面临外敌征服的危险中解救

荷拉修斯·科克莱斯这位英雄一人直奔桥头,在那里单枪匹马堵截全部敌军的进攻。他那两个英勇的同伴——斯普里乌斯·拉提乌斯和蒂图斯·贺米尼乌斯·阿奎林纳斯赶来相助。与此同时,罗马人毁掉了三人身后的苏布里基乌斯桥。夏尔·勒·布鲁恩(Charles Le Brun,1619—1690)绘

宙斯的后代：从两个狼孩讲起的罗马往事

出来。获得罗马元老院批准后，他伪装成一个伊特鲁里亚人，混进了拉斯·波尔塞纳的军营。碰巧那天拉斯·波尔塞纳正在给士兵发军饷。书记官（secretary）穿着华丽的衣服坐在拉斯·波尔塞纳身边。盖乌斯·穆齐乌斯·科尔都斯不认识拉斯·波尔塞纳，又不敢打听什么，生怕因为不熟悉情况或者因口音暴露了自己，便找机会一刀刺中了那位衣着华丽的书记官的心脏。这一突发状况令卫兵惊恐不已，措手不及。卫兵们好大一会儿才回过神来逮捕了盖乌斯·穆齐乌斯·科尔都斯，将其带去接受拉斯·波尔塞纳的审判。面对审讯，盖乌斯·穆齐乌斯·科尔都斯答道："我是一位罗马公民，叫盖乌斯·穆齐乌斯·科尔都斯。我渴望从敌人手中解救罗马。我来这里是要杀死你的。我既然来了就没打算活着回去。这就是罗马精神。我失败了，但后面还会有许许多多的人来杀你。等着吧！每一天，每一刻，你随时准备受死吧！你只有自己一个人，而我们，却是一个接一个，源源不断。"拉斯·波尔塞纳被这话激怒了，既愤怒又恐惧，下令对盖乌斯·穆齐乌斯·科尔都斯施以火刑，逼他将阴谋全盘招供出来，不漏任何细节。但盖乌斯·穆齐乌斯·科尔都斯这个英勇的青年毫不畏惧。他将右手放在熊熊燃烧的木炭火焰之上，丝毫不惧火焰烧伤之痛。拉斯·波尔塞纳非常吃惊，无可奈何，只得下令将其送走。"走吧"，拉斯·波尔塞纳喊道，"啊，罗马人！你已经证明了你的无所畏惧，平安地走吧。"盖乌斯·穆齐乌斯·科尔都斯答道："你之前折磨和威胁我，我拒绝向你透露我们的计划。现在既然你宽宏大量，我答应满足你的要求。那么，我告诉你，拉斯·波尔塞纳，三百个罗马青年已经发誓要夺你性命。我是第一个。其余的人会一个接一个来杀你。"

　　拉斯·波尔塞纳既钦佩罗马人的英勇无惧，也害怕接踵而来的刺

盖乌斯·穆齐乌斯·科尔都斯被带到拉斯·波尔塞纳面前。彼得·保罗·鲁本斯和安东尼·范·戴克（Anthony van Dyck, 1599—1641）绘

宙斯的后代：从两个狼孩讲起的罗马往事

杀。他受不了这种折磨，便派使者前往罗马讲和。拉斯·波尔塞纳提出讲和条件，要求罗马人将占领的土地归还给维爱人，并且要求罗马从最高贵的家族之中派出人质。条约的其中一项条款是恢复塔奎尼乌斯家族的统治，但没有强烈要求必须这么做。罗马元老院赐予了盖乌斯·穆齐乌斯·科尔都斯一块土地。这块土地位于台伯河靠近伊特鲁里亚的岸边。由于盖乌斯·穆齐乌斯·科尔都斯在拉斯·波尔塞纳面前把右手烧残废了，罗马人称其为"盖乌斯·穆齐乌斯·斯凯沃拉"[①]（Gaius Mucius Scaevola，意为"左撇子"）。

罗马的少女们下决心要像男人们一样英勇。罗马人交给拉斯·波尔塞纳的人质中，有个贵族少女叫克黎莉娅。她在敌人射出的阵阵飞镖（darts）中穿梭，和一群女同伴一起逃过了台伯河。拉斯·波尔塞纳对克黎莉娅的勇气感到十分惊讶，要求克黎莉娅立即返回，否则将废除条约，但同时答应克黎莉娅，不会惩罚其大胆的逃跑行动。克黎莉娅被带到拉斯·波尔塞纳面前。拉斯·波尔塞纳立即下令给她自由，同时允许她从人质中选一些人一起走，她愿意带走多少就带多少。谨慎的克黎莉娅只选择了那些年幼的人质。克黎莉娅回到罗马后，人们树立了一座雕像以纪念这一事件。

罗马与克鲁休姆之战的考证

罗马与克鲁休姆之战的叙述充满诗意，应该是虚荣的罗马人捏造的，因为罗马人无论何时都不愿意将自己的失败记入史册。然而，毫无

[①] "斯凯沃拉"为其绰号，世袭时失去绰号意义，仅作为姓氏。——译者注

第9章 罗马共和国建立

疑问，拉斯·波尔塞纳确实率军攻陷过罗马城。不过，我们不确定他向罗马城提出了什么条件。诚实的塔西陀承认这一事实，并且谈到罗马城确实投降过，甚至还暗示了罗马遭受的一些苦难。〔《罗马史》(Historiae)，第三卷，第72页〕通过比较这一事实与高卢人俘虏罗马人的史实，老普林尼留下了重要的证据，即根据和谈条件（或者说投降条件），禁止罗马人使用铁器，除非用于农业生产。这是一个严厉、耻辱的条件，表明罗马人被迫放弃所有武器。但这和有些精彩叙述描写得很不一致，如荷拉修斯·科克莱斯的英勇、盖乌斯·穆齐乌斯·斯凯沃拉的不屈不挠、克黎莉娅的友善和勇气，还有伊特鲁里亚首领拉斯·波尔塞纳的宽宏大量。罗马还流传着这样一个传说，即伊特鲁里亚人撤军时，拉斯·波尔塞纳在军营里留下了很多粮食，以分给罗马的穷苦民众。这些粮食被公开拍卖了。李维注意到，用这一古老方法分配这些粮食的说法，似乎与伊特鲁里亚征服者和平离开罗马城的说法相互矛盾。

此外，还有一个值得注意的事实，即公元前495年，塞尔维乌斯·图利乌斯建立的三十个部族，只剩下二十一个了。那九个消失的部族，其领土似乎位于台伯河靠近伊特鲁里亚的一侧。但不能因此而草率推测，割让这些土地是拉斯·波尔塞纳提出的条件之一。拉斯·波尔塞纳可能率军攻陷了贾尼科洛山，并且占领了好几年。罗马人有一个非常著名的惯例。这一惯例在罗马与克鲁休姆的战役前后都存在。那就是罗马每征服一个城市，便夺走其至少三分之一的领土。归还维爱人的领土，还有向拉斯·波尔塞纳呈送一把象牙椅，都表明罗马人确实曾臣服于拉斯·波尔塞纳，并承认其主权。尼布尔指出，即使后来到了十人委员会 (Decemvirs) 执政时期，罗马人仍然没有收复被伊特鲁里亚人占领的领土。从狄奥尼修斯的编年史里关于罗马与克鲁休姆的战役那段时期的记

宙斯的后代:从两个狼孩讲起的罗马往事

载,我们可以发现,在十五年的时间里,罗马人口从十五万减少到了十一万。目前找不到任何记录表明这一人口减少是由瘟疫或饥荒导致。因此,只能认为这是战争带来的后果。四万人几乎接近当时罗马人口的三分之一。

荷拉修斯·科克莱斯的故事也很离奇。值得一提的是,图路斯·荷提里乌斯统治时期,抵御阿尔巴人的勇士也叫荷拉修斯·科克莱斯。后来,拉斯·波尔塞纳率领大军攻打罗马时,罗马人应该又选择了同样名字的勇士来保卫罗马城。守卫苏布里基乌斯桥的三位勇士,分别代表罗慕奈斯部族(即拉丁人)、第提埃斯部族(即萨宾人)和卢凯雷斯部族(即伊特鲁里亚人)。然而,编年史作者们为了史诗效果,省略史实,并未讲明拉斯·波尔塞纳如何利用饥荒使罗马人口锐减,只提到了他在贾尼科山驻军。我们也找不到任何明确讲述他如何包围罗马城的记载。罗马人也绝对不可能把荷拉修斯·科克莱斯一天能耕完的土地都赐给荷拉修斯·科克莱斯。罗马在台伯河靠近伊特鲁里亚一侧的土地,也不可能如我们所见,都依条约全部割让了。罗马在靠阿涅内河那一侧的土地,即拉丁姆,也不可能割让给拉斯·波尔塞纳,因为那片土地当时还不属于罗马人。如果有这样的先例,那两个多世纪后,库里乌斯·登塔图斯(Curius Dentatus)[①]战胜了伊庇鲁斯国王皮洛士(Pyrrhus of Epirus),罗马人却只赐给他相当于五十英亩的土地就不足为奇了。不仅如此,对于为罗马做出了杰出贡献的人,罗马元老院给予的奖赏要少得多。

---

① 即马尼乌斯·库里乌斯·登塔图斯(Manius Curius Dentatus,?—公元前270年)。——译者注

10

首位独裁官 A. 波斯图米乌斯

从那片当时还很小的罗马领土撤退后，拉斯·波尔塞纳心想，自己不能带兵长途跋涉却无功而返，于是派儿子阿伦斯（Aruns）率军围攻阿里恰。但阿里恰居民得到库迈（Cumae）土著相助，英勇抵御伊特鲁里亚人，并大获全胜。溃败的伊特鲁里亚军队四散逃亡，大部分人逃到了罗马，在那里受到了最盛情的款待。而不久前，伊特鲁里亚大军还猛烈地围攻过罗马。这些逃来的伊特鲁里亚人十分感激罗马人，很多人也因喜爱罗马而留了下来。罗马元老院给他们在罗马城里分配了一条街，叫图斯库斯街。这里居住的主要是伊特鲁里亚人。他们要么太穷无处可去，要么因太喜欢罗马而留了下来。

回到克鲁休姆后，拉斯·波尔塞纳派出使者前往罗马，商谈塔奎尼乌斯家族成员返回罗马的事宜。他这么做也不过是走过场而已，没有指望罗马人会同意让塔奎尼乌斯家族成员回去。罗马元老院坚决、恭敬地回绝了。也许是出于谨慎，也许是出于大度，拉斯·波尔塞纳认为对伊特鲁里亚人来说，与罗马人结盟能获取的物质好处要比与傲慢者塔奎尼乌斯那个被流放的僭主合伙好得多，于是把罗马投降时抵押的人质送了回去，同时要求流放在自己那里的塔奎尼乌斯家族成员另

宙斯的后代:从两个狼孩讲起的罗马往事

———

寻栖身之地。他的愿望得到了满足。塔奎尼乌斯家族成员流亡到了塔斯库勒姆的屋大维·马米利乌斯那里。屋大维·马米利乌斯娶了塔奎尼乌斯家族的最后一个女儿。此后,拉斯·波尔塞纳这个著名的名字消失在罗马历史长河中。

大约在公元前503年,罗马最古老的家族之一克劳狄家族来到了罗马定居。一个叫阿塔·克劳苏斯(Atta Clausus)的萨宾贵族煽动叛乱,被萨宾人驱逐,带着家眷和一大群随从逃到了罗马。罗马元老院给予了他们公民权,把罗马刚刚征服的阿涅内河以外的一些土地分给了他们。这些萨宾人的首领阿塔·克劳苏斯改叫阿庇乌斯·克劳狄[①]。他的后代中有许多优秀的罗马人,都在罗马贵族中享有盛誉,拥有众多财富,手握大权。同年,普布利乌斯·瓦勒留斯·普布利库拉去世。就像当年悼念其同伴尤尼乌斯·布鲁图一样,罗马妇女们悲痛地悼念普布利乌斯·瓦勒留斯·普布利库拉。

罗马人仍然害怕塔奎尼乌斯家族成员的骚扰进犯,也害怕罗马内部的派系斗争,于是从那些前任执政官中直接任命了一位独裁官(或称行政长官)。很难确定第一任独裁官是谁。有人认为是蒂图斯·拉尔基乌斯(Titus Larcius),然而这是错的。

独裁政体 (Dictatorship)

独裁官是罗马宪法规定的最高长官。在国家面临紧急危险时,这一

[①] 即阿庇乌斯·克劳狄·萨宾努斯·雷吉雷恩西斯(Appius Claudius Sabinus Regillensis,约公元前505年—公元前480年)。——译者注

第 10 章 首位独裁官 A. 波斯图米乌斯

官职不受任何约束。对此，也许需要简略说明下独裁官的主要职责和权力：

这一官职似乎与罗马人充满戒备的谨慎态度不相符。罗马共和国实施的各项措施往往都打上了谨慎的烙印。在任期内，独裁官堪比最专制独断的"君主"，拥有至高权力。只有独裁官一人拥有宣告和平或发动战争的权力。独裁官无须为自己所有的独裁行为负任何责任，在辞职或任职期限结束后，也无须负责。执政官是独裁官的下属，其他所有下级官员当然也是独裁官的下属。对这种专制权力，也设立了一些微弱的制衡屏障。最初，独裁官只有六个月的任期，无权管理公库。独裁官只能使用被分配的资金，无权动用任何公款。独裁官不能随意离开意大利，以免离开之后不受限制，在其他行省滥用其至高权力，最后危及罗马共和国的和平。除非得到人民允许，否则在行军途中，独裁官只能步行。无论行军路程有多远，路途有多艰难，独裁官都必须走在军队最前面。当罗马面临危险时，罗马元老院会发布法令（元老院议决），让其中一位执政官任命一位独裁官。执政官总是在午夜至黎明之间任命独裁官，观察到吉兆后，宣布独裁官正式就职。最初，只有贵族才有资格担任独裁官。但后来，平民也要求获得独裁权。因此，后来也有平民担任独裁官。上任后，独裁官会任命骑士统领。骑士统领是权力非常大的政务官：独裁官不在时，骑士统领享有独裁官的全部权力。战争中，骑士统领指挥骑兵，独裁官则指挥军团和步兵。独裁官身前有二十四个刀斧手开路。即使在罗马城中，这些刀斧手也手执束棒和斧头（执政官的刀斧手则无此特权），以示独裁官对罗马人民的生命和财产享有至高权力。人们一直认为，苏拉和尤利乌斯·恺撒的独裁权非法僭越了独裁官的伟大职权。因此，尤利乌斯·恺撒死后不久，法律正式废除了独裁官一职。屋大维的一些仆人提议他担任独裁官。但屋大维这位深邃的政治家更愿掌握实权而非拥有虚名。他拒绝担任独裁官，因为苏拉的暴行让独裁官这个职位蒙了羞。

雷吉洛斯湖战役

此时，罗马人对拉丁人的怀疑已经得到证实。罗马人得知塔奎尼乌斯家族成员又在备战，而且成功游说了屋大维·马米利乌斯联合三十个拉丁部族反抗罗马。这令罗马人惊惶失措。

公元前499年，在塔斯库勒姆领土内的雷吉洛斯湖沿岸，罗马军队和拉丁姆军队相遇。罗马军队由独裁官A. 波斯图米乌斯和骑士统领T. 埃布提乌斯[①]指挥。屋大维·马米利乌斯和傲慢者塔奎尼乌斯一起指挥流亡之徒和拉丁同盟联军。这场战役持续很久，血腥残酷。交战开始不久，T. 埃布提乌斯就受伤了。在向敌方联军猛冲时，普布利乌斯·瓦勒留斯·普布利库拉的兄弟马库斯·瓦勒留斯[②]也倒下了，浑身是伤。于是，罗马军队开始败退。蒂图斯·贺米尼乌斯·阿奎林纳斯重整罗马军队萎靡的士气，他亲手斩杀了塔斯库勒姆的将军屋大维·马米利乌斯。但在剥死者屋大维·马米利乌斯的衣服时，蒂图斯·贺米尼乌斯·阿奎林纳斯自己也被斩杀。最后，罗马骑兵用一次决定性的冲锋击溃了拉丁人，打得拉丁人溃不成军。这些拉丁人慌乱撤回营地，但营地很快又被罗马人攻下了。据说，两个身材极其高大魁梧的青年骑着白色战马，将

---

① 即蒂图斯·埃布提乌斯·海尔瓦（Titus Aebutius Helva，主要活跃于公元前6世纪下半叶至公元前5世纪上半叶）。——译者注

② 即马库斯·瓦勒留斯·沃鲁苏斯（Marcus Valerius Volusus，？—公元前496年）。——译者注

第 10 章 首位独裁官 A. 波斯图米乌斯

胜利的消息传到了罗马（罗马人充满虚荣心，在公开场合做任何事都会夸大）。传说两人是神话中的孪生兄弟——卡斯托耳（Castor）和波鲁克斯（Pollux）[①]。独裁官 A. 波斯图米乌斯得胜归来。傲慢者塔奎尼乌斯逃到了库迈僭主阿里斯托德穆斯（Aristodemus）的王宫，并在几年后死在了那里。此后，虽有例外，似乎没有哪个塔奎尼乌斯家族成员再试图恢复塔奎尼乌斯家族在罗马的统治。雷吉洛斯湖战役后，罗马的传说历史也随之结束。

卡斯托耳和波鲁克斯骑着白色战马参加雷吉洛斯湖战役。约翰·莱因哈德·韦格林（John Reinhard Weguelin, 1849—1927）绘

尼布尔以其一贯的洞察力评论道，雷吉洛斯湖战役的叙述带有一种强烈的英雄史诗味道。故事中，许多勇士相互残杀，死在对方手中。荷

---

① 卡斯托耳和波鲁克斯是孪生兄弟，他们的母亲是斯巴达的王后勒达，却有不同的父亲。卡斯托耳的父亲是斯巴达国王廷达瑞俄斯（Tyndareus），而波鲁克斯的父亲是宙斯，宙斯伪装成天鹅诱奸了勒达。——译者注

宙斯的后代：从两个狼孩讲起的罗马往事

马叙述的故事也有这种矛盾冲突。罗马王政时代至此彻底结束。从此将有一个新的种族带领罗马共和国前进。根据一些记载，傲慢者塔奎尼乌斯和其子塞克斯特斯·塔奎尼乌斯死在了战场上。这可能是这个传说故事的诗意创作。然而，也有历史证据表明傲慢者塔奎尼乌斯死在库迈。从起源上来说，库迈源于希腊，但库迈与锡拉库萨（Syracuse）、阿格里真托（Agrigentum）一样，都陷入了僭主统治。僭主们的权力从未得到宪法承认，却不断掠夺那些在其专制下不幸痛苦呻吟的人。

11

平民脱离

如果我们把古罗马的平民与19世纪的平民视为同一阶层，那就大错特错了。原因有三：第一，我们发现，罗马编年史作者们频频提到，在当时，平民经常荒废土地，常常被迫向政治中心罗马城的高利贷者借钱；第二，维尔吉尼乌斯①是个平民，同时是罗马军中的一个百夫长（Centurion），手里管着一百号人，其女儿维尔吉尼娅（Virginia）的故事在本书后面会提到；第三，长期以来，平民也想获得尊重，争取和贵族家族的通婚权。所有这些细节都表明，当时的平民虽然在法律上不受优待，但肯定是些有点田产且虚荣心十足的人。在罗马，这些人虽然是绅士，拥有土地，但没有什么公民权。他们大多是移居罗马多年的外族后裔，早已将自己视为罗马人，与罗马的兴衰荣辱绑在一起，充满雄心壮志，渴望分享罗马的荣誉。

大约在公元前496年，贵族和平民之间爆发了一场争夺战。这使罗马王政统治受到多年困扰，最终导致罗马王政统治的灭亡。长期以来，在战争和赋税的沉重压迫下，平民一直艰苦劳作。由于平民必须为国家

---

① 即卢基乌斯·维尔吉尼乌斯（Lucius Verginius，主要活跃于公元前5世纪）。——译者注

宙斯的后代：从两个狼孩讲起的罗马往事

服兵役，其土地就不可避免地被荒废。这种情形下，平民不得不透支开销，向高利贷者借钱，结果导致负债累累。

债户和债主法

最初的罗马债户和债主法十分苛刻，充分表明了罗马人的粗鲁、简单。他们不擅长经商，也不了解其中的风险。因此，债主对债户拖欠债务不怎么宽容。债户往往不得不请求其不耐烦的债主宽限期限。这一时期，只有贵族才拥有财富，平民只能向贵族借钱，并且需要支付高额利息。根据罗马的法律，债主提出还款要求后，债户必须在三十天之内偿还本金和利息。否则，债主将逮捕债户，将其关进地牢做苦役。除非债户还清欠债，否则将被关到死为止。罗马的法律将债户分为两种：债奴和依附人。如果经政务官证明，三十天期限已过，债户仍未偿还债务，则必须委身为奴，即债奴；这是第一种债户。第二种债户叫作依附人，在借钱时主动订立契约，到时如果无法偿还债务，就依契约将自己连同财产一起交由债主。债奴的状况最惨，不像依附人一样能用劳务抵债，只能在债主那里终身为奴为囚。

公元前495年，阿庇乌斯·克劳狄和普布利乌斯·塞维利乌斯（Publius Servilius）执政时期，平民终于不堪重负，愤怒地发动了一场骚乱。一天，一位老人冲向广场，让平民们看其后背，到处是伤，遍布淤血。这个老人整个人脏兮兮的，悲惨无比。有些人认出这个老人是个百夫长，他的胸前满是伤疤。这些伤疤正是他在最近几场战争中勇猛杀敌的见证。老人的故事很悲伤，在最近几场与拉丁人的战争中，老人的农田被掠夺烧毁。由于要服兵役，他根本没有机会耕种土地，因此欠下了巨债。由于

第11章 平民脱离

没能偿还债务，他被囚禁为奴，干活抵债。听了他的故事后，成百上千的人都开始讲述自己的遭遇，证实了老人的遭遇并非捏造。平民们暴怒至极，见贵族就打。如果不是阿庇乌斯·克劳狄和普布利乌斯·塞维利乌斯及时赶到，不知这些愤怒的平民要灭掉多少贵族。阿庇乌斯·克劳狄脾气暴躁，极力反对向平民做出任何妥协，提出马上动用武力镇压这场不断恶化的骚乱。但其同僚普布利乌斯·塞维利乌斯不同意，主张通过发表演说，向平民做出承诺，以此平息这场风暴。真是"屋漏偏逢连夜雨"，一则消息让本就混乱的局势更加失控。消息说沃尔西人集结了军队，正朝罗马方向进军。元老们惊慌失措，平民们却欢呼雀跃。"现在好了，"平民们喊道，"让这些傲慢的贵族好好看看，他们有多需要我们。现在就让那些贵族去保卫他们自己的城市，证明他们有能力奴役和压迫他们的同胞，也有能力击退敌人。那些贵族独自享受战争的胜利果实，也要独自承担战争的凶险和艰苦。"在元老们的恳求下，普布利乌斯·塞维利乌斯发表演说号召平民。他恳求平民记住，平民也是罗马这个国家不可分割的一部分。如果平民要求受到贿赂才去保卫自己的国家，这将是平民的耻辱。但愤怒的平民要求得到承诺，改善依附人的状况，颁布法令豁免所有债户，让债户参与这次征兵。对于这群愤怒的平民而言，他们要求的承诺得到应允要比普布利乌斯·塞维利乌斯的演说更有吸引力。因此，罗马军中增加了许多刚从地牢中释放出来的债户。战争随之而来，沃尔西人战败，付出了代价。沃尔西人认识到，打败他们的士兵虽不幸沦为债户，但并不是奴隶。

沃尔西士兵的首领，以及沃尔西人的政治中心苏萨波梅提亚，给贫穷的罗马士兵留下了一些物资。萨宾人冒险越过阿涅内河远征侵略却遭到罗马人的顽强抵抗，以惨败收场。打了胜仗的罗马军队回到罗马后，

宙斯的后代:从两个狼孩讲起的罗马往事

这些士兵却遭到了新的压迫:从前的债主再次要求监禁这些士兵。这些士兵——不幸的依附人向普布利乌斯·塞维利乌斯申诉,要求他履行诺言。然而,这是枉费精力。普布利乌斯·塞维利乌斯夹在贵族和平民的利益冲突中间,进退两难。他十分害怕,无可奈何,只得顺势推诿,闪烁其词。然而,他没能讨好任何一方,遭到了双方的憎恨咒骂。傲慢的阿庇乌斯·克劳狄尽其所能促使贵族宣称收回其同僚普布利乌斯·塞维利乌斯的职位。他认为普布利乌斯·塞维利乌斯是个蛊惑民心的政客。相比伪装的朋友,罗马人也许更喜欢公开的敌人。平民既憎恨阿庇乌斯·克劳狄,也十分蔑视普布利乌斯·塞维利乌斯。他们决定将未来掌握在自己手中,于是公开发起暴动,阻止任何债主逮捕或扣留债户。萨宾战争即将爆发的消息丝毫没有缓解债主与债户的矛盾,平民赶走了政务官的刀斧手。公元前495年结束时,两位执政官任期结束,离职了。罗马元老院和平民双方都高兴了。

在继任者维尔吉尼乌斯[①]和维图里乌斯[②]执政期间,罗马元老院收到消息,听说平民开始在埃斯奎利诺山和阿文蒂诺山秘密举行会议,这让元老们惊慌失措。为了扼杀这些叛乱苗头,罗马元老院决定征兵,点名让这些人入伍。但这是徒劳无益的,这些人中的一部分当时就站在审判台面前。他们听到了召唤,却未做任何回应。执政官准备逮捕他们,平民们却赶走了执政官的刀斧手。于是,罗马元老院决定选举一位

[①] 即奥卢斯·维尔吉尼乌斯·特里科斯图斯·卡埃利奥蒙塔努斯(Aulus Verginius Tricostus Caeliomontanus,?—公元前486年)。——译者注
[②] 即蒂图斯·维图里乌斯·格米努斯·基库里努斯(Titus Veturius Geminus Cicurinus,主要活跃于公元前6世纪下半叶至公元前5世纪上半叶)。——译者注

第11章 平民脱离

独裁官。经过商议，罗马元老院选择了马尼乌斯·瓦勒留斯[①]。他的祖先正是有名的爱民者普布利乌斯·瓦勒留斯·普布利库拉。平民虽然对没有责任感的政务官的权力感到恐惧，但还是对马尼乌斯·瓦勒留斯很满意，因为平民们十分感激他的祖先普布利乌斯·瓦勒留斯·普布利库拉。于是，平民们欢庆自己摆脱了阿庇乌斯·克劳狄的残酷之手。阿庇乌斯·克劳狄这个傲慢的家伙曾一度左右着罗马元老院的决议。

与沃尔西人和萨宾人的战争

罗马人现在将注意力完全放在了与沃尔西人和萨宾人的战争上。独裁官马尼乌斯·瓦勒留斯率军击退了敌人，大获全胜。沃尔西人的维利特雷城沦陷了。埃魁人也败给了迅猛突袭的罗马军队。马尼乌斯·瓦勒留斯得胜归来。他提议颁布减轻债户人负担之法，但被罗马元老院否决。他十分恼怒，罗马元老院竟然如此不合时宜地固执己见，不顾广大平民的强烈要求。于是，马尼乌斯·瓦勒留斯辞去了独裁官之职。他宣称，既然暴动无法避免，自己宁愿勇敢面对。不过他要以个人身份来面对这场暴乱，而不是国家最高政务官的身份。平民们称颂马尼乌斯·瓦勒留斯这位前独裁官愿意为平民服务，于是将他从广场护送回家，一路喝彩高呼。

---

① 即马尼乌斯·瓦勒留斯·马克西穆斯（Manius Valerius Maximus，？—公元前463年）。——译者注

宙斯的后代：从两个狼孩讲起的罗马往事

平民脱离

罗马元老院强制下令，要求军队撤离罗马城，继续攻打埃魁人。最终，这一不合时宜的鲁莽命令使事态更加恶化，引发了危机。平民立即全体撤离到萨塞尔圣山（Mons Sacer）。这座圣山位于阿涅内河对岸，在罗马城东北方向，距罗马约三英里。在这座圣山脚下，平民们挖了一条壕沟防御敌人，并在那儿待了很长时间。除生存所需物资外，平民们没有从邻国抢夺其他任何东西。罗马元老院和贵族大吃一惊。在罗马这个遭人遗弃的国家，还有什么灾难不会发生呢？如果厄运降临，沃尔西人和埃魁人真要进军罗马，罗马元老院和贵族们要怎么抵挡呢？土地荒废了，无人耕种。对于一个居住区而言，必不可少的工匠技术活也没人做了。不仅如此，还不知道这些平民要在圣山静静地待到何时。如果平民们要来侵犯罗马，谁来抵抗呢？在这一公共秩序混乱状态下，上述问题就是那些留在罗马城的人自然而然想到的问题。在罗马面临的这一关键时刻，罗马元老院说服了梅内尼乌斯·阿格里帕[①]前往萨塞尔圣山。他是个很受欢迎的人。罗马元老院让他尽己所能，劝诱平民们回家。他来到这些无产平民的营地。平民们恭敬地接待了他，认真倾听了他讲的话。他没有使用任何不合时宜的言辞，没有高谈阔论，只跟这些平民讲述了著名的寓言故事《肚皮和身体器官》(Belly and the Members)，让平民们依靠自己的良好判断力做出合适的选择。平民们虽然认为这一类比不恰当，但还是充分认识到问题的严重性。他们放弃早已习惯的职业，待在萨塞尔

[①] 即阿格里帕·梅内尼乌斯·拉纳图斯（Agrippa Menenius Lanatus，？—公元前493年）。——译者注

所有平民来到萨塞尔圣山。巴洛西尼（Barloccini）创作于1849年

宙斯的后代：从两个狼孩讲起的罗马往事

圣山无所事事。每多待一刻，就给平民们自己，也给罗马多造成一分伤害。于是，他们同意回去，但提出了一些条件。其中的主要诉求是设立平民政务官，即护民官。这个职位应该完全不受执政官约束，管辖一切与罗马平民相关的事务。罗马元老院同意遵守这些条件后，平民们就回到了首都罗马城。

选举出的两位首任护民官分别是盖乌斯·李锡尼乌斯（Gaius Licinius）和L.阿尔比努斯（L. Albinus）。两人又增选了三位同僚，其中一人叫西西尼乌斯①。他诱使了平民造反。

同其他许多革命一样，平民脱离罗马城也导致了严重后果，引发了一场大饥荒。公元前491年，罗马元老院派出使者，从奥斯蒂亚（Ostia）港分别向北、向南出发，驶往伊特鲁里亚和拉丁姆海岸，为因饥荒挨饿的人购买粮食。使者们在库迈城购买了大量谷物，却遭到库迈僭主阿里斯托德穆斯扣押。他要罗马使者用这些粮食赔偿傲慢者塔奎尼乌斯的财产，因为傲慢者塔奎尼乌斯指定自己为继承人。幸运的是，使者们从伊特鲁里亚和西西里岛买到了很多粮食，最后成功运回了罗马。于是，罗马元老院开始不知羞耻地争论，要以多高的价格卖给挨饿的人才合适。有个叫盖乌斯·马基乌斯的贵族青年，在攻陷科利奥利的战役中表现英勇，在公元前492年刚刚获得"科利奥兰纳斯"（Coriolanus）这一称呼。他强烈反对满足平民们的要求，宣称现在正是收回平民们脱离时强迫罗马元老院给予他们的权利的时候。

---

① 即卢基乌斯·西西尼乌斯·维鲁图斯（Lucius Sicinius Vellutus，主要活跃于公元前6世纪下半叶至公元前5世纪上半叶）。——译者注

第11章 平民脱离

盖乌斯·马基乌斯·科利奥兰纳斯

平民们对盖乌斯·马基乌斯·科利奥兰纳斯这一无情的提议愤怒之极。盖乌斯·马基乌斯·科利奥兰纳斯好不容易才被人从暴怒的平民中解救出来。平民们高声呐喊，呼吁向企图让自己饿到屈服的人——盖乌斯·马基乌斯·科利奥兰纳斯复仇。盖乌斯·马基乌斯·科利奥兰纳斯遭到护民官弹劾，被判处叛国罪。平民们想到得以复仇，才平静了下来。最初，盖乌斯·马基乌斯·科利奥兰纳斯毫不在意自己的危险处境，但很快意识到，在愤怒的同胞手中，等待自己的将是什么命运。于是，他放弃官职，流亡到沃尔西人那里，并受到了热情友好的对待。在同盖乌斯·马基乌斯·科利奥兰纳斯的谈话中，沃尔西人感觉到了这位客人对自己的祖国罗马充满敌意。不过，沃尔西人并没有为他的遭遇感到可悲。在庆祝朱庇特神的一个盛大节日前夕，罗马人故意侮辱了许多沃尔西外来者，命令这些沃尔西人离开罗马城。结果再次引发了罗马人和沃尔西人之间的战争。收留盖乌斯·马基乌斯·科利奥兰纳斯的人——沃尔西部族首领阿蒂乌斯·图利乌斯 (Attius Tullius)，诱使盖乌斯·马基乌斯·科利奥兰纳斯这个客人担任将军率军攻打罗马。盖乌斯·马基乌斯·科利奥兰纳斯欣然接受了这一职位，并带领军队迅速取得了令人惊讶的胜利。他以迅雷不及掩耳之势攻下了十座重要的城市，其中包括拉维尼姆和科利奥利。很快，沃尔西军队就抵达克卢伊利亚堑壕 (Fossa Cluilia)，并驻扎下来。该堑壕距离罗马城大约五英里。元老们试图迎头痛击对罗马怀恨在心、充满魄力的盖乌斯·马基乌斯·科利奥兰纳斯，却失败而归。平民们沮丧消沉，心灰意冷，拒绝出战。贵族无奈，只得派出使者前往沃尔西军营，恳求议和。傲慢的盖乌斯·马基

宙斯的后代：从两个狼孩讲起的罗马往事

乌斯·科利奥兰纳斯勉强屈尊降贵接见了罗马使者，但拒绝了使者的请求。使者再次来到他的军营，带着新的和谈条件求见，但他拒绝召见这些再次求见的罗马使者。

一群庄严的罗马妇女来到沃尔西军营，其中包括盖乌斯·马基乌斯·科利奥兰纳斯的妻子伏伦妮娅（Volumnia）和母亲韦图里亚（Veturia）。两人的泪水和责备浇灭了他的仇恨。于是，他拆了军营，撤回到沃尔西领土，终老于此。有一种诗意叙述则说他被沃尔西人怨恨，死于沃尔西人之手。反抗暴政的罗马人一直铭记着盖乌斯·马基乌斯·科利奥兰纳斯的名字，也称颂其英勇和孝顺。

12

沃尔西人打败罗马人

盖乌斯·马基乌斯·科利奥兰纳斯率领沃尔西人对罗马的包围结束后不久，罗马通过了一项法律。此后多年，这一法律导致平民与贵族阶层陷入无休无止的斗争中。执政官斯普里乌斯·卡西乌斯以谨慎和英勇著称。他提议把大部分罗马公地——罗马从别国夺来的土地，从贵族和罗马人民那里收回来，将其分配给平民。斯普里乌斯·卡西乌斯的同僚普罗库卢斯·维尔吉尼乌斯①与罗马元老院一起坚决反对这个提议。贵族十分憎恨斯普里乌斯·卡西乌斯。在他任期结束后，贵族便弹劾他犯了叛国罪，污蔑他企图获取无上权威。公元前485年，斯普里乌斯·卡西乌斯遭到同僚的审判，被处死了。也有传说认为，审判斯普里乌斯·卡西乌斯的人是他自己的父亲。这是罗慕路斯之法赋予的特权。他的财产也被没收充公。这种传说可能是贵族编造出来的，用来掩盖他们残酷的审判行为。后人对斯普里乌斯·卡西乌斯的记忆更公正。对他

---

① 即普罗库卢斯·维尔吉尼乌斯·特里科斯图斯·鲁蒂卢斯（Proculus Viginius Tricostus Rutilus，主要活跃于公元前6世纪下半叶至公元前5世纪上半叶）。——译者注

宙斯的后代：从两个狼孩讲起的罗马往事

所谓的叛国罪的指控，绝对能与对格拉古兄弟[①]的迫害相提并论。和斯普里乌斯·卡西乌斯相似，格拉古兄弟也为平民权利而战，最后同样遭到贵族们的迫害。

法比部族

多年以来，罗马人不断遭到沃尔西人和埃魁人的攻击。这些敌人可谓坚持不懈，不屈不挠。许多英勇的罗马士兵在这些战争中倒下。为了抵抗这些侵略，罗马公库中拨了大量资金，人们感到疲倦沮丧，农业也因长期不断的战争警报而荒废。在这一令人沮丧痛苦的时期，有一个隶属于法比部族的氏族，怀着无与伦比的爱国主义精神，向罗马元老院提议，由其承担全部的战争重担。对这一提议，各位元老十分高兴。这一氏族的三百零六位贵族，带着四千名受保护人和随从，在罗马同胞的祝福下，踏上了征途。在很长一段时期里，这支氏族大军多次战胜伊特鲁里亚人，在克雷梅拉河（Cremera）上修建防御工事，阻击了敌人，让其无法逼近。敌人的最后一次伏击给了这支法比部族大军致命打击，使其全军覆没，无一生还。幸亏有一个幼小的法比部族少年留在了罗马，否则这一高尚的氏族就消亡了。这位少年长大后，在公元前465年成了罗马执政官。

公元前473年，护民官格涅乌斯·格努奇乌斯控告了执政官弗里乌

[①] 指罗马的改革家提比略·格拉古（Tiberius Gracchus，公元前163年—公元前133年）和盖约·格拉古（Gaius Gracchus，公元前154年—公元前121年）两兄弟。——译者注

第12章 沃尔西人打败罗马人

斯①和曼利乌斯②，指控两人无视公地分配法。在审判前，两个被告人企图给平民留下良好印象，但白费力气，平民们并不买账。在审判日当天，格涅乌斯·格努奇乌斯迟迟没有来到广场。于是，传令官前往格涅乌斯·格努奇乌斯家，发现他早在夜里就已被人谋杀了。得知这一消息后，平民们惊惶失措。护民官这一官职神圣不可侵犯，如果护民官都得不到保护，仍然难逃被贵族刺杀的厄运，那么平民又指望谁来保护呢？他们更容易受到公开攻击和蓄意伤害。为了安抚平民，执政官又打算试一试征兵这一老办法。但这一次，执政官们失败了。一个叫弗雷罗·普布利里乌斯（Volero Publius）的平民坚决反对征兵。在最近的战役中，他担任过军士（non-commissioned officer）。他被执政官征召时，拒绝前往，因此被刀斧手逮捕。他便向护民官上诉。格涅乌斯·格努奇乌斯的命运把其他护民官吓坏了。他们都不愿帮助弗雷罗·普布利里乌斯。虽然执政官下令要将弗雷罗·普布利里乌斯脱光鞭打，但他继续向人民呼吁申诉。弗雷罗·普布利里乌斯突然逃入周围的人群中，执政官的手下对其穷追不舍。平民们打跑了执政官的手下。执政官们见状，感到无能为力，便停止了那无望的征兵计谋。平民们为弗雷罗·普布利里乌斯获得自由欢呼雀跃，选其为来年的护民官。就任护民官后，弗雷罗·普布利里乌斯对执政官十分宽容大度，甚至连一句责难的话都没有说，全心全意投入平民事业之中。护民官弗雷罗·普布利里乌斯提出了一项提案。这一提案规定，今后所有的护民官都要通过库里亚大会或部落集会选举产生，不能由森都利亚大会（Comitia centuriata）来选举，以免贵族对此施加影响。

---

① 即卢基乌斯·弗里乌斯·梅杜利努斯（Lucius Furius Medullinus，公元前445年—公元前375年）。——译者注
② 即格涅乌斯·曼利乌斯·乌尔索（Gnaeus Manlius Vulso，主要活跃于公元前5世纪）。——译者注

宙斯的后代：从两个狼孩讲起的罗马往事

《普布利里法规》

公元前471年，罗马元老院强烈反对弗雷罗·普布利里乌斯的提案。贵族希望这一措施随着弗雷罗·普布利里乌斯的任期结束而消失，但他们的愿望落空了。公元前470年，弗雷罗·普布利里乌斯再次当选护民官，并与同僚盖乌斯·莱托里乌斯（Gaius Laetorius）一起修订了这一提案，增加了一些重要的内容。元老们决定反击，选举了阿庇乌斯·克劳狄·克拉苏（Appius Claudius Crassus）为执政官。他父亲正是那个遭到平民憎恨的阿庇乌斯·克劳狄。阿庇乌斯·克劳狄始终反对平民的要求，因而被平民憎恶。父子俩的性格差不多，都同样严厉，不识时务。弗雷罗·普布利里乌斯在任何场合都尽力克制自己，绝不谩骂执政官或罗马元老院。但暴躁的盖乌斯·莱托里乌斯不会克制自己。盖乌斯·莱托里乌斯这位暴躁的护民官猛烈攻击阿庇乌斯·克劳狄·克拉苏，并且向平民宣布，第二天就会通过这条提案，就算死也不放弃。第二天早上，护民官前往罗马广场，到达之后却发现一群贵族青年占领了广场。到了平民上前投票的时间，这伙青年也拒绝离开。护民官的下属试图驱散这些贵族青年。阿庇乌斯·克劳狄·克拉苏对此十分愤怒，于是派刀斧手去逮捕盖乌斯·莱托里乌斯。结果发生了一场激烈暴动。这些贵族青年被驱散。卡比托利欧山的朱庇特神殿被武装起来的平民占领了。执政官昆克蒂乌斯[①]向平民保证，要限制阿庇乌斯·克劳狄·克拉苏的肆意专权，还保证罗马元老院也会听取平民的

---

① 即蒂图斯·昆克蒂乌斯·卡皮托利努斯·巴尔巴图斯（Titus Quinctius Capitolinus Barbatus，公元前513年—公元前423年之后）。——译者注

第 12 章 沃尔西人打败罗马人

意愿。这才安抚了这些平民。于是,《普布利里法规》得以通过,再也没有遭到任何反对。这部法律的名字源于护民官弗雷罗·普布利乌斯。这部法律对平民十分有利,使平民从此摆脱了上层阶级——贵族的干扰。

这部法律通过后不久,罗马人与沃尔西人之间又爆发了一场战争。罗马元老院委任执政官阿庇乌斯·克劳狄·克拉苏指挥罗马军队。军中的平民士兵憎恨这位贵族将军,因为他曾多次对平民的要求表现出强烈的敌视和反对。平民士兵受命集结来到战场前线,却不顾耻辱,混乱逃回营地。执政官阿庇乌斯·克劳狄·克拉苏对临阵逃脱这种可耻行为感到愤怒,对这些平民士兵因阶层偏见和个人利益而牺牲国家利益感到愤怒。但此时,他只得向这些平民士兵屈服,答应他们的要求,撤出沃尔西领土。第二天早晨,撤退的信号响起,士兵们开始撤退。这些罗马士兵行军刚刚开始,沃尔西人就打了他们一个措手不及,屠杀了很多罗马士兵,将罗马大军赶出沃尔西边境。于是,阿庇乌斯·克劳狄·克拉苏召集剩下的士兵。他首先尖酸刻薄地训斥了士兵的可耻行为,判处士兵十一抽杀律(Decimatio)[1]军法。他处死了所有那些抛弃自己队伍的百夫长和军官,然后降级处罚了剩余的人。这些受到处罚的士兵垂头丧气地回到了罗马。

执政官阿庇乌斯·克劳狄·克拉苏的任期结束后,护民官杜伊利乌斯[2]和西西尼乌斯[3]弹劾其犯下了叛国罪。阿庇乌斯·克劳狄·克拉苏这

---

[1] 每十个士兵中惩罚一个是罗马军法,用以惩罚大批士兵叛乱或者惹怒将军之罪。——原注
[2] 即马库斯·杜伊利乌斯(Marcus Duillius,主要活跃于公元前5世纪)。——译者注
[3] 即盖乌斯·西西尼乌斯(Gaius Sicinius,主要活跃于公元前5世纪)。——译者注

宙斯的后代：从两个狼孩讲起的罗马往事

位傲慢的贵族不屑于为即将到来的审判做任何准备。没人能说服他遵守惯例去向罗马同胞拉票，以此改变审判结果。审判的情况将会怎样，现已无法猜测。因为审判日还没到，他就已经死了。罗马人铭记着阿庇乌斯·克劳狄·克拉苏的许多辉煌军事成就，淡忘了他犯下的错误。阿庇乌斯·克劳狄·克拉苏这位曾三任执政官的著名人物最后得到了平民的原谅。平民们为他举行了公共葬礼，向其致敬道别。

13

罗马暴乱

此后一些年里，罗马比较平静。有关此时期的历史记载也很枯燥。记载的只不过是关于公地分配法带来的一些动荡，以及沃尔西人和埃魁人对罗马边境的不断骚扰。在一场战争中，罗马人攻占了一座重要城市安提乌姆，在几年之后又失去了它。执政官Sp. 弗里乌斯曾与埃魁人交战。公元前464年，在还不清楚埃魁军队人数的状况下，他就贸然率军进攻，却发现己方军力与敌方军力悬殊。他所率的军队在第一次冲锋时就惨败，被迫退回营地，很快又被敌军团团包围。遭此围困，Sp. 弗里乌斯十分恼怒。他孤注一掷，冒险出击那些自信满满的埃魁人，但不敢追击太远，以防追出去时自己的大本营遭到偷袭。他谨慎地停止了追击。但他的兄弟兼他的副将（lieutenant-general）卢基乌斯（Lucius）[①]没有那么谨慎。卢基乌斯追出敌人太远，被埃魁人切断退路。他试图一路杀回营地，但最终遍体鳞伤地倒下了。Sp. 弗里乌斯得知兄弟卢基乌斯的遭遇，又冲出军营，试图突破敌军的重重包围。但他遭到了敌军的猛烈围

---

① 根据考据，此处应为普布利乌斯·弗里乌斯·梅杜利努斯·弗苏斯（Publius Furius Medulinus Fusus, ? —公元前464年）。——译者注

宙斯的后代：从两个狼孩讲起的罗马往事

攻，很快就身受重伤，被忠诚的士兵抬了回来。这一状况深深地打击了整个罗马军队的士气。士兵们从战场上撤了回来，又退入军营，闭营不出。埃魁人再次包围了罗马军队，残忍地挥舞着卢基乌斯那鲜血淋淋的头颅，得意扬扬地嘲笑缩在营里的罗马人。在此情形下，代理执政官昆克蒂乌斯临危受命去解救Sp. 弗里乌斯。埃魁人战败了。昆克蒂乌斯带了大批战利品回到罗马。接下来的一年里，罗马暴发了一场瘟疫。两个执政官死于这场瘟疫。许多著名人物也没能逃过此劫。

公元前462年，护民官盖乌斯·特伦提利乌斯·阿尔萨（Gaius Terentilius Arsa）提议颁布一部法典，限制执政官的权力，尽力对罗马人一视同仁，让罗马人获得自由平等。这一提议遭到贵族的强烈反对。贵族对此愤愤不平。城市行政官昆图斯·费边（Quintus Fabius）尤其极力反对。他诱使护民官推迟执行提议，等待执政官卢克莱修[1]和维图里乌斯[2]回来。两人当时在外与沃尔西人和埃魁人征战。他们回来后，护民官再次提议。这引发了一场骇人听闻的混乱。贵族青年堵住了罗马广场，阻止平民前来投票，甚至将平民赶出了广场。当时贵族一方的主要领袖是凯索·费边。他是蒂图斯·昆克蒂乌斯·辛辛纳图斯（Titus Quinctius Cincinnatus）的儿子。凯索·费边年轻、强壮、精力充沛。护民官和平民都极其厌恶他。平民护民官A. 维尔吉尼乌斯[3]厌倦了消极抵抗，于是主动出击，控告凯索·费边犯有叛国罪。最初，凯索·费边对护民官及其恐吓嗤之以鼻，但他很快遭到了诬告，被指控过失杀人。于是，凯索·费边被捕下狱。其父交

---

① 即卢基乌斯·卢克莱修·特里基皮蒂努斯（Lucius Lucretius Tricipitinus，主要活跃于公元前5世纪）。——译者注
② 此人出任公元前462年罗马执政官，公元前494年罗马执政官之子，与其父同名。——译者注
③ 即奥卢斯·维尔吉尼乌斯（Aulus Verginius，主要活跃于公元前5世纪）。——译者注

第 13 章 罗马暴乱

了巨额罚金,才好不容易将他保释出来。凯索·费边这位青年这才清楚地认识到等待自己的命运将是什么。于是,他逃出罗马流亡他乡。他的父亲被迫替儿子卖掉所有财产,清偿之前许诺要交的保释金。这使凯索·费边的财力大大受到影响。有段时间,他不得不住在台伯河岸一个简陋的小茅屋里。

阿庇乌斯·赫多尼乌斯

一个叫阿庇乌斯·赫多尼乌斯的冒险者带领足足有四千之众的萨宾亡命徒,企图奇袭罗马城。这使罗马陷入一片混乱。这帮萨宾人三更半夜攻占了卡比托利欧山朱庇特神殿,屠杀了守军,强迫抓到的所有奴隶加入自己的队伍。罗马城陷入了前所未有的恐慌中,四面八方都听到大喊声:"拿起武器——敌人打进城了!"这时,执政官和贵族左右为难,不敢把武器发给平民,唯恐平民们反目,攻打自己。然而,执政官和贵族又不愿拒绝平民的要求,以防自己的担心招致平民的不满,造成更致命的后果。执政官和贵族召集了尽可能多的公民,委以守卫重任,让他们夜里在城墙上放哨。执政官和贵族自己也焦急地等待黎明的到来。黎明时分,乱军首领阿庇乌斯·赫多尼乌斯下令给予奴隶自由之身。若不是罗马人民忠诚,执政官竭力指挥,可以想象萨宾人入侵的场面有多恐怖。然而,尽管罗马人民抵挡住了各种引导自己叛国的诱惑,但他们仍然无意夺回卡比托利欧山朱庇特神殿,并且对其失陷漠不关心。护民官抗议说,夺回卡比托利欧山朱庇特神殿只不过是贵族的诡计,目的是要转移人民对《特伦提利法规》的注意力。"来,"护民官说道,"让我们通过这一法令,然后就会发现这群贵族,还有其受保护

宙斯的后代：从两个狼孩讲起的罗马往事

者和随从，像来时那样悄悄散去。"人民满怀这种憧憬，放下武器，去参加议会了。但执政官瓦勒留斯很快就打断了人民的议会。"你们这些护民官，这是什么意思，想干什么啊？"瓦勒留斯大喊道，"难道阿庇乌斯·赫多尼乌斯不仅收买了你们最低贱的奴隶，还把你们也收买了吗？此时，一群亡命徒攻占你们的城堡，玷污了朱庇特神殿，你们还像在和平时期一样，当什么事情都没发生，在这里举行议会，来投票？这是时候吗？拿起武器，同胞们！让我们赶走这群外来的亡命徒，夺回我们的不朽神殿，还它一个安宁！"他的慷慨陈词和极力劝谏毫无用处。护民官禁止平民离开。到了晚上，情况仍然是一片混乱，毫无希望。然而，瓦勒留斯彻夜不眠，竭力向平民分析罗马目前的危险处境。

罗马陷入混乱局面的消息传到了塔斯库勒姆。于是，塔斯库勒姆独裁官马米利乌斯[①]召集元老，提议立即征兵前去解救罗马。援兵来到罗马城下后，罗马人更加恐慌，以为这些人是沃尔西人或者是埃魁人的军队。但他们很快发现自己弄错了，便立即迎接塔斯库勒姆人（Tusculans）入城。罗马人丢失了城堡。外人都赶来解救了，罗马人自己却迟迟没有行动。对此，罗马人感到耻辱，于是高喊着要接受指挥，前去反攻。护民官又试图阻止罗马人前去迎战，但他们这次没有听护民官的。于是，罗马人和盟友塔斯库勒姆人共同勇猛抗敌，彼此较劲，比拼英勇。在第一次进攻中，联军就击溃了侵略者。在神殿走廊上勇敢抗敌时，英勇的执政官瓦勒留斯却倒下了。在交战中，敌军失去了首领阿庇乌斯·赫多尼乌斯，很快遭到屠杀。罗马人夺回了朱庇特神殿，举行了庄严仪式净化神殿。罗马元老院公开感谢了塔斯库勒姆军队的援助，为勇武的瓦勒留

---

① 即卢基乌斯·马米利乌斯（Lucius Mamilius，主要活跃于公元前5世纪）。——译者注

第13章 罗马暴乱

斯举行了隆重的葬礼来纪念他。

公元前458年，在距离罗马十二英里的阿尔吉都斯山山谷，执政官L. 米努基乌斯遭遇埃魁军队，结果惨败。他觉得兵力不足，于是退回营地，又遭到敌军紧紧包围。L. 米努基乌斯大军被围困的消息传到了罗马。罗马元老院立即任命Q. 辛辛纳图斯为统帅。这位新任统帅当时住在台伯河靠近伊特鲁里亚的一侧的岸边，过着自愿被流放的生活。罗马元老院的传令官找到了Q. 辛辛纳图斯，发现他在那过着田园生活，干着一些艰苦的农活。在使者的请求下，他穿上罗马长袍，以示尊重罗马元老院传来的消息。于是，使者立即拥戴他为独裁官。得知自己现在已是罗马的首席政务官，故乡罗马城也在寻求自己的建议和保护时，Q. 辛辛纳图斯感到十分惊讶，于是听从了祖国罗马的召唤。到达罗马后，他受到了罗马元老院代表团的热烈欢迎，在一大群罗马人的簇拥下回到了家中。平民们虽然不喜欢独裁官，尤其不喜欢Q. 辛辛纳图斯，但仍然大度地放弃了分歧，在罗马城里整夜守着，提防敌人来犯。

Q. 辛辛纳图斯

第二天早上，Q. 辛辛纳图斯宣布罗马进入悬法状态[①]，暂停公共事务。他首先任命了L. 塔奎提乌斯[②]为骑兵长官，然后下令，命所有能拿起武器的人，在日落前到战神广场集合。Q. 辛辛纳图斯要求每人携带五天的熟食。每个士兵除常规武器外，还要带上十二根木桩。罗马人遵从

[①] 可视为罗马的紧急状态（State of emergency）。——原注
[②] 即卢基乌斯·塔奎提乌斯·弗拉库斯（Lucius Tarquitius Flaccus，主要活跃于公元前5世纪）。——译者注

宙斯的后代：从两个狼孩讲起的罗马往事

———

了独裁官Q. 辛辛纳图斯的命令，立即行动起来，没出丝毫差错。罗马军队再次与自己的将军Q. 辛辛纳图斯在指定的时间和地点会面，在他的率领下出征战斗。Q. 辛辛纳图斯亲率军队于深夜赶到阿尔吉都斯山附近，在那里围着敌军营地修筑了一道防御工事。受困的罗马人看到信号，知道援兵来了，立即冲出营地，猛攻埃魁敌军。战斗一直持续到天明。埃魁人意识到了自己的绝望处境，请求和谈。愤怒的罗马人告诉埃魁人，除非埃魁人屈服，否则休想和谈。埃魁人无奈，只得接受这一屈辱要求。于是，Q. 辛辛纳图斯得胜而归，回到罗马。但在回师罗马前，Q. 辛辛纳图斯惩戒了L. 米努基乌斯，不许他分享从埃魁人军营缴获的任何战利品，并且命其辞去执政官之职，将其降为副将，在军中服役。但必须承认，这场战争的胜利并不能完全归功于Q. 辛辛纳图斯一人。他得到了L. 米努基乌斯军队的大力协助。然而，L. 米努基乌斯服从上级长官，遵守军纪，为自己赢得了荣誉，远远超过了征服一支军队的荣誉。罗马元老院给Q. 辛辛纳图斯这位独裁官颁发了一顶重达一磅[①]的黄金王冠。在当选独裁官之后的第十六天，Q. 辛辛纳图斯辞去了这一拥有至高权力的职位，重归以前的隐居生活。

如果剥去Q. 辛辛纳图斯的故事中诗意的点缀，也许只有一点点核心是真实的。在最初的叙事诗中，埃魁人的将军格拉古·克洛埃利乌斯（Gracchus Cloelius）被获胜的罗马军队带回了罗马。他这一遭遇发生的时间比Q. 辛辛纳图斯打败埃魁人大概早了二十年。此外，一些著名俘虏[②]曾为罗马将军的凯旋队伍增光添彩。他们很少能逃脱行刑者之手。这就是那

---

① 古罗马的重量单位，约等于12盎司。——译者注
② 比如佩尔塞乌斯（Perseus）、朱古达（Jugurtha）和许多其他人。——原注

辛辛纳图斯辞去了独裁官一职,重归以前的隐居生活。
胡安·安东尼奥·里贝拉(Juan Antonio Ribera, 1779—1860)绘

宙斯的后代：从两个狼孩讲起的罗马往事

———

个时代、那些罗马人的残酷。如果有例外曾经发生在格拉古·克洛埃利乌斯身上，那些总是急于颂扬国家荣誉的罗马编年史作者，绝对不会忘记宣扬此事。关于Q. 辛辛纳图斯、昆图斯·费边和凯索·费边，两人的记载也有一些混淆。这个故事成了叙事诗和歌谣特别喜爱的一个主题。如果有任何人试图推翻久负盛名的Q. 辛辛纳图斯传说，浪漫传奇爱好者定会感到十分遗憾。虽然如此，无论Q. 辛辛纳图斯的故事是史实，还是带有浓厚的古代传说色彩的故事，我们都无法称赞他对执政官L.米努基乌斯的严厉处置，而且我们还要鄙视他专横残暴地处置和蔼仁慈的S. 马埃利乌斯①。

---

① 即斯普里乌斯·马埃利乌斯（Spurius Maelius，？—公元前439年）。——译者注

14

十人委员会

公元前454年，罗马元老院厌烦了罗马人对现有宪法喋喋不休的抱怨，终于同意委任三位使者，前往希腊考察，学习希腊那些城邦实施的久负盛名的法律。当时，雅典的民力和军力都处于鼎盛时期。此时，距希腊在萨拉米斯（Salamis）大败波斯人已过了一代人。在一个世纪里，梭伦（Solon）的法规得以建立，并且被不断修订完善。雅典人（Athenians）的品位和文化受到了埃斯库罗斯（Aeschylus）和克拉提诺斯（Cratinus）戏剧的熏陶。① 雅典这片乐土充满和平，雅典人崇尚学问。也许正因如此，雅典及雅典人引起了罗马使者的羡慕和钦佩。据说，这些使者在此花了很多时间研究雅典宪法。公元前451年，三位使者从希腊回到罗马。大家一致认为，为了制定一部新的法典，应该组织一个十人委员会。顾名思义，这个委员会共有十位成员。十人委员会的审判是终审，不容许上诉。其他法庭无权推翻十人委员会的判决。

首次进入十人委员会的有阿庇乌斯·克劳狄·克拉苏、T.格努奇乌

---

① 这两位著名诗人可以说是希腊戏剧文学的奠基人。埃斯库罗斯创作了许多悲剧，其中只有七部流传至今。克拉提诺斯则创作了许多喜剧，但都没能保存下来，只留下了一些片段。——原注

宙斯的后代:从两个狼孩讲起的罗马往事

斯[①]、普布利乌斯·塞斯蒂乌斯[②]、L. 维图里乌斯、G. 尤路斯[③]、A. 曼利乌斯[④]、塞尔维乌斯·苏尔皮基乌斯[⑤]、P. 库里阿蒂乌斯[⑥]、蒂图斯·罗米利乌斯[⑦]和斯普里乌斯·波斯图米乌斯[⑧]。在罗马城建立的第302年,这些委员就职上任。这比耶稣降生早了四百五十一年。[⑨]十人委员会的首要任务是整理和修订罗马法律。在当时,罗马法律非常混乱,尤其是与财产权有关的法律。委员们得到了一位希腊学者的帮助。他叫赫摩多鲁斯(Hermodorus),来自以弗所(Ephesus)。在赫摩多鲁斯的帮助下,十人委员会很快就编订了一套法律,并将这套法律刻在十个铜表上,立在罗马公共会场(Roman comitium),以征集罗马人的意见,然后再做修改。罗马人对这些法律很满意。他们误以为这些法律彻底革新了罗马的旧有法律体系。其实不然,这些法律只调整了意大利的旧有法律,以满足罗马文明发展和罗马人口增加的需求。现在已经无法确定这些经过修订的法律

① 即蒂图斯·格努奇乌斯·奥古里努斯(Titus Genucius Augurinus,主要活跃于公元前5世纪)。——译者注
② 即普布利乌斯·塞斯蒂乌斯·卡皮托利努斯·瓦蒂卡努斯(Publius Sestius Capitolinus Vaticanus,主要活跃于公元前5世纪)。——译者注
③ 即盖乌斯·尤利乌斯·尤路斯(Gaius Julius Iulus,主要活跃于公元前5世纪)。——译者注
④ 即奥卢斯·曼利乌斯(Aulus Manlius Vulso,主要活跃于公元前5世纪)。——译者注
⑤ 即塞尔维乌斯·苏尔皮基乌斯·卡梅里努斯·科尔努图斯(Servius Sulpicius Camerinus Cornutus,主要活跃于公元前6世纪下半叶至公元前5世纪上半叶)。——译者注
⑥ 即普布利乌斯·库里阿蒂乌斯·费斯图斯·特里格米努斯(Publius Curiatius Fistus Trigeminus,主要活跃于公元前5世纪)。——译者注
⑦ 即蒂图斯·罗米利乌斯·罗库斯·瓦蒂卡努斯(Titus Romilius Rocus Vaticanus,主要活跃于公元前5世纪)。——译者注
⑧ 即斯普里乌斯·波斯图米乌斯·阿尔比努斯·雷吉雷恩西斯(Spurius Postumius Albus Regillensi,?—公元前439年)。——译者注
⑨ 根据最权威的说法,罗马建城日期是公元前753年。如果要计算基督降生之前所发生事件的确切年份,如上所述,我们只需将罗马建城纪年的年份减去数字753便可得出。——原注

第 14 章 十人委员会

到底有多少受到了三个罗马使者当时在雅典和斯巴达（Sparta）的研究的影响。因为在这个法律体系中，有着希腊影响痕迹的许多内容很可能源于更早时期意大利的多里斯古城或者伊奥尼亚古城。

后来，又增加了两个铜表的法律内容，加上前面十个，被统称为《十二铜表法》。从颁布起直到罗马最后的辉煌时期，这些法律都是各个时代民法和宪法的源泉。在皇帝统治时代后期，这些法律犹如坚实的地基，撑起了《学说汇纂》（Pandects）和《新律》（Novellae）的庞大体系。《十二铜表法》得到了罗马人的高度认可。在立法中，十人委员会充分考虑了罗马人的权利，最大限度地保护了罗马人的利益。罗马人一致决定，来年应该继续采用这种体制，并且可以再增加两个铜表法，完善并确认罗马法律。

新任十人委员会的选举日期到了后，阿庇乌斯·克劳狄·克拉苏和同伴开始毫不脸红地游说，希望能够连任。年长、明智的元老们对这一危险做法感到震惊。在上一年里，十人委员会颁布的《十二铜表法》广受罗马人欢迎。因此，罗马元老院如果提出抗议，就会招致危险。于是，阿庇乌斯·克劳狄·克拉苏再次当选十人委员会委员。他和一同当选的另外九位委员后来公然反对公民自由。

公元前450年5月15日，新任十人委员上任。上一任十人委员就任时，每位委员都只带了自己的随从就任。这一任则不同。新任十人委员就任时，罗马广场上多了一百二十个刀斧手。他们手持象征专断之权的束棒。执政官在罗马城内任职时从来不敢如此僭越。罗马人很快就发现，暴政一旦有了苗头就难以压制。十人委员会很快就将罗马人最坏的预料变成了现实，把罗马人推向恐惧之中。护民官和执政官的职位不复存在。向"罗马人民"申诉的法律被废除。哪个倒霉的罪犯如果向某位

宙斯的后代：从两个狼孩讲起的罗马往事

委员申诉另一位委员对自己的判决不公正，绝对会后悔没有遵守之前的判决。罗马城里到处有人被放逐，财产被没收充公。平民苦不堪言。然而，贵族得到了豁免。他们只顾自己的安全，毫不关心平民的苦难，认为平民的遭遇是过度渴求自由导致的应有的公正惩罚，纯属咎由自取。在原来的十大铜表法基础上，十人委员会又增加了两个铜表法。整整一年过去后，显而易见，十人委员会决意永久把持其不义之权，继续强施暴政。

没过多久，罗马人民心中酝酿已久的愤怒风暴，就意想不到地爆发了。埃魁人和萨宾人又开始进犯罗马。十人委员会召集了罗马元老院。双方展开了激烈辩论。L.瓦勒留斯[1]和M.荷拉修斯[2]公开指控十人委员会犯有叛国罪。激烈辩论后，罗马发布了征兵令，征集了两支军队前去抵抗萨宾人和埃魁人。此时，命运之神开始转而对抗十人委员会。委员们指挥的军队在好几场激战中溃败。士兵们决意不取得任何胜利，不助长僭主——十人委员会委员们的权威。有个勇猛的百夫长L.西基乌斯[3]被杀。他曾大胆指责过十人委员会的傲慢无耻。他的死震动了整个军队，士兵们极其愤慨。此时，罗马城刚刚发生了一件事。消息传到了军营，更加激怒了士兵们。于是，他们发起了叛乱。

---

[1] 即卢基乌斯·瓦勒留斯·普布利库拉·波蒂图斯（Lucius Valerius Poplicola Potitus，主要活跃于公元前5世纪）。——译者注
[2] 即马库斯·荷拉修斯·图里努斯·巴尔巴图斯（Marcus Horatius Turrinus Barbatus，主要活跃于公元前5世纪）。——译者注
[3] 即卢基乌斯·西基乌斯·登塔图斯（Lucius Siccius Dentatus，？—公元前450年）。——译者注

L. 西基乌斯之死。绘者信息不详,绘于 1794 年

宙斯的后代：从两个狼孩讲起的罗马往事

维尔吉尼娅

一个叫维尔吉尼娅的平民少女美貌出众，吸引了阿庇乌斯·克劳狄·克拉苏的目光。他决意占有这位平民少女。他多次轻浮地向维尔吉尼娅求婚，都遭到谨慎的回绝。于是，他命自己的仆人M. 克劳狄[①]，去宣告维尔吉尼娅是自己的奴隶。M. 克劳狄接下了这项命令，立刻前去照办。可怜的女孩维尔吉尼娅从学校回家，一路由女仆照料。然而，她在半路上被阿庇乌斯·克劳狄·克拉苏这个僭主的密使M. 克劳狄抓住了。M. 克劳狄坚称维尔吉尼娅是自己一个女奴的女儿。女仆绝望地呵斥着他，斥责他是在污蔑。维尔吉尼娅则站在M. 克劳狄这个诽谤者面前瑟瑟发抖。争论双方周围很快聚集了一群人。维尔吉尼娅的父亲，也就是有名的维尔吉尼乌斯，当时正在军中服役。维尔吉尼娅私自与一个叫伊基利乌斯[②]的平民青年订了婚。密使M. 克劳狄遭到平民反抗，于是只能回去复命。他禀告阿庇乌斯·克劳狄·克拉苏，称维尔吉尼娅不是维尔吉尼乌斯的亲生女儿，而是养女。维尔吉尼乌斯把维尔吉尼娅当成亲生孩子抚养。于是，阿庇乌斯·克劳狄·克拉苏下令召回维尔吉尼乌斯，与此同时，命原告M. 克劳狄扣留维尔吉尼娅，到审判日再交出来。罗马平民，尤其是伊基利乌斯，强烈反对这一极不公正的命令。阿庇乌斯·克劳狄·克拉苏被逼无奈，只好释放维尔吉尼娅，暂时给予她自由，等其父亲维尔吉尼乌斯回来后再做打算。从罗马广场回去后，阿庇乌斯·克劳狄·克拉苏立即送信到军中，告诉自己的同僚，不要批准

---

① 即马库斯·克劳狄（Marcus Claudius，主要活跃于公元前5世纪）。——译者注
② 即卢基乌斯·伊基利乌斯（Lucius Icilius，主要活跃于公元前5世纪）。——译者注

第14章 十人委员会

维尔吉尼乌斯休假,不管任何理由都不要批准。但他的命令到得有些晚了。维尔吉尼乌斯获准休假,已在赶回罗马的路上了。

次日清早,维尔吉尼乌斯这个愤怒的父亲穿着丧服来到罗马广场,恳求同胞们保护维尔吉尼娅这个自己心爱的孩子。阿庇乌斯·克劳狄·克拉苏很快也来到广场,带着刀斧手,装模作样地审问了案件的是非曲直,随即就宣布了对原告 M. 克劳狄有利的判决。

愤怒的罗马人齐声高喊,抗议这一判决不公正。然而,他们的抗议丝毫无用。阿庇乌斯·克劳狄·克拉苏这个僭主依然下令让刀斧手驱散人群,执行自己的命令。眼见此时孤立无援,维尔吉尼乌斯乞求阿庇乌斯·克劳狄·克拉苏,准许自己与维尔吉尼娅及其女仆见一面,说一会儿话,理由是如果自己弄错了,发现那个姑娘不是自己的女儿,自己也许就不会那么悲痛。获准后,维尔吉尼乌斯突然从身旁的肉铺上抓起一把刀,猛地捅进了女儿维尔吉尼娅的胸膛。"只有这样,"维尔吉

维尔吉尼乌斯杀死维尔吉尼娅。塔拉斯·舍甫琴科(Taras Shevchenko, 1814—1861)绘

宙斯的后代：从两个狼孩讲起的罗马往事

———

尼乌斯痛哭道，"我的孩子，我才能让你重获自由。"然后，维尔吉尼乌斯拔出鲜血淋淋的武器，用它指着阿庇乌斯·克劳狄·克拉苏，大喊道："我要以此诅咒你，阿庇乌斯·克劳狄·克拉苏下地狱！"阿庇乌斯·克劳狄·克拉苏试图逮捕维尔吉尼乌斯，但自己的刀斧手遭到罗马人围攻，没逮到维尔吉尼乌斯。维尔吉尼娅的尸体暴露在众目睽睽之下时，罗马人再也无法控制心中的愤怒。勇敢的自由守护者——L. 瓦勒留斯和M. 荷拉修斯，号召人民驱逐十人委员会委员，夺回失去已久的自由。阿庇乌斯·克劳狄·克拉苏意识到自己的恐怖统治已经结束，便穿上斗篷，以防有人认出来，悄悄回到家中。

第二次平民脱离

与此同时，维尔吉尼乌斯回到了阿尔吉都斯山军营，号召战友们发动叛乱。全军上下团结一心，拿起武器，向罗马进发。他们到达罗马后，另一支军队和一大群平民也加入了他们。叛乱者宣布十人委员会执政的政府已经不复存在。公元前449年，叛乱者一同撤入萨塞尔圣山，并在那里修筑了防御工事，就像四十六年前一样，其父辈也曾撤到这里。罗马元老院对叛乱者的行动大吃一惊，派出使者前去商议，倾听叛乱者的要求。这群叛乱者回复前来商议的使者，提出要见L. 瓦勒留斯和M. 荷拉修斯，因为叛乱者只信任这两个贵族。二人到达平民营地后，受到了热烈欢迎，平民高呼不断，要求恢复护民官执政，恢复上诉权，让罗马回到十人委员会篡权前的状态，并且赦免所有参与号召平民脱离的人。至于十人委员会，平民要求向其复仇，把他们活活烧死。L. 瓦勒

第14章 十人委员会

留斯和M. 荷拉修斯拒绝了最后一个要求:"你们必须先学会保护自己的自由,"两人说道,"然后再去想怎么惩罚敌人。你们需要的是盾而不是剑,罗马元老院会保证不让罪犯逍遥法外。"平民听从了两人的劝告。罗马元老院被迫接受平民的折中要求,发布了一条法令,命令十人委员会立即放弃权力,辞去官职,同时要求平民回到罗马。十人委员会下台了。消息传到了这些平民的营地。叛乱的士兵和平民欣喜若狂,欢欣鼓舞。他们立即偃旗息鼓,拔营回城。行至罗马城下时,他们庄严肃穆地走向阿文蒂诺山,在那里选举了平民护民官。其中就有维尔吉尼乌斯和伊基利乌斯,前者是命运悲惨的维尔吉尼娅的父亲,后者是维尔吉尼娅的未婚夫。

就这样,护民官的权力被重新确立。于是,维尔吉尼乌斯立即对被撤职的委员阿庇乌斯·克劳狄·克拉苏提起诉讼。法律规定,对性质特殊的罪行,审判日到来前,被告要一直被关押在监狱。阿庇乌斯·克劳狄·克拉苏向护民官请求保护,但无人理会,并将他关进了地牢。在地牢里,他自我了断,凄惨死去。他能力出群,却毫无原则。他曾是罗马法律的缔造者,同时也是罗马法律的破坏者。十人委员会中的另外一个有罪成员奥庇乌斯[①]也死在狱中。阿庇乌斯·克劳狄·克拉苏那罪恶的仆人M. 克劳狄自愿流亡,免遭死刑,救了自己一命。L. 瓦勒留斯和M. 荷拉修斯当选为执政官。两人的当选主要得益于平民阶层的支持。他们获得了罗马军队的指挥权,带领军队击溃了萨宾人和埃魁人的侵犯。一场激战后,敌人彻底溃败。此后的一百五十年里,萨宾人再也没有出现

---

① 即斯普里乌斯·奥庇乌斯·科尔尼肯(Spurius Oppius Cornicen,主要活跃于公元前5世纪)。——译者注

宙斯的后代:从两个狼孩讲起的罗马往事

在与罗马历史相关的记载中。

L. 瓦勒留斯和M. 荷拉修斯要求举行凯旋式 (Roman triumph)。但罗马元老院痛恨两人支持平民利益,拒绝授予他们这个荣誉。护民官伊基利乌斯将此事提交平民会议 (Plebeian Council) 表决。平民一致同意为L. 瓦勒留斯和M. 荷拉修斯举行凯旋式。在罗马历史上,这是首次未经罗马元老院的同意而举行的庆祝仪式。

15

维爱城之围及陷落

公元前445年，护民官G. 卡努勒亚①提出一项法案，以使平民和贵族合法通婚。在当时，罗马法律严厉禁止这两个阶层通婚。

这一法案激起了贵族阶层的反对。贵族们高声抗议，声称该法案侵犯了自己的贵族特权，认为这一法案是对贵族阶层的侮辱。G. 卡努勒亚曾发挥自己的雄辩口才，向这些不满的贵族阐述这一法案是如何公平公正。然而，贵族们并不买账。最后，他只好采取权宜之计，禁止为了公共服务而征税。罗马元老院被逼无奈，只好勉强同意这项法案。然而，G. 卡努勒亚的部分支持者认为，其改革之路走得还不够远，不够彻底。于是，其支持者提出，今后选举的每一届执政官当中，必须有一位来自平民阶层。然而，其支持者的提议当时未被通过。因此，《卡努勒亚法》按其原样通过。这一法案只是罗马当时采取的措施中的其中一个，旨在缓解长期存在于同一国家两个不同群体之间的矛盾，缓和存在于罗马城内的阶层冲突。

如上一段所言，罗马平民获得了如此大程度的公民自由，为何却在

---

① 即盖乌斯·卡努勒亚（Gaius Canuleius，主要活跃于公元前5世纪）。——译者注

宙斯的后代：从两个狼孩讲起的罗马往事

公元前444年提议并通过了一项法律，取消了执政官制度，把未来的最高权力给予军事护民官，赋予其执政官之权，并且规定贵族和平民两个阶层都可参选军事护民官。这有些奇怪，至少罗马编年史作者们没有提供与此相关的解释。这一新法律更值得注意。因为该法既没扩大平民阶层的权利，也没削弱贵族阶层的特权。到了依据新法进行选举时，平民发现贵族占了上风，于是请求将选举程序放宽一些。这最终导致选举无效，于是又回到了从前的制度，选举了执政官。

监察制度 (Censorship)

监察制度在公元前443年确立，或者确切地说是恢复，因为罗马第五位[①]国王塞尔维乌斯·图利乌斯曾创立这一制度。塔奎尼乌斯家族的王位被废除后，监察官的职权就转移给了执政官。此后一直如此。直到公元前444年，上述最新法律取消执政官之职，任命军事护民官取而代之。由于军事护民官可由平民担任，并且具有执政之权，于是贵族提议并成功通过了一项反制措施的法案。这一法案规定监察之责不能由执政官或军事护民官执行，而要由新的政务官来执行。实行监察职责的官职叫监察官，只能由贵族担任。然而，平民后来也获准担任监察官这一至高职位。监察制度一直持续了四百年时间，中间只有几次短期中断。公元前22年，屋大维任命L. 姆纳蒂乌斯·普兰库斯[②]和保卢斯·埃米利乌

---

① 经过考据，应为第六位，本书前文中也提到塞尔维乌斯·图利乌斯是罗马第六位国王。——译者注
② 即卢基乌斯·姆纳蒂乌斯·普兰库斯（Lucius Munatius Plancus，主要活跃于公元前1世纪）。——译者注

第 15 章 维爱城之围及陷落

斯·李必达（Paullus Aemilius Lepidus）担任这一官职。两人成了罗马最后的监察官。此后，这一官职由罗马皇帝自己兼任。

监察官的权力仅次于独裁官的权力。从监察制度创立到最终消亡，这一官职的职责几乎没有变动。最初，监察官的任期是五年（称为一个五年之期）。但在监察制度确立十年后，任期被减少到一年半。监察官的一个职责是：有权在规定时间，在其办公之处，按部族、百人队和阶层召集罗马人前来，严格询问他们的财产，包括财产名称、性质、数量及价值。每个人都必须起誓如实汇报。首先是家庭情况：已婚还是单身？是否有孩子？有几个孩子？每个孩子多少岁？然后是财产情况：如果财产是地，必须明确汇报其名称和位置，还有性质，是耕地、草地、橄榄园，还是葡萄园？还要汇报奴隶人数，以及牲畜、衣物、马车和珠宝的数量。最后再由监察官根据每人所报财产总额，核算应缴财产税。每人再根据监察官核算的财产税额向国家缴纳财产税。

监察官的另一职责是调查罗马人的个人家庭状况，监督他们的公共道德和个人道德，即道德风纪。这一职责最令人畏惧。因为在很多情况下，监督罗马人生活对监察官自己和受到监督的罗马人而言都很痛苦。根据这一职责，监察官要调查他们为何解除庄严的婚约，为何违法解除夫妻关系；调查男人为何忽视或虐待妻子、孩子、奴隶或受保护者；调查孩子为何违逆父母；调查丈夫为何懒惰，为何不履行丈夫的职责去勤劳耕作；调查罗马人为何过着奢靡的生活，透支自己的资源。对任何违反公共职责的行为，比如收受贿赂，或者执法偏袒，妨碍政务官正常执法，监察官都有权干涉。监察官们有权将元老逐出罗马元老院，将其贬谪，有权没收罗马骑士的马匹——这对罗马骑士而言是奇耻大辱，还有权将人逐出部族。然而，监察官的判决有可能被继任者撤销。因此，遭

宙斯的后代：从两个狼孩讲起的罗马往事

———

到贬谪的人有可能恢复原职。在一定程度上，这对监察权这个几乎至高无上的权力有所制约。此外，监察官还负责审计和调查国家财政，审计与桥梁、沟渠、下水道、道路和神殿等有关的各项公款支出。虽然市政官（Aediles）专门负责检查和监督城市公共建筑，但监察官对这些公款支出的审计之权似乎高于市政官的权力。

如此大、如此广的监察权只掌握在两个人手中，并且监察判决没有任何固定规则，这与罗马广为吹嘘的自由毫不相符。我们完全有理由庆贺，命运之神让我们生活在更加幸福的时代，不会遭到监察官进家盘问，也不用忍受监察官任性的"公正"判决。

公元前440年，罗马爆发了一场大饥荒，并因此引发了一场纷争。政府任命L. 米努基乌斯为粮食供给长官。罗马想尽一切办法从周围国家采购粮食。有个叫斯普里乌斯·马埃留斯的平民，十分富有，乐善好施，出资购买了大量谷物，低价卖给了饥民。他的慷慨美名引起了贵族妒忌。蒂图斯·昆克蒂乌斯·辛辛纳图斯当选为独裁官。塞维利乌斯·阿哈拉（Servilius Ahala）被任命为骑士统领。斯普里乌斯·马埃留斯很倒霉，其罪名是同情同胞的不幸。很快，他就意识到此时选举最高政务官的意图是什么，那就是要审判他。斯普里乌斯·马埃留斯遭到控告，其罪名与斯普里乌斯·卡西乌斯被指控的罪名一样——企图获得最高权力。独裁官蒂图斯·昆克蒂乌斯·辛辛纳图斯召集罗马人前往罗马广场审判席。斯普里乌斯·马埃留斯和众人一同前来。平民惧怕严厉的蒂图斯·昆克蒂乌斯·辛辛纳图斯及其刀斧手，不敢保护恩人斯普里乌斯·马埃留斯。斯普里乌斯·马埃留斯只得拿着屠刀自卫，结果死在了塞维利乌斯·阿哈拉手中。西塞罗称这一谋杀是"高尚"的爱国主义行为。还有一些人则认为这是阶层仇恨导致的野蛮冲动行为。塞维利乌

第 15 章 维爱城之围及陷落

斯·阿哈拉的这一暴行受到惩处，被判流放。但几年后，他就被召回，获得赦免。

此后，将近四十年里，罗马相对平静。历史也只记载了罗马人时不时骚扰埃魁人和沃尔西人。

马梅尔库斯·埃米利乌斯[1]打败了维爱人[2]，在战场上亲手斩杀了敌军将领拉斯·托隆纽斯（Lars Tolumnius）。这场战争十分有名，因为马梅尔库斯·埃米利乌斯在战争中获得了"丰富的战利品"[3]，并将其敬献给了朱庇特神殿。这是朱庇特神殿第二次获得"丰富的战利品"供奉。第一次由罗慕路斯敬献。

维爱城之围及陷落

罗马军队包围了古老、著名的维爱城。与当年的特洛伊之围一样，这场战争持续了整整九年，没有中断。九年期间，罗马人和伊特鲁里亚人各有胜负，都遭受了惨重损失。独裁官马库斯·弗里乌斯·卡米卢斯接手指挥这场战争。公元前391年，维爱城最终陷落，遭到罗马军队大

---

[1] 即马梅尔库斯·埃米利乌斯·马梅尔基努斯（Mamercus Aemilius Mamercinus，主要活跃于公元前5世纪）。——译者注
[2] 对这一事件，我采纳了佩里佐尼乌斯的权威观点，没有采纳普遍的叙述。一般认为，奥卢斯·科尔内留斯·科苏斯杀死了维爱首领，将战利品献给了朱庇特神殿。虽然有人批评佩里佐尼乌斯的研究过于精细，但其研究极具准确性，旁征博引，值得我们信任。——原注
[3] 据说，罗马只获得过三次"丰富的战利品"：第一次，罗慕路斯杀死阿克隆而获得；第二次，由奥卢斯·科尔内留斯·科苏斯（Aulus Cornelius Cossus）获得；第三次，是在第二次布匿战争中，马尔凯卢斯（Marcellus）杀死高卢国王维瑞多玛鲁斯（Viridomarus）获得。——原注

宙斯的后代：从两个狼孩讲起的罗马往事

———

肆掠夺。许多离奇的传说讲述了这场著名的围城之战。罗马人在维爱城周围扎营时，敌军哨兵中的一个伊特鲁里亚老兵大喊道："只要阿尔巴湖还有水，维爱城就不会陷落。"

当时，阿尔巴湖的湖水涨得很高。这并不是因大雨或任何其他自然原因所致。伊特鲁里亚人的占卜举世闻名。罗马人听到这句话，设下计谋抓到了这个伊特鲁里亚老兵，将其带到罗马将军面前。经过审问，这位老兵被迫交代，天意如此啊，自己无意中泄露了一个关乎维爱城命运的预言。伊特鲁里亚老兵告诉罗马人，根据维爱神谕，除非罗马人亲手将阿尔巴湖的水排干，否则维爱城不会陷落。于是，罗马人派出使者前往德尔斐，去询问这一预言是否准确，得到的答复说预言准确无误。罗马军队便立即开挖排水沟，试图排干阿尔巴湖的湖水。在罗马军队挖排水沟时，维爱城派了一个维爱人代表团前往罗马，恳求罗马放弃攻城。代表团在那里等待罗马元老院的答复，但是发现自己的恳求对各位元老不起作用，便离开了罗马元老院。这些维爱人代表觉得这个预言确实是真的。罗马人此刻近在咫尺。一旦阿尔巴湖被抽干，维爱城就要遭到这些罗马人的大肆掠夺。同时，罗马人还在不断地发起猛烈围攻。在坚不可摧的维爱城下，罗马军团日夜辛勤劳作。然而，当阿尔巴湖的湖水终于排完，流入周围的田野时，这些坚信德尔斐神谕绝对无误的罗马攻城者却没有急于攻城，而是已经开始考虑如何分配战利品了。罗马元老院颁布了一项法令，要求所有想要从维爱城分得一份战利品的人，都必须立即前往维爱这座即将沦陷的圣城。于是，维爱城附近挤满了老老少少。他们都渴望去消灭遭到围困的敌人。罗马人的恐怖进攻突然暂时停了下来。这麻痹了维爱人，他们误以为罗马人似乎厌倦了劳累的围城，休息整顿去了，他们

第 15 章 维爱城之围及陷落

也享受了片刻的宁静。然而事实上,罗马人正忙于挖一条地道,并且已经挖到了维爱城中心的位置。维爱城首领拉斯·托隆纽斯在朱诺神殿献祭时,一位年老的预言家高呼,胜利只属于完成神圣献祭仪式的人。这时,有人嘀咕着,似乎感觉到地震了。忽然间,罗马人从神殿的地底下冲了出来,大开杀戒,场面混乱不堪。屠杀持续了整整一天。街上遍地都是伊特鲁里亚人的血。贪婪的征服者罗马人到处大肆掠夺,抢到的战利品远比自己预想的还多。在一个传说中,维爱城的守护神朱诺宣布愿意同胜利者前往罗马,到阿文蒂诺山同其伊特鲁里亚后裔待在一起。面对这一辉煌的胜利,独裁官马库斯·弗里乌斯·卡米卢斯有些害怕,担心自己巨大的功绩会成为灾祸的前奏,于是祈求神明让自己遭遇一些小小的不幸,以免遭受更大的灾祸。据说神明应允了他。他的祈求应验了。他跌了一跤,摔倒在地。然而,他很快将自己的虔诚和担心抛之脑后。他触犯了神明,引起了诸神的愤怒,因为他举行了一个凯旋式,游行到了卡比托利欧山朱庇特神殿。这个凯旋式在罗马历史上绝无仅有。仅仅几年后,马库斯·弗里乌斯·卡米卢斯这位征服维爱城的独裁官就沦为了流放者。得胜的罗马城也在烟火中变成一片废墟。

如果说令人乏味的编年史是一片沙漠,关于维爱城之战的诗意叙述就如这片沙漠中的一块绿洲。维爱城之战的叙述似乎具备古老史诗的特点:罗马独裁官马库斯·弗里乌斯·卡米卢斯的英勇受到称赞,维爱城成了第二座伊利昂城(Illion,即特洛伊城),围城长达九年,用计谋诱使城中之人感到安全,最终攻陷被围困之城。如今想要追寻这场著名战争当时的真实状况是极其困难的。尽管如此,这场战争中的主要事件却是确定的历史史实。当然,罗马人排湖水、挖地道、从朱诺神殿地底冲出来,这

宙斯的后代：从两个狼孩讲起的罗马往事

些故事纯属史诗般的编造。在其他一些叙述中，维爱城遭到的是普通的进攻，因城墙被敌军攻破而陷落。

一些古代编年史作者指出，正是在这场围城战中，罗马军队首次得到报酬。但这一观点遭到一位著名学者的质疑。从李维的叙述中，我们得知，在更早的时期，罗马骑兵就曾得到过报酬。那些报酬源于继承了大笔遗产的寡妇和孤儿缴纳的遗产税。因此，与其说这是罗马首次向军队发放报酬，不如说这是罗马首次向平民征收这样一些税款，用于维持各种军费开支。

维爱城陷落后，伊特鲁里亚联盟中的一个叫法利希 (Falisci) 的部族继续抵抗罗马军队。法利希人被不知疲倦的马库斯·弗里乌斯·卡米卢斯率军打败，被迫退回法莱里 (Falerii)，躲进城墙内，很快又遭到包围。

法利希人 (Faliscans) 内部发生了一起骇人听闻的通敌背叛事件。这也让法利希人认识到罗马人虽然是敌人却是"慷慨"的敌人。有一个法利希老师，照料着许多伊特鲁里亚贵族的孩子。一天，他带着学生来到法莱里城外，像是要出城郊游。在城外，他突然带领孩子们转向罗马军营，要求面见马库斯·弗里乌斯·卡米卢斯。他向马库斯·弗里乌斯·卡米卢斯提出了一个基本方案，要他扣留这些孩子，以迫使孩子们那些担忧的父母同意投降，献出法莱里城。这个老师的背叛行为如此骇人听闻，让马库斯·弗里乌斯·卡米卢斯觉得有违人性，有辱自己的本性。他对那个恶棍老师的行径感到不寒而栗，十分恶心。于是，他下令扒光这个老师的衣服，将其双手绑在背后，就这样光着身子，让其学生拿着愤怒的罗马人发的棍棒，一路将其打回法莱里城下。马库斯·弗里乌斯·卡米卢斯的"宽宏大量"让法利希人大吃一惊。法利希人十分感激，几乎是立即投降，拱手交出了法莱里城。于是，这场持久的伊特鲁

第 15 章 维爱城之围及陷落

里亚战争就此结束。

战争的恐慌和兴奋消退后,罗马再次陷入内部纷争。平民宣布拥有维爱城的领土主权。护民官们也要求不分贵贱,立即分配维爱城的领土。罗马元老院对此表示强烈反对。马库斯·弗里乌斯·卡米卢斯刚刚才夺下维爱城,也坚决拒绝平民的要求。这一举动将其功绩从罗马同胞们的记忆中抹去了。经过激烈讨论,罗马元老院被迫同意将维爱人的领土分成小块分发给平民,每块土地的面积大约七英亩。不久,马库斯·弗里乌斯·卡米卢斯就遭到护民官卢基乌斯·阿普列尤斯(Lucius Apuleius)的指控,罪名是偷偷挪用维爱城的部分战利品,但这一指控没有什么实际证据。马库斯·弗里乌斯·卡米卢斯被流放,被罚一万五千个铜币(相当于四十八英镑八先令九便士)。他交了罚款,离开了罗马,在心里祈祷同胞们会很快就后悔将他流放。

16

高卢人入侵

马库斯·弗里乌斯·卡米卢斯被逐出罗马的同一年发生了一件大事。这件事对意大利的命运产生了巨大影响。

凯尔特高卢人 (Celtic Gauls) 频频遭遇饥荒，无奈沦为野蛮部族。其中一支大部族被迫离开高卢，越过亚平宁山脉，入侵了土地肥沃的伊特鲁里亚。这支部族所到之处很快就像遭遇大量蝗虫侵害一样，变得贫瘠荒凉。

这些高卢人四处野蛮征战，所到之处可谓片甲不留：铁蹄一旦踏过，当地的树木和牲畜之类便通通毁灭殆尽。由于缺乏粮食，也可能是因为没有相应的军事组织，这些侵略者无法供养俘虏，那些逃过战场屠杀的人注定要在战争结束时遭到杀害。在侵略征战时，这些高卢人带着家人随同出征。这些征战流浪的高卢人没有家园，只有一些用长矛夺来的东西。他们生性凶残，到处毁灭破坏。这种性格让他们无法忍受长期停留在某个地方。骑兵和简陋的战车是高卢军队的主要力量。高卢士兵每人配备一支长矛和一块超大盾牌，还有一把冶炼时回火不佳的又长又薄的剑。这些就是高卢人的武器。对那些没穿盔甲的人而言，光是这些武器就足以令人恐惧。高卢士兵身形高大，有着黄头发和蓝眼睛，五官

宙斯的后代：从两个狼孩讲起的罗马往事

端正。然而，那蓬松的长发和上唇浓密的胡须使他们显得十分凶狠。高卢士兵穿着一件条纹料子的短袍，外加一条裤子。这种装束原为北方冰天雪地的民族特有。但现在随着文明的传播，这一装束传入了气候温暖的南方地区。高卢士兵的首领脖子上戴着巨大的黄金颈环（torques）。那是高卢人独有的装饰。这种装饰令意大利那些节俭的农夫十分羡慕。截至19世纪，一些凯尔特民族的人用铲或犁挖出了这些金环，学者们依然对此充满好奇。

根据一个古老传说，这些高卢人是因为一个叫安库斯（Ancus）的伊特鲁里亚贵族才入侵伊特鲁里亚的。据说，一个叫卢科莫[①]的贵族把安库斯打成了重伤。受伤的安库斯因索取赔偿无望，便给一些阿尔卑斯山外的高卢部族首领送去葡萄酒和无花果作为礼物，邀请那些高卢人来占领能出产如此美味食物的罗马。这个伊特鲁里亚贵族就如同拜占庭的纳尔塞斯（Narses），或者如同西班牙的休达伯爵（Count of Ceuta）胡利安（Julian），其邀请得到了绝对忠实的回应。短短一段时间，亚平宁山脉和伊特鲁里亚海之间的肥沃地区就落入了野蛮人之手。

公元前391年，罗马元老院听闻一支高卢军队正在靠近古城克鲁休姆，大吃一惊。尽管克鲁休姆的居民向罗马求救，罗马元老院仍认为派兵支援极不明智，只是派遣了使者前往高卢军营，要求高卢人撤军。如若不然，罗马人将向高卢人开战。执行这一使命的人是M. 费边·阿姆布斯图斯[②]的三个儿子。高卢人答复道，高卢太小，养不活高卢人，如果克鲁休姆人（Clusians）和高卢人分享土地，高卢人就愿意停止继续进

[①] 见上文卢基乌斯·塔奎尼乌斯·布里斯库斯的传说。——原注
[②] 即马库斯·费边·阿姆布斯图斯（Marcus Fabius Ambustus，主要活跃于公元前5世纪下半叶至公元前4世纪上半叶），是法比人。——译者注

第 16 章 高卢人入侵

攻。这几个法比人认为高卢人的回复是对罗马威严的羞辱,十分愤怒。三人竟然忘记了作为使者应有的中立立场,加入了被围困的克鲁休姆人的阵营,共同抵御高卢人。他们其中一个斩杀了一个高卢首领。在剥高卢首领的衣服时,他被人认出来了。

高卢人的酋长布伦努斯(Brennus)立即派人送信给罗马元老院,指责罗马使者犯了严重违反公认的战争法则之罪,要求罗马元老院交出这些使者。罗马元老院虽然对此十分担忧,但还是决意不让如此高贵的一个家族失去家人,坚决不将这几个使者交出去遭受野蛮敌人的折磨,并且还任命他们为军事护民官,同时告知高卢人,三位使者目前是军事护民官,他们现在的身份不允许受到任何审判,但一年后,如果高卢人愿意,可以再次上诉。

布伦努斯进军罗马

听到这一答复,高卢人立即进军罗马。据普鲁塔克所言,高卢人在行军中尽量避免损害农民的财产。然而,这似乎让人难以置信。台伯河就像一个准确无误的向导,将这些高卢侵略者从克鲁休姆城引到卡比托利欧山朱庇特神殿。如果不是还有个叫M. 塞迪修斯[①]的罗马人,高卢人将会发现这个神殿毫无防备。夜间,帕拉丁山,M. 塞迪修斯听到山脚下有声音,于是高喊那些凶残可怕的敌人来了。整个罗马顿时陷入一片恐慌中。公元前390年,那几个法比人召集了所有能拿起武器上战场

[①] 即马库斯・塞迪修斯(Marcus Cedicius,主要活跃于公元前5世纪下半叶至公元前4世纪上半叶)。——译者注

宙斯的后代：从两个狼孩讲起的罗马往事

的人，在克鲁斯图美伦附近的阿里亚河迎战高卢敌军。战场距离罗马十一英里。高卢人有七万之众，很快就从侧翼包抄了罗马军队。那些魁梧凶猛的高卢人吓坏了罗马士兵。这些罗马士兵几乎没怎么抵抗，丢下武器便往罗马方向逃去，却在台伯河被高卢人追上了。数以千计的罗马人死于这场战役。有的落入河中淹死了，有的被得意扬扬的高卢人用长矛刺死。少数幸存的人逃回罗马城或者维爱城，汇报了阿里亚河战役的惨状。此后，这场惨烈战役发生的那天，在罗马日历中就被视为不祥之日。虽然随着时光流逝，罗马的许多伟大胜利都被人遗忘，阿里亚河这一名称却一直流传。这一名称告诉世人，罗马曾经遭遇一场大败。

阿里亚河战役后，因预料高卢人会立即乘胜追击，罗马军队的所有逃亡者马上匆匆赶回罗马。不过，那些高卢人花了些时间搜刮战场上的尸体。但留给罗马人的这一喘息的时间很短。夜幕降临前，高卢人的骑兵就出现在科丽纳门(Colline gate)对面的战神广场。那天晚上，如果高卢人没有散开去周围的地区，掠夺那些倒霉的乡村，在被掠夺的地方狂欢，庆祝自己期待的胜利，而是直接进攻罗马城，那么罗马城将会陷入一片恐惧，遭到大肆掠夺。高卢人对罗马城的进攻延迟了整整两天。忧心忡忡的罗马人幸运地抓住这个机会找了些临时避难处。罗马人决定要在卡比托利欧山朱庇特神殿修筑防御工事抵御高卢人，并且要往那个值得纪念的防御工事运送给养，里面能存放多少就运多少。大批罗马人带着妻子儿女来到防御工事躲避。这个防御工事是他们最后的希望之所。

阿里亚河的大屠杀才刚刚发生不久，而现在卡比托利欧山似乎要发生一场更大的公共灾难。人们把神殿里的圣像和器皿都运往切尔里

第 16 章 高卢人入侵

城[1]。有记载表明，卢基乌斯·阿尔比努斯 (Lucius Albinus) 在这个过程中展现了他的虔诚。这个虔诚的罗马人用四轮马车将家人从罗马城带出来，在途中赶上了祭司和维斯塔贞女们。祭司和维斯塔贞女们背着那些神圣的重担——圣像和器皿一路步行。见状，他立即让家人下车，往自己的马车上装载了对众神而言更珍贵的物品。后来，高卢野蛮人从罗马城撤走后，切尔里城的居民将神圣的寄存物送回了罗马城。切尔里城的居民曾满怀无上崇敬保护着这批圣物。他们的忠诚得到了回报。他们都获得了罗马公民权。

除那些不愿在罗马城被毁之后苟活的人外，其他人都躲进了卡比托利欧山朱庇特神殿。罗马城城门大开，无人把守。高卢人轻而易举攻入城中。此时，街道空无一人，就像坟墓一样，寂静无声。高卢人惊讶不已，就这样一直行进，最后来到广场，在那里发现八十名罗马元老院元老。这些元老身着全套元老服装，不屑于逃跑，平静地等待高卢人用武器来决定自己的命运。

高卢野蛮人看到这些庄严的元老及其脸上露出的决心，暂时停止了进攻。刚开始，他们还把这些元老当成了罗马的守护神。最后，一个大胆的高卢人朝各位元老走去，大胆抚摸了 M. 帕皮里乌斯[2]的长白胡须。这个愤怒的罗马人用自己的象牙权杖将侵犯者打倒在地。高卢人眼见战友被打倒在地，顿时愤怒无比，大开杀戒。元老们带着坚毅和尊严迎接了死亡。元老们的勇气洗刷了罗马人在阿里亚河惊慌逃走的

---

[1] 据说，英语单词"仪式"来源于"切尔里"（Caere）一词，因为该城居民以一丝不苟地遵守宗教仪式著称。——原注
[2] 即马库斯·帕皮里乌斯（Marcus Papirius，主要活跃于公元前5世纪下半叶至公元前4世纪上半叶）。——译者注

宙斯的后代：从两个狼孩讲起的罗马往事

耻辱。高卢人很快就在罗马城四处放火。遭遇掠夺洗劫的宅邸很快化为灰烬。只有帕拉丁山上的几座房子免遭焚毁，因为高卢人的首领将其留作自己的住处。

高卢人火烧罗马城

此时的罗马城已沦为一片废墟，凄惨无比。卡比托利欧山朱庇特神殿的守军站在高高的防御工事上，俯视着罗马城，眼见家园陷入一片火海，听到房屋倒塌的阵阵巨响，夹杂着敌人胜利的呐喊声。罗马人的神殿也浓烟滚滚，化为一堆堆废墟。有的神殿免遭焚毁，高卢人用其存放从城中掠夺的财物。街上撒满了许多有价值的东西。这些贪婪的野蛮人不分青红皂白，到处打砸抢夺，企图抢些更加贵重的东西，却忽略了很多有价值的东西。也或许是他们不懂得这些东西的价值，便将其随意扔在街上。在这灾难中，贵族和平民的房子没有区别，同样遭遇了洗劫和焚毁的厄运。

一千个英勇的年轻人守卫着卡比托利欧山朱庇特神殿，抵挡住了敌人的屡次进攻。这些年轻的勇士毫无退路，拼死御敌，背水一战。然而，高卢人认为这些被围困的罗马军队的粮草现在肯定不多了，于是改变策略，决定将围攻转为封锁，紧紧包围卡比托利欧山朱庇特神殿，让里面的人粮草断绝，遭遇饥荒，以此迫使这些顽固的对手弃殿投降。然而，这一希望给高卢人带来的却是绝望。夏季(七月)极度炎热，加之高卢人的洗劫掠夺，造成整个罗马一片荒凉，从而引发了一场瘟疫，死了很多高卢人。剩下的高卢人也都垂头丧气，不敢再继续进攻不屈不挠的罗马人。

第 16 章 高卢人入侵

此时，马库斯·弗里乌斯·卡米卢斯在阿尔代亚流亡。得知罗马遭到不幸后，他十分后悔曾诅咒祖国罗马，觉得自己那么做真是忘恩负义。于是，他马上呼吁阿尔代亚居民，告诉他们，保卫罗马将会给他们带来好处。如果他们现在立即前去解救罗马，将会让罗马永远欠下他们一个救城之恩。他告诉阿尔代亚人（Ardeans），高卢人在罗马生活放荡，整天纵情酒色。这让阿尔代亚听众们坚信，残忍的高卢敌人肯定会败给阿尔代亚这些自我节制、精力充沛的人。阿尔代亚人答应首先去攻击那些乘机掠夺罗马边境的伊特鲁里亚人，然后再从边境前往罗马。如果可能，他们将把罗马从高卢野蛮人手中解救出来。

M. 曼利乌斯

阿尔代亚人打败了伊特鲁里亚人，来到了罗马城下。一个叫庞提乌斯·科米尼乌斯（Pontius Cominius）的勇敢青年，冒着生命危险游过台伯河，爬进了防御工事，把阿尔代亚人前来解救罗马城的消息传给了被围困在卡比托利欧山朱庇特神殿的罗马人。

然而，在阿尔代亚人的救援到达前，卡比托利欧山朱庇特神殿差点就落入高卢人手中。高卢人发现了勇敢的庞提乌斯·科米尼乌斯攀爬防御工事的痕迹。三更半夜时，一小股高卢侵略者小心翼翼地从庞提乌斯·科米尼乌斯爬进防御工事的地方爬了上来。如果不是因为惊动了几只鹅，吓得它们尖叫起来，高卢人偷袭防御工事的企图就成功了。幸亏鹅是朱诺神殿的圣物，在饥荒之中也没有被受困的罗马人吃掉。鹅的叫声惊醒了曾做过执政官的贵族M. 曼利乌斯。他立即冲到悬崖边上，把第一个大胆爬上来的高卢人猛地推了下去。其余的罗马守军也急忙赶

宙斯的后代:从两个狼孩讲起的罗马往事

来增援,把来犯的高卢人从防御工事高处扔了下去,摔了他们一个头朝地。高卢人的偷袭就这样失败了。疏忽大意的哨兵没有察觉到敌人前来偷袭,受到了和敌人同样的惩罚——被扔下了防御工事。M. 曼利乌斯则获得了同胞们的实物奖励。每个市民奖给了他半磅玉米和一夸脱[①]葡萄酒。

此时,高卢人仍然遭受饥荒和瘟疫的折磨。于是,高卢侵略者开始认真考虑撤离罗马。高卢人把同胞的尸体聚集在一起火化了。此后,这个火化的地方就被称为"高卢人的坟墓"(Tombs of the Gauls)。接下来,高卢人宣布暂停武力进攻,劝诱罗马人投降,不停地喊话,说罗马人现在肯定粮草断绝,一定闹饥荒了。罗马人决定大胆地施下一计,让敌人失

---

① 重量单位,相当于四分之一磅。——译者注

第 16 章 高卢人入侵

在罗马人交钱称重时,布伦努斯嘲笑着把自己的剑扔到天平上。罗马人抗议布伦努斯违反条约。"悲哀,战败者!"布伦努斯这个傲慢的酋长就回应了这几个字。
乔万尼·迪·塞尔·乔万尼·圭迪(Giovanni di ser Giovanni Guidi, 1406—1486)绘

望,诱使高卢人相信卡比托利欧山朱庇特神殿里粮草充足。于是,罗马人把现有的面粉全部集中在一起,烤成许多面包,将其滚了下去。看到这么多面包,高卢人大吃一惊。也许他们认为这些受困的罗马人有神明相助,于是决定停止这场获胜渺茫的战争,答应只要罗马人赔付一千镑黄金,就撤出罗马城。对罗马人而言,虽然这个条件十分屈辱,但他们别无选择,只能屈服。在罗马人交钱称重时,布伦努斯嘲笑着把自己的剑扔到天平上。因此,罗马人大胆抗议布伦努斯违反条约。"悲哀,战败者!"布伦努斯这个傲慢的酋长就回应了这几个字。

这个耻辱条约缔结之前,被流放在外的马库斯·弗里乌斯·卡米卢

宙斯的后代：从两个狼孩讲起的罗马往事

斯就已来到罗马城下，号令军队列阵迎战。他奉了罗马元老院的法令回来解救罗马。援军的到来完全出乎高卢人的意料。他们毫无准备，十分恼怒，慌忙跑去迎敌，却是一盘散沙，毫无阵形，首轮冲锋就溃败撤退了。第二轮交战在盖比尼安路 (the Gabinian way) 展开。在此处，傲慢的高卢侵略者彻底溃败，狼狈不堪，只有几个人活了下来，逃回了高卢。传说中，布伦努斯被罗马人俘虏并处死了。死前，他抱怨罗马人违约。马库斯·弗里乌斯·卡米卢斯便用布伦努斯自己说过的话回应道："悲哀，战败者！"不过，就像罗马其他大多数传说一样，这一传说中的真实部分也蒙上了史诗色彩。

对驱逐高卢人事件的审视

毋庸置疑，高卢人洗劫罗马是历史事实。高卢人这个可怕的北方敌人南下进军的同时，希腊联盟的南部低地城邦 (the confederate powers of Lower Greece) 正与雅典打得不可开交。双方正陷入惨烈的伯罗奔尼撒战争 (Peloponnesian war) 中。关于罗马城被占领的实际时间，历史学家李维和波里比阿 (Polybius) 的说法有些差异。通常认为这一难忘事件发生在罗慕路斯建立罗马城之后的第三百六十五年，或者在大约公元前394年。不同说法记载的时间差约十年。考虑到这个事件发生的年代久远，以及当时缺乏准确的计时方法，误差也许不那么重要，也不足为奇。

这个故事的其余部分，不同记载的差异更明显。希腊历史学家西西里的狄奥多 (Diodorus Siculus) 记述的史实十分准确。他并未提到马库斯·弗里乌斯·卡米卢斯被罗马元老院召回，也没提到他被任命为独裁官。此外，波里比阿明确指出，根本不是马库斯·弗里乌斯·卡米卢斯的勇气

第 16 章 高卢人入侵

或爱国精神解救了罗马城,而是高卢人主动放弃了罗马城。高卢人把弃城作为一种恩惠施与罗马人,然后安全地回到了高卢。对一个简单、粗鲁的民族而言,篡改日期、混淆不同事件是很容易的事。这个时期的罗马人就是如此简单、粗鲁。在研究希腊征服者的早期纪事时,波里比阿和其追随者们肯定猜测了历史真相,因为未提供可靠的历史记载。因此,长久以来,纪念M. 曼利乌斯和马库斯·弗里乌斯·卡米卢斯功绩的叙事诗就为真实的历史提供了线索来源。截至19世纪,我们有幸更加清楚地了解那一时代波澜壮阔的历史。这要感谢布伦努斯的一些追随者,追随者后代的爱国精神和渊博学识让我们有机会了解那个时代。①

重建罗马城

高卢人离开后,长期受困在卡比托利欧山朱庇特神殿的守卫者大胆下山。他们来到城中,只见眼前一片废墟,十分凄凉。那些承载着家庭和国家神圣记忆的建筑、罗马人的神像还有祖先的陵寝都没留下,只剩下一片片烧焦的荒芜废墟,根本看不出一点昔日罗马的痕迹。此刻,这些守卫者心里满是悲伤和沮丧。罗马城界限——虔诚的塞尔维乌斯·图利乌斯用庄严的宗教仪式神圣化的那个神圣边界线,也已被摧毁。垂头丧气的罗马人议论着退到维爱城去。最初,他们不打算着手重建家乡,因为要完成这项巨大工程,希望渺茫并困难重重。对此想法,罗马元老院甚至展开了激烈辩论。但罗马人的勇气和爱国之心最终战胜了恐惧。于是,罗马人开始了这项艰巨的工程。这些重建家园的罗马人干劲十

---

① 博福尔(Beaufort),《学院铭文备忘录》(*Memoires Acad des inscript*)。——原注

宙斯的后代：从两个狼孩讲起的罗马往事

足，兴高采烈，行动敏捷。

毫无疑问，不管是论规模还是论美观，新城都无法与旧城媲美。穷困的市民现在几乎没有什么资源来重建公共建筑，只有足够的经验来忍受被催债的恐惧和贵族债主们的无情榨取。重建的街道大多十分狭窄，也不整齐。新建的王城却很宽阔，还布满了下水道和排水沟。塔西陀的说法与19世纪的观点相反。塔西陀认为罗马狭窄的街道有益于居民健康。敏锐的尼布尔支持这一说法。他通过实际观察一些现代城市，证明了塔西陀的观点是对的。尼布尔指出，那些开阔和暴露的地方，比如位于台伯河与弗拉米尼亚大道（Flaminian way）之间的道路，不如狭窄封闭的地方有益于人的健康。罗马气候四季温差巨大。因此，罗马人设计了独特的建筑构造，以抵御突然的温差变化。罗马的夏天十分炎热，马雷马（Maremma）近海沼泽地区更是酷暑难耐；而冬天北风凛冽刺骨，这种建筑抵挡了严寒，调节了室内气温，而开阔的原野上常常狂风肆虐。伏尔图尔努斯（Vulturnus）东风和阿塔布卢斯（Atabulus）东南风〔即西洛可风（Sirocco）〕刮来时，罗马建筑的独特构造也能有所阻挡。尽管这些说法很权威，但从现代科学的角度来看，就有些站不住脚了。我们必须明白，罗马城地理位置特殊，坐落于坎帕尼亚（Campagna）的沼泽地。罗马城从来都不是一座健康之城，也许永远不可能成为一座健康之城。虽然西洛可风狂暴肆虐，可能席卷开阔的平原，但一般而言，城市里居住的人口众多，要保持清洁和空气清新。这么做即使不能完全预防疾病，也能大大减少疾病的发生和降低疾病引发的死亡率。然而，狭窄的街道本身就会滋生疾病。不仅如此，不知是巧合，还是有意设计，罗马城的房子彼此距离很近。这肯定有利于火势蔓延。正是利用这一特点，凶残的罗马皇帝尼禄（Nero）企图残暴地焚毁罗马。的确，如果我们认为这些房子的结构很普通，那

第16章 高卢人入侵

么我们所知的罗马的富丽堂皇就必须打些折扣。如我们所见,罗马讽刺诗人尤维纳利斯(Juvenalis)就曾抱怨罗马城的房屋经常倒塌,认为这是城市住宅的诸多问题之一。①

罗马城重建后的大约三年时间里,罗马人只与一些伊特鲁里亚部族和拉丁部族在边界发生过战争。在此期间,双方各有胜负。安提乌姆、萨特里库姆、维利特雷,还有一些不知名的小城市,时而被罗马人控制,时而又从罗马人手中丢失。罗马—高卢战争给罗马带来的后果之一是苛捐杂税接踵而至,进而激起了罗马人的普遍不满。同时,不幸的罗马平民再次遭到一些贵族的压榨和剥削。卡比托利欧山朱庇特神殿的保护者M. 曼利乌斯竭力减轻同胞们的痛苦。然而,他这么做激起了其反对阶层的仇恨。他向卑微的债务人敞开自己的钱袋,慷慨地解救了四百多个平民,把他们从债主的地牢里拯救了出来。

贵族的残酷引起了平民的极端愤怒,平民控告贵族侵吞了部分罗马赎金。贵族对平民的蓄意诬陷从未停止,M. 曼利乌斯遭到执政官A. 科尔内留斯·科苏斯②弹劾,被捕入狱,罪名是煽动诽谤贵族阶层。然而,M. 曼利乌斯深得民心。平民举行了大规模游行示威。于是,他很快就被释放出狱。由于这一指控,他两度遭到审判。罗马同胞感激他保护了卡比托利欧山朱庇特神殿,所以他又两度被无罪释放。M. 曼利乌斯责备似的指着卡比托利欧山朱庇特神殿,指责控告自己的那些人忘记了其功劳。最终,贵族元老院法庭还是判了他死罪,将其抛下了塔培亚之岩。这发生在耶稣基督诞生前的三百八十四年。

---

① 尤维纳利斯:《讽刺诗》(Satire),第三卷,鲁佩蒂(Ruperti)编。——原注
② 即奥卢斯·科尔内留斯·科苏斯(Aulus Cornelius Cossus,主要活跃于公元前5世纪)。——译者注

宙斯的后代：从两个狼孩讲起的罗马往事

这个故事有个更加可信的版本，见于西西里的狄奥多的《历史丛书》(Bibliotheca historica)第十五卷和卡西乌斯·狄奥(Cassius Dio)的《罗马史》(Historia Romana)残卷中[1]。据说，M.曼利乌斯召集了一群勇士保护自己，以防被敌人谋害。他夺取了卡比托利诺山要塞，并且占领了很长一段时间，但最后还是死于一个士兵的背叛。那个士兵欺骗了他，说有个非常重要的秘密要告诉他，狡诈地将其骗到塔培亚之岩边缘，突然将其推下。贵族的复仇行动十分迅速。罗马元老院随即通过了一项法令，宣布没收M.曼利乌斯的所有财产，并且永远禁止曼利氏族(the Manlii)的任何人使用马库斯这一名字。平民们为M.曼利乌斯哀悼了很久，以纪念英勇保卫他们的英雄。在这些平民看来，对M.曼利乌斯的审判简直就是一种嘲弄。在这场审判中，M.曼利乌斯的敌人成了审判他的人。几乎不用怀疑，他对贵族的指控完全正确，尤其是对前独裁官马库斯·弗里乌斯·卡米卢斯的指控。

---

[1] 《佐纳拉斯编年史》(Zonaras Annales)，罗马建城纪年351年（公元前403年）。——原注

17

《李锡尼-塞克提乌斯法》

M. 曼利乌斯死后，平民又陷入了苦难和沮丧中。直到大约八年后，即公元前376年，盖乌斯·李锡尼乌斯和L. 塞克提乌斯两人当选护民官，才勇敢地拯救了平民。

《李锡尼-塞克提乌斯法》

盖乌斯·李锡尼乌斯和L. 塞克提乌斯立即开始创建宪法，或者可以说是恢复罗马以前的宪法，重新维护人民该有的权利。为此，两人提出了三条法律。此后，人们称其为《李锡尼-塞克提乌斯法》。第一，平民借款时已付的所有利息应从本金中扣除，剩余本金应分三年偿还。第二，任何人拥有的公共土地不得超过五百英亩[①]，饲养的牲畜不得超过规定数量，大牲畜规定数量为一百头，小牲畜规定数量为五百头。第三，此后，每届执政官中必须至少有一位来自平民阶层。

---

① 原文为"acres"，即英亩。还有一种说法为"五百尤格"。尤格为面积单位。1尤格约合2500平方米。——编者注

宙斯的后代：从两个狼孩讲起的罗马往事

《李锡尼-塞克提乌斯法》的提出在元老中引起了阵阵惊慌。广大平民都很支持盖乌斯·李锡尼乌斯和L. 塞克提乌斯。如果贵族没有纠集其他八个护民官反对，几乎可以马上颁布这些法律。盖乌斯·李锡尼乌斯和同僚虽然遇到了阻碍，但没有放弃，而是行使了否决权或调解权，连续五年中断了军事护民官的选举，国家在此期间只有平民护民官和市政官，没有军事护民官。幸运的是，在这段混乱时期，罗马人没有受到任何外敌侵扰，只与维利特雷发生过一场小冲突。在此期间，除内部纠纷外，罗马没有发生其他纷争。

这一时期，勇敢的盖乌斯·李锡尼乌斯又提出一条新的法律。这条法律规定，《西卜林书》以前由两人联合看守保护，此后，这一职责须由十人委员会联合承担，其中一半委员须从平民中选举。这条法律主要是为了应对贵族对平民担任这一职位的频频阻拦。贵族们认为平民不祥，因此，无权担任那些由神的意志支配的职位。

如今，只有五个护民官反对盖乌斯·李锡尼乌斯提出的措施。为了阻止盖乌斯·李锡尼乌斯，贵族们任命了一位独裁官，就是此时年事已高的高卢人征服者马库斯·弗里乌斯·卡米卢斯。这一年是基督出生之前的第三百六十八年。

马库斯·弗里乌斯·卡米卢斯企图使用暴力镇压平民的诉求，但遭到了护民官的威胁。[1]他如果继续干扰护民官的立法，就要上交五万阿斯罚金。于是，他让位给了P. 曼利乌斯[2]。为了赢得平民喜爱，显示出

---

[1] 独裁官对自己的所有行为都不承担责任，即使在辞职之后也是如此。但独裁官马库斯·弗里乌斯·卡米卢斯是个例外。——原注
[2] 即普布利乌斯·曼利乌斯·卡皮托利努斯（Publius Manlius Capitolinus，主要活跃于公元前4世纪）。——译者注

第17章 《李锡尼-塞克提乌斯法》

对平民利益的尊重，后者甫一上任，就任命了G. 李锡尼乌斯·卡尔武斯[①]为骑士统领。G. 李锡尼乌斯·卡尔武斯是护民官盖乌斯·李锡尼乌斯的近亲。这一举动对护民官盖乌斯·李锡尼乌斯没有产生任何影响。盖乌斯·李锡尼乌斯不愿做出任何让步。在平民第十次选举盖乌斯·李锡尼乌斯为护民官时，他拒绝接受这一荣誉。除非平民们做出庄严承诺，将其提出的所有法律草案都通过，变成法律，否则他将不再担任护民官。最后，贵族看到反对平民的诉求毫无效果，就做出了一些让步。公元前367年，第四条法律草案得以通过。此时距离它最初提出已经过了十二个月。不久，《李锡尼-塞克提乌斯法》全部被通过，在贵族和平民两个阶层的共同宣誓下成了罗马法律。人们认为这些法律，尤其是第三和第四条，为罗马后来的伟大辉煌奠定了基础。然而，作为法律的提议者，盖乌斯·李锡尼乌斯自己却违反了这第二条法律，成了第一批因违反这些法律而被起诉和罚款的人之一。这真是一个痛苦、难忘的事实。人们发现盖乌斯·李锡尼乌斯拥有一千英亩公共土地，其中五百英亩在自己名下，另外五百英亩在其儿子名下。他认为这样做不会违法。但经过证实，盖乌斯·李锡尼乌斯之子并未从中得到任何报酬。这就违反了最近颁布的法律。即使是广受民众欢迎的盖乌斯·李锡尼乌斯，也必须服从法律制裁。因此，他被依法判处罚款。

第二年，即公元前366年，L. 塞克提乌斯当选首位平民执政官。但贵族还在做徒劳的反对。罗马城几乎再次陷入内部的民事纠纷中。独裁官P. 曼利乌斯果断压制了暴动叛乱的苗头。执政官的执政权力此时也发生了变更。

---

① 即盖乌斯·李锡尼乌斯·卡尔武斯（Gaius Licinius Calvus，主要活跃于公元前4世纪）。——译者注

宙斯的后代：从两个狼孩讲起的罗马往事

司法官

此时，很大一部分的执政权力已经被授予给了称为司法官的官员。这种官员只能从贵族阶层中选出。如今，平民每天都在侵犯贵族独享的特权，使贵族已无法独享执政官这一职位。最初，司法官只能从宪法规定的贵族阶层中选举。然而，之后不到三十年，平民渴求担任这一职位。于是从那时起，平民也开始担任这一官职。

司法官的任期为一年。最初每一届只选一位任职。但一百二十多年后，每届增选一位。前者的职权完全局限在罗马城中，因此，也叫内事裁判官。后者叫外事裁判官，职责是处理外国人和罗马人之间的所有有争议的问题。司法官依据法律赋予他的权力，执掌司法行政工作，处理寡妇和孤儿的权利问题，负责管理罗马节日的安排和庆祝工作。司法官的权力仅次于执政官。如果执政官不在或者没有执政官，司法官有权召集罗马元老院，也有权让罗马元老院休会。只要罗马元老院和"罗马人民"同意，司法官可以创设自己喜欢的法律，也可以废除自己讨厌的法律。内事裁判官登记了所有自由人的姓名和住所，及其获得自由的原因。在没有执政官的情形下，司法官经常执掌军队。司法官的任期如果到了，就被叫作资深司法官。由于罗马版图随着对外征服逐渐扩大，每个新的行省都任命了司法官。这些司法官在新的行省隆重上任。在罗马，司法官骑着白马，这或许标志着一项特殊荣誉，也或许象征着纯洁，提醒他纯洁地履行崇高职责。司法官的执政场所叫总督府。①在独

---

① 原指营地中将军的营帐，也这样称呼行省总督府邸。——原注

第17章 《李锡尼-塞克提乌斯法》

裁官苏拉执政、尤利乌斯·恺撒执政,以及后三头同盟①执政这些混乱时期,司法官人数大增。但随着罗马帝国的衰落,司法官的职权也同样减弱。最后,司法官人数减少到只剩三个。

设立司法官时,同时从贵族阶层中任命了两名贵族市政官(Curule Aedile),与平民市政官轮流主持刑事法庭的司法工作。市政官的职责包括神殿的管理和保护、大型宗教节日的管理和庆祝,以及城市守卫或治安管理。由公库给市政官拨付资金,供其执行这些重要职责。这个惯例一直延续到第一次布匿战争(First Punic War)。贵族仍在继续尝试各种办法,企图废除允许平民参与执政的法令。在贵族的强烈要求下,G. 波埃特利努斯②通过了一项法律,重罚非法谋取行政官的人。此后,在罗马,平民的社会地位不断提高。公元前300年,《奥古尔尼法》(Ogulnian law)赋予平民担任占兆官和祭司职位之权。大约五十年前,平民先后获得担任监察官和司法官这两个光荣职位的权利。

与债务人和债主相关的法律给罗马造成了更加严重的困境。这些困境主要由之前提到的《李锡尼-塞克提乌斯法》引起。这一法律规定债务人必须按三年分期付款还清债务。许多贫穷的债务人无法按时偿还,因而被迫背负新债。这又给那些贫穷的债务人增添了新的负担和痛苦。不过,几年后,罗马通过了一项特赦令,任命专员动用公共财政清理这些债务。由于国家替债务人预付了债务,债务人必须为此提供保证金。然而,不知是出于人道还是无意疏漏,罗马官员似乎从来没有严格地要

---

① 后三头同盟:由马克·安东尼、马库斯·埃米利乌斯·李必达和屋大维组成的委员会,于公元前43年成立。该委员会拥有几乎绝对的权力,可以制定或废除立法,发布司法处罚,并任命所有其他治安法官。——译者注
② 即盖乌斯·波埃特利努斯·利波·维索卢斯(Gaius Poetelius Libo Visolus,主要活跃于公元前4世纪)。——译者注

宙斯的后代：从两个狼孩讲起的罗马往事

求债务人缴纳这笔钱。

公元前356年，护民官M. 杜伊利乌斯①和L. 迈尼乌斯 (L.Maenius)②通过了一项法律，规定十二个月债务的最高利率为百分之十，但不久后，降低了这一利率，规定年利率最高为百分之五。这些法律要么只是暂时的，要么被滥用。因为在屋大维统治时期，罗马放债人普遍要求利息为每月百分之五或者每年百分之六十。

伊特鲁里亚的法莱里人协助塔奎尼乌斯家族后来发动了叛乱。叛乱失败后，一些罗马士兵逃到法莱里避难。法莱里人拒绝让这些罗马士兵重获自由。于是，罗马决定惩罚法莱里的"乡下人"。战争由执政官G. 曼利乌斯③指挥。但他没有取得什么重大功绩，只是在苏特里〔Sutri (Sutrium)〕召集了各个部族前来军营举行集会，并在会上通过了一项法律。这项法律规定，奴隶被奴隶主释放，获得自由身份后，必须向国家上交自己二十分之一的财产。护民官们虽然赞成这项法律，但认为营帐周围全是武装士兵，将军在营帐中通过一项影响公民权利的法律，这十分危险。此前还从未有过这样的先例。因此，护民官正式宣布，以后在罗马以外的地方召集人民举行集会，就是死罪。

另一个执政官G. 马基乌斯 (G.Marcius)，功绩比其同僚G. 曼利乌斯要多得多。一个地方部族普里韦尔诺人 (Privernians) 最近屡犯罗马领土。G. 马基乌斯率军征讨普里韦尔诺人。他率军靠近普里韦尔诺城 (Privernium)，发现这座城戒备森严。城墙外还有一个营地，普里韦尔诺人就在那里等着罗

---

① 即马库斯·杜伊利乌斯（Marcus Duillius，主要活跃于公元前4世纪）。——译者注
② 即卢基乌斯·迈尼乌斯（Lucius Maenius，主要活跃于公元前4世纪）。——译者注
③ 即盖乌斯·曼利乌斯·卡皮托利努斯（Gnaeus Manlius Capitolinus，主要活跃于公元前4世纪）。——译者注

第 17 章 《李锡尼-塞克提乌斯法》

马人的到来。G. 马基乌斯看到敌军防守如此严密,高喊道:"将士们,那边就是敌人的营地,还有敌人的城市,今天让我看到你们的英勇,只要你们打败敌人,夺下敌人的城市,那些营地和城市就都是你们的啦。"他的慷慨大方让将士们大受鼓舞。士兵们喝彩高呼,接受了将军 G. 马基乌斯提出的条件,冲向战场,征服了普里韦尔诺人。

此时,即公元前355年,一场极其严重的瘟疫在罗马爆发,席卷了城市的每个角落。前独裁官马库斯·弗里乌斯·卡米卢斯死于这场瘟疫,享年八十岁。面对这一可怕灾祸,所有阶层的人惊恐不已。为了阻止瘟疫传播,罗马元老院因无知和迷信而下令庆祝神宴(Lectisternium)。这一仪式只在发生重大公共灾难时才举行。仪式上,人们摆放了长椅,上面摆着诸神神像。神像前是桌子,摆满了粮食。神像前的粮食都是最贵最好的,它们被用来缓解诸神的饥饿,平息诸神的愤怒。尽管祈福祭品数量众多,并且昂贵奢华,但瘟疫仍然持续了很长一段时间,凶猛程度丝毫未减。更糟糕的是,罗马此时不仅瘟疫肆虐,还遭遇了大水。台伯河的河水漫过了河岸,淹没了城市所有的低洼地区。为了缓解水灾,新任独裁官卢基乌斯·曼利乌斯①采用了一种奇异的伊特鲁里亚仪式,把一颗钉子钉进了卡比托利诺山神殿的墙壁。

独裁官卢基乌斯·曼利乌斯的身上发生了一件事。这件事很有趣,与罗马历史上许多事件一样值得纪念。他的武断行为使自己长期不得人心。神宴仪式结束后,他又武断地企图向赫尔尼基人(Hernici)征税,但遭到护民官的坚决反对,于是被迫放弃,最终辞去了独裁官之职。公元

---

① 即卢基乌斯·曼利乌斯·卡皮托利努斯·因佩里奥苏斯(Lucius Manlius Capitolinus Imperiosus,主要活跃于公元前4世纪)。——译者注

宙斯的后代：从两个狼孩讲起的罗马往事

前354年，护民官M. 庞波尼乌斯①弹劾卢基乌斯·曼利乌斯，控告他在任职独裁官后期贪污渎职，令他在罗马人面前接受审判，只给他一天时间做好辩护准备。卢基乌斯·曼利乌斯遭受弹劾的消息传到了其乡下的住所。他的儿子蒂图斯·曼利乌斯在那里生活。卢基乌斯·曼利乌斯很不待见儿子，因为儿子口吃。因此，卢基乌斯·曼利乌斯狠心将他丢在自己乡下的住所，让他与奴隶一起在农场放牧耕种。蒂图斯·曼利乌斯从未享受过任何应有的权利，从未享受过孩子的快乐。听说审判就要到了，蒂图斯·曼利乌斯这个年轻人便在袍子里藏了一把匕首，没让父亲家里的任何人看见，然后就悄悄地直奔罗马城而去。一到城里，他就直奔M. 庞波尼乌斯的家，告诉M. 庞波尼乌斯的仆人们，自己要马上见到并要将重要消息汇报给其主人，消息事关卢基乌斯·曼利乌斯的审判。仆人们立即带蒂图斯·曼利乌斯面见M. 庞波尼乌斯。得知蒂图斯·曼利乌斯求见的目的，M. 庞波尼乌斯热情地接待了他，感谢他的帮助，感谢他让自己能够击溃敌人卢基乌斯·曼利乌斯。两人现在身边没有别人。这时，蒂图斯·曼利乌斯瞅准了机会，突然拔出匕首，对准M. 庞波尼乌斯的喉咙，宣告了自己的身份，并威胁他，要他发誓放弃起诉自己的父亲，否则就立刻将其杀死。M. 庞波尼乌斯非常震惊，被这突如其来的威胁吓坏了，被迫同意蒂图斯·曼利乌斯提出的条件，发誓不再提起任何诉讼。蒂图斯·曼利乌斯实现了自己热切期待的所有愿望，便悄悄地回到了农场，就像离开时一样没被任何人发现，在那里继续默默地干着苦活。审判日到了，人们迫不及待地想要惩罚卢基乌斯·曼利乌斯。但M. 庞波尼乌斯对人们讲了自己遭遇了勒索和答应的条件，因此

---

① 即马库斯·庞波尼乌斯（Marcus Pomponius，主要活跃于公元前4世纪）。——译者注

第17章 《李锡尼-塞克提乌斯法》

无法继续进行这场审判。淳朴的罗马人听了M. 庞波尼乌斯的遭遇,钦佩蒂图斯·曼利乌斯的美德,因而马上原谅了其父的错误。人们为了更好地铭记蒂图斯·曼利乌斯的英勇,便选举他为军事护民官。

马库斯·库蒂乌斯(Marcus Curtius)的传说

公元前354年,罗马还发生了一件更加不同寻常,但可信度没那么高的事件。罗马广场上突然出现了一道裂缝,引起了罗马人的惊讶甚至恐惧。他们认为这是一个与国家有关的致命凶兆。最后,他们只得向占兆官请教。占兆官宣称,必须将罗马城中最珍贵的东西扔进这道裂缝,否则无法将其填平。贵族青年马库斯·库蒂乌斯认为,作为罗马人民的儿子,自己的英勇就是罗马最珍贵的东西。于是,他全副武装,骑上马,勇敢地冲进这一裂缝。裂缝立即合上了,应验了预言。

马库斯·库蒂乌斯冲进裂缝。西蒙·德·沃斯(Simon de Vos, 1603—1676)绘

宙斯的后代：从两个狼孩讲起的罗马往事

最勇敢的罗马人马库斯·库蒂乌斯满足了地狱之神贪婪的大嘴。裂缝所在地立即出现了一个湖泊，罗马人称为库蒂乌斯湖（Lacus Curtius），以此纪念这一事件。

古今中外的作家，没有谁认为有必要去辩驳或解释这个傻乎乎的故事。因此，我们只能认为，这是罗马人编造的一个神话。每个国家的贵族都喜欢编造这样的神话，只是为了用古代的光环来粉饰自己或后代，标榜自己想象中的美德或骑士的勇敢精神。

平民执政官卢基乌斯·格努奇乌斯[①]对赫尔尼基人发动了一次远征，却被敌军伏击了。这令贵族阶层十分满意。贵族们相信或者说认为，这一灾难充分证明平民无能，也显示了诸神对平民的放肆十分愤怒，因为这些平民渴望得到罗马执政官职位这样高的地位和荣誉。

贵族们强烈反对任何选举新任平民执政官的企图。由于贵族的阴谋诡计，贵族阿庇乌斯·克劳狄[②]接下来连续三年当选了独裁官。他的主要功绩是打败了赫尔尼基人，攻下了敌人的营地，占领了费伦蒂诺。高卢人再次来犯，一直进军到阿涅内河。罗马调用了所有军事力量来对付可怕的高卢人。罗马人的此次远征由蒂图斯·昆克蒂乌斯·波埃努斯[③]指挥。蒂图斯·曼利乌斯参加了这次远征。他的孝道为自己赢得了很高荣誉。他参与的一场决斗让这次远征载入了史册。一个高大魁梧的高卢首领向罗马军队发起挑战，要跟最勇敢的罗马士兵来场单人决斗。

---

① 即卢基乌斯·格努奇乌斯·阿文蒂内恩西斯（Lucius Genucius Aventinensis，主要活跃于公元前4世纪）。——译者注

② 即阿庇乌斯·克劳狄·克拉苏·雷吉雷恩西斯（Appius Claudius Crassus Regillensis，主要活跃于公元前4世纪）。——译者注

③ 即蒂图斯·昆克蒂乌斯·波埃努斯·卡皮托利努斯·克里斯皮努斯（Titus Quinctius Pennus Capitolinus Crispinus，主要活跃于公元前4世纪）。——译者注

第17章 《李锡尼-塞克提乌斯法》

然而，罗马军队拒绝了。后来，年轻的蒂图斯·曼利乌斯接受了挑战，维护了罗马的荣誉，杀死了这个野蛮的高卢人。胜利的蒂图斯·曼利乌斯从高卢首领尸体的脖子上取下了巨大的黄金颈环，将其戴到了自己的脖子上。此后，蒂图斯·曼利乌斯就获得了"托尔卡图斯"这个绰号。罗马人这场英勇的胜利吓坏了高卢人，吓得他们逃到了蒂沃利〔Tivoli (Tibur)〕。

类似的战争频频发生，持续了近十年，耗尽了罗马共和国的财力。为此，执政官Gn. 曼利乌斯①在军营中通过了一项法律。这项法律规定，任何一个奴隶主，只要释放一个奴隶，就必须向国家支付这个奴隶六分之一价值的税款。从财政角度而言，这项措施增加了国家的税收收入，同时表明罗马在人权方面取得了一些进步。然而，护民官认为这是一项违宪的法律。因此，通过了一项法律，规定今后与平民相关的一切事务只能通过"人民集会"确定。

公元前350年，高卢人再次出现在罗马附近，但被罗马人赶走了。公元前349年，可怕的高卢敌人出现在拉丁姆，在那里大肆掠夺，令居民陷入了恐慌。罗马出兵抗敌。执政官卢基乌斯·弗里乌斯·卡米卢斯（Lucius Furius Camillus）指挥了这场战争。在庞廷（Pontine），他与高卢侵略者交战，彻底打败了高卢侵略者。根据一个浪漫史诗传说，这场战争中，两军互相逼近时，高卢人提议通过一场单人决战来决定战争胜负。一个罗马年轻人——军事护民官马库斯·瓦勒留斯②，为了国家的荣誉，立即挺身而出，接受了挑战。两军准备就绪后，两位交战对手冲向彼此，

---

① 即格涅乌斯·曼利乌斯（Gnaeus Manlius，主要活跃于公元前4世纪）。——译者注
② 本章中的"马库斯·瓦勒留斯"均指"马库斯·瓦勒留斯·科尔乌斯"。——译者注

第17章 《李锡尼-塞克提乌斯法》

然而,罗马军队拒绝了。后来,年轻的蒂图斯·曼利乌斯接受了挑战,维护了罗马的荣誉,杀死了这个野蛮的高卢人。胜利的蒂图斯·曼利乌斯从高卢首领尸体的脖子上取下了巨大的黄金颈环,将其戴到了自己的脖子上。此后,蒂图斯·曼利乌斯就获得了"托尔卡图斯"这个绰号。罗马人这场英勇的胜利吓坏了高卢人,吓得他们逃到了蒂沃利〔Tivoli(Tibur)〕。

类似的战争频频发生,持续了近十年,耗尽了罗马共和国的财力。为此,执政官Gn. 曼利乌斯①在军营中通过了一项法律。这项法律规定,任何一个奴隶主,只要释放一个奴隶,就必须向国家支付这个奴隶六分之一价值的税款。从财政角度而言,这项措施增加了国家的税收收入,同时表明罗马在人权方面取得了一些进步。然而,护民官认为这是一项违宪的法律。因此,通过了一项法律,规定今后与平民相关的一切事务只能通过"人民集会"确定。

公元前350年,高卢人再次出现在罗马附近,但被罗马人赶走了。公元前349年,可怕的高卢敌人出现在拉丁姆,在那里大肆掠夺,令居民陷入了恐慌。罗马出兵抗敌。执政官卢基乌斯·弗里乌斯·卡米卢斯(Lucius Furius Camillus)指挥了这场战争。在庞廷(Pontine),他与高卢侵略者交战,彻底打败了高卢侵略者。根据一个浪漫史诗传说,这场战争中,两军互相逼近时,高卢人提议通过一场单人决战来决定战争胜负。一个罗马年轻人——军事护民官马库斯·瓦勒留斯②,为了国家的荣誉,立即挺身而出,接受了挑战。两军准备就绪后,两位交战对手冲向彼此,

---

① 即格涅乌斯·曼利乌斯(Gnaeus Manlius,主要活跃于公元前4世纪)。——译者注
② 本章中的"马库斯·瓦勒留斯"均指"马库斯·瓦勒留斯·科尔乌斯"。——译者注

宙斯的后代：从两个狼孩讲起的罗马往事

为各自国家的荣誉奋力而战。然而，这时一只乌鸦忽然从天而降，落在马库斯·瓦勒留斯的头盔上。两位交战对手靠近彼此时，乌鸦就扑向那个高卢人的脸，用嘴啄他，用翅膀拍他。因此，高卢入侵者无法看到马库斯·瓦勒留斯的脸，很快就被他斩杀。此后，人们便称马库斯·瓦勒留斯为马库斯·瓦勒留斯·科尔乌斯。这个故事是否可信，现已不得而知。但可以确定的是，的确是马库斯·弗里乌斯·卡米卢斯把高卢人赶出了拉丁姆。无疑，荣誉应该归于执政官马库斯·弗里乌斯·卡米卢斯。此后的许多年里，他的祖国罗马再也没有遭到那些危险的外来者的侵犯。长久以来，罗马人听到高卢人的名字就发抖。罗马人自己的历史学家就很好地表达了这种感觉，"与其他各个民族交战，都为荣誉，但与高卢交战，只为生存"[①]。

[①] "然而，与高卢人交战，只为得救，不为荣誉。"撒路斯提乌斯（Sallust），《朱古达战争》（*Bellum Jugurthinum*），第114页。——原注

HISTORY OF ROMAN

古罗马 800年

[爱尔兰] W.C.麦克德默特 著　　谭华 译

地中海霸权之争：三次布匿战争

中国画报出版社 · 北京

目录 CONTENTS

第 1 章

第一次萨莫奈战争

— 001 —

第 2 章

第二次及第三次萨莫奈战争

— 011 —

第 3 章

皮洛士进军罗马

— 023 —

第 4 章

第一次布匿战争

—— 039 ——

第 5 章

汉尼拔

—— 055 ——

第 6 章

第二次布匿战争及坎尼会战

—— 067 ——

第 7 章

汉尼拔逃亡与死亡

— 115 —

第 8 章

第三次布匿战争

— 125 —

第 9 章

格拉古兄弟

— 141 —

第 10 章

朱古达战争

— 159 —

第 11 章

条顿人和辛布里人

— 171 —

第 12 章

第一次及第二次米特里达梯战争

— 181 —

第 13 章

马略与苏拉

—— 191 ——

1

第一次萨莫奈战争

公元前343年，规模宏大的萨莫奈战争开始了。罗马一度面临覆灭的危险。萨莫奈人（Samnite）占领了罗马大片领土，从沿海低洼地区与坎帕尼亚海岸一直延伸到利里河汇入伊特鲁里亚的海湾之处。萨莫奈人主要有四大部族，分别是卡夫丁部族（Caudines）、赫彼奈部族、彭特里部族（Pentrians）、弗伦塔尼部族（Frentanians）。这四大部族会选举一位最高行政长官或独裁官，称之为英白拉多（imperator）①。萨莫奈人的英白拉多在和平和战争时期都拥有至高无上的权力。萨莫奈人说奥斯坎语。他们的军队曾以骁勇善战闻名于世。

在高卢人占领罗马前的很长一段时间里，萨莫奈人都是意大利最强大的民族。他们一直在征服意大利的许多重要城邦。他们与罗马人签订了一项条约，共同防御蛮族入侵。这一条约持续了十年。他们的统治区域不断扩张，惊动了西迪奇尼人（Sidicinians）。于是，西迪奇尼人向坎帕尼亚人求援，获得了大量援军。仗着援军到来，西迪奇尼人大胆进攻萨莫奈人，却大败而归。之后，萨莫奈征服者将战火烧到了坎帕尼亚的卡普阿城。于是，卡普阿城居民向罗马求救，与罗马签订了条约。无情的罗

---

① 在罗马共和国时期，英白拉多这一头衔大致相当于指挥官，后来成为罗马皇帝头衔。——译者注

地中海霸权之争：三次布匿战争

公元前4世纪的萨莫奈士兵。出自诺拉(Nola)古墓中的壁画

马人很快就利用了这一条约。为了保持中立，罗马人将与卡普阿城居民签订的条约告知了萨莫奈人，并要求萨莫奈人撤出罗马盟友坎帕尼亚的领土。得知罗马人违反之前与自己签订的条约，萨莫奈人感到十分愤怒，于是宣战，立即入侵坎帕尼亚。

公元前343年，两支罗马军队奉命终结这场战争。一支由A. C. 科苏斯[①]率领，进军萨莫奈(Samnium)。另一支由马库斯·瓦勒留斯·科尔乌斯率领，向敌军挺进，在库迈附近的高卢山(mount Gaurus)扎营。刚一扎营，马库斯·瓦勒留斯·科尔乌斯率领的军队就遭到萨莫奈人进攻。于

---

① 即奥卢斯·科尔内留斯·科苏斯·阿尔维纳（Aulus Cornelius Cossus Arvina，主要活跃于公元前4世纪）。——译者注

第1章 第一次萨莫奈战争

是,两军展开了一场激烈战斗。双方都未占到明显优势。直到天黑,罗马军队才在一场猛攻之中彻底击溃了萨莫奈人。在罗马人的追赶下,溃败的萨莫奈人混乱地逃回营地,趁夜弃营撤往诺拉方向。刚到苏苏拉(Suessula),萨莫奈人就又遭到了马库斯·瓦勒留斯·科尔乌斯所率军队的猛烈追击。

与此同时,马库斯·瓦勒留斯·科尔乌斯的同僚A. C. 科苏斯却陷入了困境,其所率军队在萨莫奈领土边界遭遇了极大危险。贝内文托(Beneventum)附近有一条穿过荒凉幽深峡谷的路。A. C. 科苏斯毫无戒备,率军进入这条狭谷,没有采取任何防御措施。这支军队进入峡谷,行至深处,已经无法撤退。这时,萨莫奈人突然出现在两侧,开始切断A. C. 科苏斯大军的后路。有个叫P. 德西乌斯·穆斯的英勇的护民官,主动提出率领一千六百人去完成一个希望渺茫的使命,即夺取萨莫奈军队占据的一个高地。P. 德西乌斯·穆斯的提议得到批准。他成功完成了使命。罗马军队顺利通过了这条危险的隧道,到达了高地。此时,萨莫奈人正在奋力驱逐勇敢的P. 德西乌斯·穆斯和其追随者。但为时已晚,罗马主力部队已经脱离险境。夜幕降临,激战暂时停止。萨莫奈人错失了更大的"猎物",十分失望,决定不让小的"猎物"逃出自己的手掌。萨莫奈人在小山四周安排了守卫。然而,罗马人趁萨莫奈人在睡梦中时,小心翼翼地偷偷下山。他们只遇到了一些守卫,经过短暂交战,就成功突破防线,赶去与大军会合。会合后,罗马军队迅速向山上发起进攻,彻底战胜了萨莫奈敌军。P. 德西乌斯·穆斯受到嘉奖,得到了一顶金色王冠,一百头公牛和一头长着金色犄角的白牛。这些东西可能是为了祭祀。装饰祭品是罗马人的一种习俗。马库斯·瓦勒留斯·科尔乌斯又取得了一场重大胜利。据说,在这场战争中,罗马人从敌人手中夺下了四万块盾牌、一百七十面旗帜。这些东西堆积如山,被放在将军面前,在战功簿上留下了一长串功绩。看着这昔日征服的光芒,罗马人之前做梦也没想到,在过去短短二十年时间里,自己竟然沦落到饱受欺负的境地,而这正是拜萨莫奈人所赐。罗马人的骄傲和成功曾令他们鄙视萨莫奈人。如今,罗马人总算夺回了荣耀。萨莫奈人这次遭遇了接二连三的失败,筋疲力尽了,便撤退回了自己的领土。罗马人似乎也不敢继续追击到那里。

卡普阿叛乱

第一次萨莫奈战争结束不久,卡普阿的罗马军队发生了叛乱。消息传来后,罗马陷入极度恐慌。这场叛乱十分神秘,令人费解,到底因何而起,从来没有得到令人满意的解释。然而,我们有充分的理由相信,放债人的压迫和苛刻是导致这场叛乱的一个重要原因。据编年史记载,看见卡普阿的财富和奢华后,穷困潦倒的罗马士兵很激动,想要占领富饶的卡普阿,在此建立新的国家。执政官G. 马基乌斯当时在坎帕尼亚执政。他意识到了这一密谋叛乱的苗头,便竭力阻止军中发生任何骚乱。然而,军队还是在密谋约定的日期向罗马进发,在距离罗马八英里处驻扎下来。此时,马库斯·瓦勒留斯·科尔乌斯已是独裁官。他率领一支军队前去迎战。这些叛军,要么是看到手持武器的同胞而心生愧疚,要么是对自己的危险处境感到恐惧,开始后悔自己如此过分的叛乱行为。马库斯·瓦勒留斯·科尔乌斯谨慎地提出了讲和条件。罗马元老院也同意大赦。叛乱就这样被平稳地镇压了。

第1章 第一次萨莫奈战争

审视卡普阿叛乱

在通常的记载中，与卡普阿叛乱有关的很多叙述明显都是伪造的。叛军最开始是密谋夺取卡普阿，后来却突然放弃这一计划，前往罗马。

叛军们在罗马只得到了赦免和一些微不足道的恩惠。然而，这些记载并没有讲述叛军为何放弃夺取富庶的卡普阿，转而进军罗马。历史学家阿庇安（Appian）指出，罗马人饱受债务之苦，马库斯·瓦勒留斯·科尔乌斯的讲和条件免除了他们的债务，是一种恩典，因而平息了罗马人的普遍不满。根据这些说法，尼布尔和一些19世纪的学者猜测，叛乱事实上是始于罗马城，贫民在罗马武装起来，然后迁移到了坎帕尼亚，激起了那里的军队发起叛乱，卡普阿叛乱这一情节很可能是编年史作者们的杜撰。

拉丁战争

一直以来，拉丁诸部族密切关注着罗马的发展，眼中充满嫉妒。拉丁人试图与罗马签订条约，却没有成功，最终兵戎相见。拉丁人派出使者前往罗马，提出要签订条约，前提是罗马元老院今后必须有一半成员来自拉丁。这个提议激起了元老们的极大愤慨。拉丁使者好不容易才逃过一劫。元老们似乎忘记了一件事——既然罗马元老院被赋予管理拉丁部族的权力，拉丁人就有权选出代表加入罗马元老院。卡普阿人加入了拉丁同盟（Latin League）。

罗马立即宣布开战。执政官P. 德西乌斯·穆斯和蒂图斯·曼利乌斯率军出征。几场小规模战斗后，敌对双方最终来到维苏威火山山脚下展

地中海霸权之争：三次布匿战争

开决战。战前，罗马将军下令，严禁任何人接受敌军单人挑战。执政官蒂图斯·曼利乌斯的儿子小曼利乌斯指挥着一支骑兵，奉命前去查探敌情。在执行任务时，小曼利乌斯受到了侮辱，一怒之下与一名塔斯库勒姆军官发生了争吵。他当场杀死了那个塔斯库勒姆军官。小曼利乌斯十分兴奋，将死者的武器拿给父亲蒂图斯·曼利乌斯。蒂图斯·曼利乌斯却立即责骂儿子违反军令，判其死刑，即刻处死。小曼利乌斯的同伴们为小曼利乌斯的勇气拍手叫好，悲伤地悼念着他。此后，他们与小曼利乌斯那个不近人情的父亲未有任何联系。执政官蒂图斯·曼利乌斯的名字也理所当然地与诅咒和耻辱关联在了一起。

据说，战斗即将开始前，一个夜晚的异象启示执政官们，地狱之神消灭了一整支军队，以及另一支军队的将军。两位执政官P. 德西乌斯·穆斯和蒂图斯·曼利乌斯思量着这一异象，商量应该采取的最佳战略。两人商定，谁先发现自己的军队退却，就把自己和敌人一起奉献给地狱之神。在随后的战斗中，P. 德西乌斯·穆斯发现自己的军队开始动摇，便重复了一段简短的祈祷，绝望地冲向敌军，遍体鳞伤，倒地而死。蒂图斯·曼利乌斯的军团立即重整旗鼓，猛攻拉丁人，打得拉丁人四散而逃。这些在混乱中逃窜的拉丁军队几乎被罗马人全部歼灭。卡普阿立即向罗马征服者投降。在明图尔诺，拉丁人也战败了。此前，拉丁同盟军队的集结地正是明图尔诺。在此战败后，拉丁同盟瓦解，拉丁人绝望地放弃了战争。坎帕尼亚仍然有一千六百名骑士效忠于罗马。因此，罗马判处卡普阿每年支付四百五十银币的抚恤金给这些骑士。

蒂图斯·曼利乌斯责骂儿子违反军令，判其死刑，即刻处死。亚历山大-罗曼·霍内绘于1799年

地中海霸权之争：三次布匿战争

罗马征服拉丁姆

　　后来发生的几场短暂冲突决定了拉丁姆的命运。此后，拉丁姆这片领土上的人再也没有因维护独立而对抗罗马军队。

　　罗马编年史作者们高度赞扬罗马同胞的仁慈，以及罗马同胞给予战败民族的巨大好处。的确，阿里恰、拉努维奥(Lanuvium)、诺门塔纳〔(Nomentum)门塔纳(Mentana)〕和培杜姆(Pedum)的居民都获得了罗马公民权。但卡普阿、库迈和福尔米亚(Formia)这些重要城市的居民却没得到这一权利。其中卡普阿还是坎帕尼亚人的首府。这些重要城市中只有少数贵族获得了罗马公民身份。维利特雷的城防工事被摧毁。城里的贵族被放逐。通婚只能局限于各城市内部。对通婚的限制摧毁了促成拉丁同盟的主要纽带——通婚法。

2

第二次及第三次萨莫奈战争

第二次萨莫奈战争似乎源于罗马人的躁动不安。罗马人刚征服了拉丁诸部族,兴奋不已,现在决心让整个意大利臣服在脚下。与萨莫奈人签订条约后过了几年,公元前329年,罗马人派出一支移民队到弗雷戈里(Fregellae)。萨莫奈人曾煞费苦心地试图摧毁该城。萨莫奈人对罗马人的行为感到十分愤怒,抗议罗马人违反条约。罗马人却对此置之不理,乘机夺取并占领了弗雷戈里一段时间。这些矛盾加上那不勒斯附近发生的一些争端,最终引发了一场大战。那不勒斯向罗马投降。临近的卢卡尼亚却加入了萨莫奈人的同盟。独裁官L. 帕皮里乌斯·库尔索尔[①]率军入侵了萨莫奈。他由于误读了占兆,只能无奈返回罗马。临行前,他将军队指挥权交给了骑士统领Q. 费边[②],同时严令全军避免与萨莫奈人展开大规模战斗。萨莫奈人的傲慢激怒了Q. 费边。他在因布里尼姆(Imbrinium)与萨莫奈人开战,大获全胜。据说在因布里尼姆战役(Battle of Imbrinium)中,萨莫奈人损失了两万人。L. 帕皮里乌斯·库尔索尔军纪严

[①] 即卢基乌斯·帕皮里乌斯·库尔索尔(Lucius Papirius Cursor,公元前365年—公元前310年之后)。——译者注

[②] 即昆图斯·费边·马克西穆斯·鲁利安努斯(Quintus Fabius Maximus Rullianus,主要活跃于公元前4世纪下半叶至公元前3世纪上半叶)。——译者注

明，听说了Q. 费边擅自开战的事，他立即前往营地，下定决心要严惩Q. 费边。得知消息后，Q. 费边逃回了罗马。将士们也威胁说，如果Q. 费边受到惩罚，自己将起义。罗马元老院费了很大劲才说服L. 帕皮里乌斯·库尔索尔宽恕Q. 费边。罗马人虽然对L. 帕皮里乌斯·库尔索尔的无情感到愤怒，但还是承认纪律严明的必要性，认为这是罗马繁荣的基础。不久，L. 帕皮里乌斯·库尔索尔在对抗萨莫奈人的战争中取得了决定性胜利。萨莫奈人请求休战一年。罗马人同意了，条件是萨莫奈人要给罗马军队提供衣服，并赔偿罗马休战一年的战争军费开支。

卡夫丁峡谷战役

萨莫奈人被塔斯库勒姆人反叛，还遭受了其他损失，于是请求与罗马议和。罗马元老院要求萨莫奈人承认罗马对他们的主权。这一条件遭到萨莫奈人的愤怒拒绝。于是，双方再次陷入激烈的战争泥潭。萨莫奈人包围了卢刻里亚。不久前，卢刻里亚刚被罗马人占领。公元前321年，执政官T. 维图里乌斯①和Sp. 波斯图米乌斯②率军前去解围。在率军穿过坎帕尼亚一些危险的峡谷时，两人最后在距离贝内文托不远处惊讶地发现了一个叫卡夫丁峡谷的地方。罗马人行经卡夫丁峡谷时，队伍松散无序，甚至没有去侦察自己现在所处的危险关口。萨莫奈人发现了罗马人的纰漏，从四面八方展开进攻。经过一场激烈战斗，罗马军队几

---

① 即蒂图斯·维图里乌斯·卡尔维努斯（Titus Veturius Calvinus，主要活跃于公元前4世纪）。——译者注
② 即斯普里乌斯·波斯图米乌斯·阿尔比努斯（Spurius Postumius Albinus，主要活跃于公元前4世纪）。——译者注

第 2 章 第二次及第三次萨莫奈战争

乎覆没,残余力量被迫投降。萨莫奈人的将军G. 庞提乌斯向这些罗马人——实际上是其俘虏,豪爽地提出下列公平的条件:"第一,恢复罗马和萨莫奈古老的平等联盟;第二,罗马放弃在战争期间从萨莫奈人手中夺取的所有土地,并且撤回驻军,撤销建立的殖民地。"执政官们以罗马共和国的名义,起誓遵守这些条件。如果不是被迫从轭下穿过[①],

执政官 T. 维图里乌斯和 Sp. 波斯图米乌斯被迫从轭下穿过。坦克雷迪·斯卡佩利(Tancredi Scarpelli, 1866—1937)绘

---

① 古意大利的一种习俗,战败的敌人会被置于轭下通过,战胜的一方以此羞辱战败的敌人,或是消除血腥的罪恶感。——译者注

地中海霸权之争：三次布匿战争

这两位执政官也许会庆幸自己逃过劫难。以前，这种耻辱是罗马执政官经常施加给被他们征服的敌人的。执政官们脱去了长袍，只穿了一件短袍，被迫接受这个耻辱。士兵们跟在后面，看着将军受辱，比自己受辱更加悲痛。这些罗马人羞愧难当，匆忙越过坎帕尼亚边界撤回到罗马。回到罗马后，他们悄悄回到家中，躲在家里，尽量避开同胞们的目光。在罗马，这个灾难引起了普遍哀悼。公共事务暂停。在任命独裁官后，不幸的执政官们便辞去职务，因为罗马人现在认为他们没有能力管理国家。罗马元老院拒绝承认在卡夫丁签订的和约，决定牺牲扣押在萨莫奈人那里作为人质的六百个罗马骑士。他们同时下令将当时发誓遵守和约的人交给萨莫奈人，因为这些人无权签订这样的和约。因此，罗马元老院派人将前执政官T. 维图里乌斯和Sp. 波斯图米乌斯护送到萨莫奈人的营地。但萨莫奈人拒绝接纳。六百个人质最后可能被萨莫奈人释放了，也可能被罗马赎回了。

英勇的萨莫奈将军G. 庞提乌斯谴责罗马人缺乏信用，列举了罗马人在很多国际条约问题上出尔反尔的例子。战争重新打响，并且更加激烈。罗马人相继夺取了萨特里库姆、卡流苏门 (Canusium) 和萨蒂库拉 (Saticula)。然而，在公元前315年的劳图莱战役 (Battle of Lautulae) 中，罗马人一败涂地。罗马人很快就从这次失败中恢复过来，并且在与萨莫奈人的战争中占据了一些优势。持续的战争让萨莫奈人疲惫不堪。他们的国力逐渐衰弱，资源逐渐减少。明图尔诺的居民被罗马人冷血屠杀，从罗马夺来的其他城市也反叛了，这令萨莫奈人所有属地的居民陷入恐慌。马库斯·瓦勒留斯·科尔乌斯再度率军征服了索拉 (Sora)，把两百多个索拉居民带到罗马，并卑鄙地残杀了他们。

公元前310年，萨莫奈人在阿利费 (Allifae) 打败了执政官盖乌斯·马

第 2 章 第二次及第三次萨莫奈战争

基乌斯[①]所率的军队,并将他们团团包围。独裁官L. 帕皮里乌斯·库尔索尔十分艰难地冲破包围才将盖乌斯·马基乌斯救出来。罗马人又取得了几场胜利。罗马人对萨莫奈人实施了最残酷的屠杀。然而,战争并未结束,一直持续到公元前306年。最终,萨莫奈人屈服了,向罗马军队提供了三个月的粮食、服装和一年军饷。尽管如此,萨莫奈人还是拒绝承认罗马的主权地位。然而,公元前304年,萨莫奈人最终不堪罗马军队的侵袭,同意了这个屈辱条件。萨莫奈人饱受了将近二十年的战争之苦,失去了最重要的领土。

与伊特鲁里亚人的战争

萨莫奈人为谋求独立反抗罗马暴政时,伊特鲁里亚人冷眼旁观。最后,伊特鲁里亚人又开始大胆地招惹老对手罗马人。但此时,罗马已经征服了一个敌人,随时准备迎战另一个敌人。在最初几场交战中,罗马人和伊特鲁里亚人各有胜负。最后,在佩鲁贾(Perusia),执政官Q. 费边取得了绝对胜利,结束了战争。公元前298年,伊特鲁里亚割让了几个重要城市给罗马。

第三次萨莫奈战争

罗马强加给萨莫奈许多苛刻条件,萨莫奈人十分恼火,于是再次征

[①] 即盖乌斯·马基乌斯·鲁蒂卢斯(Gaius Marcius Rutilus,主要活跃于公元前4世纪),公元前310年为罗马执政官,是公元前357年执政官盖乌斯·马基乌斯·鲁蒂卢斯之子。——译者注

地中海霸权之争：三次布匿战争

服并占领了卢卡尼亚，又挑起了与罗马的战争。罗马人派出使者，要求萨莫奈人撤出卢卡尼亚，但遭到当场拒绝。于是，双方再次开战。在最后一次萨莫奈战争中，罗马人遭遇了前所未有的强敌。Q. 费边和德西乌斯·穆斯两位执政官率兵进军萨莫奈。在贝内文托附近，德西乌斯·穆斯击败了敌人。之后，两名执政官便率军会合，大肆掠夺萨莫奈这个不幸的国家，时间长达五个月。此前，伊特鲁里亚人持续抵抗罗马，消耗了罗马的力量，进而减少了罗马征战萨莫奈人时可用的资源。此时高卢人又突然入侵，在执政官Q. 费边和德西乌斯·穆斯（他们是公元前295年当选的）意识到他们的损失之前，整个罗马军团就全军覆没了。Q. 费边费尽心思重整了罗马军营的军纪，重振了罗马军团的昔日雄风。罗马人从未像此刻一样需要这样一种果断坚决的领导力，因为高卢人、萨莫奈人、伊特鲁里亚人和翁布里亚人结成了同盟，组建了联军。联军由盖利乌斯·埃格纳提乌斯（Gellius Egnatius）指挥，盘踞在罗马的北部和南部边境。显然，罗马军队一旦遭遇大败，罗马城就将面临灭顶之灾，就如罗马军队当年在阿里亚河战役惨败后，罗马城随即遭受了灭顶之灾。

森提努姆战役

两位执政官率领军队长途跋涉，越过亚平宁山脉，来到翁布里亚的一个村庄——森提努姆（Sentinum）附近，距离敌军营地大约四英里。双方军队都迅速准备开战。意大利联军布阵如下：萨莫奈人和高卢人分别进攻罗马人的左翼和右翼，伊特鲁里亚人和翁布里亚人则负责攻击罗马营地。战役持续了很久，异常惨烈。如罗马编年史作者们所说，如果伊特鲁里亚人在总攻中与盟友合作，罗马人必将惨败无疑。天气十分炎

第 2 章 第二次及第三次萨莫奈战争

热,高卢人最初试图用步兵击败罗马人。高卢战车的攻击给罗马军队制造了极大混乱。罗马人陷入一片恐慌。德西乌斯·穆斯试图阻止同胞逃窜,召集逃窜的士兵回来重整旗鼓,结果失败了。于是,他决定把自己献给地狱之神,就像四十五年前,其父亲在维苏威火山山脚下自我牺牲一样。德西乌斯·穆斯念了一遍祭司M.利维乌斯[①]给的祷文,就冲向敌人,几乎瞬间就被敌人消灭了。罗马人重整旗鼓,开始反击。高卢人和萨莫奈人在第一次猛攻中消耗了力量,此时十分疲倦。看到罗马人的反攻,高卢人和萨莫奈人大吃一惊。到天黑时,高卢人和萨莫奈人的军队完全溃败。据说,盟军统帅盖利乌斯·埃格纳提乌斯死于森提努姆战役。一同战死的还有两万五千个联军将士。但这一数字很可能被夸大了。伊特鲁里亚人继续抵抗了一段时间。最终,在佩鲁贾,Q.费边率军击败了伊特鲁里亚人。他举行了盛大的凯旋式来庆祝这一连串的胜利。

如今,伊特鲁里亚人、萨莫奈人、翁布里亚人和高卢人的联盟瓦解了。然而,萨莫奈孤军继续与罗马争夺意大利的主权。怀着这个信念,萨莫奈人要求所有能扛起武器的男人发誓,跟随将军上战场,如果有谁不遵守规定,临阵脱逃,或者逃避兵役,就要被立即处死。他们祈求神明,如果谁缺乏这种决心,就让他和家人遭受最恐怖的惩罚。为了使这一宣言更加庄严,萨莫奈人举行了宗教仪式:祭坛周围献祭了动物,祈求众神赐恩,保护萨莫奈人的自由。有几个萨莫奈人拒绝宣誓,可能是惧怕这个可怕的誓言,也可能是害怕战争带来的后果,结果马上就被同胞们愤怒地杀死了。虽然勇气和决心使萨莫奈人振奋,但这并没有给他

---

① 即马库斯·利维乌斯·登特尔(Marcus Livius Denter,主要活跃于公元前4世纪下半叶至公元前3世纪上半叶)。——译者注

们带来好运。公元前293年，在科米尼乌姆（Cominium），执政官Sp.卡尔维利乌斯①率军彻底击败了萨莫奈人。掠夺一番后，罗马士兵放火烧了科米尼乌姆。Sp.卡尔维利乌斯用萨莫奈人败军的黄铜盔甲铸造了一座朱庇特巨型雕像，立在卡比托利欧山朱庇特神殿。

罗马人最终征服萨莫奈人

在惨烈的卡夫丁峡谷战役中，年迈英勇的G.庞提乌斯曾征服了罗马军队，同时保护了被俘的罗马人。他现在奉命指挥萨莫奈军队。他所率军队的物资很少，人数不多，士气低落。在萨莫奈的四大部族中，只有彭特里部族能够或者愿意为G.庞提乌斯的军队提供士兵。然而，G.庞提乌斯凭借勇气和经验克服了这些严重缺陷。执政官Q.费边·古尔格斯②贸然率军进攻萨莫奈军团的一个纵队，结果遭到大屠杀。罗马人过于自负，认为除非将军指挥失误，否则无人能够战胜自己。Q.费边·古尔格斯回到罗马，接到在罗马人面前解除指挥权的命令。幸亏其父——令人尊敬的Q.费边，极力为儿子求情，并且答应代替他指挥军队，否则Q.费边·古尔格斯当场就要受辱被解除兵权。在Q.费边的指挥下，罗马人与G.庞提乌斯率领的萨莫奈人展开了一场生死之战。李维《罗马史》的第十一卷记载了这场战役，但这一卷已经佚失。不过李维在摘要中告诉我们，在Q.费边的指挥下，罗马人彻底击溃了萨莫奈人，斩杀两

---

① 即斯普里乌斯·卡尔维利乌斯·马克西穆斯（Spurius Carvilius Maximus，主要活跃于公元前4世纪下半叶至公元前3世纪上半叶）。——译者注
② 即昆图斯·费边·马克西穆斯·古尔格斯（Quintus Fabius Maximus Gurges，主要活跃于公元前4世纪下半叶至公元前3世纪上半叶）。——译者注

第 2 章 第二次及第三次萨莫奈战争

万,俘虏四千,俘虏中包括大名鼎鼎的G. 庞提乌斯。此后,Q. 费边辞去了指挥官之职。残暴无情的L. 波斯图米乌斯[①]继续征战,率军征服了萨莫奈。公元前291年,第三次萨莫奈战争结束。Q. 费边·古尔格斯举行了胜利庆典,拉上戴着镣铐的英勇将军G. 庞提乌斯游行。游行结束后,战败的G. 庞提乌斯被斩首,罪名是叛乱。

G. 庞提乌斯当年曾率军大败过罗马。当时,这位萨莫奈军队指挥官完全可以任意处置罗马俘虏,却宽容地放过了他们,给受伤的罗马士兵提供了治疗和照料,甚至还给他们提供了返回罗马所需的物资。然而如今,他却被罗马人处决。罗马人用卑鄙的行为"回报"了他的仁慈。G.庞提乌斯从未宣誓效忠罗马元老院。因此,把萨莫奈战争视为叛乱是不公正的。萨莫奈人完全独立,并且在罗马建立之前就早已存在。G.庞提乌斯之死成了罗马道义的永恒污点,罗马人曾一直傲慢地吹嘘自己讲道义。在罗马早期时代,G.庞提乌斯那样死了的确让人难以解释。罗马人总爱回顾那个时代,想以此完善公共美德、提升家庭的幸福感。然而,在罗马社会中,我们几乎看不到公德的踪迹,只看到罗马人破坏条约、入侵中立地带、攻城略地、屠杀手无寸铁的俘虏。火炉边不幸的平民肯定也感受不到家庭幸福。他们背负着沉重的赋税,加上不断累积的债务,苦不堪言,还要随时准备上战场,面临生命危险,令家人陷入贫穷,让农场遭遇盗贼袭击。贵族的监工替主人收缴高利贷和垄断收益,难免遭到平民刺杀。平民的杀人罪行又要受到法律惩处,或者接受愤怒的同胞从速从简的判决。知识和文学在罗马这片如此粗野的大地上无法

[①] 即卢基乌斯·波斯图米乌斯·梅格卢斯(Lucius Postumius Megellus,公元前345年—公元前260年)。——译者注

扎根。在希腊雄辩术发挥最后余光、给无数伟大人物的丰碑巨著点缀镀金时，意大利却沉浸在其征服的列国废墟中，不见文明之光。

3

皮洛士进军罗马

萨莫奈战争结束后的近七年时间里,罗马人享受着和平,没有遭到太多外敌入侵,只受到过波伊人(Boii)和塞农人(Senones)的侵扰。波伊人和塞农人入侵了伊特鲁里亚,并摧毁了几个罗马殖民地,但在一场大战中败给了执政官埃米利乌斯①和法布里基乌斯②。于是,他们向罗马人求和。

古城他林敦〔即塔伦图姆(Taranto)〕位于意大利卡拉布里亚(Calabria)半岛的西北海岸,是拉刻代蒙人(Lacedaemonian)③的一个殖民地。他林敦建城比基督诞生几乎早了七个世纪。多年以来,他林敦一直是一个独立的国家,曾经一度可以召集一支十万人和三千马匹的军队。据说,著名的哲学家毕达哥拉斯曾经在此生活过几年。他激发了他林敦人对美德和荣誉的热爱。他们很快深受影响——无论是在战争中还是在和平时期,他们都表

---

① 即昆图斯·埃米利乌斯·帕普斯(Quintus Aemilius Papus,主要活跃于公元前4末至公元前3世纪上半叶)。——译者注
② 即盖乌斯·法布里基乌斯·卢斯基努斯(Gaius Fabricius Luscinus,主要活跃于公元前4末至公元前3世纪上半叶)。——译者注
③ 即斯巴达人。在古希腊时期,斯巴达又被称为拉刻代蒙(Lacedaemon),即伯罗奔尼撒半岛东南部拉科尼亚埃夫罗塔斯河岸上的斯巴达人主要聚居地。后来,斯巴达发展成为囊括众多城市的城邦,其中拉刻代蒙占统治地位。——译者注

地中海霸权之争：三次布匿战争

现出了智慧与才能。毕达哥拉斯死后，他林敦人似乎就不再如此闻名了。他林敦气候宜人，生活便利，人们甚至能轻松地过上奢华的生活。于是，他们的性格就逐渐改变了：变得懒惰，不求荣誉。因此，后来就有了"他林敦之乐"(delights of Tarentum)这一俗语。

罗马与他林敦签订了和平条约，规定罗马战船不能驶过拉辛尼姆(Lacinian)海岬〔即科隆纳海岬（Capo della Colonne）〕。因此，罗马战船也不能进入他林敦湾。然而，罗马近期决定前去解救远在拉辛尼姆海岬外的图利(Thurii)。此时，图利正被卢卡尼亚人(Lucanians)围困。这样一来，罗马就必须违反条约。十人委员会成员L. 瓦勒留斯[①]率领了一支十艘船的舰队，不顾这一条约，也无视他林敦人(Tarentines)，未经允许，就大胆地航行到距离他林敦人的港口不远处。对罗马人的这一藐视行为，他林敦人十分震怒，立即冲上战船，驶向罗马人，猛烈攻击罗马人的舰队，击沉四艘、俘获一艘。其余五艘罗马战船落荒而逃。对这场胜利，他林敦人十分骄傲。他们立即放弃了中立立场，派出军队前去攻打图利，迫使该城投降。面对侵略，罗马派出使者，要求他林敦元老院赔偿。然而，罗马使团遭到嘲笑奚落，还有粗暴的侮辱。面对如此侮辱，罗马使者Q. 波斯图米乌斯提出抗议。然而，他林敦人仍在不停嘲笑罗马使团。于是，Q. 波斯图米乌斯高呼："笑吧，尽情地笑，有你们哭泣的时候。"罗马使团回到了罗马，将所见禀告给了罗马元老院。虽然罗马的威严几乎从未受过如此严重的侮辱，然而此刻，罗马的处境不允许他们采取任何过激措施。面对无法主宰的局面，罗马人只能忍气吞声。第二年，罗马人又提出了同样的讲和条件。他林敦人这次也同样傲慢地拒绝了。由于罗

---

① 即卢基乌斯·瓦勒留斯（Lucius Valerius，主要活跃于公元前3世纪）。——译者注

第 3 章 皮洛士进军罗马

皮洛士

马人并未立即发动战争,他林敦人以为罗马人害怕开战,就决定大胆去摧毁日益强大的罗马。由于伊庇鲁斯国王皮洛士的军事成就在希腊闻名遐迩,于是,他林敦人向皮洛士派遣了一个使团,请求其帮助,共同实现摧毁罗马的伟业。

皮洛士率军入侵意大利

这位著名的将军出生于第一百一十四届奥林匹克运动会时期(即公元前318年)。据说,皮洛士的父亲埃阿喀得斯(Aeacides)是阿喀琉斯的后裔——阿喀琉斯是帖撒利亚(Thessaly)的传奇英雄。埃阿喀得斯遭到臣民反叛,被逐出了伊庇鲁斯。幸亏仆人忠心耿耿,否则他那尚在襁褓中的儿子皮洛士早就没命了。仆人们把皮洛士送到了伊利里亚(Illyria)的陶兰提亚国王格劳基亚斯(Glaucias of Taulantii)的宫廷。格劳基亚斯对皮洛士很好,让他免遭仇敌谋害。在格劳基亚斯的帮助下,在十二岁时,年轻的王子皮洛士夺回了父亲的王位。然而,过了一段时间,皮洛士又失去了王位,并被流放。但皮洛士在外邦建立了一些重要关系,积聚了一些力量,又夺回了世袭的王国伊庇鲁斯,处死了篡位者。皮洛士的下一个目标是夺取马其顿(Macedonia)的王位。年轻的皮洛士占据了马其顿王位七个月的时间,后来被马其顿人废黜。皮洛士

地中海霸权之争：三次布匿战争

那毫不安分和野心勃勃的头脑使其渴望新的征服。正是在此期间，他林敦人派出使者前来求助，提议共同征讨罗马人。皮洛士对这一提议很满意。野心勃勃的皮洛士相信，如果成功了，自己就能轻松地在意大利建立起一个王国。意大利比贫瘠的伊庇鲁斯更配得上自己的统治。怀着这个憧憬，皮洛士准备参加将在意大利发生的战争。

皮洛士的军队规模很小，只有两万名士兵，三千匹马，二十头大象。这很可能是皮洛士期待与意大利各邦国通力合作的原因。他林敦人给皮洛士提供了运输船队。然而，出海后，皮洛士的舰队遭遇了一场猛烈风暴。舰队被吹散，皮洛士自己也差点送了命。不过，这支舰队剩余的力量又重新聚集起来，再次出发。这次出征成功了。公元前280年，皮洛士率军登陆他林敦。他林敦虽然富裕，但居民慵懒。他林敦人开始后悔，不该匆忙邀请一个陌生人相助。皮洛士开始以傲慢的征服姿态对待他林敦人，要求他们给自己的军队补充物资。这令不好战的他林敦人十分恐慌。许多人准备逃走。但皮洛士派人守住了城门，禁止所有公共游戏和集会，强迫他林敦人给自己的军队支付军饷。在正式与罗马开战前，皮洛士写信给罗马元老院，请求罗马允许自己在罗马人与他林敦人之间做出选择。罗马人答复道，皮洛士登陆意大利就已经是敌对行为了，在其擅自干涉罗马事务前，应该首先为登陆意大利赎罪。

皮洛士率军在意大利南部登陆。约翰·李奇(John Leech, 1817—1864)绘

地中海霸权之争：三次布匿战争

赫拉克利亚战役

执政官P. 拉埃维努斯①率领罗马大军征讨皮洛士的军队。两军在赫拉克利亚附近的西里斯河（Siris）②河岸相遇。很长一段时间里，希腊军队只是阻击罗马人前进。但后来，罗马人攻击了希腊军队的后方。于是，皮洛士下令用骑兵进攻罗马步兵。罗马军队以惊人的勇气顶住了进攻。皮洛士的军队发起的七次冲锋全被击退。大象最终决定了这场著名战役的胜负。罗马人不知如何抵抗大象，混乱逃窜。皮洛士的帖撒利亚骑兵（Thessalian cavalry）乘胜追击。伊庇鲁斯人（Epirots）大获全胜，夺取了整个罗马兵营。伊庇鲁斯人也为胜利付出了惨重代价——罗马损失了七千人，但希腊有四千多将士阵亡。皮洛士一整天都处在危险中，甚至有人认为他已经战死沙场了。皮洛士盛赞罗马人的英勇："我要是有这样的士兵，世界就是我的了。"他高呼道："如果我是罗马人的将军，世界就该是罗马人的。"皮洛士对自己遭受的损失感到非常焦虑，说道："要是再来一次这样的胜利，我就只能只身返回伊庇鲁斯了！"皮洛士将大部分战利品奉献给了他林敦的朱庇特神殿，并留下了如下文字：

至今还有人未被征服，啊，奥林匹斯山（Olympus）伟大的先祖；

---

① 即普布利乌斯·瓦勒留斯·拉埃维努斯（Publius Valerius Laevinus，主要活跃于公元前4世纪末至公元前3世纪上半叶）。——译者注
② 即辛尼河（Sinni）。——译者注

第 3 章 皮洛士进军罗马

在战场上,这些人被我征服了,但我也同样被征服了。①

皮洛士让罗马俘虏在自己的军队服役。在希腊诸国,俘虏在征服者的军中服役司空见惯。但罗马俘虏一致拒绝在皮洛士军中服役。皮洛士赞赏罗马士兵的这一决定,于是下令体面地埋葬那些战死的罗马士兵的尸体。

---

① 这一警句的原文是希腊语,据说是塔伦图姆的莱奥尼达斯(Leonidas of Tarentum)所写,但是已不幸遗失。不过,拜占庭(Byzantine)时期的一位编年史作者奥罗修斯(Orosius)在引用时,用极其古老的拉丁语翻译了句子的字面意义,将其保留了下来。这类铭文通常是用对句,或是六步格、五步格的对偶双行诗写成。韵式就像这样:'—vv —vv,— "vv—vv—vv ——vv—vv" —, —vv—vv" —

出此原因,我试图用一种与英语语言特征极不相称的韵律,来模糊地展示这种古代诗律。朗费罗教授和一些人写了一些六步格诗。不过,这些作品值得关注,是因为其新颖性和独创性,而非其他特征。奥罗修斯提及这位古代拉丁翻译家,在其生活的时代,诗歌在意大利几乎没有什么发展。他却试图展现六步格和五步格,确实非同寻常:

　　永远不受奴役的人
　　奥林匹斯山是最好的父亲
　　我在这个村的牧场上
　　同一个人打败了我

这首诗违反了六步格诗的法则,最后两行成了未受希腊诗体影响之前的古代拉丁诗体,也就是古罗马的史诗体。这种古代拉丁诗体的诗作有少数片段流传了下来。这些片段极其新奇,给博学之士提供了材料,供其思索。抑扬格诗出现较早,由诗人利维乌斯(Livius)、安德罗尼柯(Andronicus)、奈维乌斯(Nœvius)和帕库维乌斯(Pacuvius)所创。恩尼乌斯是第一个使用六步格写诗的罗马诗人。恩尼乌斯活跃在第二次布匿战争期间。卢克莱修·卡鲁斯(Lucretius Carus)关于"宇宙"的杰出作品《物性论》(De rerum natura,公元前60年),是这种格律诗体现存的最早完美范例。在屋大维时代,这种格律诗体发展完善了。更多与这些有趣主题有关的信息,请见邓洛普(Dunlop)的《罗马文学史》(History of Roman Literature)第一卷、奥雷利的《拉丁铭文集》(Inscrip. Latine),以及约翰·威廉·唐纳森的《瓦罗尼亚努斯》。——原注

地中海霸权之争：三次布匿战争

赫拉克利亚战役直接导致了一些对罗马不满的意大利国家反叛罗马。普利亚（Apulia）、洛克里（Locri），还有意大利南部沿海地区的居民都公开反对罗马，支持皮洛士。德西乌斯·维贝利乌斯（Decius Vibellius）是雷焦的罗马卫戍部队统帅，趁混乱之机展开了一场残暴屠杀。他指控"雷焦人支持皮洛士，认为罗马没有希望继续统治雷焦了"，于是把不幸的雷焦人交给了愤怒的罗马士兵。雷焦的男人都被屠杀，儿童和女人则被卖身为奴。

德西乌斯·维贝利乌斯立即与玛末丁人（Mamertines）结盟。这群人是一伙雇佣兵强盗。他们占领并大肆掠夺墨西拿（Messana），最终引发了罗马和迦太基之间的血腥战争。①

齐纳斯（Cineas）前往罗马

皮洛士担心战争会持续很久，便派遣大臣齐纳斯前往罗马和谈。齐纳斯是个罕见的口才出众、小心谨慎的人。抵达罗马城后，他便开始施展外交手腕，给罗马元老院元老们的妻子送去了许多贵重礼物，希望通过这些妻子使元老们受贿，以此使自己在与罗马元老院的谈判中获得支持。然而，妻子们认为这些礼物是贿赂，因此体面而坚决地拒绝了。齐纳斯无奈，只得靠自己那三寸不烂之舌。他在罗马元老院发表了精彩演说，提议归还罗马战俘，条件只不过是要求与罗马建立友好联盟。只有一些元老愿意接受齐纳斯的条件。由于罗马元老院争论

---

① 见下文。玛末丁（Mamertini）这一名字也许来源于布匿战争之神马玛尔斯。这些强盗很像中世纪欧洲的自由兵（Free Companions），也叫雇佣兵（Condottieri），即"雇用的士兵"。——原注

第 3 章 皮洛士进军罗马

不休,人们便把令人尊敬的盲人阿庇乌斯·克劳狄[①]抬进了元老院。他严厉训斥了各位元老,斥责元老们竟然对这么大的事犹豫不决。"我常常悲叹自己失明",阿庇乌斯·克劳狄说道,"失明是个诅咒,然而现在,我觉得这是一件幸事。真希望我耳朵也聋了,那样我就不会

阿庇乌斯·克劳狄来到元老院,严厉训斥了各位元老。
切萨雷·马卡里(Cesare Maccari,1840—1919)绘

知道罗马元老院竟然如此不顾罗马荣誉。你们为何要跟皮洛士讲和?在亚历山大大帝(Alexander the Great)时代,你们的祖先曾自豪地说,如果亚历山大大帝这个英雄胆敢对抗罗马,他名声肯定会遭到玷污。在罗马大军面前,亚历山大大帝将不再战无不胜。你们现在是怎么啦?是什

---

① 即阿庇乌斯·克劳狄·卡埃库斯(Appius Claudius Caecus,主要活跃于公元前4世纪下半叶至公元前3世纪上半叶)。——译者注

么让你们如此惧怕皮洛士？他只不过是亚历山大大帝一个护卫的仆人而已。你们要跟他讲和？然后呢？难道你们还幻想他会撤出意大利？千万不能！实际上，并不是征服外邦的欲望让皮洛士远离马其顿，而是他的政敌利西马科斯（Lysimachus）迫使他逃离马其顿。①绝对不要跟皮洛士讲和。如果你们讲和，一定会成为无数冒险家掠夺的对象，那些人会效仿皮洛士。"阿庇乌斯·克劳狄的意见占了上风。齐纳斯遭到驱逐，被迫离开罗马。但在离开之前，他深入研究了罗马的地理和政治特征。"罗马简直就是一座巨大神殿，"回去后，齐纳斯惊叹地向皮洛士汇报，"罗马元老院就是一群国王的集会。对我们来说，这就是条九头蛇，比勒拿湖（Lerna）的九头蛇更可怕。"

皮洛士进军意大利

如今，与罗马签订和平条约的希望完全破灭了，于是，皮洛士向坎帕尼亚方向迅速进军。就在皮洛士准备包围卡普阿时，执政官P. 拉埃维努斯的到来中止了他的行动。不过，阿纳尼（Anagnia）和帕莱斯特里纳（Praeneste）还是落到了皮洛士手中。在帕莱斯特里纳的城堡上，皮洛士可能隐约看到了远方的罗马。然而，皮洛士还没到罗马，伊特鲁里亚人就和罗马人签订了条约。此前，皮洛士还曾指望那些伊特鲁里亚人相助。于是，皮洛士迅速撤退到他林敦，在那里驻扎军队，度过了冬天。

这一时期，罗马派出使者到皮洛士那里，交换战俘或者缴纳战俘赎金。皮洛士礼貌地接待了罗马来使，但坚定地拒绝释放囚犯，除非罗马

---

① 皮洛士也有马其顿国王的头衔。——译者注

第 3 章 皮洛士进军罗马

元老院同意接受自己之前提出的条件。不过，皮洛士允许罗马俘虏与罗马使者一起返回罗马，让俘虏回去庆祝即将到来的农神节（Saturnalia）。但同时，皮洛士要每个俘虏庄严承诺，如果罗马元老院仍然拒绝签署其提出的和平条约，每个俘虏都必须在庆祝完农神节后回到皮洛士的军营。罗马俘虏严格地遵守了皮洛士的条件。回到罗马期间，俘虏们为促成罗马人与皮洛士之间的条约做了许多努力，但仍未成功。到了指定日子，罗马俘虏无一例外地离开了罗马，去了敌人的营地，以牺牲自由为代价来维护荣誉。

阿斯库路姆战役

公元前279年初，执政官普布利乌斯·苏尔皮基乌斯·萨维里奥（Publius Sulpicius Saverrio）和 P. 德西乌斯·穆斯指挥罗马军队，与皮洛士的军队在普利亚的阿斯库路姆（Asculum）附近相遇。两军并未立即向对方发起进攻，而是休整了一段时间。战斗信号发出后，双方立即展开激战。两军愤怒无比。战斗可谓空前绝后。罗马人遭受重创后，开始撤退。虽然勇敢的 P. 德西乌斯·穆斯效仿了自己同名的父亲和祖父，献身给了地狱之神，但仍然于事无补。P. 德西乌斯·穆斯的爱国精神没有奏效。罗马人彻底战败。六千勇士战死沙场。不过，皮洛士这边也高兴不起来。他也失去了三千五百多名精兵，现在别无选择，只能退守他林敦，因为罗马元老院和迦太基元老院已经结成了联盟。迦太基提出派遣一支舰队到奥斯蒂亚港。但罗马人可能不信任迦太基人这个新盟友，便装出一副十分感激的样子谢绝了迦太基人承诺的恩惠。

与此同时，一个不法之徒向罗马人提议，自己可以毒死皮洛士，帮

地中海霸权之争：三次布匿战争

助罗马人除掉这个可怕的敌人。但高傲的罗马人对这个暗杀者嗤之以鼻，拒绝这种卑鄙行为。得知此事后，皮洛士对敌人罗马的慷慨大度感到十分高兴，就把罗马战俘全都送了回去，并且给他们提供了衣服和其他必需品，同时提出了和平条约。但罗马人拒绝接受任何条件，除非皮洛士带领军队首先撤出意大利，否则拒绝和谈。

皮洛士率军入侵西西里岛

于是，皮洛士开始实施自己长久以来设想的一个计划，那就是把迦太基人赶出西西里岛，然后将该岛据为己有。公元前278年，皮洛士入侵意大利已有两年零六个月。这年秋天，他带着一支六十艘船的舰队，前往锡拉库萨，留下了部分士兵驻守意大利，由其子——后来的伊庇鲁斯国王亚历山大二世（Alexander II of Epirus）和一位将军指挥。当时，西西里岛正处于极度混乱状态。岛上的主要城市大部分都是希腊移民所建。很长一段时间里，这些邦国都是由小气的国王或是僭主①统治。这些统治者实行专制统治，对居民毫不负责。最后，内部纷争使这些统治者失去了权力，也使其邦国丧失了独立。迦太基利用了西西里岛的纠纷，提出为岛上各邦国仲裁。外国势力的介入多半是征服的前奏。迦太基人很快就成了整个西西里岛的主人，只有锡拉库萨例外。

在皮洛士登陆西西里岛后不久，锡拉库萨僭主阿加托克利斯（Agathocles of Syracuse）就死了。两个觊觎王位的人开始争夺统治权。于是，

---

① 希腊语中，图兰诺斯（turannos）一词的意思，简单而言，就是国王。僭主这一称呼之所以遭人漫骂，最开始似乎就是因这些西西里国王的肆意专断所致。——原注

第 3 章 皮洛士进军罗马

锡拉库萨这座不幸的城市成了王位争夺的牺牲品。皮洛士立即向迦太基人发起战争，取得了一些重大胜利。然而，皮洛士的事业并未如其所愿，没有得到当地居民支持。战争持续三年后，皮洛士觉得自己的计划毫无成功希望，于是决定放弃。公元前275年，皮洛士回到了意大利，但在途中几乎丧失了在西西里岛的战争中获得的所有财富。在皮洛士离开期间，罗马人一直忙于收复那些在赫拉克利亚战役和阿斯库路姆战役后反叛的城市。布鲁提乌姆的居民受到执政官Q. 费边军队的压榨，便恳求皮洛士前来解救。在途中，皮洛士遭到迦太基强大海军的重创，损失了七十艘船，有的船被夺走，有的船被击沉。皮洛士在洛克里海岸登陆时，玛末丁人也给其制造了许多麻烦。玛末丁人是一群好战之徒，占领了意大利南部许多重要城市，还曾经在西西里岛寄居。皮洛士召集了三千骑兵，两万步兵，从他林敦出发，向萨莫奈进军，在贝内文托附近遭遇了库里乌斯·登塔图斯率领的罗马军队。夜间，皮洛士成功占据了一座可以俯瞰罗马阵地的小山。但他这一行动很缓慢，还很危险。天亮时，罗马士兵看到希腊人从山上下来，于是决定趁其劳累一夜、疲惫不堪之际发起进攻。下山的希腊人被轻松击败。同样的命运降临到皮洛士的主力军队身上——他们当时仍然驻扎在平原上。皮洛士带着几个骑兵，费了九牛二虎之力才逃到他林敦。他现在觉得毫无可能打败罗马人，便回到了希腊。两年后，皮洛士轻率地远征阿尔戈斯，在那里被一个女人扔的一块瓦片砸死了。

皮洛士的离开和死亡让罗马的意大利盟邦 (Socii)[①] 的最后希望破灭了。卢卡尼亚、布鲁提乌姆和意大利南部的邦国都向罗马投降了。他林

[①] 即意大利半岛上与罗马结有条约的各个邦国。——译者注

地中海霸权之争：三次布匿战争

敦的总督米洛(Milo)[①]也投降了，把城堡拱手让给了罗马人。但罗马人善待了他林敦这座城市。他林敦人从未想到罗马人会如此"仁慈"。然而，他林敦还是失去了防御工事和舰队。一些他林敦公民还被带到罗马充当人质。雷焦的坎帕尼亚人驻军深知，落在罗马人手里就不要期望得到任何怜悯，便进行了顽强抵抗。公元前271年，在遭遇长期围困后，雷焦最终沦陷了。凡是拿兵器的人都死于敌人剑下，其余的人遭到鞭打，然后被斩首了。许多在德西乌斯·维贝利乌斯大屠杀中幸存下来的雷焦人都回到了故乡雷焦。然而，雷焦再也没有恢复往日荣光。一帮萨莫奈强盗发动了一场小叛乱。这是罗马统治期间意大利半岛最后的内战。公元前268年，这场叛乱被镇压。此后，罗马统治了整个意大利半岛。罗马人为此奋斗了将近五百年。两个世纪后的同盟者战争(Social War)，并非意大利部族想要争取独立，而是想获得享有罗马宪法规定的权利。在很长一段时间内，伊特鲁里亚人保留了民族特色和民族语言，却丧失了好战的性格。他们变得懒散，贪图奢华享受。罗马早期的敌人埃魁人和沃尔西人曾经不屈不挠，后来也消失在编年史的记载中。甚至在高卢人占领罗马城之前，埃魁人和沃尔西人就再没登上过历史舞台。从皮洛士战争时代开始，罗马就着手建立外交关系。迦太基人的嫉妒引发了第一次布匿战争。从第一次布匿战争开始，罗马的统治不断扩大，一直持续到欧洲黑暗时代(Dark Ages)。经历了六个世纪的辉煌后，罗马城的周边地区再次遭到外敌侵扰。罗马帝国已垂垂老去，只能眼见昔日的弱小对手重新崛起。

[①] 皮洛士的副官。——译者注

4

第一次布匿战争

罗马最令人难忘的对外征战是与迦太基共和国之战。著名的迦太基城位于阿非利加北部海岸。迦太基的建城时间比罗马建城大约早了一百年。据说，有个叫狄多（Dido）的腓尼基（Phoenicia）公主，她是提尔国王皮格马利翁（Pygmalion of Tyre）的妹妹。狄多的国王哥哥皮格马利翁凶残、贪婪，谋杀了她的丈夫希凯俄斯（Sichaeus）。狄多侥幸逃脱了。她召集了所有愿意随她离开自己国家的公民，同这些人一起乘船出海，在阿非利加海岸登陆。他们向当地人买了一块土地。这块土地只要能用一张公牛皮围住，面积无论多大都行。交易达成后，狄多和其追随者把那张公牛皮切成一条条长长的窄条，并把它们连接起来，围住了一大片土地，面积远比当地土著预想的大得多。在这片土地上，狄多一行人建起了一座堡垒，后来又建起了一座城市。狄多给臣民制定了一部宪法。这座城市就是迦太基。迦太基这个名字源于布匿语中的两个词——Qart-ḥadašt，意思是"新城市"。迦太基的君主制政体没有持续多久。后来，最高权力被授予由一百零四人组成的百人会议。百人会议的成员主要来自贵族。百人会议每年选举两位行政官，即苏菲特（Suffetes）。苏菲特的特权和执政权力与罗马执政官的权力很像。迦太基也有一个元老院，或叫公民大会。不过，截至19世纪，我们仍不清楚公民大会的成员人数。

地中海霸权之争：三次布匿战争

迦太基人的商业

迦太基的财富主要源于与欧罗巴[①]和亚细亚的巨大商贸往来。

当时，新生的罗马共和国还在为了生存与意大利诸部族争斗。而此时的迦太基已经发展为一个举足轻重的国家，正在不断对外征服，向欧罗巴西部扩张。西班牙、科西嘉岛（Corsica）、撒丁岛（Sardinia）和西西里岛为迦太基的商贸发展提供了很多机会。迦太基人有个优点，那就是永远不会仅仅因贪恋权力而四处征服。迦太基海军往返于腓尼基和巴勒斯坦（Palestine）沿海地带，从那里购买紫色和朱红色布匹、香水、香料和宝石等当时的奢侈品。埃及则为迦太基人提供了莎草纸、谷物、亚麻和造船的材料。迦太基人的阿非利加内陆领土出产昂贵的鸵鸟羽毛、沙金和顶级树胶。西班牙的矿山出产大量银矿，还有很多更有价值的金属。迦太基商人把这些矿产运到红海沿岸，来换取波斯和东方的珍珠等物资。

迦太基的雇佣军

在战争中，迦太基人不得不依靠雇佣军。这是迦太基人一个很大的缺陷。迦太基公民几乎不在国家军队中服役。因此，迦太基的军队基本都是招募雇佣兵。这些雇佣兵有努米底亚（Numidia）土著，也有吃苦耐劳的西班牙和卢西塔尼亚（Lusitania，即葡萄牙）山地居民。迦太基只要继续繁荣下去，有能力向护卫者支付报酬，就会保持兴旺发达。但如果遇上物资匮乏，或者雇佣军战败的情况，迦太基就会面临双重危险，不仅会承受

---

① 即今欧洲（Europe），名字源于希腊神话的人物"欧罗巴"。——译者注

第4章 第一次布匿战争

被敌军征服之耻，还可能遭遇己方军队的反叛。第一次布匿战争后就发生过这种可怕的结果。当时，迦太基公库被耗尽了。然而，阿非利加的迦太基外邦雇佣兵吵着要报酬。他们推选了斯潘迪乌斯（Spendius）和马霍斯（Mathos）两个亡命之徒为首领，夺取了一些臣服于迦太基人的阿非利加主要城市，屠杀居民，瓜分战利品。迦太基人吓坏了，只能眼睁睁地看着叛军烧杀抢掠。如果不是因为哈米尔卡将军英勇抵抗，还有努米底亚人及时解救，迦太基城恐怕也会落入叛乱分子手中。在罗马，市民的公德心因不幸而被激发了，这种公德心也因罗马人的好胜心而一直持续着。战败的消息让成千上万的人自愿为国服役。国家荣誉可能因此光荣恢复。然而，不能指望雇佣军发扬这种公共美德。

第一次布匿战争的起因

玛末丁人是一群雇佣兵。他们占领了墨西拿。很长一段时间里，他们还与雷焦的坎帕尼亚驻军结成联盟。后来，这些坎帕尼亚驻军背叛了罗马，其残忍行为遭到了罗马人的公正惩罚。玛末丁人开始感到不安，唯恐遭到锡拉库萨僭主希伦二世（Hiero II of Syracuse）的军队或迦太基人的讨伐——因为玛末丁人曾大肆侵扰这两国的领土。希伦二世首先发起了对玛末丁人的征讨战争。公元前264年，希伦二世在墨西拿附近打败了玛末丁人，收复了几个被玛末丁人占领的城市。

玛末丁人担心自己所在的城市墨西拿随时遭遇攻击，于是准备与锡拉库萨僭主希伦二世签订条约。此时，迦太基人担心这个条约的签订可

地中海霸权之争：三次布匿战争

能引发罗马人入侵西西里岛，便派了一个指挥官前去干涉条约签订。[①]玛末丁人犹豫不定，没有马上接受迦太基的援助。他们更愿寻求罗马的帮助，于是派出使者前往罗马元老院，请求罗马提供帮助。罗马元老院假装十分愤怒，但还是允许执政官与玛末丁人这群强盗签订了条约。玛末丁人本该和雷焦驻军一样，受到罗马的严厉惩罚。

在罗马元老院全力关注与玛末丁人的条约时，玛末丁人担心自己会落入希伦二世之手，就把一支迦太基守军引进墨西拿。希伦二世害怕激怒强大的迦太基，便放弃了攻打墨西拿。此时，罗马人找不到任何借口加以干涉。然而，罗马令执政官阿庇乌斯·克劳狄[②]统领军队，入侵西西里岛。他率军包围了墨西拿。迦太基人的驻军遭到背叛，落入阿庇乌斯·克劳狄手中。墨西拿驻军指挥官（Messana garrison commander）汉诺（Hanno）逃回了迦太基。由于在墨西拿失职，他被判死刑。墨西拿再次陷入危机。迦太基舰队和希伦二世率领的舰队联合包围了墨西拿。然而，希伦二世败给了罗马人，撤回锡拉库萨。迦太基人也被迫放弃围攻。希伦二世与罗马签订了条约。条约规定，希伦二世必须释放所有俘虏，并且向罗马支付两百塔兰特（Talent）[③]。墨西拿的包围被解除后，罗马人迅速把征服范围扩大到了西西里岛。西西里岛上大多数城市都向罗马人投降了，只有南部海岸阿克拉加斯（Acragas）口岸的阿格里真托古城没有屈服。阿格里真托守军由吉斯戈（Gisgo）之子汉尼拔[④]指挥。汉

[①] 离开西西里岛时，皮洛士曾预言了第一次布匿战争。皮洛士曾说："我们给罗马人和迦太基人留了一个多好的体育馆（ιστρα）啊！"（普鲁塔克）——原注
[②] 即阿庇乌斯·克劳狄·考德克斯（Appius Claudius Caudex，主要活跃于公元前3世纪）。——译者注
[③] 古代希腊、罗马和中东的重量和货币单位，其值的大小因时、因地而异。——译者注
[④] 即汉尼拔·吉斯戈（Hannibal Gisco，公元前295年—公元前258年）。——译者注

第4章 第一次布匿战争

尼拔十分谨慎、经验丰富。他指挥守军奋力坚守了七个月。给养用尽后，他带着阿格里真托的大部分居民一起设法逃走了，只留下了老人和弱者独自面对恐惧。罗马人入城后，很失望，将报复发泄在了留守的老弱身上。两万五千个手无寸铁的人被屠杀。整个阿格里真托遭受了大肆掠夺。一支迦太基舰队受命前去解救阿格里真托。这支舰队洗劫了意大利海岸地带，迫使那些被罗马征服的城市重新效忠迦太基。罗马人意识到，如果迦太基人继续在海上称霸，自己将无法保住新近征服的领土。罗马人自己的舰队微不足道，只有几艘商船，来往于奥斯蒂亚港和意大利南部沿海城市之间。相反，迦太基人拥有一支庞大的海军，水手经验丰富。海军将领从未吃过败仗。频繁的商业航行使迦太基舵手十分熟悉意大利海岸。阿非利加和西西里岛的港口也向迦太基人开放，以便迦太基人修复船只，补充给养。

盖乌斯·杜伊利乌斯打胜海战

罗马人用旺盛的精力和顽强的毅力克服了不利条件。亚平宁山脉的广袤森林为罗马人提供了丰富的木料，使其建立了无数舰队。也许在这方面，罗马人比强大的对手迦太基更有优势。一直以来，成千上万的巨大松树在恶劣天气中屹立不倒，也没有毁灭在殖民者的斧头之下，然而现在却因战争之需而遭到大量砍伐。仅仅六十天，罗马人就建造了一支拥有一百二十艘战船的庞大舰队。其中一百艘各有五排船桨，其余二十艘各有三排船桨。阿非利加造船工匠经验丰富，造出的船十分结实，并且好看。罗马人的战船完全无法与之匹敌。然而，罗马人在船上安了一种机械装置，弥补了自己的不足。罗马人在船头装了抓钩，用来抓住敌

地中海霸权之争:三次布匿战争

船,以便迅速登上敌船。

执政官盖乌斯·科尔内留斯·西庇阿[①]和盖乌斯·杜伊利乌斯是罗马第一批奉命指挥舰队的将军。盖乌斯·科尔内留斯·西庇阿航行到了墨西拿城,但在利帕里(Lipari)群岛附近落入了陷阱。他和整个舰队都被敌人俘虏了。盖乌斯·杜伊利乌斯则很成功。战胜了盖乌斯·科尔内留斯·西庇阿的迦太基人洋洋得意。他们相信自己也可以轻易战胜盖乌斯·杜伊利乌斯。公元前260年,在米列(Mylae)附近,迦太基人攻击了盖乌斯·杜伊利乌斯的舰队。然而,迦太基人的战船遭到罗马大帆船上那些角钩或抓钩的毁灭性的攻击。迦太基三十艘战船几乎被罗马人瞬间拿下,十四艘被毁,其余的落荒而逃。罗马人杀死了三千迦太基士兵,俘虏了七千迦太基士兵。有些记载认为迦太基损失了八十艘战船,罗马人则一艘都没损失。在罗马,盖乌斯·杜伊利乌斯的胜利引起了巨大轰动。为了纪念罗马人和迦太基人的第一次海战,罗马人修建了一根凯旋柱,用征服的敌船船头装饰了这根凯旋柱。直到今天,这根凯旋柱依然屹立不倒。这根凯旋柱上有一条用罗马方言书写的铭文,引人注目。盖乌斯·杜伊利乌斯不仅享受到专为其举行的凯旋式,还得到罗马元老院批准,享受特别优待,允许其在有生之年,每天晚餐时都能享受火光和音乐相伴。这些花销由公库承担。在那节俭的时期,这一荣誉实属罕见。

两年间,罗马人继续扩大在西西里岛的统治。迦太基人驻守的米提斯塔图姆(Myttistratum)被罗马人围困,七个月后沦陷,后被罗马人夷为平

---

① 即盖乌斯·科尔内留斯·西庇阿·阿西纳(Gnaeus Cornelius Scipio Asina,主要活跃于公元前3世纪)。——译者注

第 4 章 第一次布匿战争

地。其居民或遭屠杀，或被卖为奴。在科西嘉岛，一支迦太基大军战败。科西嘉岛上的一座重要城市阿莱里亚(Aleria)落入罗马人之手。

然而，罗马人还没有完全征服西西里岛。迦太基人仍然控制着岛上大部分地区。罗马人的胜利只不过是逐渐重新控制反叛自己的城市而已。罗马人组建了一支包含三百三十艘战船的庞大舰队，交由执政官L. 曼利乌斯[①]和马库斯·A. 雷古鲁斯指挥。公元前258年，在埃克诺穆斯(Ecnomus)附近，二人率军与迦太基舰队相遇，并摧毁敌舰三十艘，俘获六十四艘，取得了决定性胜利。大获全胜的罗马将军们立即着手准备继续前行，向阿非利加挺进。当时，汉诺[②]向两位罗马执政官求和。两人没有理会他的请求。漫长的航程令罗马士兵疲惫不堪。罗马士兵不愿继续展开新的战役。但马库斯·A. 雷古鲁斯决意继续前行，冒险征战，因而走上了毁灭之路。执政官们在阿非利加的古莱比耶(Clypea)附近登陆，立即率军占领了古莱比耶，然后四处征伐，掠夺周边国家。

与此同时，执政官L. 曼利乌斯奉命从阿非利加返回罗马，留下马库斯·A. 雷古鲁斯独掌整支军队。然而，在离开时，L. 曼利乌斯带走了部分军队，给同僚马库斯·A. 雷古鲁斯留下了大约一万五千名步兵和五百名骑兵。显然，这一军队力量规模太小，绝对不足以征服阿非利加。罗马人对马库斯·A. 雷古鲁斯的能力和勇气充满了信心。然而，马库斯·A. 雷古鲁斯似乎意识到了自己即将面临的危险处境，于是请求罗马元老院允许自己返回罗马，理由是一些奴隶掠夺了其农场，逃亡了，自己负担不起雇工耕种的费用。得知马库斯·A. 雷古鲁斯的请求后，罗

---

① 即卢基乌斯·曼利乌斯·乌尔索·隆古斯（Lucius Manlius Vulso Longus，约公元前300年—公元前216年）。——译者注

② 与本章上文出现的墨西拿驻军指挥官汉诺并非同一人。——译者注

地中海霸权之争：三次布匿战争

马元老院发布法令，保证补偿他的损失，供养其妻儿，耕种其农场。这些支出都由公库承担。条件是马库斯·A.雷古鲁斯必须攻下迦太基，守在那里维护罗马的神圣威严。不过，我们有充分的理由认为，征服迦太基只是罗马元老院加给马库斯·A.雷古鲁斯的幻想。这一荣耀要待日后的几个叫西庇阿的将军来实现了。从波里比阿的叙述可知，留在阿非利加是马库斯·A.雷古鲁斯自己的意愿。他担心继任者会抢了自己开创的功劳。虽然马库斯·A.雷古鲁斯的阿非利加征服战以失败告终，但其希冀并非完全没有根据。因为迦太基把安危寄托在外邦人身上，并且还寄希望于一场单人决斗。不过，据说马库斯·A.雷古鲁斯十分傲慢，脾气暴烈——尤其是对不幸的战俘。

公元前255年初，马库斯·A.雷古鲁斯开始了自己的阿非利加征战。他先后攻占了阿迪斯(Adis)、突尼斯(Tunis)和迦太基人的其他一些重要据点。后来，迦太基人又遭到努米底亚反叛，势力进一步被削弱。根据李维的叙述，这场战争有个现象十分奇异。巴格拉达斯河(Bagradas)附近的一条巨蛇攻击了罗马军队，把罗马士兵从水边赶走了，还吃掉了许多试图抵抗的人。罗马军队损失惨重。这条巨蛇用巨大的尾巴卷死了很多士兵。它的皮肤坚硬如铁。士兵们的长矛攻击完全不起作用。最后，罗马士兵用巨石猛砸，才艰难地制服了这一猛兽。巨蛇的鲜血染红了巴格拉达斯河。腐臭的尸体迫使罗马人放弃了这块领土。看到迦太基城后，罗马军队十分激动。惊恐的迦太基居民想求取和平。然而，马库斯·A.雷古鲁斯提的条件太过苛刻。迦太基使者没做任何答复就回去了。马库斯·A.雷古鲁斯要求迦太基人交出西西里岛、撒丁岛和科西嘉岛，承认罗马的最高主权，放弃所有战船，释放所有罗马俘虏，不许收赎金，每年向罗马纳贡，未经罗马人批准，不得发动战争。显然，他提

第 4 章 第一次布匿战争

出的条件暗示了绝对的征服。他更希望迦太基人拒绝这些条件——这样自己就有机会继续发动战争,用武力攻陷迦太基,而不是让迦太基人接受条件,向罗马人投降。

马库斯·A.雷古鲁斯提出的条件在迦太基宣布时,迦太基居民纷纷陷入悲伤和惊恐中。迦太基人毫无希望赢得这场战争。幸运的是,斯巴达将军迦太基的克桑提普斯带领一群人前来相助,迦太基城才没有落入罗马人手中。克桑提普斯天赋异禀,经验丰富。迦太基元老院向他说明迦太基人面临的危险处境。克桑提普斯清楚地指出,之前那些迦太基将军愚昧无知,指挥失策。于是,迦太基元老院请克桑提普斯担任军队的最高指挥,抗击罗马人。克桑提普斯答应了。他的军事才能很快令迦太基人惊叹不已。在他英明的指挥下,迦太基军队焕然一新。这令迦太基人啧啧称赞。公元前254年,克桑提普斯认为军纪已经完全建立,军队士气十足,于是率领大约一万四千步兵、四千骑兵,迎战马库斯·A.雷古鲁斯率领的罗马军队。此时,罗马人的军力似乎加强了。罗马士兵的人数是敌人的两倍。于是,罗马士兵鄙视迦太基军队兵力不足,嘲笑克桑提普斯大胆狂妄。然而,克桑提普斯这位善战的希腊人深知军纪比士兵人数更加重要,于是从容迎战。他把迦太基步兵部署在军队中央,用一百头大象掩护前线,侧翼部署了骑兵和自己的手下来策应。马库斯·A.雷古鲁斯加强了中心防线,以抵御即将前来攻击的大象。然而这样一来,他的骑兵和轻步兵就失去了支援。短暂等待后,战斗开始了。迦太基的大象兵团袭击了罗马步兵。罗马步兵逃开后,大象兵团又袭击了侧翼的雇佣军,雇佣军被追得狼狈不堪,混乱地逃回了营地。然而,罗马军队的后方营地又遭到迦太基骑兵的攻击。此时,罗马人的主力军队失去了应援,被那些大象碾压。战斗很快演变成一场大屠杀。罗马人

地中海霸权之争：三次布匿战争

仍在拼死奋战，但迦太基人的箭阵太过猛烈，罗马人完全抵挡不住。在迦太基骑兵的猛烈冲锋下，罗马大军彻底溃败。有几千人企图逃跑，但遭到敌人追捕砍杀。马库斯·A.雷古鲁斯这位不幸的罗马执政官落入了敌军之手，五百个罗马士兵也一同沦为俘虏。整个罗马大军，只有两千人逃到古莱比耶。克桑提普斯获得了很多荣誉，但他决定离开迦太基这座外邦城市，不想成为嫉妒或民族偏见的牺牲品。的确，据说迦太基人出于嫉妒，在克桑提普斯返航途中将其谋杀了。①不过，这个故事似乎是罗马人恶意捏造的，目的是抹黑迦太基人。罗马人指责迦太基人是残酷无情和背信弃义的民族。这些指责恰好时常用来形容罗马人。

第一次布匿战争的进程

将近五年时间，战争一直局限在西西里岛。罗马和迦太基两个国家在岛上打得不可开交，各有胜负。这个肥沃的岛屿，曾经以丰饶富足和幸福田园生活著称，现在却沦为一片荒野。经过二十一个世纪后，这里仍然留下了不可磨灭的痕迹，表明了当年这里曾发生过惨烈战争。罗马舰队取得了几次重要胜利，但两次遭遇风暴，损失数千人。在巴勒莫 (Panormus)，罗马执政官L.凯基利乌斯·梅特卢斯②率领军队大败迦太基人。于是，迦太基派出使团前往罗马求和，同时带上被俘的执政官马库斯·A.雷古鲁斯，让其说服同胞与迦太基讲和。

马库斯·A.雷古鲁斯虽然被囚禁五年，但没有为了个人自由而忘记

---

① 那位最公正、最受尊敬的历史学家波里比阿，似乎并没听说这个故事。——原注
② 即卢基乌斯·凯基利乌斯·梅特卢斯（Lucius Caecilius Metellus，公元前290年—公元前221年）。——译者注

第4章 第一次布匿战争

国家责任。迦太基人相信他是一个正义之人，要求他口头答应会回到迦太基。公元前249年，马库斯·A. 雷古鲁斯来到罗马元老院，坚决劝告元老们不要讲和，尤其不要交换俘虏。"你们的士兵"，他说道："已经落入敌人手中，便再也不能像当初出征之时那样回到罗马了。他们当初的骄傲和勇气荡然无存。现在他们已经被俘为奴，如果要把他们迎回家乡，就让其同胞打败敌人，征服敌人，用胜利的手臂来迎回他们。"他的话深深打动了罗马元老院。一方面，仇恨、荣誉和民族自豪激励罗马元老院继续展开战争；另一方面，人道主义和感激之心促使罗马元老院尽力为马库斯·A. 雷古鲁斯及其同伴求情。最后，爱国主义占了上风。迦太基人的条件遭到了拒绝。不仅是马库斯·A. 雷古鲁斯的朋友，而且几乎是整个罗马元老院都请求马库斯·A. 雷古鲁斯不要理会迦太基这个如此背信弃义的敌人，不要兑现自己许下的承诺，请求他继续留在罗马。马库斯·A. 雷古鲁斯这个著名的流亡者笑对朋友和罗马元老院的请求，撒谎说自己中了慢性剧毒，很快就要毒发身亡。跟迦太基使者会合后，马库斯·A. 雷古鲁斯同他们返回了迦太基。截至19世纪，没有确切记载告诉我们马库斯·A. 雷古鲁斯后来发生了什么事。罗马编年史再也没有提及马库斯·A. 雷古鲁斯是否返回罗马，人们猜测他死于囚中。一些罗马历史学家曾说，回到迦太基后，他遭到了非常残酷的对待。最终，他双目失明，遭受残酷折磨而死。但波里比阿的记载没有提及这一说法。波里比阿最早、最真实地记载了布匿战争。因此，我们有理由相信，这个故事只是罗马人的恶意编造。这也许是为马库斯·A. 雷古鲁斯的妻子辩护——她残忍地对待了两个不幸的迦太基囚犯。后来，罗马元老院被迫出于人道主义干预，她才停止了自己的残忍行为。如果马库斯·A. 雷古鲁斯仅仅是在囚禁中死去，其遭遇也不足为怪，这不过

地中海霸权之争：三次布匿战争

是战争的一种常见后果而已。这也许是在惩罚他的狂妄和残酷无情的行为。贺拉斯曾悲叹马库斯·A.雷古鲁斯残酷、不合时宜的命运。贺拉斯的诗歌虽然热情洋溢，但不能让我们忽视历史学家佐纳拉斯（Zonaras）和西西里的狄奥多记载的关于马库斯·A.雷古鲁斯事迹的重要证据。贺拉斯的诗歌决不会令我们更加钦佩马库斯·A.雷古鲁斯的性格。

公元前250年，执政官G.阿蒂利乌斯①和L.曼利乌斯率军围攻里里贝母。里里贝母是西西里岛西南海岸的一个重要岬角和要塞。这里的守军顽强抵抗罗马入侵。于是，罗马人封锁了海港入口，企图通过饥荒迫使其沦陷。罗马人的策略差点就成功了。然而，迦太基海军将领汉尼拔②突然攻破了罗马人的防线，成功解救了里里贝母。受困者冒险突围，在岸上发起几次冲锋，企图烧毁罗马人的封锁线，但最终被罗马人击溃，损失惨重。城堡总督哈米尔卡退守在城墙内。夜间，汉尼拔设法逃脱了罗马海军指挥官设置的警戒，安全返回迦太基。受困者没能靠勇气战胜罗马人。一场意外却帮受困者打败了敌人。一阵大风朝罗马军营方向刮去。于是，迦太基士兵收集了大量可燃物，点燃后精准地向敌人的攻城机投去。大火迅速蔓延，浓烟滚滚，刮向罗马人。浓烟呛得罗马人只能眼睁睁地看着自己的攻城机被烧毁。于是，罗马人又将包围变成封锁。但守军的顽强抵抗让罗马人几乎看不到最终胜利的希望。公元前248年，执政官P.克劳狄·普尔喀试图出其不意地袭击迦太基舰队。当时，迦太基舰队位于德雷帕农（Drepanum）港，由阿德赫巴尔（Adherbal）指挥。阿德赫巴尔这位机警的迦太基海军将军觉察到对手逼近，准备迎战。罗

---

① 即盖乌斯·阿蒂利乌斯·雷古鲁斯（Gaius Atilius Regulus，主要活跃于公元前3世纪）。——译者注
② 即罗得岛的汉尼拔（Hannibal the Rhodian，主要活跃于公元前3世纪）。——译者注

第4章 第一次布匿战争

马人一大早就到了,想趁敌人不备发起突袭,于是向港口驶去,但几乎立刻遭到迦太基人围攻,彻底溃败,损失了九十三艘战船。战船被击沉,船员被俘虏。P. 克劳狄·普尔喀带着三十艘战船仓皇而逃。回到罗马后,罗马元老院令其解释为何战败。他没有尽力讨好罗马同胞。罗马元老院命他辞去海军指挥官之职,并让其任命一个独裁官。结果这个命令激起了他的鲁莽和傲慢。于是,他侮辱了罗马元老院,辞去了职务,任命了一个自由人的儿子为独裁官,以显示自己对罗马元老院的蔑视。对于P. 克劳狄·普尔喀的做法,各位元老十分愤怒。他们废除了这一独裁官任命,以叛国罪弹劾了P. 克劳狄·普尔喀。但审判因一场风暴而中断。后来,这场审判似乎也没再继续。

汉尼拔之父哈米尔卡

此时,迦太基人恢复了在西西里岛的统治地位。迦太基军队由伟大的哈米尔卡·巴尔卡①指挥。他的儿子就是更著名的汉尼拔。与罗马军队相比,迦太基大军占据了更多优势。在西西里岛的埃里切山(Mount Eryx),哈米尔卡建立了坚固的要塞,并持续不断地骚扰了罗马人大约两年时间。接下来的五年,罗马人与迦太基人打得不可开交。罗马人厌倦了这场旷日持久的战争,决定拼死一搏结束战争。公元前242年,罗马人组建了一支二百艘战船的舰队,由G.卢塔蒂乌斯·卡图卢斯②指挥。迦太基人似乎没有预料到会与罗马人发生海战。迦太基舰队的装

---

① 巴尔卡的意思是"闪电"。——原注
② 即盖乌斯·卢塔蒂乌斯·卡图卢斯(Gaius Lutatius Catulus,主要活跃于公元前3世纪)。——译者注

地中海霸权之争：三次布匿战争

备十分简陋。公元前241年，两军在埃加特斯群岛〔Aegadian Islands，即马雷蒂莫岛（Marettimo）、莱万佐岛（Lavanzo）和法维尼亚纳岛（Favignana）〕附近的埃里切岬角交战。迦太基人战败，损失了一百八十三艘战船和四万八千人。埃加特斯群岛海战（Battle of the Aegates）是迦太基人的最后尝试。于是，迦太基向罗马求和，被迫接受G.卢塔蒂乌斯·卡图卢斯提出的下列苛刻条件："如果罗马人同意，罗马和迦太基之间可以和平相处，条件是迦太基人撤离西西里岛，不得向锡拉库萨僭主希伦二世及其盟友发动战争，归还掳来的所有罗马俘虏，不得收取赎金，向罗马支付两千两百埃维亚岛（Euboea）塔兰特（埃维亚岛塔兰特与罗马塔兰特比值约为三比二）白银，二十年内付清。"[①]他提出的这些条件传回罗马后，罗马人做了如下改动：付款时间减少到十年，还增加了一千塔兰特白银赔款。此外，迦太基人必须交出其掌控的位于意大利和西西里岛之间的所有岛屿。哈米尔卡签署了改动后的《卢塔蒂乌斯条约》（Treaty of Lutatius）。迦太基元老院绝望地通过了《卢塔蒂乌斯条约》。持续二十四年的第一次布匿战争就此结束。双方都遭受了巨大损失。直到埃里切山决战前，两军损失几乎不相上下。经此一战，迦太基人惨败。罗马人虽然占领了西西里岛，得到的却是一片焦黑的荒野。战争开始时，岛上较富的居民大多都已离开了。战争期间，大部分穷人或遭屠杀，或被卖为奴。罗马人将西西里岛变成了罗马的一个行省，由地方政务官管理。西西里岛的地方政务官任期一年，称裁判官或代理执政官。西西里岛的居民必须以什一税的形式用农产品向罗马公库缴税。

---

① 约五十一万五千英镑。——原注

5

汉尼拔

第一次布匿战争结束后的十多年里，罗马共和国一直在努力弥补战争带来的损失，彻底征服那些艰难夺取的领土。迦太基的阿非利加雇佣兵曾发动叛乱，导致迦太基人与叛乱的雇佣兵发生了一场惨烈的佣兵战争（Mercenary War）。撒丁岛乘机叛变。后来，罗马背叛了与迦太基签订的和平条约，占领了撒丁岛。精疲力竭的迦太基共和国被迫放弃撒丁岛这一重要属地，没有与罗马再次开战。

亚得里亚海东海岸的伊利里亚（Illyricum）与意大利和希腊北部隔海相望。公元前229年，图塔（Teuta）女王统治着伊利里亚人（Illyrians）。伊利里亚人是一群职业海盗。他们大肆掠夺衰落已久的希腊。不仅如此，他们还占领了希腊西部大片领土。如今，希腊人已无力保卫他们的领土了。伊利里亚海盗四处掠夺，抢了一艘罗马战船，俘虏了船上的水手，奴役了他们。受此侵犯，罗马人派出使团，要求伊利里亚人立即归还战船，释放俘虏，并且停止这种毫不正义的野蛮行为。图塔答复道，无论是在海上还是自己的陆上领地，罗马人将来都不会再受到骚扰，但自己的臣民很穷，没有其他的生存方式。因此，自己无法干涉臣民的私事。一个罗马使者答道，罗马共和国是一切不公正行为的裁判，无论是罗马，还是所有其他弱小力量遭受不公正的侵犯，罗马都将报复。因此，伊利里亚人的海盗侵犯行为必须停止。罗马使者的答复让图塔极其愤怒。于

地中海霸权之争：三次布匿战争

———

是，她下令在回国途中残忍地谋杀了罗马使者。面对这一暴行，罗马立即派出舰队前去讨伐。罗马人轻松地征服了伊利里亚人，夺取了其大片土地。希腊各城邦曾遭伊利里亚海盗大肆掠夺和压迫，深受其害。如今，罗马人除去了这一大害。为了表示感激，雅典人特许罗马人自由来往雅典，科林斯人则允许罗马人参加地峡运动会（Isthmian games），以纪念波塞冬（即尼普顿），即希腊和罗马神话中的海神。①

---

① 在古希腊，有三个主要的节日，其间，都会举行各种各样的运动会来庆祝：第一是古代奥林匹克运动会，在埃利斯（Elis）的奥林匹亚举行，每四年举办一次。举办比赛是为了纪念宙斯（Zeus，等同于罗马人的朱庇特）。包括各种体育娱乐项目：赛跑和战车比赛、掷铁饼或铁圈、摔跤、拳击。此外还有文学比赛，评选出最好的历史、戏剧和诗歌作品。这个著名节日参与人数众多。获胜者受到极其热烈的赞扬。虽然唯一奖赏只是一顶野橄榄枝编织的头冠，但在古代奥林匹克运动会，获奖是一种无与伦比的荣誉。家乡给获胜者无上荣誉，每位胜利者的名字都会代代相传。神殿里挤满了成群的人，感谢诸神赐予如此巨大的胜利。甚至有些时候，为了迎接胜利者的凯旋游行队伍，连城墙都要被拆毁。古代奥林匹克运动会在阿提卡历（Attic month）的赫卡托姆拜昂月（Hecatombeon）举行，相当于现在的七月，但具体举办日期不详。多里斯人入侵希腊后，赫拉克勒斯的后裔（Heracleidae）在伯罗奔尼撒半岛〔Peloponessus，那时称摩里亚半岛（Morea）〕建立了家园。公元前884年，埃利斯国王伊菲托斯（Iphitus）恢复举办古代奥林匹克运动会。为今后管理这些比赛，他与斯巴达立法者来古格士（Lycurgus of Sparta）一起制定了许多规则，并将自己的名字刻在了一个铁圈上。2世纪时，希腊旅行家帕夫萨尼亚斯（Pausanias）发现了这一珍奇记录。希腊局势混乱了很长一段时间，导致这些比赛举办周期极不规律。公元前776年，埃利斯的科罗厄布斯（Coroebus of Elis）在古代奥林匹克运动会上获得冠军。于是，这个节日首次开始用以纪年。此后，每四年便定期举行古代奥林匹克运动会。截至394年罗马皇帝狄奥多西大帝（Theodosius the Great）禁止为止，共二百九十三个奥林匹克周期。运动会持续大约七天，获奖名次由裁判决定。这些裁判头衔的字面意思为"希腊人的裁判"（Hellanodicae），履行最庄严的职责，必须保证公正无私。参加跳、跑、投、掷、摔五项全能比赛的运动员，要在埃利斯的体育学校进行为期十个月的训练。比赛严禁已婚妇女观看。赛事开始前要先祭祀。祭祀通常在午夜进行，地点在埃利亚的宙斯大祭坛。祭祀后，随着传令官的宣告，人们从祭坛出发，前去观看盛会的开始。古代奥林匹克运动会是希腊衰败后幸存下来的最后几个习俗之一。（接下页）

第 5 章 汉尼拔

伊利里亚战争结束三年后（公元前225年），一个可怕的消息令罗马人惊慌失措。罗马人得知一大群凯尔特人和因苏布雷高卢人（Celtic and Insubrian Gauls）越过了阿尔卑斯山脉，正在南下挺进意大利。罗马人征召了一支庞大的军队，并且还进行了可怕的活人祭祀，以此祈求避免即将来临的

（接上页）早期的基督教牧师在作品中经常提到这些运动会。在复兴异教的狂热中，皇帝叛教者尤里安（Julian The Apostate）举行了这些比赛，场面极其壮观。然而，到最后被禁止之前相当长一段时间里，这些比赛变得备受冷落，甚至在最后四十届古代奥林匹克运动会中，冠军的名字都未被记录下来。第二个是皮提亚竞技会（Pythian Games），这些比赛在德尔斐附近的克里萨平原（Crissaean plain）举行，以纪念希腊太阳神光明之神阿波罗（Phoebus Apollo）。他战胜了毁灭天才（Genius of destruction）巨蛇皮同（Pytho）。这是其中一个最受欢迎的希腊传说。皮提亚竞技会举办时间在每个奥林匹克周期的第三年，大约是春分前后。发源之初，竞技会里似乎只有里拉琴比赛。后来，加入了体育运动技能和身体力量的考验。不过，皮提亚竞技会最主要的比赛项目始终都是音乐和诗歌。比赛裁判是希腊联盟的同盟议事会代表或执法官。主要奖品只是一个月桂花冠。第三个是尼米亚竞技会（Nemean games），每三年举行一次。举办地点位于阿尔戈利斯（Argolis）的尼米亚树林（Nemean grove）。关于其起源，说法不一。有人认为其起源与七将进攻底比斯有关。在行军中，七位将领意外杀死了"厄运之始"（Archemorus），也就是俄斐尔忒斯（Opheltes）。被杀者是朱庇特祭司尼米亚的来古格士（Lycurgus of Nemea）之子。后来传说，战胜尼米亚猛狮后，赫拉克勒斯把这些将领供奉给了朱庇特。尼米亚竞技会的比赛主要是体育运动，颁奖裁判通常身穿黑色长袍。然而我们不清楚具体奖品内容。一些人说主要是一根橄榄枝，另一些人则说是一个用新鲜欧芹编织的花冠，还有一些人说是常春藤花环，或是用松树枝做的花环。品达最好的一些诗献给了尼米亚竞技会和地峡运动会的胜利者。不过，品达对古代奥林匹克运动会的描写也许更精彩。这四个主要的希腊节日，即地峡运动会、奥林匹亚运动会、皮提亚竞技会和尼米亚竞技会，被称为泛希腊（Panhellenic）节日，因为这些节日向希腊各地的陌生人开放。此外，还有许多其他节日，比如阿提卡（Attica）的泛雅典娜节（Panathenaea）和厄琉息斯秘仪（Eleusinia），前者敬奉雅典守护神雅典娜（Athene，密涅瓦），后者敬奉丰饶女神得墨忒耳〔Demeter，刻瑞斯（Ceres）〕。丰饶女神得墨忒耳的敬奉与酒神巴克斯（Bacchus）的敬奉一起，形成了一种奇特而神秘的特征。——原注

地中海霸权之争：三次布匿战争

灾难。依据《西卜林书》中的一则预言，罗马人将两个高卢俘虏和两个希腊俘虏，两组俘虏各一男一女，活埋在屠牛广场，即牲畜市场。高卢人袭击了意大利东北海岸的阿里米努姆（Arminium），并继续向伊特鲁里亚挺进，大肆掠夺伊特鲁利亚。罗马人在克鲁休姆与高卢人相遇，但中了埋伏，最终战败，损失惨重。然而，执政官G. 阿蒂利乌斯[①]很快就报了高卢人的埋伏之仇。在比萨（Pisa），他率军彻底打败了高卢人，斩杀了四万多敌军。接着在公元前223年，高卢人在与罗马人的交战中再次战败，被迫求和，承认罗马主权。这场胜利后，罗马人成了伦巴第（Lombardy）所有美丽平原的主人。罗马人把这些平原称为山南高卢（Cisalpine Gaul），以区别于阿尔卑斯山脉以北的山北高卢（Gallia Transalpina）。

迦太基人在西班牙

在二十年时间里，迦太基人一直积极扩张在西班牙的领土，希望以此补偿失去的撒丁岛和西西里岛。在第一次布匿战争的结束之战中，哈米尔卡担任了迦太基军队的最高指挥官。他能力极强，并且十分谨慎。通常而言，被征服的国家都会受到征服者的专制统治。然而，哈米尔卡摒弃了这种统治方式。他的统治策略是公开的仁慈与秘密的外交相结合，充分考虑了迦太基的利益，同时拉拢了西班牙的各大凯尔特部族首领。种族优越感令人厌恶。如果被征服民族的文明不如征服者的文明，这种优越感更令人难堪。哈米尔卡消除了这种优越感。迦太基殖民者获

[①] 即盖乌斯·阿蒂利乌斯·雷古鲁斯（Gaius Atilius Regulus，？—公元前225年），公元前225年任罗马执政官，是公元前267年罗马执政官马库斯·阿蒂利乌斯·雷古鲁斯之子。——译者注

第 5 章 汉尼拔

准与西班牙土著通婚。这种联姻为布匿军队提供了大量忠心耿耿的土著士兵。如果其西班牙同胞反抗迦太基人,闹独立,这些土著士兵会毫不犹豫地镇压反叛者。

汉尼拔

公元前229年,哈米尔卡去世。他的女婿公正者哈斯德鲁巴接任西班牙的迦太基军队最高指挥权。公正者哈斯德鲁巴成功推行了哈米尔卡的政策。几年后,他写信给迦太基统治阶层,要求将哈米尔卡年轻的儿子汉尼拔派往西班牙,在自己手下学习战争知识。这个意大利未来的祸患汉尼拔九岁时,父亲就将其带到祭坛。在祭坛,小小的汉尼拔发誓永远与罗马人为敌,并且保证,一有机会,便会撕毁自己的同胞迫不得已

汉尼拔被父亲带到祭坛前,发誓永远与罗马人为敌。约翰·李奇绘

地中海霸权之争：三次布匿战争

签下的残酷条约——《卢塔蒂乌斯条约》。来到公正者哈斯德鲁巴的营地时，老兵们从汉尼拔身上看到了哈米尔卡的影子。父子俩的声音和步态像极了。汉尼拔的品德也完全不逊于其显赫的父亲。汉尼拔身上具备最普通士兵必备的素质，也有最高指挥官必不可少的天赋。他能忍受极端的酷暑和严寒。为了取得成功，无论是心理上还是身体上的任何考验，汉尼拔都毫不畏惧。从少年时期开始，他就参加了士兵必须进行的各种严酷训练。无论是赛跑，还是对练，他都能胜过同伴。他睡得很少，有时在混乱的营地里小憩，有时穿着军袍在前哨的火堆旁打个盹。他长得十分英俊。即使四处征战，也没有让他忽视心灵的修养。他精通希腊语，并讲得十分流利（他还写了一些著作论述军事战术[①]）。他口才极佳，擅长雄辩，经常令沮丧的部队重整旗鼓，驳得迦太基元老院各派哑口无言。关于汉尼拔的品德，有两种截然不同的说法。在敌方罗马人的历史学家李维那里，汉尼拔毫无正义感、不讲诚信、不顾宗教原则、极不仁慈。波里比阿，也就是那位更早、更公正的权威历史学家，把汉尼拔这位伟大的迦太基将军描绘得十分讨人喜欢。毫无疑问，李维的描述带有民族偏见。汉尼拔极其节制。他本可以经常从被征服的城市掠夺财富，却并未搜刮战利品让自己过上奢华的生活。不可否认，在第二次布匿战争期间，汉尼拔麾下的士兵犯下了许多残忍罪行。不过在这点上，我们发现绝大多数军事首领的管理都一样，获胜的士兵都是如此。要制止因胜利而兴奋、因辛劳和抵抗而愤怒的军队屠杀，都并非易事。然而，汉尼拔的敌人却不敢否认，汉尼拔经常

[①] 也许是用多里斯方言写的。汉尼拔的老师是拉科尼亚人，叫索尔西乌斯（Solsius）。——原注

第 5 章 汉尼拔

为牺牲在战场上的罗马军官举行体面的葬礼。

汉尼拔这位杰出的人物在公正者哈斯德鲁巴的指挥下服役了几年。汉尼拔和公正者哈斯德鲁巴对彼此都很满意。后来发生了一件事，提高了汉尼拔的地位。公正者哈斯德鲁巴处死了一个叫塔霍（Tagus）的凯尔特首领。于是，塔霍的仆人伺机报仇，准备在公正者哈斯德鲁巴的帐篷里行刺。公正者哈斯德鲁巴的卫兵还没来得及前来解救，暗杀者就给了他致命一击。因此，迦太基军队失去了领袖。暗杀者被抓住了，受了酷刑。但他丝毫不惧，放声大笑，因为他已经报仇雪恨。

最高统帅汉尼拔

此时，全军的目光都集中在汉尼拔身上。大家一致推选他为最高统帅。迦太基元老院发布了法令，通过了任命。汉尼拔当时才二十五岁。这位年轻的统帅立即下定决心实现自己多年的夙愿。萨贡托是西班牙西海岸的一座城市。迦太基与罗马的条约特别规定，萨贡托不受迦太基管辖。萨贡托是一个罗马边境城市，汉尼拔认为如果拿下萨贡托，自己就能立即向罗马开战。为此，汉尼拔开始远征一些西班牙部族，因为这些部族的领地紧邻萨贡托。萨贡托居民很快就看出了汉尼拔的意图，便向罗马元老院请求保护。由于萨贡托还未遭到包围，对是否要救援该城在罗马元老院引发了讨论。罗马最后决定向汉尼拔派遣使者，警告他不要对罗马人民的盟友发动任何战争。如果遭到汉尼拔拒绝，使者们就要从那里前往迦太基，把这一问题提交给迦太基元老院商议解决。

罗马派遣使者的消息传到了汉尼拔那里。他早有预料，便立即围攻萨贡托，却遭到顽强抵抗。与此同时，罗马使者也到达了西班牙海岸。

地中海霸权之争：三次布匿战争

然而，他们收到了汉尼拔的消息。汉尼拔警告罗马使者，如果他们穿过有这么多野蛮部族的地界，将会遭遇危险。汉尼拔还傲慢冷漠地说，自己目前正忙得不可开交，没有时间考虑罗马使者的要求。听到如此答复，罗马使者十分愤怒，于是前往迦太基。然而，在迦太基，罗马使者并未得到更满意的答复——恰巧汉尼拔的人在迦太基也占优势。哈米尔卡的老对手伟人汉诺二世（Hanno II the Great）确实建议把汉尼拔交给罗马人，并说萨贡托毁灭的命运会落到迦太基人自己头上，但这种意见被认为恶意陷害，公报世袭私仇。对罗马使者的控诉，迦太基元老院闪烁其词。使者们回到罗马后，罗马元老院激烈地讨论了这一重要问题，最终毫无结果，浪费了许多时间。

萨贡托陷落

公元前219年，汉尼拔持续围攻萨贡托将近八个月。他仍然不知疲倦。萨贡托居民依然坚守城墙。他们时时刻刻都在期待罗马的救援及时到来。在这场旷日持久的战争中，关于进攻和防御的所有军事技术都用尽了。但迦太基人使用了攻城机，萨贡托城墙被严重破坏。萨贡托居民白天与士兵一起坚守城墙缺口，夜间则不停地修补城墙缺口。萨贡托的人口越来越少，有的在修补城墙时累死了，有的被迦太基武器打死了。最后的希望——罗马的救援也变成了绝望。一个叫阿洛库斯（Alorcus）的待人宽厚的士兵在汉尼拔军营服役。阿洛库斯曾经受到萨贡托居民的友善帮助，便决心进城劝诱他们投降，让他们免遭长期战争之苦。入城后，他告诉萨贡托居民，汉尼拔会给他们开出以下条件：交出萨贡托，带着妻儿离开，但不准带走财产。萨贡托人默默听着这些条件，然后离开

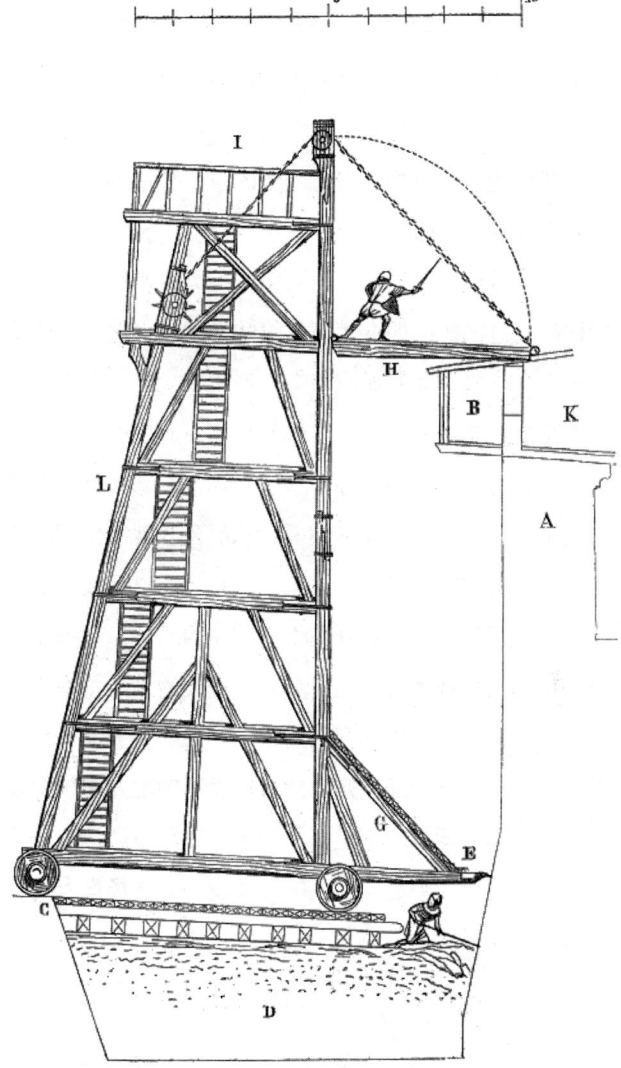

围攻萨贡托期间,迦太基人使用的攻城机。出自欧仁·维奥莱·勒·杜克(Eugène Viollet-le-Duc, 1814—1879)所著《法国建筑词典》

地中海霸权之争：三次布匿战争

了，似乎是去仔细考虑如何答复。回到家中，他们搜集了所有财产，拿到市集上堆成一大堆，一把火点着了，然后自己也跳进了火堆。就在此时，迦太基人发起了全面进攻。迦太基士兵们迅速爬上了无人守卫的城墙，占领了萨贡托。所有拒绝自行赴死的市民都遭到了屠杀。胜利的迦太基人在城里展开了大肆掠夺。

在罗马，萨贡托被毁灭的消息引起了巨大悲痛和愤慨。罗马人深感自责，后悔让自己的忠实盟友落入残酷凶猛的敌人之手。于是，罗马全面备战，最后一次向迦太基派出使者。迦太基元老院对先前的条约给了模棱两可的答复。听罢，罗马使者卷起长袍，对迦太基人说："我，给你们带来的是和平还是战争，你们自己选择。"迦太基元老院元老们回答说，迦太基把选择权留给罗马使者。"那么我就给你们战争"，使者答道，并放开了自己的长袍。迦太基人大喊着说自己接受战争，会奉陪到底。于是，罗马使者立即离开迦太基前往西班牙，在那里尽力劝诱西班牙首领们抵抗汉尼拔的进攻。罗马人的提议遭到凯尔特部族首领的大声嘲笑。凯尔特首领们拔出的武器闪闪发光，吓坏了罗马使者。他们还嘲笑罗马人，让其去一个还不知道萨贡托遭遇的地方寻找盟友。罗马使者惊慌失措地返回了罗马。于是，罗马人立即准备迎接战争。罗马人深知汉尼拔的军事才能和野心。他们很快就发现，一场迄今为止最艰难的战争正等着自己。

6

第二次布匿战争及坎尼会战

攻陷萨贡托后，汉尼拔退回卡塔赫纳 (Cartagena) 过冬，让士兵在长期征战后恢复精力，同时激发这些士兵征服外国的欲望。"西班牙已经被我们征服了，"汉尼拔说道，"我们英勇的军队要么解散，要么进军别的国家，寻求新的胜利。对你们这样的老兵，不用我多说，后者将是更加愉快、更加光荣的选择。那么，开始一场长期远征。回到家中与家人团聚，在冬天这几个月里养精蓄锐，但要在早春之时回来，让我们光荣的事业在诸神的帮助之下迅速开始。"他的命令得到了严格执行。士兵们对汉尼拔的运气和经验给予了无限信任，全都准时回营，在自己的常胜将军麾下服役。远征前，汉尼拔先去了加的斯 (Cádiz)，在那里向守护神海格立斯发誓。此后，他重新编排了军队，确保在自己不在之时，无论是西班牙还是阿非利加，都不会惧怕罗马人进攻。他留下了四万士兵在阿非利加，还有一万五千士兵在西班牙，由自己的弟弟哈斯德鲁巴[①]指挥。他自己则在公元前218年春天远征罗马，率领了大约九万步兵，一万两千骑兵，还有四十头大象。在行军途中，他率军征服了那些曾经反叛的西班牙部族。然而，军队到达比利牛斯山脉 (Pyrenees) 脚下时，

---

① 即哈斯德鲁巴·巴卡（Hasdrubal Barca，公元前245年—公元前207年6月22日）。——译者注

地中海霸权之争：三次布匿战争

———

三千名西班牙士兵突然改变行军路线，开始往回走。汉尼拔发现很难阻止这些士兵撤退，并且担心阻止他们将会对后面的战争产生影响，便允许七千名西班牙士兵回家，同时，默认其他士兵愿意听从自己的命令，继续前行。他再没遇到其他困难，顺利通过了比利牛斯山脉，进入了高卢。他告诉高卢的首领们，自己在到达意大利前，不打算跟任何人开战，因此避免了这些人与自己开战，进而没有耽误前进。他继续向罗讷河河岸前进，中途没有受到任何阻挠。罗讷河当时由高卢人把守。汉尼拔的大军不停地搭造渡船和木筏，当地居民也帮忙扎筏搭船——因为这些人急切地想早日摆脱迦太基军队这个大累赘。汉尼拔担心登陆时可能会遭到高卢人突然进攻，从而使军队陷入混乱，因为自己的士兵这时还来不及摆好阵形迎战，于是派博米尔卡（Bomilcar）之子汉诺率领大队人马来到河岸浅滩，连夜渡过了河，在天亮前到达高卢人营地侧翼。早上

汉尼拔的大军不停地搭造渡船和木筏，罗讷河附近的当地居民也帮忙扎筏搭船。亨利－保罗·莫特（Henri-Paul Motte, 1846—1922）绘

第6章 第二次布匿战争及坎尼会战

天大亮后,迦太基的主力军开始渡河。这些士兵登上成千上万的战船,向罗讷河对岸驶去。他们的呐喊声和水流声吓坏了占领对岸的高卢人。这些高卢人起初阻挡迦太基人登陆,但突然遭到博米尔卡之子汉诺的军队从背后袭击,并且发现自己的营地着火了,便慌乱而逃。剩下的迦太基军队安全渡过了河。大象过河则很麻烦,因为士兵们很难将大象赶上木筏。迦太基人想了一条妙计,解决了这一难题。士兵们造了一只大木筏,上面覆盖着泥土,蒙骗了这些可怕的大象。赶象士兵把木筏上的锚链解开时,大象才发现受骗了。一些特别倔强的大象一头扎进水里,安全地游到了对岸。渡过罗讷河后,汉尼拔派遣了五百努米底亚骑兵侦察P. 西庇阿①。P. 西庇阿发现汉尼拔越过了比利牛斯山脉,便率军抵达罗讷河附近与迦太基军队会战。汉尼拔的侦察兵遭遇了三百罗马骑兵。双方展开了一场激烈小战。努米底亚骑兵战败,损失了两百人。罗马人也在交战中损失了一百六十人。罗马人把这场小战看作大战的前兆。最终,他们在大战中赢得了艰难的胜利。汉尼拔却在犹豫是否继续远征罗马,因为士兵们感到十分沮丧——他们怀疑能否翻越阿尔卑斯山脉的高山地区。幸运的是,这时来了一些意大利的高卢使者,他们给士兵带来了新的希望和信心。

汉尼拔抓住这个机会,谴责了士兵们的冷漠和泄气,赞扬了高卢人的忠诚和勇敢。他说道:"我觉得奇怪的是,我们要面对的最轻松的事竟然会让你们感到最沮丧。你们还是当年和我一起征战的军队吗?我们当年苦苦围攻八个月,拿下了萨贡托,花费数年征服了西班牙。看看我们现在的伟大远征!毁灭罗马,解放欧罗巴,夺取罗马军队几个世纪以

---

① 即普布利乌斯·科尔内留斯·西庇阿(Publius Cornelius Scipio,?—公元前211年)。——译者注

地中海霸权之争：三次布匿战争

来征服的所有财富！还需要其他理由来鞭策我们前进吗？难道我们忘记了迦太基的耻辱，忘记了罗马人的奸诈？难道我们就此放弃，等到以后再来？不，实际上，我们已经攻克了最大障碍。难道你们现在犹豫了？此刻你们就在阿尔卑斯山脉脚下，就在意大利的边境屏障之下！你们已经越过了比利牛斯山脉。难道你们不想再翻越一座更高的山吗？相信我，没有哪座高山是人类力量征服不了的。我们的高卢同盟也没靠翅膀飞过那障碍重重的阿尔卑斯山脉。如今那些盟友已在那里耕种，在那里定居。野蛮混乱的高卢部族都曾毁灭罗马。迦太基人如此强大，坚韧不拔，也一样能征服罗马。"汉尼拔的士兵听了这些话十分激动，心中充满征服意大利的希望，于是准备越过巍峨的阿尔卑斯山脉。此后，只有两支军队翻越过阿尔卑斯山脉。[①]然而，没有人的名声超越汉尼拔。

越过阿尔卑斯山脉

翻越阿尔卑斯山脉的设想足以吓退最有勇气的人们。除了面对终年积雪的巨大悬崖绝壁和沟壑深谷，迦太基人还发现山地居民会阻碍自己行军。他们害怕规模庞大的迦太基军队会摧毁自己储备的过冬粮食，决心对抗迦太基军队。汉尼拔意识到在阿尔卑斯山脉这个危险的地方，自己的军队可能会被少数山地居民歼灭，便下令军队停止前行。他的高卢向导夜间从山里的农民那里得知，这些山地居民会在傍晚离开阵地，天亮后才会返回。迦太基人利用了这一情报，让很大一部分军队在夜间通过，并且占领了山地居民的阵地。大量火把的燃烧欺骗了山地居民。山

[①] 查理大帝和拿破仑。——原注

第6章 第二次布匿战争及坎尼会战

地居民们以为敌人在火焰周围扎营。等他们天亮后返回,却发现迦太基人占领了自己的阵地。他们十分愤怒自己被骗,便向迦太基人发起了全面进攻。汉尼拔麾下的士兵不熟悉地形,也不习惯山地居民野蛮的战争方式,遭受了严重损失,尤其是骑兵和辎重驮兽损失巨大。大象的智慧似乎引导大军安全渡过了难关。不过,肯定也有不少大象被冻死了。此时,阿尔卑斯山脉的山地居民放弃了公开抵抗,却发起了几次伏击,给迦太基人制造了很大混乱,捣毁了迦太基军队很多辎重。漫天大雪及雪崩,不断扑向士兵,将迦太基军队整队整队掩埋,让士兵陷入阵阵恐惧和绝望。迦太基军队前行的路日益艰难。

山上的雪看起来很坚实,经常把士兵引到危险的悬崖边。士兵们的脚常常在光滑倾斜的冰地上打滑。他们没有树枝或树根可抓,往往掉下悬崖摔死了。汉尼拔让士兵们爬上一座高耸的悬崖,从那里远远地望着意大利的广袤平原。他喊道:"你们难道不愿意为了如此光荣壮丽的回

汉尼拔在阿尔卑斯山上远眺广袤的意大利平原。弗朗西斯科·德·戈雅(Francisco de Goya, 1746—1828)绘

报，克服这些困难，不，甚至是更大的困难吗？只要我们抵达平原地带，最多只需一两场战役就能控制罗马共和国。"几天后，迦太基军队到达阿尔卑斯山脉的最后一片狭道。士兵们欣喜若狂地冲入平原，尽情地在罗马共和国的土地上奔跑。翻越阿尔卑斯山脉花了大约十五天。然而在此期间，成千上万的迦太基士兵死在山上。最终进入意大利领土时，汉尼拔只剩下两万步兵和六千骑兵。汉尼拔的大军从卡塔赫纳到都灵 (Turin) 的平原之地花了五个月。根据波里比阿的计算，这一行程长达八千弗隆①或是一千英里。②

汉尼拔在意大利

汉尼拔进入意大利的消息让罗马人陷入了极大的恐慌中。他们没有料到汉尼拔能战胜阿尔卑斯山脉的重重艰险。P.西庇阿率军跨过波河 (Po)，迎战驻扎在提基努斯河的迦太基军队。此时，两军交战已经不可避免，双方将军便用尽全力鼓舞各自军队，让士兵充满希望和信心。P.西庇阿十分蔑视迦太基士兵，对自己麾下的士兵们说，阿尔卑斯山脉已让迦太基人精疲力竭，迦太基士兵现在就像幽灵，没有人样。他还说，跟如此悲惨可怜的敌人战斗简直是一种耻辱。他同时不忘提醒罗马士兵，他曾在罗讷河畔战胜了迦太基人。他还提醒罗马士兵，他们也在第一次布匿战争中取得了辉煌成就。汉尼拔则使用了一种独特有效的手

---

① 弗隆为长度单位，1弗隆约为200米。——译者注
② 我并没提到那个广为流传的故事：汉尼拔烧红了岩石，洒了醋在上面，使岩石破碎，就这样开辟了一条通道。即使是李维——他如此着迷这个不可思议的故事，也不愿意相信其真实性。——原注

汉尼拔及其大军翻越了阿尔卑斯山脉,终于进入了意大利。雅各布·里潘达(Jacopo Ripanda,?—约1516)绘

地中海霸权之争：三次布匿战争

段来激起士兵的好战精神。他下令把自己的军队在翻越阿尔卑斯山脉途中俘虏的一些高卢人带出来，让俘虏们一对一决斗，保证让得胜者无条件获得自由。高卢人十分高兴地接受了提议。迦太基士兵饶有兴趣地看着高卢人决斗。迦太基士兵对快乐的胜利者和沮丧的战败者都报以热烈的掌声，因为这些胜利者和战败者都英勇地捍卫了自己的生命。汉尼拔抓住这个机会，以此暗示迦太基军队的处境。他说："你们表现出了极大的兴趣观看这些高卢人。让我们仔细想想，能否把这个道理用到我们自己身上。我们控制的这些野蛮俘虏，看不到逃走的希望，心甘情愿地参加一场只有极少数人能活下来的决斗。我们不也是陷入四面被围困、前面无路可走的境地吗？我们只能用刀剑开辟出一条道路来。在这里，勇士们，我们必须战胜敌人，否则就会灭亡！我们没有海路可走。我们也回不去阿尔卑斯山脉。在这里，我们要报失去西西里岛和撒丁岛之仇。你们长期以来一直在西班牙和卢西塔尼亚的荒山上放牧。现在你们必须为自己寻找一个更高尚的目标，为你们的劳苦带来更丰厚的回报。我告诉你们，千万不要害怕罗马人，他们徒有虚名！你们受过最严格的战争训练，穿过海洋，绕过海格立斯之柱，最终胜利到达这片遥远的土地。在你们前进的道路上，遭遇了大自然的狂怒和人类的敌意两道难关。看看现在你们的敌人是谁？——一支不了解自己将军的军队，还有一个完全不了解自己军队的将军！如果拿掉两军旗帜，我敢说，P. 西庇阿会把敌人认作同胞！我们曾有过这种事吗，勇士们？你们都无数次看到我在你们最前面的队伍里战斗。我更是无数次目睹你们的英勇战斗，并奖赏了你们。不仅如此，你们中间，几乎没有我叫不出名字的人，也没有我说不出英勇事迹的人。

"的确，朋友们，我们开始了一场漫长而又危险的战斗。我们现在

第 6 章 第二次布匿战争及坎尼会战

远离故土。我们还得经受许多个战斗的日子,许多个疲乏的夜晚。然后,剩下的人才能回去再见到妻儿。这些都不假。然而战争不可避免。我相信,你们不会因要忍受辛劳和危险,而在保卫同胞的家园和火炉这一使命面前退缩。我们现在反抗的就是这个傲慢的罗马共和国。它企图消灭我们。它已经剥夺了我们在西西里岛和撒丁岛的正当财产。现在它还会从我们手中夺走西班牙,甚至还有阿非利加。罗马人要求我投降,忍受痛苦的折磨,让我耻辱地死去,因为我大胆地围攻了萨贡托。我们的元老院拒绝了,结果呢?罗马人派了两支军队,一支派往西班牙,另一支派往阿非利加,仿佛是要向我们表明,迦太基的存亡完全取决于我们的武装力量。那么,勇敢地战斗吧!让每个人都英勇杀敌,仿佛整个战役就只靠一个人了。"

提基努斯河战役

P. 西庇阿从桥上渡过了提基努斯河,在附近筑起了一小块高地,以便战败时掩护自己撤退。他集结了军队,阵前布置了轻装部队,两翼布置了一队高卢骑兵。在首轮进攻中,迦太基骑兵击溃了罗马的轻装部队,迫使对方退到 P. 西庇阿的重装部队中央,造成了罗马军队的混乱。紧接着,两军主力展开激战。双方僵持不下,直到罗马人遭到努米底亚骑兵从侧翼攻击,才彻底被击溃,被敌人追出很远。P. 西庇阿带领大部分军队有序撤退。罗马军队过桥后就把桥毁了,以免遭到敌人追击。然而,P. 西庇阿在战斗中受了重伤。其孝顺的儿子——后来著名的大西庇阿(Scipio the Elder),十分艰难地救回了父亲。这场战斗中到底死了多少士兵,现在已不得而知。P. 西庇阿撤退到波河附近。罗马元老院召回了正

地中海霸权之争：三次布匿战争

在远征阿非利加的提比略·塞姆普罗尼乌斯①。提比略·塞姆普罗尼乌斯抵达阿里米努姆后，接着向普拉森提亚 (Placentia)② 行进，并在特雷比亚河两岸扎营。特雷比亚河是波河的支流，很宽但很浅。自此以后，特雷比亚河就在意大利历史上时常被提及。汉尼拔在提基努斯河大胜，从高卢人那里夺取了很多财物，极度渴望下一次战役。他得知提比略·塞姆普罗尼乌斯是个脾气暴躁、缺乏自制的人，便想出了一个计谋，希望引诱后者与自己开战。汉尼拔让马戈带着一大队人马埋伏在一条小溪的两岸。这条小溪很深，虽靠近罗马营地，但完全隐藏在周围的灌木丛之中。黎明时分，一队努米底亚士兵越过了特雷比亚河，对罗马士兵的营地发起了断断续续的攻击。提比略·塞姆普罗尼乌斯立即派出骑兵追击敌人。努米底亚人此时已撤退到河对岸。于是，罗马士兵开始徒步蹚过特雷比亚河。当时天气寒冷刺骨，还下了一场小雪。罗马士兵过河后遇上迦太基军队时又冷又累，早已筋疲力尽了。汉尼拔麾下的士兵却是精神饱满，准备充分。接着就是一场殊死搏斗。就在罗马军队将要占得上风时，马戈率领迦太基军队突然出现，罗马军队彻底溃败。罗马士兵只逃出了大约一万人。他们艰难地杀出重围，逃到了皮亚琴察。罗马人还不知道这场惨烈大战的结果，只听说有很多罗马士兵在皮亚琴察安然无恙，便认为罗马军队在特雷比亚河的损失不大。当时天气非常恶劣，汉尼拔无法追击撤退的罗马人。因此，在此战斗中，汉尼拔没有获得绝对优势。

特雷比亚河战役后的很长一段时间里，迦太基军队在穿越亚平宁山

---

① 即提比略·塞姆普罗尼乌斯·隆古斯（Tiberius Sempronius Longus，公元前260年—？）。——译者注
② 今皮亚琴察。——译者注

第 6 章 第二次布匿战争及坎尼会战

脉时经历了巨大困难，几乎和穿越阿尔卑斯山脉一样，损失惨重。大批士兵死在山中，有的冻死，有的累死。大雪连绵不断，士兵们无法生火。燃着的火也维持不住，很快就熄灭了。他们就这样在山上被困了两天，极度痛苦。他们最终下山到达平原时，发现许多驮兽都死在路上了，其中包括七头大象。除偶尔一些零星小战外，双方在这个冬天剩余的时间里暂停了交战。

G. 弗拉米尼乌斯[①]

公元前217年初，执政官G. 弗拉米尼乌斯受令统领罗马军队，率军向阿里米努姆进发。他是个十分轻率的人，做事冲动鲁莽。汉尼拔听说G. 弗拉米尼乌斯来了，便立即开始了一场危险的行军。他率军穿过了一大片沼泽。这片沼泽因阿涅内河而形成，位于托斯卡纳的阿雷提乌姆(Arritium)附近。这次沼泽远征行军持续了三天。许多高卢士兵因不习惯这种艰苦行军，被淹死了。汉尼拔也因沼泽里的有毒气体失去了一只眼睛。然而，他的目的最终达成了。G. 弗拉米尼乌斯听说迦太基人离开了，就赶去追击，并在克鲁休姆附近追上了迦太基人。克鲁休姆刚好位于通往罗马的大路上。汉尼拔当时在菲耶索莱(Fiesole)扎营。菲耶索莱是意大利最肥沃的地方之一。狡猾的迦太基人对周围的乡村大肆烧杀抢掠。他们这么做仅仅是为了激怒G. 弗拉米尼乌斯。与此同时，汉尼拔率军继续向罗马方向进军。迦太基人行军到了被科尔托纳山脉(Cortona)环绕的特拉西梅诺湖。这里就像一个巨大的圆形竞技场。汉尼拔那老

[①] 即盖乌斯·弗拉米尼乌斯（Gaius Flaminius，公元前275年—公元前217年6月24日）。——译者注

地中海霸权之争：三次布匿战争

练的眼睛看着这个危险的峡谷，发现可以利用峡谷设置一个陷阱，一旦有军队落入陷阱，无论多么勇猛都无济于事。也许是无意，也许是有意，他立即向湖的方向走去。他走到湖畔，命令大批士兵占领周围高地，其余的人在平地上排成战斗队形。G. 弗拉米尼乌斯只看见了这部分平地上的迦太基军队，没有注意到汉尼拔布置在高地上的士兵，便进了这个峡谷——因为当时光线不好，一片浓雾笼罩着四周的山。公元前217年，罗马人行至峡谷中间，遭到敌人突袭。罗马人的前面、两翼和后面都遭到攻击。此时，大雾笼罩着平原，G. 弗拉米尼乌斯麾下的士兵听见敌人大喊，却不知道哪里会遭到进攻，也不知道该防御哪里。整个场面一片混乱。G. 弗拉米尼乌斯拼命重振和组织惊恐的士兵。在可怕的喊杀声，还有武器的碰撞声中，可以听到G. 弗拉米尼乌斯的喊声。他在劝告、威胁、命令自己的士兵奋力向前冲。只有这样，他的大军才有希望逃生。但这支罗马军队已经完全崩溃了。士兵们四处逃窜，抛弃了自己的军旗和指挥官。最后，绝望和愤慨重新激起了他们的勇气。于是，他们重新开始战斗。此时，他们更加愤怒。仇恨如此之深，以致他们都没有察觉当时发生了地震。就在那场地震中，意大利的主要城市变成一片废墟。战斗持续了三个小时，一个因苏布雷高卢人杀死了G. 弗拉米尼乌斯。此前，罗马军队还在一直拼命抵抗，现在彻底溃败了。大批罗马士兵被迦太基骑兵碾压而死，还有的葬身湖中。在这场令人难忘的战役中，一万五千罗马士兵阵亡，六千人从敌军队伍中拼命突围而出，却在第二天沦为俘虏。汉尼拔命人去寻找G. 弗拉米尼乌斯的尸体，打算体面地将其埋葬，但没有找到。G. 弗拉米尼乌斯的尸体不见了。

　　罗马大军惨败的消息迅速传回罗马。激愤的群众中流传着许多谣

G. 弗拉米尼乌斯被杀。约瑟夫·诺尔·西尔维斯特(Joseph-Noël Sylvestre, 1847—1926)绘

地中海霸权之争：三次布匿战争

言。大约日落时分，骑士统领M. 庞波尼乌斯①登上演讲台，讲了下面这句话："我们输掉了一场重大的战役。"街上到处都是罗马人的哭声和哀号。这些人都有亲人参与了刚刚那场战役。其中有许多人甚至因欣喜过度而死——他们原本以为自己的朋友死在了敌人手里，或者是沦为俘虏，而现在那些朋友却回来了。这时，传来的一条消息使大家更加惊恐了。消息说执政官Gn. 塞维利乌斯②派出了一支四千人的分队，前去支援G. 弗拉米尼乌斯，却在翁布里亚败给了汉尼拔，全军覆没。费边·马克西穆斯③立即受命出任独裁官。他非常谨慎，富有经验。他的军事战略是拖延和谨慎，特别适合与汉尼拔斗争，因为汉尼拔最害怕的就是拖延。特拉西梅诺湖大胜后，汉尼拔便向斯波莱托 (Spoleto) 进军，并率军包围了斯波莱托，但最终没能攻下。因此，他估计进攻罗马会遇到更大困难，于是决定尽可能把拉丁部族联合起来，组成一个大联盟，共同反对罗马共和国。汉尼拔接着便向皮西努姆和普利亚方向进军，给周围乡村造成了很大破坏，导致了一片荒凉。费边·马克西穆斯避开了大战，继续追踪敌军路线。但他总在视线所及的高山之间扎营。他深信不疑的战术将使自己免遭G. 弗拉米尼乌斯那样的命运，也能让罗马从接二连三的不幸中恢复过来。迦太基人的向导犯了一个错误，差点让汉尼拔麾下的军队全军覆没。向导接到了向卡西努姆 (Casinum) 进军的指示，但却弄错了这个词，把军队引到了卡西利努姆 (Casilinum)。卡西利努姆是个小镇。费边·马克西穆斯最近才加固了卡西利努姆的防御。汉尼拔立刻察觉到

---

① 即马库斯·庞波尼乌斯·马托（Marcus Pomponius Matho，？—公元前211年）。——译者注
② 即格涅乌斯·塞维利乌斯·格米努斯（Gnaeus Servilius Geminus，？—公元前216年8月2日）。——译者注
③ 即昆图斯·费边·马克西穆斯·维鲁克苏斯·昆克塔托尔（Quintus Fabius Maximus Verrucosus Cunctator，公元前280年—公元前203年）。——译者注

第6章 第二次布匿战争及坎尼会战

自己的危险处境。他完全陷入了罗马人的包围之中。罗马人占领了平原，还有周围高耸的卡利库拉山（Mount Callicula）。费边·马克西穆斯认为迦太基人完全在自己掌控之中，便把战斗推迟到第二天。其间，汉尼拔打算自救，决心将自己从这场难以避免的灾难中解救出来。他聚集了两千头有角的牛，把一捆捆的灌丛绑在牛角上，并点燃了易燃的灌丛，然后把牛往山里赶去。罗马人以为迦太基人是在设法借助火把之光逃走，就离开了阵地，前去阻击敌人通行。此时，火已经烧到了这些牛的肉上。它们疼得要命，发疯似的向四面八方乱跑。费边·马克西穆斯对这个怪异的场面感到十分惶恐，便禁止士兵离开阵地。迦太基人乘此机会逃到了阿利菲（Allifae）附近扎营。

M. 米努基乌斯[①]

费边·马克西穆斯的战略在罗马元老院中遭到许多人的反对。他麾下的骑士统领M. 米努基乌斯对自己的能力非常自信，抓住一切机会在士兵面前贬低上司费边·马克西穆斯的战略。M. 米努基乌斯会对士兵们大喊："难道我们来此就是为了看着我们的盟友被汉尼拔消灭吗？四面八方的村庄冒着浓浓的烟，难道我们没有看到吗？这些村庄里的不幸村民哭声震天，响彻四方，绝望地呼喊着我们的救援。难道我们没有听到吗？以前我们何曾这么冷漠，毫无行动？从来没有！我们的祖先在追击敌人的道路上从不打盹。正是靠祖先的勇气和行动，

[①] 即马库斯·米努基乌斯·鲁弗斯（Marcus Minucius Rufus, ？—公元前216年8月2日）。——译者注

地中海霸权之争：三次布匿战争

我们的国家才获得了荣耀，而不是靠懒惰，不是靠商议决策。胆怯者称其为智慧。但在勇者眼里，这就是胆怯！"费边·马克西穆斯不在期间，M. 米努基乌斯在格洛尼乌姆（Geronium）附近与汉尼拔的军队交战，稍微占了一点优势。这个极度虚荣的罗马将领把自己小胜的消息传回了罗马，说成是大获全胜。费边·马克西穆斯听说他打了胜仗，不相信这个消息，甚至希望这是假的，因为这样的胜利预示着罗马军队会被毁灭。人们极不认同费边·马克西穆斯的话，认为他是嫉妒。护民官M. 梅蒂利乌斯①控诉说，费边·马克西穆斯的反复无常使M. 米努基乌斯不能发挥自己的能力。他提议通过一条法律，规定将来赋予骑士统领和独裁官同等的权力。这在罗马历史上绝无先例。M. 梅蒂利乌斯的异常提议获得了普遍赞同。费边·马克西穆斯担心整个军队会因M. 米努基乌斯的愚蠢而全军覆没，于是提议将军队平均分成两支。M. 米努基乌斯同意了。汉尼拔发现罗马两支军队分开扎营，十分高兴。不过这两支军队仍在彼此视线范围之内。他在罗马营地附近埋伏了大量士兵，便挑拨M. 米努基乌斯出营交战。罗马军队几乎完全陷入了包围。如果不是费边·马克西穆斯迅速前来支援，击退了迦太基人，M. 米努基乌斯肯定会全军覆没。汉尼拔此前从来没有和费边·马克西穆斯在战场上较量。他说："那片云在山上盘旋了这么久，最后终于在山头炸响了惊雷。"②罗马士兵回到营地后，M. 米努基乌斯把士兵们叫到跟前，说道："将士们，我常听说，谁的提议有利于公共

---

① 即马库斯·梅蒂利乌斯（Marcus Metilius，主要活跃于公元前3世纪下半叶至公元前2世纪上半叶）。——译者注
② 费边·马克西穆斯曾率军在山上扎营，汉尼拔称这支军队为"山上的一朵云"。——原注

第6章 第二次布匿战争及坎尼会战

福利,谁就享有最高荣誉。那么同理,谁愿意服从上司的命令,谁就会获得第二高的赞誉。诸神剥夺了我的最高荣誉,那么我就去尽力获得次等功德。我们必须把阵营与费边·马克西穆斯的阵营合并。我们必须向费边·马克西穆斯麾下的士兵致敬,因为他们是我们的救星和恩人。至于我,会把权力交还到费边·马克西穆斯手里,因为我再也不配行使这些权力。"士兵们执行了他的命令。费边·马克西穆斯热情地接待了M. 米努基乌斯及其麾下士兵。费边·马克西穆斯在罗马城的敌人沉默了。人们授予他"拖延者"(Cunctator)的"光荣"称号,以纪念其军事方针。正是他的拖延策略挫败了汉尼拔的阴谋,挽救了罗马军队。不久,他辞去了独裁官之职。公元前216年,执政官L. 埃米利乌斯·保卢斯[①]和G. 特伦提乌斯·瓦罗[②]率领八万步兵和六千骑兵进军普利亚。L. 埃米利乌斯·保卢斯奉行费边·马克西穆斯的军事战术,却遭到G. 特伦提乌斯·瓦罗的强烈反对。出身卑微的G. 特伦提乌斯·瓦罗通过维护平民利益获得了执政官之职。他的支持者希望他以一场大战来结束这场战争。罗马人在普利亚的坎尼附近扎营,驻扎在奥菲杜斯河(Aufidus)河岸。汉尼拔在那里密切注视着罗马军队的动向。由于缺乏给养,迦太基军队此时已陷入非常尴尬的境地。多亏了G. 特伦提乌斯·瓦罗的鲁莽行动,高卢人才没有完全背弃这些迦太基人。两位执政官每天轮流指挥罗马军队。G. 特伦提乌斯·瓦罗对同僚L. 埃米利乌斯·保卢斯的拖延策略十分恼火,便在8月2日发出了开战信

---

① 即卢基乌斯·埃米利乌斯·保卢斯(Lucius Aemilius Paullus? —公元前216年8月2日)。——译者注
② 即盖乌斯·特伦提乌斯·瓦罗(Gaius Terentius Varro,主要活跃于公元前3世纪下半叶至公元前2世纪上半叶)。——译者注

地中海霸权之争：三次布匿战争

号。L.埃米利乌斯·保卢斯极力劝导G.特伦提乌斯·瓦罗选择一些凹凸不平的地面，使强大的迦太基骑兵失去优势。但后者根本未听其建议。汉尼拔以自己惯有的技巧部署军队。他利用了一股直吹罗马人脸庞的强风。大风刮起了一阵阵尘土，令罗马人陷入混乱之中。战斗刚一开始，罗马人就猛攻迦太基军队中军，逼退了迦太基人。G.特伦提乌斯·瓦罗的士兵把迦太基人追出很远。这时正在撤退的迦太基军队突然转身进攻敌人。罗马人的正面、两翼和后面都遭到攻击。迦太基骑兵纪律严明，在数量上占有优势。西班牙步兵也返回了战场，并且愈战愈勇，彻底击溃了罗马人。罗马人虽然拼死奋战，但还是几乎被全部歼灭。坎尼会战中，L.埃米利乌斯·保卢斯战死。一同战死的还有Gn.塞维利乌斯和M.米努基乌斯、两个财务官、二十一个军事护民官和

L.埃米利乌斯·保卢斯战死。约翰·特朗布尔（John Trumbull，1756—1843）绘

第6章 第二次布匿战争及坎尼会战

八十个罗马元老。关于罗马士兵的死亡人数,各种说法不一,少则大约四万五千人,多则大约七万人。罗马军队从未遭受过如此惨败,即使是在阿里亚河战役的大屠杀中也没有败得这么惨。当时成千上万的人逃到了遥远的地方,后来也在别处为家乡服务。G.特伦提乌斯·瓦罗逃回了罗马,身边仅有八十个骑兵。但同胞们非常宽宏大量。罗马元老院热烈欢迎G.特伦提乌斯·瓦罗归来,还感谢其没有让罗马共和国绝望。有一小支罗马军队逃到了卡流苏门。据说在坎尼会战结束后,迦太基军中有个叫玛哈巴尔(Maharbal)的努米底亚将军,建议汉尼拔立即进军罗马,并且向汉尼拔保证,五天之内迦太基士兵就会在卡比托利欧山朱庇特神殿吃晚饭。汉尼拔有些犹豫,没有立刻回答。玛哈巴尔便说:"汉尼拔,诸神赐予你力量,让你获得胜利,但不会让你谨小慎微就能得到这些好处。"汉尼拔取得如此重大的胜利,却迟迟不向罗马进军。他的这一延误,无论是在古代,还是在现代都常常受到批评。然而,我们如果充分考虑一下迦太基人在意大利的处境,就会发现,他的这一行为恰恰又证明了自己超高的军事才能。从最初计划向罗马进军的那一刻起,他就打算主要通过诱使拉丁部族叛变来征服罗马共和国,而不是单靠迦太基的强大军事力量。然而,这令他大失所望。从越过阿尔卑斯山脉到坎尼会战,两年时间里,他在意大利没有取得什么重大胜利。由于他必须向周围地区征募捐款,以此养活军队,那些本来仍然保持中立的部族,现在却常常爆发顽强的反抗。面对这些令人沮丧的处境,他不得不等待迦太基派来新的支援,以确保自己能够守住已经陷的城市。汉尼拔的军队急需攻城器械。因为到目前为止,迦太基军队所有胜利都是依靠强大的骑兵。因此,对围攻罗马这样一个物资充足、防御坚固的城市,汉尼拔完全有理由担心。

地中海霸权之争：三次布匿战争

坎尼会战结束后，汉尼拔立即派出自己的弟弟马戈前往迦太基，要求迦太基元老院为在意大利发生的战争派遣新的军队。马戈到达迦太基后，首先用溢美之词描述了同胞是如何英勇奋战，如何消灭罗马大军阵列的，然后就在迦太基元老院面前，倒出了一蒲式耳[①]罗马骑兵所戴的独特金戒指。汉尼拔的支持者鼓掌欢呼，嘲讽着问汉尼拔的那些对手，现在是否还会建议迦太基的常胜将军汉尼拔向罗马人投降。巴卡派(Barcine party)的死对头伟人汉诺二世是个恶毒的老家伙。他说自己还是坚持以前的态度，一点也没变。他说："我很怀疑马戈说的这个伟大胜利。汉尼拔既然如此成功，为什么还要向我们要钱、要武器、要给养呢？如果军队战败了，汉尼拔还会要求更多吗？'我把罗马军队碎尸万段了——我需要另一支军队，我两次占领了敌人的营地——再给我送些给养吧。'即使承认你说的是真的，那么你们从这些胜利中得到了什么？你们和拉丁部族结成联盟了吗？你们收到罗马祈求讲和的提议了吗？你们可曾从罗马军队里抓到过任何逃兵？"马戈回答说没有。伟人汉诺二世接着说："那么你们就用那脆弱的占有权控制意大利领土吧。而且，在我看来，自从汉尼拔进入意大利后，你们是一点成就都没有取得。"支持汉尼拔的巴卡派强烈抗议反对派，压制了伟人汉诺二世的抗议。于是，马戈获准前往西班牙，在那里征召了两万四千步兵和四千骑兵，去帮助自己的哥哥汉尼拔。然而，由于汉尼拔的敌人从中作梗，这些军队很快就被派到另一个地方。

坎尼会战结束后不久，迦太基派出使者前往罗马元老院，提出要罗

---

① 蒲式耳（bushel）为体积或容量单位，1蒲式耳相当于8加仑或36.4升。——译者注

第6章 第二次布匿战争及坎尼会战

马赎回俘虏。罗马元老院给了一个严正的答复。独裁官M. 尤尼乌斯①拒绝让迦太基使者待在罗马城内。陪同迦太基使者的罗马俘虏获准在罗马元老院面前为迦太基人的请求辩护。他们竭力激发同胞们的同情,提到了自己经历过的惨烈战争,还把自己同高卢人在阿里亚河和皮洛士在赫拉克利亚俘虏的罗马士兵做了比较。那两次的俘虏都是用公共财政赎回的。他们还讲述了作为俘虏遭受的痛苦,忍受着难以忍受的酷热和征服者的无视。他们还警告罗马元老院,如果自己的祈祷遭到蔑视,罗马人今后将背上贪婪和残忍的骂名。他们的祈祷毫无作用。严厉的曼利乌斯·托尔卡乌斯②站了起来,指责俘虏们把耻辱当功绩,是在自取其辱。他宣布,在目前的情况下不能违反罗马那个古老习俗——拒绝赎回那些因玩忽职守而落入敌人手中的公民。罗马元老们以纪律严格为托词,掩盖了贪财的借口。那些不幸的俘虏不得不回到牢房。逃回城里的罗马士兵被派到西西里岛,冒险去夺回自己的荣誉。

坎尼会战导致意大利南部各邦国集体反抗罗马。汉尼拔也许曾经一度希望完成自己梦寐以求的计划——把曾经强大的萨莫奈、伊特鲁里亚和卢卡尼亚联合起来,建立一个联盟。然而,一场灭绝之战,加上罗马的压迫统治,早已摧毁了这些部族的民族精神。它们向汉尼拔屈服,往往是因为懒惰或害怕,而不是因为想恢复自己以前的独立。一般来说,争取公民自由的运动往往由社会地位较高的阶层发起。然而,罗马人制定了严格的政策,杜绝了这些阶层发起这种运动。其余人大多是奴隶。只要没有被迫拿起武器反抗,也没有被迫额外缴纳贡税,他们就毫不在

---

① 即马库斯·尤尼乌斯·佩拉(Marcus Junius Pera,主要活跃于公元前3世纪)。——译者注
② 即蒂图斯·曼利乌斯·托尔卡乌斯(Titus Manlius Torquatus,约公元前279年—公元前202年)。——译者注

地中海霸权之争：三次布匿战争

乎。从这方面来看，他们也许更喜欢罗马人，而不喜欢那些饥饿的阿非利加侵略者。因为罗马人要依靠奴隶们的资源来维持战争，而侵略者来了之后不仅提高了粮食价格，还强迫这些不好战的奴隶应召参军，参加极其危险的战争。

意大利南部海岸的大多数希腊城邦都宣布支持汉尼拔。但墨西拿和雷焦的惨痛经历让它们十分谨慎。它们极其害怕外国军队进驻到自己城市。坎帕尼亚首府卡普阿是个古老、富裕的地方。卡普阿人反叛了，不再服从罗马，为迦太基军队提供了重要的物资补给。坎尼会战爆发前，汉尼拔花了很长时间与卡普阿人谈判。他认为当时有一个绝佳的机会迫使卡普阿人接受迦太基的统治。他在行军途中经过了那不勒斯。那不勒斯高耸的城墙和难以对付的驻军打消了他围城的念头。但他军中的努米底亚人从周边地区掠夺了不少战利品。

当汉尼拔接近卡普阿时，城里居民被一个狡猾的计谋蒙骗了。卡普阿居民很富有，但往往不讲道德，克拉维①就是这样的人。就是克拉维设计和实施了蒙骗。他通过不断对抗贵族而获取了重要职位。在很长一段时间内，他一直挑拨卡普阿元老院和卡普阿人民，在元老院和人民之间埋下了永久不和的种子。特拉西梅诺湖战役后，他设计了一个邪恶计划，打算屠杀卡普阿元老院所有成员，然后再将卡普阿拱手让给汉尼拔。然而，也许是担心以后迦太基人会抛弃自己，牺牲掉自己，他便十分肯定地对元老院讲，元老院正处于毁灭的边缘，人民对元老院极度愤怒，只要元老院完全服从自己的指示，自己定会保全

---

① 即帕库维乌斯·克拉维（Pacuvius Calavius，主要活跃于公元前3世纪下半叶至公元前2世纪上半叶）。——译者注

第 6 章 第二次布匿战争及坎尼会战

元老们的性命。元老们惊恐万分,许诺完全服从克拉维。于是,他关上了卡普阿元老院议事厅所有的门,对周围的人民讲了下面这些话:"人民,这个令人憎恶的元老院现在掌握在你们手中。元老院常常让你们成为不公正和贪婪的牺牲品。元老们现在就关在卡普阿元老院议事厅里,等着你们处置。你们想怎么处置就怎么处置。"人民听了他的宣告,全场爆发出热烈的掌声。他们要求立即处死这个可恶寡头政治的所有成员。克拉维答道:"你们的裁决完全公正。元老院所有元老应该被判处死刑。但必须考虑的是,如果执行这一判决,我们要建立一个什么形式的政府来管理我们的事务。如大家所知,我们憎恨王权。如果没有元老院,共和国将陷入比无政府状态更加糟糕的处境。因此,在我们给予每位元老应得的惩罚之前,让我们先选举新的执政官来接替这些元老的位置。"人民同意了。克拉维来到广场上的审判席,并坐了下来,命人打开了卡普阿元老院议事厅的门,把其中一个元老带到自己面前。听到这个人的名字,激动的人民立即宣布处死这位元老。克拉维平静地说:"那就这样吧,朋友们。但让我们先选出一位公民来填补这个元老的位置。"起初,大家都保持沉默。后来有人提出了候选人。这才打破了沉默。但每一次提名,都遭到抗议,或因私人恩怨,或因政治敌对,总有人反对。过了一段时间,人们就发现,现在的元老要比他们从自己人中选出来的优秀得多。于是,这些战战兢兢的贵族元老都被释放了。元老们觉得自己能保住性命,全都归功于克拉维的干预,于是抓住一切机会表达自己的感激之情,并且不失时机地讨好人民以争取人民的支持。卡普阿人全都迫切地反叛罗马,向汉尼拔求和,但很多卡普阿人的孩子被罗马人扣为人质。如果卡普阿人招致前任主人的愤恨,就不可避免地要牺牲掉这些孩子。于

地中海霸权之争：三次布匿战争

是，卡普阿人决定派出使者前往罗马，请求保护，让自己免遭迦太基人即将到来的入侵。卡普阿使团在韦诺萨 (Venusia)[①] 找到了罗马执政官。然而，这位执政官却告诉卡普阿使者，罗马最近刚刚打了败仗，共和国现在的处境十分悲惨，所以完全不可能向卡普阿人提供援救。

这一公开声明罗马软弱的做法极不明智，增加了卡普阿人对罗马的不满。使者们回到卡普阿之后，说罗马共和国现在已经有名无实了。结果卡普阿立即发起叛乱。卡普阿人抓了罗马守军，将他们残忍地处死在城市浴场里。汉尼拔麾下的士兵很快就占领了卡普阿。士兵们沉醉在卡普阿这座奢华的城市里，尽情地享受着种种欢乐，毫无节制地放纵自我，陶醉在美酒和昏睡之中，忘记了极其宝贵的纪律教训。那些教训是士兵们在多年的艰苦战争中艰难学到的。人们认为征服卡普阿对迦太基士兵而言就是一场罗马人的坎尼之败。因为从此以后，迦太基士兵似乎再也没有显现往日的威名。随汉尼拔一起翻越阿尔卑斯山脉的那些经验丰富的老兵，现在所剩无几。迦太基军队其余的士兵都是新招募的高卢新兵或意大利新兵。这些新兵虽然身强力壮，作战勇猛，但不如老兵们训练有素。他们缺乏军纪，也没有打过胜仗的声望。汉尼拔的军事天赋在很大程度上抵消了这些可怕的劣势。即便说在坎尼会战结束后，我们再也没有看到迦太基军队取得显著胜利，也必须佩服这支军队深入敌国腹地，在缺乏物资和毫无友军支援的情况下，征战长达十四年之久。

罗马人现在千方百计地招募士兵，竭力恢复公众信心。这些努力取

[①] 诗人贺拉斯的出生地。——原注

第 6 章 第二次布匿战争及坎尼会战

得了一定的成效。公元前215年，M. C. 马克卢斯①受命担任司法官，开始对迦太基军队采取积极作战策略，从而改变了罗马人的处境。此前，罗马一直被迫完全处于守势。他在诺拉扎营，并筑起了防御工事。汉尼拔攻击了其营地，却战败撤退，损失惨重。这是罗马人首次战胜如此强大的敌人。这次胜利给罗马带来了新的希望。卡普阿被执政官Q. 弗尔维乌斯②率军团团包围。汉尼拔似乎不重视自己的新盟友，也或许是他无法保护这些盟友。不过，他还是派了一小队人前去救援，而他自己则向罗马进发，率军渡过了沃尔图诺河（Volturno），穿越了苏萨、阿利菲和卡西努姆等地区。一个惊恐的信使从弗雷戈里来到罗马。他告诉罗马人，迦太基人就要来了。罗马陷入一片混乱和惊慌之中。神殿里挤满了求神的人。Q. 弗尔维乌斯奉命从围攻卡普阿中撤回，保卫首都罗马。他迅速率领军队在科丽纳门附近扎营。此时，汉尼拔已经渡过了阿涅内河，驻扎在离罗马大约三英里的地方。他率领大约两千骑兵，向胜利者海格立斯神殿（Temple of Hercules Victor）进发，逼近Q. 弗尔维乌斯的军队。迦太基人现在近在咫尺，已然来到罗马人的视线范围内。Q. 弗尔维乌斯感到十分愤怒，因为罗马城像斯巴达城一样，从未见过敌人营地的炊烟。于是，他立即准备战斗，并且成功逼退汉尼拔。第二天，汉尼拔集结了剩下的军队，再次发起进攻，很快又遇上罗马军队。但一场突如其来的暴风雨阻止了这场大战。否则，罗马也许就被汉尼拔攻下了。第二天，又发生了类似的情况。汉尼拔开始感到沮丧——他怀疑是否能最终战胜罗马人。

---

① 即马库斯·克劳狄·马克卢斯（Marcus Claudius Marcellus，公元前270年—公元前208年）。——译者注
② 即昆图斯·弗尔维乌斯·弗拉库斯（Quintus Fulvius Flaccus，约公元前277年—公元前202年）。——译者注

地中海霸权之争：三次布匿战争

M. C. 马克卢斯的胜利极大地恢复了罗马人的精神。坎尼会战之败，以及国家之前的灾难，一度令罗马人产生了极大的挫败感。卡普阿仍然遭到罗马军队的强力围攻。汉尼拔发现此时已经完全无法向自己的坎帕尼亚盟友提供救援了。卡普阿人深知落入愤怒的罗马人手中会是什么下场。于是，他们誓死捍卫自己的城邦。卡普阿的抵抗很快就被疾病和饥荒压倒了。卡普阿人想把卡普阿和元老院拱手让给愤怒的罗马人，以使自己免遭惩罚。维里乌斯·维比乌斯（Virrius Vibius）当初煽动卡普阿人反叛罗马，现在他把卡普阿的贵族们聚集到自己家中举行宴会。这些不幸的人绘声绘色地描述了城市沦陷后等待自己的恐怖遭遇，吃饱喝足之后吞下毒药，然后离开维里乌斯·维比乌斯的家。有些人死在维里乌斯·维比乌斯的家里，有些人死在回家的路上。卡普阿的城门被攻破。罗马士兵冲去逮捕了卡普阿元老们。但这些痛苦的服毒自杀者——卡普阿元老们全都死去了，一个都没留下。剩余的居民遭到野蛮残酷的对待，要么被就地屠杀，要么被卖为奴。

卡普阿的悲惨遭遇，以及汉尼拔显然无力保护盟友免受罗马军队攻击的事实，在业已反叛罗马的意大利诸城邦中产生了可怕的反应。几年前，汉尼拔发现围攻罗马没有胜算，便撤退到意大利半岛南部。就在卡普阿陷落的前一年，反叛了罗马联盟的锡拉库萨遭到M. C. 马克卢斯从海路和陆路两路夹击围困。公元前216年，锡拉库萨僭主希伦二世死了。继任者锡拉库萨僭主海罗尼穆斯（Hieronymus of Syracuse）被臣民谋杀。锡拉库萨的政权被两个西西里岛本土人篡夺。这两个人一个叫希波克拉底（Hippocrates），另一个叫埃披库代斯（Epicydes）。这两个专制者曾是锡拉库萨僭主希伦二世军队的军官。两人鼓动锡拉库萨人解除与罗马的联盟关系。

第 6 章 第二次布匿战争及坎尼会战

锡拉库萨

锡拉库萨这座著名的城市位于西西里岛东部，大约建于公元前800年，由一个希腊殖民地发展而来。锡拉库萨有三座城堡和三重城墙保卫，有两个巨大宽敞的港口。港口是天然形成的。锡拉库萨由于地形有利，便于和意大利、希腊、亚细亚东部、小亚细亚、阿非利加和西班牙展开贸易，很快积聚了财富，变得十分强大。锡拉库萨以建筑宏伟和居民富裕闻名于世。在大狄奥尼修斯（Dionysius the Elder）的统治下，锡拉库萨人极其强大。锡拉库萨长期养着一支由十万步兵、一万骑兵和四百艘船组成的强大军队。然而，连续的僭主统治和国内纷争摧毁了这些军队的独立性。如今，锡拉库萨军队只剩下昔日辉煌的影子。

阿基米德

精力充沛的M. C. 马克卢斯不失时机地着手瓦解锡拉库萨。他把进攻主要集中在一个可以俯瞰到大海的地方。罗马人的勇气和顽强让城内居民十分惊慌。不过，锡拉库萨一个智者的妙招有效且持久地挫败了围城者的顽强毅力。著名的数学家、哲学家阿基米德多年来一直受到锡拉库萨僭主希伦二世资助。应其请求，阿基米德建造了许多结构精妙的军用器械，保卫着锡拉库萨。罗马人逼近后，他立即开始发挥自己的那些非凡才能。M.C.马克卢斯开始坚定地攻城，但其麾下军队遭到顽强抵抗。在阿基米德的指挥下，城内守军从城墙上射出一阵阵石块和飞镖，击退了罗马人。罗马的战船靠近了城墙，却遭到猛烈攻击，要么被远处射来的巨大石块击沉，要么被巨大的铁吊钩抓起来，吊到了空中。

地中海霸权之争：三次布匿战争

罗马进攻纵队几乎无一例外地被城中受困者用投掷物歼灭。这些受困者固守在高耸的城墙后面，只遭受了微小的损失。罗马人因而非常害怕，也很难引诱守城者靠近锡拉库萨城墙。罗马船队虽然避开了敌人的器械射程，却无法将自己从阿基米德的科学知识中拯救出来。据说，阿基米德用镜子把太阳光聚焦起来，射向M. C. 马克卢斯的战船。虽然这些战船停泊在距离城堡很远的地方，但还是被阿基米德用镜子聚焦的太阳光烧着了。M. C. 马克卢斯疲惫不堪，几乎就要落败，便把围攻变成了封锁。后来，锡拉库萨城中出现了疫病，虽然传播很慢，但加上资源匮

阿基米德用镜子把太阳光聚焦起来，射向
M. C. 马克卢斯的战船。作者信息不详

第 6 章 第二次布匿战争及坎尼会战

乏,很快就让阿基米德的所有努力都白费了。锡拉库萨持续抵抗了两年,最后在公元前212年遭到罗马人的突袭。当时正值一个公共节日,城中居民忽视了城墙的防御。锡拉库萨立即遭到洗劫。M. C. 马克卢斯下令禁止烧毁房屋。然而,他还是残忍地把城中居民从家园赶往了周围的乡村。许多人在那里不是饿死就是累死了。阿基米德也在一场不幸事故中丧生。罗马军中派了一个士兵前去带阿基米德面见M. C. 马克卢斯。那个士兵发现阿基米德正在书房专心致志地解决某个几何问题,完全没有意识到锡拉库萨面临的灾难。阿基米德在完成论证之前拒绝接见这个士兵。这个野蛮的罗马士兵十分愤怒,便拔出剑,当场杀死了阿基米德。M. C. 马克卢斯非常关切阿基米德这位著名哲学家的去世。阿

罗马士兵拔出剑,杀死了阿基米德。托马斯·德乔治(Thomas Degeorge,1786—1854)绘

地中海霸权之争：三次布匿战争

基米德在自己的科学论著中留下了丰富的证据，足以表明自己的天赋才能和名声。他死后大约一个半世纪，时任西西里岛财务官的西塞罗发现了其坟墓。阿基米德的同胞们早已遗忘了这个地方。但西塞罗还记得。阿基米德曾经希望在自己的墓碑上刻一幅圆柱体和球体之间的几何关系图，因为他认为这是自己最重要的发现之一。经过长期搜寻，西塞罗在其中一扇城门附近发现了一座与这种描述相符的坟墓，上面长满了荆棘和野蔷薇。西塞罗有着类似的天赋。他一发现这座坟墓，就沉浸在一个有品位、有学问的人才能享受的一切欢乐之中。锡拉库萨人把阿基米德的坟墓自豪地展示给前来瞻仰的外邦人。但战争的浩劫，哥特人入侵所带来的黑暗动乱，19世纪那些无法抵抗的沧桑巨变，令阿基米德坟墓这个有趣的遗迹遭到彻底毁灭。阿基米德的墓碑现在永远地消失了。

同年，汉尼拔经过长期围攻最终攻下了重要的他林敦城。然而，罗马驻军仍然占领着城堡。直到公元前209年，费边·马克西穆斯才从迦太基人手中收复他林敦。他通过贿赂令迦太基人的指挥官失去了信任。从这时起，在意大利发生的战役就变成了一场场驻地攻防战。汉尼拔继续控制着布鲁提乌姆，但遭到了不知疲倦的M. C. 马克卢斯狠狠的骚扰。不过，后者却和自己麾下一些最杰出的军官在一场伏击中丧生。汉尼拔为对手M. C. 马克卢斯举办了一场体面的葬礼。这让罗马人蒙了羞，因为罗马人大都忽视了这些战争礼节。

西庇阿两兄弟在西班牙战败

正当罗马人缓慢、稳定地从汉尼拔手中收复意大利时，西班牙发生了一件事，使罗马元老院陷入了普遍恐慌。P. 西庇阿和格涅乌斯·西庇

西塞罗发现了阿基米德的坟墓。
本杰明·韦斯特(Benjamin West,1738—1820)绘

地中海霸权之争：三次布匿战争

阿[①]两兄弟受罗马元老院任命，前去接管西班牙。P. 西庇阿曾在提基努斯河被汉尼拔率军打败。这两兄弟的主要目标是阻止哈斯德鲁巴前去救援其兄汉尼拔。这一行动在很长一段时间里都很成功。许多西班牙城邦，曾经被迫或自愿依附于迦太基人，现在都屈服于罗马人的统治之下。罗马人在伊利贝里斯（Iliberis）取得了一场重要胜利，屠杀了迦太基军队的许多士兵。为了反击罗马人的这些胜利，三位著名的迦太基将军，即汉尼拔的兄弟哈斯德鲁巴和马戈，以及吉斯戈的儿子哈斯德鲁巴，展开了一项行动计划，彻底摧毁了罗马军队。公元前212年，三位将军联合了军队，在阿尼托吉斯（Anitorgis）附近进攻P. 西庇阿的军队。P. 西庇阿固守着自己的阵地，但敌军得到了努米底亚国王马西尼萨和一个强大的西班牙酋长因迪比利斯（Indibilis）的增援。罗马人展开了绝望的抵抗，但几乎全军覆没。将军P. 西庇阿死于一个无名士兵之手。哥哥格涅乌斯·西庇阿在弟弟P. 西庇阿死后不久也死了。P. 西庇阿的战败身亡对格涅乌斯·西庇阿的军队产生了极其强烈的影响，导致了至少三万凯尔特伊比利亚人（Celtiberians）叛逃。此时，剩下的格涅乌斯·西庇阿看到胜利的敌人向自己逼近，感到十分惊慌。他认为，虽然抵抗可能确实很光荣，但自己不可能战胜敌人。他占据了一个有利的高地，抵抗了很长时间，击退了迦太基人的进攻。但后来，他发现自己的军队已所剩无几，便逃入一座小型城堡，却遭到敌人放火。格涅乌斯·西庇阿这位英勇的罗马将军就葬身火海了。

[①] 即格涅乌斯·科尔内留斯·西庇阿（Gnaeus Cornelius Scipio Calvus, ？—前211年）。——译者注

第6章 第二次布匿战争及坎尼会战

征服阿非利加的西庇阿[①]在西班牙

灾难接踵而至，罗马沉浸在巨大悲痛中。罗马几乎找不到人愿意前往西班牙去接手这场危险的战争。刚刚已故的不幸指挥官格涅乌斯·西庇阿有个侄子叫普布利乌斯·科尔内利乌斯·西庇阿。P. C. 西庇阿这个年轻人当时年仅二十四岁。他向罗马元老院提议担任国家军队统帅，并且许诺为父亲和叔叔的死报仇。由于他还在为不幸的亲人服丧，因此，人们认为把如此重要的职位交给这个服丧的年轻人不吉利。不过，他才能出众，颇受欢迎，最终使人们克服了迷信产生的恐惧。公元前211年，P. C. 西庇阿前往西班牙。

P. C. 西庇阿这位未来的"汉尼拔征服者"十分虔诚，严格遵守祖国的宗教仪式。他认真听取同胞们的各种"偏见"，赢得了同胞们的极大尊敬。在政治立场上，他似乎一直强烈反对向平民做出任何让步。在战争中，他精力充沛，英勇善战，喜欢速战，重视配合协调，不像那个时代的其他将军——往往都惯用缓慢、复杂的军事战术。在个人生活中，他性格温和，勤于思考，富有哲学精神。他把大部分时间都花在希腊文学上。因为在这个时期，罗马人还没有自己的文学。他大力资助学者，赢得了学者们对他这位杰出人物的极力赞扬。他那些最顽固的政敌也没法在美德和品行方面指责他。在这些政敌中，史学家一定会惊奇、遗憾地发现大加图。大加图这位著名的监察官以雄辩的口才和广博的学识闻名。他对罗马的礼仪，甚至是对罗马的命运，都产生了极其巨大的影

[①] 即普布利乌斯·科尔内利乌斯·西庇阿（Publius Cornelius Scipio Africanus，公元前236年或公元前235年—公元前183年），通称为大西庇阿，文中出现的P. C. 西庇阿也指此人。——译者注

响。P. C. 西庇阿的政敌还有费边·马克西穆斯。费边·马克西穆斯的谨慎及时阻击了汉尼拔的事业，为P. C. 西庇阿的胜利开辟了道路。19世纪中叶距离那个时代如此遥远，很难弄清这些显赫的罗马人为何产生嫉妒或偏见。或者是这些人的家族之间存在世仇，或者是富有经验的长者对年轻人的劝告往往缺乏信任，这些都可能在某种程度上引起这些显赫之人的厌恶。年迈的费边·马克西穆斯功勋卓著。他的死让P. C. 西庇阿的政敌名单上少了一个重要的名字。但大加图直到生命的最后一刻还在继续与P. C. 西庇阿为敌。他让罗马历史上最伟大的将军之一P. C. 西庇阿的临终日子痛苦不堪。

重整军纪

到达西班牙后，P. C. 西庇阿发现罗马军队极度缺乏尚武精神，军队纪律极其混乱。此前，他的父亲P. 西庇阿和叔叔格涅乌斯·西庇阿——两位杰出的罗马军官相继战败身亡，令罗马军队对迦太基军队产生了巨大恐惧。此时，罗马营地往日的严格秩序已经荡然无存。士兵们玩忽职守，沉迷享乐。P. C. 西庇阿最害怕看到的就是士兵堕落。这甚至比敌人的武器更可怕。于是，他开始彻底重组罗马军队。他带了一支船队到西班牙。这支船队虽是匆忙组建的，却带去了充足的物资，还有大约七千名志愿兵。费边·马克西穆斯当时还曾竭力反对P. C. 西庇阿带走这些士兵，认为这是一场鲁莽且毫无希望的抗战。P. C. 西庇阿刚到西班牙不久，就迅速取得了一连串胜利。他征服了新迦太基城，战胜了击败自己父亲P. 西庇阿和叔叔格涅乌斯·西庇阿的那些迦太基将军，平息了政敌的诽谤。费边·马克西穆斯只能说，这样辉煌的胜利不可能一直保持。

第6章 第二次布匿战争及坎尼会战

罗马人攻占了许多重要城市。哈斯德鲁巴放弃了在西班牙进行的战争，决定立即向意大利进军，支援自己的哥哥汉尼拔。

公元前207年，哈斯德鲁巴花了大约两个月时间翻越了比利牛斯山脉和阿尔卑斯山脉。因为高卢人对迦太基的事业多半持友好态度，所以他麾下的军队几乎没有遭到高卢人的任何对抗。汉尼拔当时是孤军奋战，对即将到来的救援一无所知。哈斯德鲁巴给汉尼拔送去的信落入罗马人手中。执政官M. 利维乌斯·萨利纳托尔[1]和G. 克劳狄·尼禄[2]决定迎击哈斯德鲁巴，阻止他与汉尼拔会合。两位执政官认为如果敌人两军会合，罗马将会遭到灭顶之灾。哈斯德鲁巴率军包围了皮亚琴察。然而，围攻一段时间后，他发现胜负难料，便开始向南方进军，前去与汉尼拔的军队会合。此时，汉尼拔仍在卡拉布里亚半岛的最南端征战。哈斯德鲁巴到达翁布里亚的梅陶罗河（Metauro）河岸时，发现两位罗马执政官已经逼近。两位执政官的军队与时任军事护民官大加图的军队形成交叉之势，正在向哈斯德鲁巴的军队极速进军。哈斯德鲁巴已经率军渡过了梅陶罗河，于是决定立即撤退，却遭到向导的抛弃。其军队找不到浅滩渡口，只能沿着河岸行进，不料却遭遇罗马军队。双方发生了一场激烈战斗。哈斯德鲁巴用尽一切办法，想要赢得战斗。然而，前一晚的行军令其麾下的士兵十分疲倦乏困。哈斯德鲁巴麾下的大军在罗马人的猛攻下彻底溃败。这发生在公元前207年。哈斯德鲁巴看到自己的军队大势已去，无法挽回，决心以配得上汉尼拔弟弟之名的方式死去。他冲进罗马队伍，很快就倒下了，浑身是伤。据说，迦太基人在这场惨烈

---

[1] 即马库斯·利维乌斯·萨利纳托尔（Marcus Livius Salinator，公元前254年—约公元前191年）。——译者注

[2] 即盖乌斯·克劳狄·尼禄（Gaius Claudius Nero，约公元前247年—公元前189年）。——译者注

地中海霸权之争：三次布匿战争

的战役中损失了五万五千人。罗马人胜利之后的行为几乎总是十分野蛮的。他们砍掉了哈斯德鲁巴的头，并将其扔到汉尼拔的营地。汉尼拔认出来了，顿时陷入一阵悲伤和沮丧中。汉尼拔这位优秀的将军现在意识到没有希望征服意大利了，便撤退到布鲁提乌姆最边缘，在那里坚守了几年，令试图驱逐自己的罗马军队多次遭受重创。布鲁提乌姆东岸的拉奇努姆（Lacinum）有一根石柱，汉尼拔命人把自己在意大利征战期间取得的成就都刻在了上面。罗马人保留了这根石柱，作为罗马曾经遭遇巨大危险的证据，教导子孙后代。

哈斯德鲁巴之死给迦太基共和国带来了致命的打击。哈斯德鲁巴这位才华横溢的将军在许多方面并不逊于自己的哥哥汉尼拔。他的死引发了西班牙整体叛变。马戈和同伴们无法让西班牙继续效忠。P. C. 西庇阿很快就征服了西班牙。他制定了穿越阿非利加的计划，效仿汉尼拔的政策，在敌国腹地征战。公元前205年，P. C. 西庇阿和P.李锡尼乌斯·克拉苏（P.Licinius Crassus）一起当选为执政官。罗马将西西里岛变成自己的一个行省，任命P. C. 西庇阿统治西西里行省，只要P. C. 西庇阿认为是对罗马有利的，

罗马人砍掉了哈斯德鲁巴的头，并将其扔到汉尼拔的营地。汉尼拔认出来了，顿时陷入一阵悲伤和沮丧中。乔瓦尼·巴蒂斯塔·提埃坡罗（Giovanni Battista Tiepolo，1696—1770）绘

第 6 章 第二次布匿战争及坎尼会战

罗马元老院便允许其对阿非利加发动战争。对这一方案，P. C. 西庇阿的政敌费边·马克西穆斯千方百计阻挠。但所幸，他的反对没有得到支持。P. C. 西庇阿在西西里岛逗留了大约一年，然后在公元前204年，率领一支由一万七千步兵和几千骑兵构成的军队，横渡西西里海峡（Strait of Sicily）前往阿非利加，在乌提卡（Utica）附近登陆。这支军队主要由意大利各邦国的志愿兵组成。士兵们满怀热情地聚集到P. C. 西庇阿麾下。迦太基人有三支军队可供调配：一支由哈斯德鲁巴指挥，另外两支由迦太基反复无常的阿非利加盟友西法克斯和马西尼萨招募。马西尼萨发现在哈斯德鲁巴之女索福尼斯巴的追求者中，有西法克斯跟自己竞争，于是秘密向罗马人提供援助。但他仍然小心翼翼地等待着，观望迦太基军队和罗马军队之间即将发生的战斗结果如何。起初，由于迦太基军队数量众多，P. C. 西庇阿被逼得毫无喘息之机。但马西尼萨适时叛变，背弃了迦太基人，把迦太基军队引入致命埋伏，确保了罗马人的胜利。迦太基人溃败，损失惨重。此事发生后不久，哈斯德鲁巴和女婿西法克斯集结了军队，准备再次发起战斗。但罗马人设法放火烧毁了敌人的帐篷，给敌营造成了极大混乱。迦太基人几乎没做抵抗就被罗马人屠杀了。西法克斯看到这种可怕局面，便像马西尼萨一样，退回了西努米底亚王国，但没有像马西尼萨一样背信弃义。不过，他还是退出了与新盟友的联盟。他的盟友们现在孤立无援，只能完全靠自己的力量。他的逃离并没有让自己享受到期望的安全。马西尼萨出于妒忌，G. 拉埃柳斯[①]出于更高尚的动机，在西努米底亚王国攻击了西法克斯，在他的王国里击败并俘虏了他。马西尼萨还俘虏了西

---

① 即盖乌斯·拉埃柳斯（Gaius Laelius, ? —约公元前160年之后）。——译者注

地中海霸权之争：三次布匿战争

法克斯的妻子索福尼斯巴，并且娶其为妻。罗马人把西努米底亚王国的很大一部分国土给了马西尼萨。但P. C. 西庇阿担心马西尼萨受索福尼斯巴影响，会转而支持索福尼斯巴的父亲哈斯德鲁巴及其祖国迦太基，因此要求马西尼萨把索福尼斯巴送作人质，以表诚意。马西尼萨展现了自己的野蛮和残暴，毒死了索福尼斯巴，以免其落入罗马人之手。西法克斯被囚禁了几年，之后被戴上枷锁押到罗马，和其他俘虏一起装饰了P. C. 西庇阿的凯旋。

关于马西尼萨的经历还有另一种说法。罗马人和迦太基人之间发生了一场小冲突。罗马人战胜了，抓到的俘虏中有马西尼萨的某个儿子。P. C. 西庇阿便把这个俘虏送回其父马西尼萨那里。这一举动唤起了马西尼萨强烈的感激之情。于是，马西尼萨立即断绝了与迦太基的联盟，转而支持罗马的事业。这一虚构只不过是为了掩盖他的背信弃义。他为了报仇，把迦太基盟友引入埋伏，冷眼旁观自己的盟友遭受屠杀。贪恋索福尼斯巴的美貌和掠夺西法克斯的财产才是虚伪的马西尼萨感激其罗马主人的唯一原因。

迦太基请求讲和

迦太基元老院现在请求讲和。P. C. 西庇阿一心只想彻底毁灭迦太基，于是提出了极其苛刻的条件。这样一来，讲和提议就可能遭到拒绝。然而，迦太基人虽然愤怒，却接受了这些条件。P. C. 西庇阿要求迦太基人从意大利和高卢撤出军队，把所有俘虏和逃兵交还给罗马人；放弃西班牙及意大利和阿非利加的所有岛屿；把迦太基所有的船都交

马西尼萨俘虏了西法克斯的妻子索福尼斯巴，索福尼斯巴向马西尼萨求饶。乔瓦尼·巴蒂斯塔·泽洛蒂（Giovanni Battista Zelotti, 1526—1578）绘

地中海霸权之争：三次布匿战争

给罗马人，只留下二十艘；还要给罗马人缴纳五十万计量单位[①]大麦、三十万计量单位小麦，给罗马公库缴纳一万五千塔兰特财物。他提议将这些苛刻条件传达给罗马元老院，请求批准。迦太基人虽然十分怨恨这些侮辱性的条款，却对这短暂的喘息之机感到高兴，同时命令汉尼拔立即从意大利返回。

汉尼拔离开意大利

公元前202年，听闻迦太基元老院的召唤，汉尼拔悲痛绝望，但还是毫不犹豫地服从了召唤。看着意大利海岸，他想起了自己如此多的辉煌胜利。然而，这些胜利现在都徒劳无益了。许多炽热的希望和抱负现在都永远地消逝了。这是汉尼拔最后一次看到意大利海岸。从埃布罗河 (Ebro) 到罗讷河那漫长疲惫的行军，阿尔卑斯山脉那可怕的翻越之旅，特雷比亚河、特拉西梅诺湖和坎尼的大屠杀，征服整个意大利，直抵罗马城墙之下，在敌国居住十六年——这场漫长征战中发生的各个精彩事件，在汉尼拔眼前迅速闪过。他痛苦地自责，因为坎尼会战胜利后，士兵们兴高采烈，自己却没有把士兵们带到意大利的主要城市去。不过，傲慢的罗马却为这一切而惊恐战栗。然而，正如我们所见，尽管汉尼拔平时一向谨慎，却仍然陷入了绝望，一切已成定局。不过，后人也必须承认，汉尼拔在意大利采取的方针路线最明智，也最能适应战争形势。

---

① 原文为"measures"，疑为古代重量单位"米纳（minae）"。1米纳约合现在的430克。——编者注

第 6 章 第二次布匿战争及坎尼会战

汉尼拔与P. C. 西庇阿会谈

汉尼拔到达阿非利加的哈德鲁梅〔Hadrumetum（Adrumetum）〕港之后，让军队好好休整了几天，然后率领军队继续行军，前往巴格拉达斯河，与驻扎在那里的P. C. 西庇阿的军队会面。汉尼拔很想讲和。但在汉尼拔这位所向披靡的将军面前，同胞们的战斗精神又被激起。迦太基人中断了与罗马签订和平条约，甚至有人企图逮捕罗马使者。这违反了国家之间的法则。汉尼拔斥责了同胞们的暴躁，寻求与P. C. 西庇阿会谈。P. C. 西庇阿欣然应允。两位杰出的将军默默地对视了一会儿。然后，汉尼拔发起了一场精力充沛、雄辩有力的和平论战。他谈到战争的恐怖，无数人丧生，最重要的是，命运变幻无常。其本人的过往，其在意大利的生涯，罗马差点就灭亡，这些都是罗马命运变化的典型例子。汉尼拔告诫 P. C. 西庇阿，小心会跟马库斯·A. 雷古鲁斯的命运一样，要其接受迦太基勇士们提出的公平条件，因为迦太基勇士们是不会不战而屈的。

P. C. 西庇阿温和地回答了汉尼拔。但他指责迦太基人严重破坏了悬而未决的和平条约，极度侵犯了使者之职的神圣性；声明从这场战争开始之初，迦太基人就已成为侵略者；在战争过程中，迦太基人也并未表现出应有的道义和忠诚；罗马人民现在也不能冒险去依赖迦太基元老院提出的任何条件，因为这不是靠刀剑赢得的。于是，两人的会谈中断了。汉尼拔对可能出现的和谈结果感到绝望，便准备以战斗决胜负。P. C. 西庇阿欣然接受了挑战，因为他担心如果拖延下去，罗马元老院可能会另派一位将军前来取代自己，让自己失去赢得终结这场战争的荣耀。

地中海霸权之争：三次布匿战争

扎马战役 (Battle of Zama)

　　罗马军队和迦太基军队这两支强大的军队现在各自决定倾其所有，把命运交给战争来裁决。双方在努米底亚的扎马附近相遇。在此，P. C. 西庇阿和汉尼拔两位将军都采取了人类智慧所及的一切可行办法，以确保取得胜利，抑或是体面撤退。迦太基军队在人数上远远超过罗马军队，但在勇气和纪律上却不如后者。这令汉尼拔有充分的理由为失去老兵感到十分遗憾。汉尼拔带领那些老兵在意大利取得了一次又一次的胜利。大象，加上努米底亚和毛里塔尼亚 (Mauritania) 那些反复无常的非正规骑兵，构成了汉尼拔军队的主要力量。汉尼拔的军队包括从意大利半岛新征的大批士兵，还有一个由马其顿人组成的军团。马其顿军团在汉尼拔大军的第二队列中占据着十分重要的地位。马其顿军团士兵在品格和纪律上都令敬畏。汉尼拔的军队编列布阵十分完美。也许在这方面，迦太基人比罗马人更加优越。P. C. 西庇阿惧怕大象攻击自己的防线，便把军队按营队排开。营队之间留出间隔，以便迎接和切断敌人的冲锋。战斗开始时，罗马人和马西尼萨的军队猛烈进攻迦太基防线，致使敌人的大象陷入一阵混乱。然而，后来，那些大象开始回头攻击。罗马人的队伍损失惨重。最后，罗马人用箭阵才艰难击退大象。迦太基人的步兵现在加入了战斗。迦太基的后备军队支援不力。一阵绝望的抵抗之后，迦太基军队全线溃败。迦太基军队的后方遭到G. 拉埃柳斯和背信弃义的马西尼萨联合进攻，也彻底瓦解了。两万迦太基士兵倒在了战场上。罗马人缴获了迦太基人一百三十三面旗帜和十一头大象。汉尼拔带着少数骑兵逃到哈德鲁梅港，乘船前往迦太基。到达迦太基后，他强烈建议迦太基元老院与罗马签订和平条约。扎马战役结束后，P. C. 西庇阿立即命

扎马战役。作者信息不详,绘于16世纪

地中海霸权之争：三次布匿战争

令军队从陆路进军迦太基。他自己则率领船队从海路向迦太基进军。在航行中，他遇到了迦太基元老院派来的一艘船。这艘船上挂着橄榄枝，以示求和。他给了这些送信人一个闪烁其词的答复，并让他们到突尼斯去见自己。在那里，他召集了一次军事会议。他麾下的许多军官都认为，应该立即前往迦太基，将其夷为平地。但P. C. 西庇阿仍然担心罗马任命继任者取代自己，决定答应讲和，并提出了下列苛刻的条件：迦太基人继续维持自由，像战前一样保留宪法和阿非利加属地；释放所有囚犯，不要赎金，并且释放所有的奴隶和逃兵；所有船舶中，三列桨座的战船只能留有十艘；已驯服的所有大象不能用于打仗，未来也不许训练大象来打仗；不许在阿非利加之外发动战争，甚至在阿非利加之内也不允许，除非得到罗马人民的允许；必须归还从马西尼萨或其祖先那里夺走的一切；在使者从罗马回来前，必须向罗马的后备军队提供金钱和谷物；必须向罗马人支付一万埃维亚岛塔兰特白银，按年支付，五十年付清；另外，派出一百个人当人质，名单由P. C. 西庇阿指定。并且为了征求罗马元老院对这一和平条约的意见，双方同意休战，条件是迦太基人必须归还在前一次战争中夺走的战船，否则就不要指望签订任何和平条约或是得到宽恕。

这些条款传到迦太基后，引起了一片悲痛。强大的迦太基贵族吉斯戈 (Gisco) 甚至试图说服迦太基元老院拒绝这些耻辱条件。对吉斯戈的这一疯狂企图，汉尼拔十分愤慨，认为这是要重启一场毫无希望的恐怖战争，于是冲向讲坛，抓住吉斯戈，将其狠狠推开。迦太基元老们低声责骂这种无礼的行为。吉斯戈大声要求赔偿自己，以弥补自己遭受的侮辱。这时汉尼拔回答说："我离开你们的城市已经三十六年了。离开时我还只是一个九岁的孩子。那段时间里，我有很多机会完

第6章 第二次布匿战争及坎尼会战

善自己的兵法，因而认真学习了这门学问。我承认自己不了解你们城市的风俗习惯。对一个一生中大部分时间都在混乱的兵营中度过的人来说，也不太可能了解这些。如果刚才冒犯了你们的礼节，我只能恳求你们的原谅。请求你们以后教导我。"汉尼拔得到了原谅。迦太基元老院很不情愿地同意了与罗马签订和平条约，因为现在的处境让迦太基别无选择。迦太基人交给罗马人五百艘船。随即，罗马人就在迦太基人眼前一把火烧了这些船。P. C. 西庇阿强加的和平条约让迦太基人屈服了，第二次布匿战争随之结束。这一年是公元前202年。迦太基人随后撤出了在西班牙和西西里岛剩余的驻军。于是，罗马人完全占有了地中海，没有了任何骚扰。

战争后果

西班牙、撒丁岛和科西嘉岛的居民大多是未开化的凯尔特部族。这些部族太过软弱，完全无法主宰自己的命运。罗马的强大军队，通过裁决这些部族之间的小纠纷，为彻底征服这些富饶的领土开辟了道路。这里的物产，无论是在肥沃土壤中种植的，还是从地下挖掘出来的，都及时充盈了罗马枯竭的公库。意大利遭受了十六年战乱，再加上一支敌对大军长期存在，非但无法给罗马提供物资，反倒需要援助，需要休养。意大利很多城邦的人口和资源都遭受了严重损失。罗马人对卡普阿的惩罚让这些城邦学到了教训——要完全服从罗马。尽管这些意大利城邦后来可能还会叛乱，但这是为了在罗马宪法中获得一席之地，而不是要维护自己最初的独立。意大利半岛和西西里岛的南部城邦，大多是来自希腊的多里斯人建立的殖民地。同母邦一样，这些城邦同时开始衰落，逐

地中海霸权之争：三次布匿战争

渐丧失了以往的特色和活力。这可能意味着种族的普遍退化，当然，同时还有一些其他现象也影响着国家命运。这些城邦的公民一般都在布匿战争中遭受了巨大损失。他们有时对罗马采取中立态度，有时采取敌对态度。这就给了罗马征服者一个剥夺他们土地的借口。他们的土地被P. C. 西庇阿分给了自己那些穷困潦倒的士兵。多年来，希腊语一直是这些城邦的语言。由于在不同城邦混合使用，这种希腊语就变成了一种野蛮的方言，或者是完全融入了拉丁语。

在罗马，国家一点也不繁荣昌盛。战争期间，罗马欠下许多债务。人们提议用公债清偿那些更为紧迫的债务，按年支付，三年付清。这一债务的总额如今已不清楚。马其顿战争（Macedonian Wars）的爆发让公债清偿这一措施推迟了一段时间，再加上第二次布匿战争产生了很大费用，最终让罗马元老院完全放弃了这一措施。第一次布匿战争后，征服外国的野心在罗马人之中广泛传播。当时贵族和平民都把心思转向战争，认为夺取别人的财产要比通过商业买卖或勤劳生产更加容易，也更加光荣。无论迦太基对罗马进行的是侵略还是报复，毁灭一个伟大的勤劳民族对欧罗巴和对罗马本身而言，都造成了极大伤害。那片土地上，奢侈享受和懒惰闲散很快就取代了勤俭节约和积极勤奋。

7

汉尼拔逃亡与死亡

第二次布匿战争后期，罗马与马其顿国王腓力①之间展开了一场持续争夺。腓力在坎尼会战后立即与汉尼拔结成联盟。通过结盟，他夺取了亚得里亚海以东的所有罗马属地。虽然罗马当时接二连三遭受各种灾难，已是疲惫不堪，但还是决定采取有力措施反击。公元前215年，在罗马司法官瓦勒留斯·拉埃维努斯②的指挥下，一支由五十艘战船组成的船队开往伊利里亚。这场战争持续了很长一段时间，到公元前205年才结束，死了很多人，耗费了很多财富，没有带来任何好处。腓力继续向迦太基提供军队和金钱支持。这就是为何在扎马战役中，汉尼拔的军队里有马其顿士兵。大约在这一时期，希腊人正在为争取独立做最后努力。希腊主要部族亚该亚人（Achaeans）组建了亚该亚同盟（Achaean League）。在著名将军菲洛皮门（Philopoemen）的指挥下，亚该亚人与斯巴达僭主马卡尼达斯（Machanidas）展开斗争。马卡尼达斯在战斗中死于亚该亚人的年轻将军菲洛皮门之手。希腊方面因而出现了较有利的短暂发展时期。马卡尼达斯死后，斯巴达出现了一个新僭主纳比斯（Nabis）。他也许比其前任马卡

---

① 即腓力五世。——译者注
② 即马库斯·瓦勒留斯·拉埃维努斯（Marcus Valerius Laevinus，约公元前260年—公元前200年）。——译者注

地中海霸权之争：三次布匿战争

尼达斯更狡猾，更有军事才能。纳比斯在埃利斯的一场海战中战胜了菲洛皮门，却在斯巴达附近遭到惨痛报复，彻底溃败。但罗马人给希腊人播撒了阴谋诡计的种子。这一种子渐渐发芽，引发了希腊人之间的不幸纷争，导致希腊这个著名的民族最终被征服。

大约在公元前200年，腓力率军围攻雅典，以惩罚报复一些阿卡纳尼亚人（Acarnanian）在厄琉息斯秘仪宗教节（Eleusinian Mysteries）上亵渎神灵的行为。罗马人认为这是一种侮辱，于是抓住这个机会向腓力宣战。罗马派出一支军队，由苏尔皮基乌斯·伽尔巴（Sulpicius Galba）率领，从陆路进军，救援雅典人。腓力大肆报复雅典之后，就一直留在亚细亚。但此时，他立即返回了欧罗巴，与罗马人及其盟友断断续续地进行了两年战争。

公元前198年，蒂图斯·昆克蒂乌斯·弗拉米尼乌斯（Titus Quinctius Flamininus）当选为执政官，受命指挥马其顿战争，颇有军事才能。他在希腊北部险象环生的峡谷带领士兵渡过难关的方式，值得高度赞扬。腓力的军队驻扎在马其顿边界的安提戈尼亚（Antigonia）附近，强力镇守城堡。但由于蒂图斯·昆克蒂乌斯·弗拉米尼乌斯的一条妙计，腓力大军前后两方遭到夹击，被迫撤退。罗马取得这场胜利后，希腊许多城邦都臣服于罗马人。第二年，马其顿人在库诺斯克法莱战役（Battle of Cynoscephalae）中彻底溃败。这场胜利表明罗马军纪比希腊军纪更加严明。然而，一个世纪以前，皮洛士的继任者们对罗马的军纪却深表怀疑。腓力被迫从希腊各个城邦撤出所有驻军，承认这些城邦完全独立。此外，他还被迫向罗马公库缴纳一千塔兰特罚款。

第7章 汉尼拔逃亡与死亡

罗马宣布希腊独立

　　世人遗忘已久的希腊人身上的辉煌现在开始微微地闪耀。的确，希腊人的自由依靠外人的介入，尽管这个外人可能会随意践踏这一自由。不过，马其顿人的统治折磨了希腊人一个多世纪，现在终于被永久地打破了。而罗马人和希腊人的家园相距甚远，隔着大山和阔海等重重巨大屏障。地峡运动会即将举行，蒂图斯·昆克蒂乌斯·弗拉米尼乌斯观看了这一激动人心的场面。这位击败腓力的罗马将军，出现在运动会现场，赢得了群众的尊敬和关注。科林斯人惊奇地看到一个传令官走到圆形竞技场中央，宣布希腊各个城邦独立。这一宣布完全出乎意料，迅速传遍希腊的每个部族和地区。希腊人欣喜若狂，争先恐后地向恩人蒂图斯·昆克蒂乌斯·弗拉米尼乌斯表达感谢和敬佩。他们的热情几乎吓

蒂图斯·昆克蒂乌斯·弗拉米尼乌斯出现在运动会现场，宣布希腊各个城邦独立。让-皮埃尔·圣乌尔斯（Jean-Pierre Saint-Ours，1752—1809）绘

地中海霸权之争：三次布匿战争

到了后者。希腊人紧紧围在他周围，给他戴上鲜花和花环，抓着他的右手。正是这只手粉碎了马其顿势力，给了希腊自由。蒂图斯·昆克蒂乌斯·弗拉米尼乌斯在希腊待了两年，时刻享受着兴高采烈的希腊人给予的赞美。之后，他返回罗马。不过在离开前，他首先任命了十名专员，负责整理制定希腊各城邦未来的宪法。回到首都罗马后，罗马为他举行了凯旋式。然而，罗马人却并没有真诚地表示尊重希腊人的独立。听说希腊人不再像从前那样追求公民自由，罗马人还显得十分得意。并且，古叙利亚（Syria）国王安条克[①]和埃托利亚人（Aetolians）的阴谋似乎很可能让希腊再次成为各种纷争的牺牲品。安条克依仗着自己的广阔领土和威名，很久以来一直在考虑与罗马展开一场战争。一个意外突发事件让他的计划得以立即实施。

汉尼拔出逃

扎马战役溃败后，汉尼拔回到迦太基。同胞们选举他来管理迦太基。汉尼拔发现迦太基宪法充斥着种种弊端，于是展开了明智、有力的改革。他毅力惊人、不知疲倦、公正严明，因而树敌很多。这些人不断向罗马元老院控诉汉尼拔与安条克通信。此时，恰好安条克正在考虑与罗马开战。于是，罗马任命专员前往迦太基，要求迦太基将汉尼拔交出来。汉尼拔猜到了罗马人此行的目的。他害怕同胞们因胆怯或善变出卖自己，便在公元前196年乘船出逃，前往安条克在以弗所的宫殿。他刚离开迦太基港，迦太基元老院就下令逮捕他，并派了两艘船前去抓捕

---

① 即安条克大帝（Antiochus the Great，约公元前214年—公元前187年）。——译者注

第7章 汉尼拔逃亡与死亡

他,并把他的房子夷为平地,还判处他永久流放。这就是那些懦弱同胞给汉尼拔这位杰出将军的回报。

安条克热情地接待了汉尼拔这个杰出的迦太基人,对其充满钦佩和尊敬。他向汉尼拔透露了自己对罗马的意图,请求汉尼拔就如何展开战争给自己提出建议。汉尼拔极力建议袭击意大利。他说为此自己需要一百艘战船和一万两千名士兵,并且许诺到迦太基征兵,把罗马领土面积缩小到第二次布匿战争时的状况。安条克似乎赞成这一提议,但要求花些时间来准备。不久,罗马派出使者来到安条克的宫廷,竭力离间安条克和汉尼拔。这些罗马奉承者不断劝阻安条克,阻止其让背信弃义的迦太基流放者汉尼拔来指挥战争,因为汉尼拔可能会为了金钱而出卖安条克的利益,或者是在胜利之后,将战争的全部荣耀归为己有。就这样,安条克心中燃起了一丝嫉妒,对汉尼拔的建议视若无睹或不加信任。战争中能决定国家命运的那些宝贵时刻,就这样在以弗所被无谓的耽搁白白浪费掉了。而此时,罗马人却在积极准备入侵亚细亚。

公元前190年,一支两万人的罗马军队抵达亚细亚,由L. 科尔内留斯·西庇阿[①]指挥。其哥哥正是那位击败了汉尼拔的著名将军P. C. 西庇阿。罗马人在马格尼西亚(Magnesia)附近遭遇了一支匆忙集结的敌军,有七万人之众。他们彻底击溃了这支敌军。于是,安条克被迫请求讲和。罗马人同意了他的恳求。条件是后者必须交出自己在小亚细亚控制的大部分领土,并且要向罗马公库缴纳三万七千塔兰特赔款。其中,两万五千塔兰特必须立即缴纳,其余部分必须在十二年之内付

---

① 即卢基乌斯·科尔内留斯·西庇阿(Lucius Cornelius Scipio,? —公元前174年至公元前170年间)。——译者注

地中海霸权之争：三次布匿战争

———

清，按年支付。《阿帕梅亚和约》（Treaty of Apamea）中一个最重要的条件是把汉尼拔交给罗马人。汉尼拔害怕安条克缺乏诚信，便逃到克里特岛，又从那里逃到了比提尼亚国王普鲁西阿斯[①]的宫廷。普鲁西阿斯是个卑鄙懦弱的国王。他想和罗马展开一场较量，但缺乏勇气。他当时正与帕加马（Pergamon）国王欧迈尼斯[②]交战。军事天才汉尼拔为普鲁西阿斯赢得了几场重要胜利。据说，他在与欧迈尼斯的一场海战中使用了一个计谋，值得历史铭记。他让人在许多瓦罐里装满毒蛇，作战时将这些瓦罐扔进敌人船里。敌船上的士兵对这种新奇的作战方法感到十分惊讶和恐惧，陷入一片惊恐之中，结果落入比提尼亚人手中。普鲁西阿斯十分庆幸自己得到汉尼拔相助。但汉尼拔的人生很快就终结了。汉尼拔不共戴天的罗马敌人向普鲁西阿斯派遣了使者，要求他投降。汉尼拔深知普鲁西阿斯的胆怯和背信弃义，试图逃走，但失败了。普鲁西阿斯表面上拒绝破坏自己的好客之名，却卑鄙地暗示罗马使者，把他们引向了汉尼拔家里。汉尼拔觉察自己的住处被人发现并包围了，于是想尽一切办法逃走。他发现逃走无望，便吞下了随身携带多年的毒药。罗马人进入汉尼拔的房间后，发现这位可敬的迦太基人只剩最后一丝气息。汉尼拔对罗马使者们说，既然罗马元老院没有耐心等待一个老人死亡，自己马上就会除掉这个令罗马元老们严重焦虑的源头。他斥责罗马元老院的堕落，竟然劝说普鲁西阿斯同意暗杀一位客人。他对自己那位发假誓的主人——普鲁西阿斯施完诅咒，然后就死去了。这年是公元前183年，当时汉尼拔已经七十岁了。汉尼拔

---

① 即普鲁西阿斯一世（Prusias I，约公元前243年—公元前182年）。——译者注
② 即欧迈尼斯二世（Eumenes II，公元前220年之前—公元前159年）。——译者注

汉尼拔服毒自尽。约翰·李奇绘

地中海霸权之争：三次布匿战争

———

的性格已经根据各种可能的考证描绘得很清楚了。考虑到可以调用的资源，其军事成就足以让其高居历史上最优秀的将军之首。就高尚和慷慨的人格而言，他远超那些敌人。他的一生与众不同，充分展现了命运的沉浮沧桑。他的死将永远让那些珍视勇气和天赋的人痛惜。

同年还死了另外两个名人：亚该亚同盟的将军菲洛皮门和P. C. 西庇阿。前者死在麦西尼亚的一个地牢里，中毒而死。后者受到忘恩负义的同胞们迫害，特别是大加图的迫害——诬告其侵吞公款。P. C. 西庇阿厌恶同胞们的忘恩负义，便回到了坎帕尼亚的利特努姆(Liternum)，在自己的庄园里死去了，年仅四十八岁。他留下遗言说，不能把自己的遗体运到罗马。其妻子谨遵这一遗嘱，在丈夫去世的庄园附近为丈夫修建了一座坟墓，把丈夫的塑像，还有丈夫的私交好友——诗人恩尼乌斯的塑像，一起放在坟墓上。P. C. 西庇阿活着时被剥夺的荣誉，在其躺进坟墓后却得到了毫不吝啬的赐予。各个阶层争相大肆夸奖P. C. 西庇阿，认为其荣升到了众神的殿堂。

8

第三次布匿战争

自第二次布匿战争的灾难性结局开始，迦太基人就深受马西尼萨的贪婪和野心之害。迦太基与罗马签订的和平条约极其严苛，使迦太基人无法向罗马这个不共戴天的敌人发起任何反抗。通过逐步侵占或突然掠夺，罗马人从迦太基人手中夺走了迦太基在阿非利加的很大一部分领地。迦太基人向罗马元老院提出的抱怨毫无作用，因为侵害迦太基和助长盟友马西尼萨不断扩张，正是罗马人的愿望和其无休无止谋划的目标。与此同时，迦太基共和国遭受了严重的动乱。一个暴力民主派获得了最高权力，将四十名最高贵的公民驱逐出了迦太基。这些公民立即投靠了马西尼萨。后者十分高兴有这个机会骚扰迦太基，便派遣使者前去，要求迦太基让这些阿非利加流亡者立即返回家园，收回自己的财产。马西尼萨的要求遭到愤怒的拒绝。但他不达目的誓不罢休。迦太基人被迫准备与马西尼萨展开一场争夺战。马西尼萨虽然已经九十岁了，却仍然充满活力，并且精通兵法。

　　迦太基人绝望地请求罗马元老院保护自己免受侵害，却徒劳无功。罗马使者在一旁冷眼旁观马西尼萨的军队和迦太基人之间的激烈战斗。迦太基人惨败，遭到屠杀，被迫耻辱地接受自己最近驱逐的那些流亡者返回祖国。罗马人漠不关心地冷眼旁观这场战斗，现在却指责迦太基人

地中海霸权之争：三次布匿战争

违反和平条约，因为迦太基未经罗马允许就与马西尼萨开战。大加图在罗马元老院不断谴责迦太基，唤醒了罗马人内心深处的嫉妒，激起了罗马人采取最不正当的侵略行为。迦太基人看到罗马人对自己充满敌意，想尽一切办法平息罗马人的愤怒。迦太基派出使者前往罗马，得到的却是罗马元老院的闪烁其词。罗马元老院正忙于讨论战争问题。大加图强烈建议派遣一支军队远征迦太基。他声称，现在十分明显，马西尼萨试图占领迦太基城，如果成功了，他可能会成为罗马的危险对手。P. C. 西庇阿的堂弟西庇阿·纳西卡[①]则持反对意见。他警告罗马人，迦太基的毁灭将是罗马自身毁灭的开始，因为一旦失去如此强大的对手，罗马人就会变得柔弱，会陷入奢侈之中。掠夺的渴望和民族偏见的力量最终占了上风。于是，罗马在公元前149年对迦太基宣战。如果迦太基不愿服从实质上是让其灭亡的条款，罗马将立即开战。不幸的迦太基人首先遭到罗马勒索，交出三百人当人质。他们仍然希望用大笔金钱来满足罗马人的贪欲。然而，公元前149年，罗马仍然派出了一支两万人的军队，由执政官马尼利乌斯[②]和肯索里努斯[③]率领。两位执政官很快就在阿非利加登陆。当时，乌提卡人对敌人的逼近感到十分恐惧，打开城门迎接了罗马人。为了确保侵略的成功，罗马人立即要求乌提卡人交出所有属于迦太基人的军用物资、武器和给养。这些不幸的乌提卡人现在没有任何资源，被迫把两千架攻城器械和二十万套盔甲交到敌人手中。罗马人刚得到这些军需品，就公然背信弃义，恬不知耻地宣布了罗马元老院的命

[①] 即普布利乌斯·科尔内留斯·西庇阿·纳西卡（Publius Cornelius Scipio Nasica，约公元前206年—公元前141年）。——译者注
[②] 即马尼乌斯·马尼利乌斯（Manius Manilius，主要活跃于公元前2世纪）。——译者注
[③] 即卢基乌斯·马基乌斯·肯索里努斯（Lucius Marcius Censorinus，主要活跃于公元前2世纪）。——译者注

第 8 章 第三次布匿战争

令——迦太基必须毁灭（Carthago delenda est），但允许城中居民另建一个大都市。罗马元老院的命令规定，迦太基人可以在自己的领土上选择任何一块想要的土地，但这块土地必须距离海岸至少十二英里。

迦太基使者接到了罗马这一极不公正并且背信弃义的法令，悲痛万分，惊恐无比。使者们回到迦太基宣布了这一命令。迦太基人顿时狂怒无比，立刻屠杀了在城内能找到的所有罗马人和意大利人。城门立即被关闭。他们想尽办法，竭力补足罗马人背信弃义勒索走的攻城器械和盔甲。他们在城墙上堆满巨石，召回了流放出迦太基城的迦太基将军哈斯德鲁巴，请求其返回家乡，担起保卫家乡的重任。他们日夜劳作，锻造武器，训练自己备战。迦太基城墙内此时仍有七万勇士。这些勇士在绝望之下备受鼓舞，充满了勇气和力量。如果勇士们早点发挥这种精神，也许可以让迦太基不用依赖雇佣兵。雇佣兵常常摇摆不定。妇女们也参加了这场爱国战争，英勇地舍弃了所有饰物，甚至剪掉了长发，用来做攻城器械的绳索。罗马军队逼近后，发现迦太基人准备顽强抵抗。结果，罗马人在很长一段时间里损失极其惨重。马西尼萨认为罗马人企图抢夺自己的胜利果实，便撤回了自己对罗马的强大援助。马尼利乌斯和肯索里努斯率军两面夹击迦太基城，却遭到受困者的激烈反击。罗马人严重受挫，完全陷入困境。

当时，罗马军中有个军事护民官，即著名的小西庇阿（Scipio the Younger）。在这场顽强的战争中，小西庇阿以英勇著称。罗马人频频受到迦太基一个骑兵军官牵制。此人叫帕梅阿斯（Phameas），他精力充沛，才能出众。他多次率军成功击退罗马大军的粮草押运队，令罗马人频频遭受惨重损失。小西庇阿开始率军迎战对手。他的战术极其高超，帕梅阿斯很快就败下阵来。然而，罗马执政官们嫉妒小西庇阿日益高涨的声望，经常忽视其

地中海霸权之争：三次布匿战争

建议，导致迦太基人多次占据了重要优势。罗马人并不满意战争进展，便在公元前148年派遣专员前往迦太基调查围城情况。士兵们高声赞扬小西庇阿。大家默默同意，一旦有机会，就应尽早把整个军队的指挥权交给小西庇阿。执政官卡尔普尔尼乌斯·皮索[1]接替了马尼利乌斯和肯索里努斯，继续指挥这场战争。然而，他和前任们一样，没能取胜。

公元前148年是让世人难忘的一年，因为大加图和马西尼萨都去世了。[2]毫无疑问，大加图是个强大的人，富有远见，才能出众。他满腔热血，热爱祖国荣誉，但太骄傲，存有难以消除的民族偏见和个人偏见。他对P. C. 西庇阿和L. 科尔内留斯·西庇阿兄弟充满敌意，无论是两兄弟在国外为罗马征战时，或是两兄弟回到家人的怀抱、享受应得荣誉时，都在图谋毁灭这两兄弟。这毫无道理。他一面热忱地维护罗马的风俗和朴实的正直，一面又建议和支持对迦太基采取背信弃义的措施。这两种行为极其矛盾。在个人生活中，他虽然性格有些古怪，却也和蔼可亲。我们对大加图晚年还有精力致力于研究希腊语，辛苦编纂关于意大利古迹古物和农耕农业的著作感到钦佩。这些著作的部分内容一直流传至19世纪中叶。

大加图死后不久，小西庇阿当选执政官，他到罗马本来是要参选市政官之职。他的才华使他在公众心中占据着重要地位，因而很快就当选、出任了执政官。据说，人们普遍认为他受众神指定，前来结束第三次布匿战争。小西庇阿在担任罗马的最高统帅后，当务之急便是恢复军纪。在以前的统帅统治下，军纪完全被忽视了。随营人员人数大大减

---

[1] 即卢基乌斯·卡尔普尔尼乌斯·皮索·凯索尼努斯（Lucius Calpurnius Piso Caesoninus，主要活跃于公元前2世纪），公元前148年的罗马执政官。——译者注
[2] 大加图去世时间可能为公元前149年。——译者注

第 8 章 第三次布匿战争

少了,士兵不得不在没有任何帮助的情况下自己面对阿非利加的酷热气候。接着,他开始率军从海上紧紧包围迦太基城,阻截物资从海上通道输入迦太基城。

马西尼萨是个粗鲁的野蛮军人,同时极具勇气。作为敌人,他报复心极强;作为朋友,他常常背信弃义。他把王位传给了孙子[①]米奇普撒(Micipsa)。米奇普撒的性情更温和一些。然而,由于米奇普撒的养子朱古达(Jugurtha)十分残暴,充满野心,所以马西尼萨所在的家族注定要遭遇一场可怕的内乱。

迦太基城

迦太基城周长约二十三英里。全城分为三个区:迦太基内港(Cothon)、迈加拉(Megara)[②]和比尔萨(Byrsa)。迦太基内港是个宽敞的港口。比尔萨因一个城堡而得名。迦太基城的三条主要街道都集中在比尔萨。街道的建筑十分宏伟。房子一般都有六层楼高[③],这里气候温暖,居住条件优越。小西庇阿十分警觉,封锁了迦太基内港。他知道迦太基城人口稠密(有七十万人),坚信只要封锁港口就能通过饥荒和疾病使城中人口迅速减少。

---

① 根据考据,米奇普撒是马西尼萨的儿子。——译者注
② 即今日的拉马尔萨,本章中的迈加拉均指此地。——译者注
③ 阿庇安,《罗马史》(*Roman History*)。——原注

地中海霸权之争：三次布匿战争

围攻迦太基城

小西庇阿的下一步计划指向迈加拉。哈斯德鲁巴的军队集中驻守在迈加拉附近，却遇上了罗马人的一系列奇谋，被迫退入城墙内。于是，小西庇阿下令夜间进攻迈加拉的城堡。一大批纪律严明的士兵准备了云梯，以备进攻之用。罗马人进攻的喧嚣声唤醒了迦太基人。迦太基人不顾一切地奋起抵抗。小西庇阿的军队损失惨重，被迫撤退。第二次攻打则是成功的。罗马人注意到迦太基守军忽视了一部分城墙。正是在这部

围攻迦太基城。爱德华·波因特（Edward Poynter, 1836—1919）绘

第 8 章 第三次布匿战争

分城墙外,他们发起了第二次进攻。他们借助浮桥成功登上城堡,迅速攻占了迈加拉。抢占了迦太基内港入口后,罗马军队认为,现在能立即攻下迦太基城。然而,绝望的受困者极其勇猛,无比顽强,竭力坚持抵抗。罗马人守住了港口入口。迦太基人发现无法突破罗马人的防守,便展开了一项惊人的工程——组建一支新船队,开辟另一个港口入口。他们日夜不停地赶工。为了保护自己不幸的城市免遭罗马的残暴侵略,他们不辞辛劳,不分年龄,不分性别,无人叫苦,无人叫累,无人不拼尽全力。罗马人听到迦太基的港口发出巨响,却不知是何原因。他们惊奇地看到一支由许多艘船组成的船队正驶过一个新的出口。这令罗马人感到近乎绝望。迦太基人竟然如此不屈不挠、不知疲倦地创造了如此奇迹。如果这支船队立即攻击罗马人的船队,罗马军队肯定损失惨重,因为士兵们毫无准备。然而幸运的是,在一次无用的出海后,迦太基人撤退了。因此,罗马人得以有机会为后来的交战做好准备。两天后,双方交战。经过一场激烈战斗,迦太基船队被迫撤退,损失惨重。但迦太基人打算第二天重新开战。小西庇阿乘胜追击,再次封锁港口,令迦太基受困者彻底绝望。此时,迦太基人的处境真是雪上加霜。他们遭遇了哈斯德鲁巴的暴政。后者现在已经夺取了迦太基城的最高权力,残忍地处死了许多有地位的迦太基人,罪名是这些人阴谋放弃迦太基城。

公元前146年春,围城已是第三年。小西庇阿下令同时进攻港口和城堡。经过殊死搏斗,罗马人占领了主要广场,或者说是市场。但迦太基人仍不屈不挠地坚守街道和城堡。守城者把石块和飞镖如同阵雨般砸向围攻者的头。自我献身的囚犯甚至连房屋都掀翻了,把敌人连同朋友一起毁灭。整整六天六夜,罗马人虽然损失惨重,但仍然缓慢推进。街道上堆满了阵亡者的尸体。罗马人艰难地穿过几乎无法通行的街道。到

地中海霸权之争：三次布匿战争

了第七天，小西庇阿终于来到了城堡的城墙上。他下令将迦太基城这座现在已经握在罗马人手中的城市一把火烧了。他的命令得以立即执行。迦太基城被烧得干干净净。城堡里饥肠辘辘的守军竭力为自己争取条件免遭屠杀。小西庇阿厌倦了这场屠杀，便同意只要守军愿意投降，就留下其性命。罗马军队的逃兵一共九百人，得到了迦太基人的宽恕，在阿斯克勒庇俄斯(Asclepius)①神殿里负责防守。这些罗马逃兵决心尽力让自己死得够本。他们希望哈斯德鲁巴不会接受小西庇阿开出的投降条件，否则他们会因叛逃而受到罗马的军法处置。然而，哈斯德鲁巴带着五万迦太基人，手里拿着橄榄枝，向罗马人投降了。罗马逃兵们满怀愤怒和绝望，放火烧毁了神殿，自己也跳入火中。拒绝投降的人中有哈斯德鲁巴的妻子。她站在神殿的一角。从那里，她的声音能够传到罗马军队，让罗马士兵听到。她大声斥责了丈夫，斥责他不该懦弱地选择一种屈辱的生活。然后，她先把自己的孩子们扔进了火海，接着自己也跳了进去。

迦太基城毁灭

公元前146年，迦太基城已完全毁灭。据说，街上大火肆虐，燃烧了整整十四天。小西庇阿看着这样一座雄伟的城市，为其命运而哭泣。迦太基曾与罗马竞争，争当世界帝国，并且在商业与军事上远胜罗马。大火熄灭后，迦太基城除了一堆又一堆烧焦的废墟外，什么也没有留下。小西庇阿分发了战利品，奖赏了那些在围攻中表现突出的士兵。罗马人用犁将迦太基城墙犁平，彻底抹掉了迦太基城遗址的痕迹。在那个

---

① 此处用阿斯克勒庇俄斯借指迦太基的治愈之神埃什蒙（Eshmun）。——译者注

哈斯德鲁巴的妻子大声斥责了丈夫,然后把自己的孩子们扔进了火海,接着自己也跳了进去。皮埃尔·韦里奥特(Pierre Woeiriot,1532—约1596)绘

地中海霸权之争：三次布匿战争

无知的时代，罗马人在地上撒满了盐，以使土地变得贫瘠，还给那些胆敢在此重建该城的人下了诅咒。时间之手已经无声地抹去了怨恨或民族嫉妒所能带来的所有痕迹。19世纪中叶几乎不可能发现这座著名城市的任何遗迹，只能看到一条渡槽的些许遗迹。这也许是后来留下的。

屋大维在尤利乌斯·恺撒的文章中发现了一个重建迦太基城的设计，于是在距离那个古代遗址不远处建了一座新的城市。因此，迦太基城又复活了，并在罗马皇帝统治时期占据非常重要的地位。这里的学校也因发展哲学而闻名于世。与19世纪中叶的欧洲一样，迦太基新城也重视学术研究和人才培养。让迦太基新城在这种竞争中闻名的两个人，一个是德尔图良（Tertullian），另一个是希波的奥古斯丁（Augustine of Hippo）。7世纪，撒拉森人（Saracen）入侵。迦太基新城被彻底摧毁。从此，迦太基的辉煌，与世界上许多其他伟大国家一样，被世人遗忘。迦太基几乎没有留下任何废墟来证明自己在古代有多辉煌。

小西庇阿的凯旋式

迦太基城毁灭的消息传到罗马城后，罗马人无比兴奋。他们简直难以相信迦太基这个可怕的对手已经不复存在。他们欢庆了许多天。诸神的神殿里摆满了感恩祭品。罗马元老院颁布了一条法令，为小西庇阿举行了凯旋式。成千上万不幸的迦太基俘虏走在凯旋式队伍中。昂贵稀有的艺术品为凯旋式队伍增光添彩。罗马人充满喜悦，惊叹不已。不久，小西庇阿就隐退，享受个人生活去了。他享受着与G.拉埃柳斯的友谊，赞助了泰伦提乌斯（Terence）和盖乌斯·卢基里乌斯（Gaius Lucilius）的文学创作。波里比阿——希腊那位博学的罗马历史学家，与小西庇阿私交很

第8章 第三次布匿战争

深。我们无论怎么钦佩小西庇阿的谦逊都不为过,因为他禁止自己的家人购买或者保留哪怕是一件有价值的迦太基战利品。

科林斯城

就在迦太基灭亡的同一年,即公元前146年,希腊独立的最后希望也幻灭了。希腊人幻想着罗马人会有美德。但此时,他们已从这一幻想中醒来一段时间了。他们有确凿的证据,证明罗马十分严酷地对待了几个自己的同胞。现在他们决心要尽力把罗马驻军从自己的防御工事中驱逐出去。如果斯巴达和亚该亚同盟之间没有发生致命的分裂,希腊人原本可以成功地驱逐罗马驻军。斯巴达人渴望罗马为自己调停,尽管斯巴达人深知这会导致斯巴达最终灭亡。在斯巴达人的要求下,罗马派出了使者,宣布斯巴达、科林斯、阿尔戈斯(Argos)和其他一些不重要的地方独立于亚该亚同盟。这个要求几乎等于解散整个亚该亚同盟,因此招致了同盟成员的极大愤慨。罗马使者因为提出了如此专横的条件,所以在科林斯的剧场里遭到猛烈攻击。对希腊人而言,攻击罗马使者这一放纵行为极不合适。无论是对希腊目前的状况而言还是为希腊未来的前景考虑,这都不合适。但希腊的两个主要领导人,克里托劳斯[1]和迪亚乌斯(Diaeus)都德不配位。两人坚称自己有能力击退罗马傲慢无礼的侵略。罗马人在任何场合都很喜欢为自己贪得无厌的政策寻找借口。罗马派出凯基利乌斯·梅特卢斯[2]率领一支军队攻打希腊,惩罚希腊人的

---

[1] 即梅格洛玻利斯的克里托劳斯(Critolaos of Megalopolis,主要活跃于公元前2世纪)。——译者注
[2] 即昆图斯·凯基利乌斯·梅特卢斯(Quintus Caecilius Metellus,主要活跃于公元前2世纪)。——译者注

地中海霸权之争：三次布匿战争

放肆。王位觊觎者安德里斯库斯（Andriscus）企图夺取马其顿的王位。凯基利乌斯·梅特卢斯率军击溃了其军队，然后继续向南挺进，在罗克里斯（Locris）打败了克里托劳斯率领的亚该亚军队。卢基乌斯·穆米乌斯（Lucius Mummius）是个文盲，冷酷无情，既不同情不幸的希腊遭受的苦难，也不尊重希腊过去的辉煌。凯基利乌斯·梅特卢斯则是一位富有进取心、充满品位、慷慨大方的指挥官。如果不是卢基乌斯·穆米乌斯过早地取代了凯基利乌斯·梅特卢斯，恐怕希腊很快就被征服了。迪亚乌斯准备迎战卢基乌斯·穆米乌斯，但自己麾下的士兵主要是被解放的奴隶。奴隶士兵不好战。迪亚乌斯自己也无能。双方在科林斯城附近的卢卡佩特拉（Leucapetra）交战。亚该亚军队被彻底击溃。亚该亚人的希望被浇灭。迪亚乌斯自杀身亡，才未落入罗马人手中。科林斯城立即被围困。城中居民吓坏了，十分恐惧，无法抵抗。卢卡佩特拉战役结束三天后，科林斯城落入罗马人手中。

  卢基乌斯·穆米乌斯任由士兵大肆掠夺科林斯城，并且残忍下令野蛮屠杀所有男性居民，将妇女和儿童卖为奴隶。科林斯城好几个地方还被放火烧毁。科林斯城是希腊最古老的城市之一，那里随处可见最精美的希腊艺术。杰出雕刻家手中的雕像和绘画，用金银制作的奇特器皿，都被抢来堆在野蛮的卢基乌斯·穆米乌斯脚下。他下令把这些战利品运回罗马。他真是野蛮无知到了极点，指示水手们说，如果这些最珍贵的艺术品在航行中被毁了，就得造出新的来取而代之。他的同胞则更快地欣赏到了希腊的精致艺术，攻下科林斯城确实为罗马的奢侈提供了一个丰富的来源。希腊现在被彻底毁灭了，底比斯（Thebes）和其他几个城市都同科林斯城一样遭到灭顶之灾。著名的希腊曾经天才云集，充满学术氛围，人民英勇善战，却在经历了大约八个世纪的辉煌后，成了罗马的一

卢基乌斯·穆米乌斯进入科林斯城。
托尼·罗贝尔-弗勒里（Tony Robert-Fleury, 1837—1912）绘

地中海霸权之争：三次布匿战争

个行省，取名为亚该亚行省（Achaia）。希腊儿女移民到罗马，为罗马带去了艺术和科学。起初，那些好战的罗马征服者对希腊艺术和科学充满鄙视，后来却同样狂热地追求这些艺术和科学。罗马的文学也因罗马人研读希腊作家的作品而加速发展。

9

二

格拉古兄弟

罗马征服了迦太基人和希腊人这两个如此杰出的民族之后洋洋自得。罗马人似乎严肃地认为：如果一个民族渴望独立，那么它不是敌人就是叛徒。罗马人就以这样的观念去对待那些民族。很长一段时间里，罗马控制着西班牙。这里的居民是凯尔特人。凯尔特人有个典型的民族特征，那就是极其爱国。因此，罗马霸权彻底征服西班牙的路漫长且艰难。卢西塔尼亚人的首领之一维里阿修斯(Viriathus)遭到了谋杀。罗马执政官Q. S. 卡埃皮奥[1]背叛了维里阿修斯，并将其设法谋杀。因此，整个卢西塔尼亚被迫向罗马屈服。尽管如此，西班牙其他地区仍然勇敢抵抗着侵略者，其中包括努曼西亚。努曼西亚是一个坐落于杜罗河(Douro)源头的城市。努曼西亚的沦陷充分表明了其公民的英勇和敌人的残暴。这场战争持续了好几年。公元前141年的罗马执政官Q. 蓬佩尤斯[2]被迫同意恢复和平。但他又害怕公开宣布，便又无耻地打破了和平。努曼西亚又陷入了包围。执政官G. 荷提里乌斯·曼基努斯[3]率军将努曼西亚围

---

[1] 即昆图斯·塞维利乌斯·卡埃皮奥（Quintus Servilius Caepio，主要活跃于公元前2世纪）。——译者注
[2] 即昆图斯·蓬佩尤斯（Quintus Pompeius，主要活跃于公元前2世纪）。——译者注
[3] 即盖乌斯·荷提里乌斯·曼基努斯（Gaius Hostilius Mancinus，主要活跃于公元前2世纪）。——译者注

困。不过，努曼西亚人彻底击溃了G. 荷提里乌斯·曼基努斯，迫使其服从最自然、最合理的条件：努曼西亚是个自由城邦，应该保持独立。

努曼西亚陷落

和平条约被提交给罗马元老院，请求批准。然而该请求被罗马元老院藐视，遭到拒绝。罗马元老院下令将G. 荷提里乌斯·曼基努斯交给努曼西亚人，以此证明和平条约被正式解除。努曼西亚人拒绝接受这种敷衍的答复。但他们不会报复个人，因为G. 荷提里乌斯·曼基努斯无法控制战争的命运。这场纷争持续了好几年，双方僵持不下，有胜有败。最后，征服迦太基的小西庇阿受命出任执政官。公元前134年，他领命统率罗马军队消灭努曼西亚人，因为后者只知道要求自然权利，却不向罗马霸权低头。小西庇阿没有用刀剑解决这场旷日持久的纷争，而是布下四条军事防线来包围努曼西亚，企图让城中勇敢的居民最终饿到屈服。

不久，这个残酷的策略开始产生致命的影响。那些久经沙场的居民，常常在战争中勇猛地打败敌人，此时却对这种围攻毫无准备。饥荒很快让这些忠诚的努曼西亚人憔悴不堪，给努曼西亚人带来了一场可怕的灾难。有一段时间，努曼西亚人靠吃自己的马度日，但最后马被杀光了，他们不得不寻找其他食物。有的选择虽然可怕，但纯属无奈之举，那就是吃那些饿死同胞的尸体。最后，努曼西亚人请求休战，以便考虑采取什么行动。休战请求得到了罗马人的同意。休战三天。努曼西亚人现在身处悲惨境地，他们别无选择，要么去对付凶残野蛮的罗马士兵，而这些罗马士兵惯于烧杀抢掠，摧毁周围的一切；要么忍受悲伤，让胜利的罗马征服者给自己戴上锁链，然后被残忍地杀害，悲伤地结束

第9章 格拉古兄弟

这场罗马戏剧。努曼西亚人选择了另一条路。在短暂的休战期间,绝大多数居民先杀死了家人,然后自杀了。到了第三天,城门敞开,罗马人只看到少数可怜的幸存者。这些罗马士兵惊骇万分,沮丧不已。此时,努曼西亚可以说是一座死人之城。这发生在公元前133年。在此需要说明,围城之初,努曼西亚人曾经突破过罗马人的防线,逃到了卢蒂亚(Lutia)。卢蒂亚是努曼西亚邻近的一个村庄。村民们钦佩努曼西亚人的勇气,答应提供援助。小西庇阿对卢蒂亚村民这一同情危难之人的英勇行为十分愤怒,于是下令当场砍掉四百个卢蒂亚村民的手。难以想象,这竟然是一个为自己高度的正义感而自豪的人的所作所为。努曼西亚沦陷后,西班牙在罗马枷锁的威逼下,又继续愤懑地屈服了好些年。

提比略·格拉古

罗马在对迦太基和希腊成功发动战争时,自己的宪法却成了国内派系的斗争对象。为平民提供保障的那些权利,大部分被护民官牺牲掉了。当选为元老后,护民官们野心勃勃,开始支持贵族的利益,辜负了平民的信任,忽视了自己当初承诺捍卫的利益。平民没有了合法保护者,别无出路,只能被迫抵抗。在第三次布匿战争结束时,罗马人虽然在国外取得了种种胜利,却发现自己陷入了只有在共和国初期才遭遇的悲惨境地。他们的小块土地被富裕贪婪的贵族侵占。那些通过商业投机成功获得较高地位的人,也许甚至比原来的贵族还要傲慢和残酷。

这一时期出现了两个著名的人——提比略·格拉古和盖乌斯·格拉古。两人的父亲老提比略·格拉古(Tiberius Gracchus the Elder)在西班牙赢得了显赫声誉,母亲科涅莉亚是P. C. 西庇阿的女儿。科涅莉亚所处阶层的贵妇

罗马人攻破努曼西亚城,努曼西亚人纷纷自杀。
阿莱霍·维拉(Alejo Vera,1834—1923)绘

地中海霸权之争：三次布匿战争

只知道打扮自己，追逐时尚。她却把时间用于教育儿子们。有一次，一些客人请她拿出自己的珠宝和其他女性饰物来看看。她就把孩子们带来了，笑着说："这些就是我唯一的饰物。"她不仅有着高贵的个人美德，更有坚定的爱国之心。虽然有君主向她求婚，但她宁愿做一个罗马公民的妻子，也不愿做世上任何君主的妻子。这个令人钦佩的女人精心地教育着提比略·格拉古和盖乌斯·格拉古两兄弟。从母亲科涅莉亚那里，他们汲取了对自由的深深热爱。这种对自由的热爱让他们名震天下。

一些客人请科涅莉亚拿出自己的珠宝和其他女性饰物来看看。
她就把孩子们带来了，笑着说："这些就是我唯一的饰物。"
约瑟夫-贝诺特·苏韦（Joseph-Benoît Suvée，1743—1807）绘

第9章 格拉古兄弟

提比略·格拉古比盖乌斯·格拉古年长九岁,在西班牙战争中就已经获得了显赫声誉。两兄弟的妹妹塞姆普罗尼娅(Sempronia)是个重感情的女人。她嫁给了迦太基的毁灭者小西庇阿。就血统而言,提比略·格拉古是个贵族,自然会偏向自己的阶层。然而,他没有受到这些狭隘观点的影响。把贫穷的同胞从被压榨的枷锁中解放出来,提高同胞们的地位,才是他的抱负所在。公元前133年,提比略·格拉古当选为护民官。

提比略·格拉古的第一个目标是恢复《李锡尼-塞克提乌斯法》。这一法令规定,任何公民都不得拥有超过五百英亩的公共土地,除非家中有两个儿子,则可以额外拥有五百英亩土地分给两个儿子,每人二百五十英亩;其余的公有土地则平分给贫穷的人;任何人都不允许卖掉自己的土地,因为土地都归国家所有。他要恢复这种在任何时候都令贵族厌恶的法律。这就激起了贵族们的极端愤怒。因此,提比略·格拉古受到了最恶毒的指责。他的政敌主要由西庇阿·纳西卡(Scipio Nasica)和昆图斯·蓬佩尤斯领头。这两人都是贵族派系的激进分子。他们深知实施《土地法》(lex agraria)将使自己遭受严重损失。因此,他们认为,只要能够抵制这项措施,无论采取什么方法都合理。提比略·格拉古立即遭到谴责,被指控是无政府状态的始作俑者,是罗马宪法不共戴天的仇敌。他的政敌们整天都把自己的受保护人和随从聚集起来,向他们发表恶毒的激烈演说。他们甚至成功地引诱其中一个护民官M.奥克塔维厄斯[①]宣布否决提比略·格拉古的措施。提比略·格拉古恳求M.奥克塔维厄斯放弃反对这一明显有利同胞的措施,但恳求徒劳无益。提比略·格

---

① 即马库斯·奥克塔维厄斯(Marcus Octavius,主要活跃于公元前2世纪)。——译者注

地中海霸权之争：三次布匿战争

拉古甚至表示，只要M.奥克塔维厄斯同意实施《土地法》，自己愿意拿出私人资源来弥补其可能因此遭受的任何损失。由于M.奥克塔维厄斯仍然顽固反对这一措施，在提比略·格拉古的鼓动下，罗马人罢免了M.奥克塔维厄斯的职务。《土地法》得以按提议的原样通过。因此，提比略·格拉古被誉为罗马法律的维护者和穷人的恩人。然而，这也使贵族心中积满了对提比略·格拉古的无限仇恨和咒骂。

大约在这一时期，拉丁喜剧呈现出一种新的优雅形式。这种剧原来是一种晦涩的滑稽剧，使用意大利乡土方言创作。才华横溢的诗人普劳图斯（Plautus）、泰伦提乌斯（Terentius）和凯基利乌斯[①]将其改良，使其成为一种优雅的喜剧。从希波战争（Greco-Persian Wars）时期（公元前480年）开始，希腊的诗剧就繁荣起来，类型有悲剧、喜剧和讽刺剧三种。讽刺剧大部分都是怪诞的悲喜剧，以酒神狄俄尼索斯（Dionysus）或称巴克斯（Bacchus）的冒险之旅和悲伤之事为题材。按照希腊人特有的某种神秘联想，狄俄尼索斯既代表着毫无拘束的欢乐，又代表着大自然深奥、隐秘的活动——例如季节的变化更替，植物的生长与死亡。人们对狄俄尼索斯的崇拜极其狂热。这些崇拜者一边围着狄俄尼索斯的祭坛跳舞，一边疯狂地唱着赞美诗，希腊悲剧就这样产生了。喜剧源于古老游行队伍中粗鲁的笑话和有趣的讽刺。最初，喜剧充满个人特点和政治特色，后来逐渐转变，开始描述现实生活中的浪漫故事，里面穿插着无数尴尬和误解。普劳图斯和泰伦提乌斯两个外国人本来是奴隶。两人以日常生活为主要素材，创作了一系列喜剧。单从两人使用的语言来看，这些创作属于罗马喜剧；但从主题和细节来看，这些创作实质上又是希腊喜剧。这些作品被称

---

① 即凯基利乌斯·斯塔提乌斯（Caecilius Statius，约公元前220年—公元前166年）。——译者注

第9章 格拉古兄弟

为"披肩喜剧"(Comoedia Palliata)，取名于演员所穿的大披肩(Pallium，或称希腊披风)。这种喜剧在表演时伴随有管风琴曲，由演员用一种平和舒缓的声调吟诵，就像现代的宣叙调(Recitative)①。在罗马，这些喜剧理所当然极受欢迎。然而，这些喜剧在思想或语言上缺乏独创性，仅仅只是转述了希腊喜剧，比如菲勒蒙(Philemon)、米南德和其他一些人的作品。但很不幸，那些希腊喜剧原作都已消失。这些罗马喜剧大约保存下来十几部，深受学者们的关注。这是拉丁文学最早的完美样本。

到了选举护民官时，提比略·格拉古再次推举自己为这一重要职位的候选人。如果没有贵族派系出面干预，宣布这一程序非法，他肯定会再次当选，出任护民官。他看出那些贵族即将实施阴谋陷害自己，于是在那天恳求平民保护自己，并提示他们，自己为了同胞们的事业陷入了危险。激动的平民们誓死保卫他这位平民利益的捍卫者。第二天早晨，各部族在卡比托利欧山朱庇特神殿前的一个广场上再次集会。元老们当时正坐在信仰神殿(Temple of Fides)里。西庇阿·纳西卡的那些党羽要求执政官们驱散人群。但众人拒绝离开。贵族们便和随从计划攻击提比略·格拉古和平民。这一计划传到了提比略·格拉古那里。于是，他暗示平民，自己现在面临生命危险。在人群的混乱喧闹声中，他把手举过头顶，竭力表达自己的意思，暗示自己遭遇到生命危险。西庇阿·纳西卡和属下看到了这一举动，认为这是公开要求获得最高权力。元老们一把抓起能拿到的任何武器，甚至拆掉了自己坐着的长凳的凳子腿，直接冲了过去，击倒一切阻止自己前进的人。在这场骚乱中，提比略·格拉古

---

① 宣叙调是一种经常用于歌剧、清唱剧、大合唱和类似作品的表演形式，是一种有旋律的音乐演讲，或一种描述性的叙事歌曲，其旋律变化很小。——译者注

地中海霸权之争：三次布匿战争

提比略·格拉古被杀。洛多维科·波利亚吉（Lodovico Pogliaghi, 1857—1950）绘

和三百名追随者被杀害，尸体被抛入台伯河。这些人的许多朋友被愤怒的贵族们放逐。我们还有撒路斯提乌斯[①]的见证：那些赞成《李锡尼-塞克提乌斯法》的公民当时受到几次审判，甚至还遭到酷刑——而这一惩罚是罗马法律严厉禁止对国家公民使用的。

然而，《土地法》并未被废除。杀害提比略·格拉古的凶手也受到了正义的严厉惩罚——愤恨的同胞没有放过那些凶手。西庇阿·纳西卡担心自己的生命安全，退隐到了帕加马，从此再也没有回来。[②]小西庇阿——这个祸害迦太基和努曼西亚的人，不久结束了退隐生活，来到罗马。罗马元老院把小西庇阿视为领袖。小西庇阿曾经表示赞成谋杀提比

---

① 即盖乌斯·撒路斯提乌斯·克里斯普斯（Gaius Sallustius Crispus，公元前86年—约公元前35年）。——译者注
② 从这点看来，惩罚确实起到了一些作用，因为西庇阿·纳西卡和其支持者此前从未失败过。——原注

第 9 章 格拉古兄弟

略·格拉古,并继续而且成功地反对了护民官盖乌斯·帕皮里乌斯·卡尔博(Gaius Papirius Carbo)[①]的计划,因为后者提议了一项法律草案,规定同一个人担任护民官职务的次数应该不受限定。如果小西庇阿不是在公元前129年突然神秘去世,他可能会进一步成功恢复贵族的原有地位。在小西庇阿与盖乌斯·帕皮里乌斯·卡尔博展开激烈辩论之后的第二天早上,人们发现小西庇阿死在了床上。小西庇阿的朋友们强烈怀疑小西庇阿之死是盖乌斯·帕皮里乌斯·卡尔博及其追随者所为。然而,由于派系仇恨如此强烈,人们认为谨慎的做法是不对小西庇阿的死因进行任何司法调查,以免引起暴乱。护民官们认为小西庇阿之死是个胜利。盖乌斯·帕皮里乌斯·卡尔博和A.拉比奥[②]通过了两项重要的法律:一是无记名投票表决法,二是护民官有在罗马元老院召开会议和投票选举的特权。

盖乌斯·格拉古

由于提比略·格拉古这样的人被谋杀,平民们十分愤怒。为了尽量缓和平民这一可怕的心理状态,罗马元老院便狡猾地任命了许多平民派的领袖担任指挥官,把这些人派到罗马元老院掌握的几个行省去了。好几年里,这些人大多陷入了征服南高卢的战争中。

公元前124年,提比略·格拉古死去八年后,其弟弟盖乌斯·格拉

[①] 本章中出现的盖乌斯·帕皮里乌斯·卡尔博为公元前120年的罗马执政官。——译者注
[②] 即盖乌斯·阿蒂尼乌斯·拉比奥·马切利奥(Gaius Atinius Labeo Macerio,主要活跃于公元前2世纪)。——译者注

地中海霸权之争：三次布匿战争

古重新开始争夺平民权利。他认为这是哥哥提比略·格拉古留给自己的神圣遗产。他曾在撒丁岛服役过一段时间，听命于执政官奥雷斯特斯[①]。但他未经指挥官许可就返回了罗马。这违反了军法，所以他受到了审判，但被判无罪释放。不久，他当选为下一年的平民护民官。

盖乌斯·格拉古提出的复兴罗马的措施甚至比他哥哥提出的那些措施更全面，而他最初的计划是为哥哥复仇。他提出了一项法案。根据这一法案，被罗马人民剥夺任何官职的人，都没有资格再担任其他官职。但在其母科涅莉亚的恳求下，他收回了这一法案，因为他一直对母亲极其孝顺和尊敬。他还提议，任何人，凡是没有依据宪法规定，没有经过正式和正规的审判就处死罗马公民的，应该公开被判处同样的死刑。杀害提比略·格拉古的许多凶手已经逃出了罗马。他急于将其余的人控制起来以防这些人逃走，因为这些人害怕遭到即将到来的起诉。在盖乌斯·格拉古的影响下，《土地法》及其他一些对国家特别有利的法令，都得到修订，并且得以批准通过。例如，军队装备未来将由公众来负担，未满十七岁的人不得被强迫在军中服役，等等。公元前122年，在第二个护民官任期上，盖乌斯·格拉古在几个法院实行了一项全面的体制改革。这些法庭一直非常腐败，尤其是各个行省法院，贪污情况特别严重。这些法院确实拥有受人欢迎的权利，可以对贪婪的统治者提起上诉。但到了首都罗马，上诉肯定会被一些法律技术手段挫败。因为罗马的案件审理中，法官都是贵族，法官往往都被被告收买了。为了尽量纠正这一明目张胆的罪恶，盖乌斯·格拉古提议，在任何情况下，如果

[①] 即卢基乌斯·奥雷利乌斯·奥雷斯特斯（Lucius Aurelius Orestes，主要活跃于公元前2世纪）。——译者注

第9章 格拉古兄弟

一个行省起诉总督的不公正决定,主持审判的法官应从罗马骑士阶层(Equites)中挑选。这个阶层介于贵族和平民之间,在一切标榜文明的国家里都享有最受尊敬的地位。这是盖乌斯·格拉古成功提出的为数不多的几项法律之一。这一法律在一段时间内带来了最有益的结果。他还打算将罗马公民权和特权给予意大利各邦国。但这一措施遭到贵族的强烈反对。贵族们担心这会让隶农获得解放,会让穷人的劳动报酬增加。格拉古兄弟逐渐瓦解了贵族庞大的寡头政治权力结构。贵族们愤怒、失望地看着这一切。他们向这对显赫兄弟中的最后一个——盖乌斯·格拉古展开了致命的报复。

在贵族的怂恿下,一个叫M. 利维乌斯·德鲁苏斯[①]的护民官提出了一系列措施。这些措施绝不会得到正直的盖乌斯·格拉古批准。这一阴谋之所以得以联合策划,不是为了维护大众的权利,而是为了破坏盖乌斯·格拉古在平民心中的良好印象。因为这些平民认为只有最极端的东西才是好的,还有对自己有利的东西也是好的。这些措施就是:在意大利和罗马属地建立十二个殖民地,由三千六百名士兵驻守。这些措施完全不考虑贵族地主的现有利益。盖乌斯·格拉古认为这样的措施对贵族明显不公平,便反对将其变成法律。正如所料,他也因此丧失了自己的声望。当他再次推举自己担任护民官时,同胞们却对选其连任投反对票,从而剥夺了他在护民官特权之下享有的保护。平民和贵族之间发生了一场暴动,杀了一个刀斧手。这给盖乌斯·格拉古的政敌提供了一个机会。这场暴动的发生赋予了执政官至高权力,以防止国家陷入危

[①] 即马库斯·利维乌斯·德鲁苏斯(Marcus Livius Drusus,公元前155年—公元前108年),公元前112年罗马执政官。——译者注

地中海霸权之争：三次布匿战争

险。[1]贵族们迅速征募了自己的大批奴隶和受保护人，想方设法激怒盖乌斯·格拉古的追随者，让这些追随者前来进行一场较量。其中一位执政官L.奥皮米乌斯[2]，是盖乌斯·格拉古公然的政敌。他把自己上一次的失败归咎于盖乌斯·格拉古。当时，L.奥皮米乌斯曾是其现在所任之职的候选人。他将精力全部用来毁灭盖乌斯·格拉古这位杰出的爱国者。自由派的轻率暴力行为加速了对手阴谋计划的完成。执政官们宣布城市陷入了叛乱。盖乌斯·格拉古和朋友弗尔维乌斯·弗拉库斯[3]担心自己有性命之忧，便武装了一些追随者，躲避到了阿文蒂诺山。弗尔维乌斯·弗拉库斯派自己的一个儿子去和执政官们谈条件，但其子被抓了，遭到残忍杀害。于是，执政官一方向阿文蒂诺山发起了一次总攻。但惊恐万分的平民，也就是盖乌斯·格拉古的追随者，几乎没有进行任何抵抗。三千平民同胞在这场出乎意料的冲突中倒下。弗尔维乌斯·弗拉库斯从这一恐怖现场中逃了出来，躲到了一间简陋破败的小屋。但他和长子很快就被追捕的人发现，并遭到杀害。

盖乌斯·格拉古之死

从一开始，盖乌斯·格拉古就不愿意与同胞们发生冲突斗争。看到自己的朋友被杀害，他便逃到狄安娜神殿（Temple of Diana）中避难。他害怕敌人连这座神殿都不尊重，便在两个信任的同伴——庞波尼乌斯和李锡

---

[1] 这只在国家面临重大危险的情况下才实行。这种形式是为了"使国家政体不受损害。"——原注
[2] 即卢基乌斯·奥皮米乌斯（Lucius Opimius）。——译者注
[3] 即马库斯·弗尔维乌斯·弗拉库斯（Marcus Fulvius Flaccus，？—公元前121年）。——译者注

第9章 格拉古兄弟

尼（Licinius）的陪同下，朝复仇女神之林（Grove of the Furies）的方向逃去。在到达目的地前，这些逃亡者再次遭到执政官们的密使的攻击。庞波尼乌斯和李锡尼为保护盖乌斯·格拉古死去了。盖乌斯·格拉古恳求自己钟爱的一个奴隶杀死自己。那个忠心的奴隶在内心的折磨下，不情愿地答应执行自己敬爱主人的命令。不过，他却将匕首插向自己的心脏，倒在盖乌斯·格拉古身上死去了。

据说，盖乌斯·格拉古的头被一个叫塞蒂姆莱乌斯[①]的士兵砍下了。塞蒂姆莱乌斯知道L.奥皮米乌斯曾下令悬赏盖乌斯·格拉古的头。L.奥皮米乌斯曾宣布，如果有人把盖乌斯·格拉古的头带到自己面前，就用与这个头同样重的黄金作为奖赏。于是，塞蒂姆莱乌斯把盖乌斯·格拉古的头装满了铅，他的凶残和贪婪使他得到了奖赏。[②]

提比略·格拉古和盖乌斯·格拉古——这两个杰出的兄弟支持平民的事业，纯粹是出于正义和人道。两人在认为平民百姓错了时，就反对平民百姓，使其成了自己公正无私的牺牲品。盖乌斯·格拉古之死结束了公民遭受屠杀的状况。但贵族们的复仇还未得到满足。那些贵族卑鄙地把盖乌斯·格拉古和其倒霉追随者的尸体都扔进了台伯河，对那些逃过阿文蒂诺山屠杀的人则提起了一系列诉讼。盖乌斯·格拉古那一派有些人遭到监禁，甚至没有经过审判就被勒死。另一些人则遭受酷刑，被逼承认实施了某种阴谋。这样一来，盖乌斯·格拉古的政敌们就能为这些人遭受的酷刑寻找理由。除前面提到的行省外，格拉古兄弟的改革都被完全废除了。公共土地重新被贵族们夺取。平

---

① 即卢基乌斯·塞蒂姆莱乌斯（Lucius Septimuleius，主要活跃于公元前2世纪）。——译者注
② 尽管这种说法极不可能，但我找不到任何根据反驳。——原注

地中海霸权之争：三次布匿战争

民又回到了从前的苦难和潦倒中。正是在这个时期，也就是公民们经历过的最无希望、最令人沮丧的时期，我们看到贵族们修建了一座神殿，祈求贵族和人民和谐共存。

10

朱古达战争

接下来的几年，贵族一直持续收获着可耻的胜利果实。直到后来，一场可怕的战争即将爆发。危急关头涌现出两个勇气非凡、能力超群的人——马略和苏拉。然而，两人却给国家带来了巨大灾难，远比汉尼拔的刀剑或是高卢人的毁坏带来的灾难更加惨重。两人首次出现在罗马历史舞台，是在罗马与努米底亚国王朱古达的战争中。这场战争是一场充满危险而又结局难料的较量，耗费了罗马军队五年的时间。撒路斯提乌斯将这场令人难忘的战争描绘得很详尽。历史学家撒路斯提乌斯与李维同处一个时代，都生活在屋大维统治时期。他曾在努米底亚担任过一段时间的总督，有很多机会研究努米底亚的特点，从那里收集了居民讲述的那些时代的传统故事。

努米底亚地大物博，人民富裕，土地肥沃，地处摩洛哥(Morocco)和的黎波里(Tripoli)之间，位于阿非利加西北部。努米底亚人属于摩尔人(Moors)，有着黝黑的肤色、强壮有力的体格。这让他们既能应付战争的危险，也能忍受追捕的疲劳。

马西尼萨死后，其子米奇普撒继承了努米底亚王位。米奇普撒温文尔雅、不喜战争，坚决拥护罗马的利益。

地中海霸权之争：三次布匿战争

朱古达

米奇普撒有个侄子，叫朱古达[①]，是个风度迷人、无所畏惧的青年。朱古达在努米底亚人心中有着极高的声望。米奇普撒担心自己的两个儿子——阿德赫巴尔和希耶姆普萨尔，会受到朱古达的嫉妒。米奇普撒害怕朱古达损害自己两个儿子的利益，于是决定派他带着军队前去帮助小西庇阿，因为当时小西庇阿正在西班牙率军围攻努曼西亚。努曼西亚之围 (Siege of Numantia) 的危险和努曼西亚人雄狮般的勇气，早已传到米奇普撒的耳朵里。他希望借助敌人不顾一切的英勇，除掉自己两个儿子的危险对手朱古达。朱古达去了努曼西亚。其军事才能在那里很快引起了小西庇阿的注意。小西庇阿认为朱古达这个努米底亚青年是自己盟军中最聪明、最勇敢的人。朱古达成了小西庇阿的朋友。这满足了朱古达的虚荣心，或许同时也唤醒了其野心。但其荣誉感和正直感却受罗马军营同僚的影响，被消磨殆尽了。同僚们谈到贿赂无所不能，在罗马只要有钱，甚至可以免除处罚。努曼西亚沦陷后，朱古达得到了小西庇阿的公开感谢。回到努米底亚后，朱古达把小西庇阿奉承自己的感谢信呈给了米奇普撒。后者也许是后悔自己的计划，也许是感觉到计划不切实际，便满心欢喜地接待了侄子朱古达，并且公开宣布让朱古达和自己的儿子们共同统治努米底亚。几年后，米奇普撒这位老国王咽下了最后一口气，临终前恳求朱古达保护自己的孩子们。

米奇普撒死后，三个王子，即阿德赫巴尔、希耶姆普萨尔和朱古达，聚在一起开会，分配国家未来的管理权。希耶姆普萨尔是个脾气暴

[①] 朱古达既是米奇普撒的侄子，也是其养子。——编者注

第 10 章 朱古达战争

躁的年轻人，憎恨朱古达，认为朱古达是个投机分子，觉得父亲真是荒谬，竟然偏袒朱古达这个投机分子，让朱古达分享王国。这损害了父亲的两个合法继承人——自己和阿德赫巴尔的利益。希耶姆普萨尔心中满怀这种想法，不放过任何机会激怒和侮辱朱古达。虽然希耶姆普萨尔的哥哥阿德赫巴尔是个性情温和、宽宏大量的王子，不遗余力地约束制止希耶姆普萨尔，但希耶姆普萨尔毫不在意。朱古达对希耶姆普萨尔的侮辱假装无动于衷。三个王子没有在努米底亚王国政权中采取联合统治。三人将王国分成三个行省，相互独立。三人分别统治各自领土。朱古达害怕希耶姆普萨尔的势力，便千方百计地想将其毁灭。也许是出于对朱古达阴谋诡计的本能恐惧，希耶姆普萨尔住进了一座城堡。公元前117年，一个亡命之徒获得了这座城堡的备用钥匙，潜进城堡刺杀了希耶姆普萨尔。

　　阿德赫巴尔听到弟弟希耶姆普萨尔被刺杀的消息，感到十分震惊。但他还没有从震惊中缓过神来，就又听说朱古达即将入侵王国之中自己的那块领地。他见时间紧迫，刻不容缓，便匆忙召集自己能指挥的所有军队，冒险与入侵者朱古达决一死战。阿德赫巴尔彻底战败，逃到罗马寻求保护。他在罗马元老院面前为自己的事业极力恳求帮助，提醒罗马元老们，自己的祖父马西尼萨曾经帮助过罗马。同时，他描绘了一幅自己的悲惨处境和弟弟希耶姆普萨尔被残忍杀害的凄惨景象。罗马元老院有意帮助阿德赫巴尔。但朱古达的礼物已经收买了太多的元老，因此，罗马元老院给不了阿德赫巴尔这个恳求者什么实质性的正义援助。罗马元老院颁布了法令，任命十名专员，派往努米底亚王国，将王国重新划分给朱古达和阿德赫巴尔。专员们的首领是L.奥皮米乌斯。他曾参与谋杀盖乌斯·格拉古。然而，他和几个同僚经不起礼物诱惑，对那些有争

地中海霸权之争：三次布匿战争

议的领土分配得极不公正。罗马专员回去了。朱古达又准备发起战争。

不幸的阿德赫巴尔再次派出使者前往罗马，控诉罗马专员的行为。但他的抗议遭到忽视，因为现在朱古达的党羽在罗马的势力太大了。朱古达也已率军包围了阿德赫巴尔统治地区的首府锡尔塔（Cirta）。[1] 不幸的阿德赫巴尔虽然顽强抵抗，但发现自己的驻军饱受饥荒和疾病之苦，于是发信向罗马元老院恳求保护和帮助。尽管罗马元老院的许多成员都很腐败，但主要成员仍然廉洁。罗马元老们这一次体面、果断地采取了行动。罗马元老院派出使者前往阿非利加调查。朱古达得知各位元老决心保护不幸的阿德赫巴尔，便决定不惜一切代价完成已经开始的事业，相信自己的命运或好运气能够让自己逃脱违抗罗马元老院命令的惩罚。朱古达巧言令色的陈述欺骗了罗马使者们。罗马使者们回到罗马，相信阿德赫巴尔有错在先。锡尔塔遭受了严重的饥荒，被迫投降。所有居民都被屠杀。不幸的阿德赫巴尔被残酷地处死。这一年是公元前112年。

这一事件的消息传到罗马，引起了普遍愤慨。能言善辩的护民官、马其顿总督（Governor of Macedonia）G.迈密乌斯[2] 揭露了几个贵族的诡计欺诈和假誓伪证。那些贵族深陷于这些罪恶交易。篡位者朱古达受到召唤前来罗马。在罗马，朱古达把金子成功地用到了喜好奢侈但家境穷困的贵族身上。执政官L.C.贝斯蒂亚[3] 及其副手M.A.斯卡乌鲁斯[4] 都在朱古达的贿赂下腐化。朱古达甚至劝诱护民官Q.巴埃比乌斯（Q.Baebius）来阻止罗马

---

[1] 现在的君士坦丁。——原注
[2] 即盖乌斯·迈密乌斯（Gaius Memmius，约公元前140年—公元前100年12月）。——译者注
[3] 即卢基乌斯·卡尔普尔尼乌斯·贝斯蒂亚（Lucius Calpurnius Bestia，主要活跃于公元前2世纪下半叶至公元前1世纪上半叶）。——译者注
[4] 即马库斯·埃米利乌斯·斯卡乌鲁斯（Marcus Aemilius Scaurus，约公元前159年—公元前89年）。——译者注

第 10 章 朱古达战争

元老院审判自己。如果朱古达不是自己过于胆大妄为,其妨碍司法公正的贿赂举动很可能就得逞了。当时,阿德赫巴尔的表叔玛西瓦(Massiva)正在罗马。他希望朱古达被判有罪,因为这样自己就能成为努米底亚王位的下一个合法继承人,于是用尽一切办法促使朱古达被判有罪。朱古达决定清除自己道路上的障碍——玛西瓦。结果,玛西瓦就在罗马的大街上被一个努米底亚人刺杀了。凶犯被逮捕,受到酷刑,指控了博米尔卡。博米尔卡正是朱古达的挚友和伙伴。努米底亚篡位者朱古达设法包庇自己的至交博米尔卡,将其送出罗马,以免其受到正义惩罚。然而,此时,朱古达接到了离开罗马的紧急命令。这一命令让朱古达非常谨慎,不敢大意。在离开罗马返回家乡的路上,朱古达突然转过身来,默默地看着远处的大都市,许久,大声说道:"那座城市是要出售的,一旦它找到买主,就会灭亡。"

罗马元老院和罗马人民都十分厌恶朱古达的背信弃义。没过多久,努米底亚就遭到一支罗马军队的入侵。军队指挥官是Sp.波斯图米乌斯·阿尔比努斯[①]。此人完全不适合与朱古达这个老谋深算的努米底亚人抗衡。这一年是公元前110年。整整一年过去了,他一直都在试图诱使朱古达应战,然而未能如愿。出于对派系阴谋的热爱,他启程返回罗马参加下一届执政官选举。临走时,他将军队指挥权交给了兄弟奥卢斯[②],让其在自己离开期间统领军队。然而,奥卢斯更加无能。朱古达欺骗了他,表示愿意屈服,最后成功诱使他掉进一次埋伏,将他和整支

---

① 即斯普里乌斯·波斯图米乌斯·阿尔比努斯(Spurius Postumius Albinus,主要活跃于公元前2世纪下半叶至公元前1世纪上半叶)。——译者注
② 即奥卢斯·波斯图米乌斯·阿尔比努斯(Aulus Postumius Albinus,约公元前151年—公元前89年)。——译者注

地中海霸权之争：三次布匿战争

罗马军队全都俘虏。朱古达认为把罗马军队扣留起来当作俘虏很不明智，于是令他们在十天内离开努米底亚，但前提是这些俘虏要从轭下穿过。这种惩罚有辱人格。

奥卢斯战败并签订屈辱条约的消息传到罗马，引起了普遍愤怒。Q. 凯基利乌斯·梅特卢斯①和马库斯·西拉努斯②当选执政官。前者还受命担任阿非利加军队指挥官。Q. 凯基利乌斯·梅特卢斯很快恢复了罗马军队的军纪，在几次重要交战中击败了朱古达。朱古达仍然渴望讲和，于是不断努力与Q. 凯基利乌斯·梅特卢斯交涉，希望签订条约。然而，Q. 凯基利乌斯·梅特卢斯却以奥卢斯曾经遭受过的致命诡计来同样地对付朱古达。朱古达几次险些落入罗马人之手。最后，他放弃了讲和的一切希望，决心誓死保卫自己通过欺骗和背叛得到的王国。他意识到Q. 凯基利乌斯·梅特卢斯正向自己进军，便选择了一个长满灌木的狭隘山谷准备伏击。他命令军队埋伏在此，等待Q. 凯基利乌斯·梅特卢斯前来。眼力敏锐的Q. 凯基利乌斯·梅特卢斯觉察到了这个陷阱，命令军队停下。这时，罗马军队立刻就遭到努米底亚军队的攻击，陷入一片混乱。Q. 凯基利乌斯·梅特卢斯费了极大气力集结士兵。此时，博米尔卡对罗马营地发起了一次进攻，却失败了。努米底亚士兵开始逃跑。但此前，努米底亚人痛击了罗马军队，令罗马人在交战中遭受了惨重损失。

随后，朱古达退到努米底亚城堡里。Q. 凯基利乌斯·梅特卢斯则乘胜追击。他四处掠夺努米底亚，在进军途中夺取了好几个重要城市。防

---

① 即"努米底亚征服者"昆图斯·凯基利乌斯·梅特卢斯（Quintus Caecilius Metellus，约公元前155年—公元前91年）。——译者注
② 即马库斯·尤尼乌斯·西拉努斯（Marcus Junius Silanus，主要活跃于公元前2世纪下半叶至公元前1世纪上半叶）。——译者注

第 10 章 朱古达战争

守坚固的扎马成功抵抗了他的进攻。在围攻扎马时，Q. 凯基利乌斯·梅特卢斯的营地遭到了不屈不挠的朱古达率军突袭。不过，朱古达被罗马军官马略击退了。马略口才出众、胆量过人，很快引起了罗马军队和罗马元老院的注意。

马略

马略生于阿尔皮诺（Arpino），出身卑微。天才的职业生涯总是十分有趣，往往充满多姿多彩、极具魅力的戏剧性事件。据说，他早年是一个出卖体力的人，后来成了一名士兵，并升到了这一职业的最高级别。他热忱地支持罗马人民的事业，不断抨击社会上等阶层，因而深受罗马人民的爱戴。他的军事才能让自己在Q. 凯基利乌斯·梅特卢斯心目中成了重要人物。但后者却轻蔑马略出身卑微，并且不放过任何机会表达这种狭隘感情。马略在对朱古达军队取得重大胜利后不久，便向Q. 凯基利乌斯·梅特卢斯提出申请，请求允许自己离开军队前往罗马，并且推荐自己竞选执政官。这一请求遭到Q. 凯基利乌斯·梅特卢斯的傲慢拒绝。马略未经许可，私自前往首都罗马。他在那里请求人民给自己投票。结果，他成功当选执政官，没有遭到任何反对。他还被任命前往阿非利加接替Q. 凯基利乌斯·梅特卢斯。Q. 凯基利乌斯·梅特卢斯本以为在阿非利加进行的战争几乎就要结束了，现在却不得不放弃指挥权，被一个自己一直鄙视的人取而代之。

马略还没有回到阿非利加，博米尔卡和一些人就密谋把朱古达交到罗马人手中。然而，朱古达发现了这一阴谋，处死了那些叛徒。马略当选执政官后，便去了乌提卡，在那里接过了军队指挥权。这一年是公元

地中海霸权之争：三次布匿战争

前107年。

朱古达在各处都被罗马人击败，又害怕被朋友背叛，便投靠了与自己联姻结盟的盖图利（Gaetuli）[①]国王波库斯[②]。波库斯受朱古达劝诱，准备与其联合向罗马开战。两人的联军很快就逼近了马略的军队，但没有展开战斗就撤退了。马略率军追击敌军。然而天气酷热，土地贫瘠，士兵们既没有食物，也没有住处，这使马略在军事生涯中遭受了极大挫折。在行军过程中，他还遭到了朱古达那些城堡极度顽强的抵抗。有一次，他遭到了朱古达和其新盟友波库斯的突然袭击。两人的联军迫使马略在长久、血腥的交战后撤退。然而就在这天深夜，马略心急如焚地想要挽回名誉，便向努米底亚人的营地发起了致命攻击，几乎歼灭了朱古达的全部军队。

波库斯意识到自己的企图已毫无希望，又害怕罗马报复，便派代表前往马略的营地谈和。马略礼貌地接待了波库斯的使者，并令副将苏拉和那些使者一起返回，面见波库斯，尽力说服其把朱古达交到自己手中。苏拉坚定果敢，穿过敌营出色地执行了这一危险重任。朱古达似乎忘记发挥自己的诡计天赋，没有抓到苏拉这个人。但苏拉似乎是专为毁灭朱古达的祖国努米底亚而生。到达波库斯的营地后，苏拉极力劝谏波库斯，向其力陈与罗马讲和的必要性，最终令其私下同意交出朱古达。这件事确定后，他邀请波库斯举行一次会议，以便按约定商谈可以提出什么条件实现和平。朱古达也出席了会议。他被一大群罗马士兵包围。士兵们立即把俘虏朱古达带到了意大利。

[①] 此处特指毛里塔尼亚。——译者注
[②] 即波库斯一世（Bocchus I，主要活跃于公元前2世纪下半叶至公元前1世纪上半叶）。——译者注

朱古达被波库斯出卖,成为罗马人的俘虏。
作者信息不详,绘于 1772 年

地中海霸权之争:三次布匿战争

审视着朱古达这个可怕敌人的面容,罗马人充满敬畏,又满怀喜悦。朱古达击溃了罗马如此多的军队,打败了很多罗马将军。在马略的凯旋式中,朱古达和两个儿子一起,戴着俘虏锁链,游街示众。这个满足虚荣的费力游行一结束,几个罗马士兵就像猛虎扑食一样,扑向朱古达。士兵们抢夺其耳上的挂饰,急不可耐地想要掠夺这些饰物,甚至撕开了朱古达的耳朵。朱古达这个不幸的人接着就被关进一个漆黑阴暗的地牢,在那里遭受了六天的痛苦。最终死神令朱古达在极度饥饿的痛苦中结束了生命。除了出于人道考虑外,很少有人会同情朱古达。朱古达是一个篡位者,一个杀人犯。然而,我们不得不震惊,罗马人是如此缺乏同情心,竟然对一个倒下的敌人实施如此野蛮的行为,并且这些野蛮行为还得到了一个伪装文明的政府——罗马元老院许可。

虽然苏拉俘获了朱古达,但这成了其与马略之间产生极大嫉妒和不信任的源头。这种嫉妒和不信任后来在米特里达梯战争中发展到了致命的地步。

11

条顿人和辛布里人

公元前113年，刚刚结束与朱古达之间的战争后不久，顽强的罗马军队就又被一场可怕的入侵震惊。入侵者是凯尔特辛布里人和日耳曼条顿人。这场战争持续了大约十二年。其间，罗马人屡次被击溃。罗马人最后一次败在"蛮族"的刀剑下是在罗讷河河岸边。当时，执政官率领的两支军队都被敌人击败，损失不下十二万人。辛布里人随后进军西班牙，在那里停留了大约三年，然后和条顿人一起返回高卢，打算入侵意大利。

这一情报自然而然地引起了罗马人的恐惧。罗马人早已深深领教过这个可怕敌人——辛布里人的强大力量。现在所有目光都集中在马略身上，认为其是战栗发抖的罗马人的唯一希望。他当时还在努米底亚就被选为执政官。在很短的时间里，精力充沛的马略就召集了一支军队。他自己担任统帅，士兵主要由其阿非利加老兵和招募的新兵组成。他在塞克斯泉城〔Aquae Sextiae，艾克斯（Aix）〕追上了条顿人，率军与条顿人展开了一场激烈战斗，彻底击溃了对方。然而，辛布里人已经越过了雷蒂亚山脉（Rhaetian Alps），进入了伦巴第。在那里，执政官卢塔蒂乌斯·卡图卢

地中海霸权之争：三次布匿战争

斯[1]准备阻止辛布里人继续前进，但见敌军人数太多，被迫提前撤退，越过波河。马略知道了这些详情，便匆忙带领军队从高卢赶去与卢塔蒂乌斯·卡图卢斯的军队会合。公元前101年，两支敌对大军——罗马军队和辛布里军队在维罗纳附近相遇。据说，辛布里人在前线用铁链连起来，防止罗马人破坏这一战线。马略收紧了防线，让烈日和大风对付敌人。经过一场激烈战斗，辛布里人全面溃败，损失了一万四千人，被俘虏六万人。那些辛布里人只有一小部分成功撤退。辛布里人最后定居于比利时。马略取得辉煌胜利，被誉为罗马的第三位缔造者。

马尔西战争

罗马人第一次与本都（Pontus）国王米特里达梯[2]发生严重纷争时，罗马及首都以外的盟友之间发生了一场残酷的灭绝战争。这场战争叫同盟者战争或马尔西战争，动摇了意大利的根基。我们发现，意大利各城邦曾多次尝试恢复或维持自己原有的独立地位。当这些城邦谋求自治的努力失败，被迫承认罗马的最高统治后，它们转而要求在征服者罗马那里获得一份自由，但希望依然破灭。由于再无能力在战场上保卫自己，这些城邦遭到了罗马人的鄙视。它们的要求遭到了罗马人的侮辱性对待。不仅如此，罗马人还认为它们失去自由是一种罪恶。

当时，贵族严重滥用职权，这广为人知。特别是在罗马之外的所有地方案件中，贵族担任法官，职权滥用更加严重。结果致使法官的权力

---

[1] 即昆图斯·卢塔蒂乌斯·卡图卢斯（Quintus Lutatius Catulus，公元前149年—公元前87年）。——译者注

[2] 即特里达梯大帝（Mithridates the Great，公元前135年—公元前63年）。——译者注

辛布里人全面溃败,马略取得辉煌胜利。弗朗切斯科·萨维里奥·阿尔塔穆拉(Francesco Saverio Altamura,1822—1897)绘

地中海霸权之争：三次布匿战争

旁落到了罗马骑士阶层和罗马元老身上。然而，没过多久，人们就发现这些人和贵族一样腐败。人们还曾天真地希望司法部门的新力量能够纠正贪婪和不公正。

罗马元老院痛恨罗马骑士阶层，视其为自己特权的侵犯者，因此，罗马元老院尽可能地剥夺罗马骑士阶层当选行政官的权利，声称他们是无能腐败的。罗马骑士阶层则反击罗马元老院，说元老们是垄断者，并向罗马人宣布，罗马的自由正遭到贵族一派过分野心的威胁。在这些派系争斗中，地方行省没有得到任何好处。几年前，许多意大利人住在罗马，享有罗马公民享有的一切特权。这也许得益于罗马人的礼貌或者宽容。然而，就在意大利各城邦要求让自己的人获得罗马公民身份时，执政官L. 李锡尼·克拉苏①和Q. 穆齐乌斯·斯凯沃拉②却执拗地通过了一项法律，规定所有非法获得这些权利的人都不再享有这些权利，而只能作为外邦人在罗马居住。这一措施引起了新的纠纷，让人觉得这是对各行省人的侮辱。罗马骑士阶层反对意大利人的要求。罗马元老院支持罗马骑士阶层，也反对意大利人的要求。在派系斗争状态下，护民官M. 利维乌斯·德鲁苏斯③虽然没有什么杰出的才能，但选择站在那些被抛弃的意大利人一边。那些意大利人把他看作自己唯一的希望和领袖。然而，他在家中突然遭到神秘谋杀。暗杀者逃了，把匕首留在了这个受害者的伤口上。

---

① 即卢基乌斯·李锡尼·克拉苏（Lucius Licinius Crassus，公元前140年—公元前91年）。——译者注
② 即昆图斯·穆齐乌斯·斯凯沃拉（Quintus Mucius Scaevola，公元前140年—公元前82年）。——译者注
③ 即马库斯·利维乌斯·德鲁苏斯（Marcus Livius Drusus，公元前122年—公元前91年），公元前91年的平民护民官。——译者注

第11章 条顿人和辛布里人

意大利各邦叛乱

对于希望获得罗马公民身份的意大利人而言，M. 利维乌斯·德鲁苏斯的死是个致命打击。意大利人十分绝望，决定反抗。这一年是公元前90年。起初，意大利人只是想迫使罗马人给予自己公民权，但看到参加反抗的人数远远超出了预期，便改变了想法，决心摧毁罗马，把意大利建成一个庞大的共和国。为了这一目的，意大利半岛位置最好的国家都联合了起来。这一同盟各邦国代表在阿斯库路姆举行了会议。阿斯库路姆位于意大利南部，靠近奥菲杜斯河。代表们详细商议了未来的政策，决定由一个五百名成员组成的元老院来管理新共和国，其中两名是年度执政官，其余官员属于其下级。罗马司法官小卡埃皮奥（Caepio the Younger）也带着使者参加了这次会议，目的是说服这个联盟的领导人放弃对抗罗马。但小卡埃皮奥一行的劝告引起了极大愤慨。结果，阿斯库路姆人杀害了这行人。该城的所有罗马人也一起被杀害。

意大利共和国的首任执政官是西洛·波佩迪乌斯[①]和盖乌斯·巴比乌斯·穆蒂卢斯（Gaius Papius Mutilus）。这场叛乱波及范围很广。要不是因为伊特鲁里亚人和拉丁各邦太胆小，不敢加入这个强大同盟，罗马在意大利的统治就要结束了。鉴于伊特鲁里亚人和拉丁各邦的忠诚，罗马执政官L. 尤利乌斯·恺撒[②]认为，明智的做法是把马尔西人及其同伴之前白费力气请求的特权授予这些城邦。这些特权授予伊特鲁里亚人和拉丁各邦后，成千上万的拉丁新兵很快就加入罗马军队，战争双方的交战异常

---

① 即昆图斯·波佩迪乌斯·西洛（Quintus Poppaedius Silo，？—公元前88年）。——译者注
② 即卢基乌斯·尤利乌斯·恺撒（Lucius Julius Caesar，公元前134年—公元前87年）。——译者注

地中海霸权之争：三次布匿战争

激烈。

罗马人把马尔西人看作最危险的敌人，因为马尔西人是萨宾人的后裔。萨宾人这一种族极其节俭朴素、尚武好战，并以此闻名。马尔西人多年来还曾一直为罗马军队提供最勇敢的步兵。他们击败了罗马执政官鲁蒂利乌斯·卢普斯（Rutilius Lupus），使自己同样也成为意大利共和国的主要成员。在之后的战争进程中，他们从未失去这种地位。虽然马略在一次大会战中击败了马尔西人，杀死了马尔西人最勇敢的一个首领赫留斯·阿西尼乌斯（Herius Asinius），但在将近两年的时间里，罗马人取得的胜利都微不足道。由于李维后期的著作失传，以及其他罗马编年史失实，19世纪中叶存在的关于那些时代的记述都充满谬误。

阿斯库路姆战役

马尔西战争中，罗马人取得的第一个决定性胜利是发生在阿斯库路姆的那场战役。马尔西人和维斯提尼人（Vestinian）的联军——七万大军，被执政官庞培·斯特拉博（Pompey Strabo）率军击溃。这支联军的大部分士兵都在战场上阵亡了。阿斯库路姆沦陷，遭遇了内战中最恐怖的惨状。

意大利各邦独立

萨莫奈阵营的执政官盖乌斯·巴比乌斯·穆蒂卢斯仍有一支庞大的军队可供调配。他在坎帕尼亚与L. 尤利乌斯·恺撒对抗。苏拉则积极抗击赫彼奈人和萨莫奈人，并在好几场重要战役中击败了敌军。他联合

第11章 条顿人和辛布里人

同僚昆图斯·蓬佩尤斯①的力量，很快结束了马尔西战争，为罗马人赢得了有利的结局。罗马人起初的战栗是有道理的——不是因为战争的威力，而是因为战争的发生。马尔西阵营的执政官西洛·波佩迪乌斯在战斗中阵亡。维斯提尼人和佩利格尼人（Paeligni）失去了领袖，最先与罗马人谈判。这一举动动摇了整个意大利共和国的信心。每个城邦都开始寻求自身的安全。于是，马尔西人和其他部族都同意与得胜的敌人讲和。不过，十分幸运的是，马尔西人和那些部族的实力仍然很强大，决不允许罗马人实施其渴望的复仇。罗马人最后不得不放弃这一念头，承认意大利各邦的彻底解放。公元前89年，M. 普拉乌蒂乌斯·西尔瓦努斯②和盖乌斯·帕皮里乌斯·卡尔博（Gaius Papirius Carbo）③颁布了一项法律——《普拉乌蒂乌斯-帕皮里乌斯法》(Lex Plautia Papiria)，进一步保障了这些城邦的自由。该法律规定，意大利所有城邦公民都享有罗马公民权，但不包括萨莫奈人，因为萨莫奈人仍然在继续战斗。这些萨莫奈人最后加入了马略的队伍，卷入了那场几乎使罗马人失去人性的可怕内战——苏拉内战(Sulla's civil war)。

马尔西战争的后果极其惨烈。有三十万意大利本土人死于刀剑之下。一些极其宏伟的城市也被摧毁，比如诺拉、阿尔巴、阿斯库路姆和卡普阿。苏拉和马略的内部恩怨则毁灭了整个罗马。在罗马，各派仍然继续反对将罗马公民权授予意大利各城邦公民。在很长一段时间里，人们不停地讨论，是否应该把乡下居民纳入罗马三十五个部族内。经过冗

---

① 即昆图斯·蓬佩尤斯·鲁弗斯（Quintus Pompeius Rufus, ? 一公元前88年）。——译者注
② 即马库斯·普拉乌蒂乌斯·西尔瓦努斯（Marcus Plautius Silvanus, 主要活跃于公元前2世纪下半叶至公元前1世纪上半叶）。——译者注
③ 本章中出现的盖乌斯·帕皮里乌斯·卡尔博为公元前89年的平民护民官。——译者注

地中海霸权之争：三次布匿战争

长的辩论，大家决定让那些乡下居民组成新的部族，数目有八个、十个和十五个不等。但在罗马人民大会(Roman assemblie)[①]中，必须等到罗马公民完成投票后，乡下居民才能投票。

---

① 执法官召集的人民集会，目的是将任何事项都交由人民投票表决。——原注

12

第一次及第二次米特里达梯战争

此时，罗马人正陷入米特里达梯战争。除迦太基战争外，这场战争是罗马与敌国展开的时间最长的战争。

此时，位于小亚细亚的本都王国〔位于19世纪中叶的大亚美尼亚（Armenia Major）的最西端〕由米特里达梯统治。米特里达梯自称是七个波斯王子之一的直系后裔。这七个王子曾杀死了篡位者祆教祭司斯梅尔迪士（Smérdis），将波斯王冠戴到了七人之一大流士大帝（Darius the Great）的头上。其他人也都由此获得了独立政权。米特里达梯的祖先通过抽签分到了本都。

米特里达梯之父遭人谋杀。父亲死后，年仅十二岁的米特里达梯就登上了本都的王位。和留名史册的许多其他人物一样，他受到人们的敬佩，同时又给人们制造了痛苦。据说他诞生和即位王权时，都有一颗彗星出现。当时，这颗彗星闪耀天空长达七十天之久。根据这些预兆，人们认为他将来的事业会给其臣民带来灾祸。[①] 他生性凶残，不久就谋杀了自己的母亲和几乎所有亲戚。当时，迷信是人们认识世界的唯一方式，他们立即以迷信的观念解读了天空异象，认为这是对未来的神秘暗示。

---

① 查士丁（Justin），《<腓力史>概要》（*Epitome of the Historia Philippicae*），第三十七卷。——原注

地中海霸权之争：三次布匿战争

米特里达梯用最粗暴的方式篡夺了卡帕多西亚王国（Kingdom of Cappadocia）。但罗马元老院害怕其野心和日益强大的力量，抗议其篡权，宣布卡帕多西亚王国是个自由的国家。卡帕多西亚人选择了本国贵族阿里奥巴尔赞①为国王。元老们派出苏拉率领一支军队前往卡帕多西亚，去支持新国王阿里奥巴尔赞。米特里达梯被迫放弃了权力。虽然他沉默不语地放弃了权力，表面上屈服了，但这种驱逐在他心中留下了伤痛。这种伤痛是时间无法治愈的，唯有复仇才能治疗。这就是公元前91年第一次米特里达梯战争的起源。

此后不久，米特里达梯诱使女婿亚美尼亚国王提格兰②与自己联合起来，将阿里奥巴尔赞和比提尼亚国王尼科梅德斯③赶下王位，驱逐了两人，并把自己的儿子送上王位。两位被驱逐的君主向罗马请求保护。罗马共和国再次维护了遭到挑衅的权威，恢复了阿里奥巴尔赞和尼科梅德斯的王权。

这些争斗耗尽了尼科梅德斯的资源。他便向罗马的几个放债人借了大笔高利贷。此时，放债人一直纠缠不休，要求他偿还高利贷。他没有办法摆脱债务，只好率领一支大军入侵米特里达梯的领土。通过大肆掠夺，他满载赃物返回自己的领地，用掠夺的财物偿还了大量债务。

米特里达梯向卡帕多西亚的罗马将军们抱怨这一侵略。为此，他特意派出专员前去控诉。专员们见到自己遭受冷遇，就补充道，如果罗马不给自己的主人伸张正义，他们就只能自卫了。这一威胁激怒了罗马将军。将军们命令这些专员从自己的眼前消失，宣布不许米特里达梯骚扰

---

① 阿里奥巴尔赞一世（Ariobarzanes I，主要活跃于公元前2世纪末至公元前1世纪上半叶）。——译者注
② 即提格兰大帝（Tigranes the Great，公元前140年—公元前55年）。——译者注
③ 即尼科梅德斯四世（Nicomedes IV, ？—约公元前74年）。——译者注

第 12 章 第一次及第二次米特里达梯战争

阿里奥巴尔赞和尼科梅德斯。对这一命令，米特里达梯给予的答复是立即进军卡帕多西亚。他再次驱逐了阿里奥巴尔赞，并且再次让自己的儿子登上了那个空缺的王位。

米特里达梯准备开战

米特里达梯入侵卡帕多西亚的举动如此大胆，惊讶了所有人。只有他自己毫不意外，因为他早就有了成熟的计划，思忖着报仇雪恨。在此之前，他就拉拢了至少二十个说着不同语言的民族。那些民族厌恶罗马征服者的傲慢。他们的族人遭到罗马暴政无休无止的欺压，被压迫得喘不过气来。只要能获得自由，那些民族当然乐意与任何首领结盟。米特里达梯发现自己已然拥有一支大军，骑兵四万，步兵二十五万，还有四百艘战船。他认为公开宣战的时机已到。为此，他发表了慷慨激昂的战前演说。

米特里达梯说道："将士们，罗马人和他们的比提尼亚附庸发起的残酷侵略，已经明显告诉世人是谁挑起了这场争端。这场侵略宣告我们要么光荣地战死，要么打败敌人，获得自由。我们决心迎接任何命运，就是绝不遭受奴役。在我看来，我们必胜无疑。当前的形势对我们很有利，在召唤我们走向自由。成千上万的辛布里人和条顿人前往意大利去找食物和安居之地。看看那些辛布里人和条顿人，我们还能怀疑这点吗？马尔西人也在罗马共和国的心脏地带出没。然而，此时，苏拉和马略正在血腥内讧，两派还在罗马争夺主宰权。看看！看看！将士们，现在正是时候去教训那些傲慢的统治者，让那些蔑视他人的统治者懂得什么叫屈辱。我将带领你们去往那片配得上你们的勇敢和进取心的土地。

地中海霸权之争：三次布匿战争

那里土地肥沃，农作物高产，气候温和宜人。罗马共和国有很多富庶的城市，吸引着外敌入侵。没有人会拒绝。谁能拒绝呢？我们现在有整个小亚细亚和广阔的资源做后盾。小亚细亚长期遭受腐败审判官的掠夺和压迫。那些外国人被无数残忍贪婪的人掠夺。现在，那个受人欺凌的小亚细亚高呼我们去为被冒犯的人性权利报仇。"①

面对这一激动人心的场面，罗马人也不甘落后。罗马共和国的将领们当时正在小亚细亚。将军们对自己的权威遭到侮辱感到极度愤慨，不愿等待首都罗马迟迟不到的指示——此时尤其不愿等待，因为强大的对手已经准备开战。他们把小亚细亚可供调配的所有军队都召集起来，编成三个队。第一队由L. 卡西乌斯②指挥。第二队由马尼乌斯·阿基利乌斯（Manius Aquilius）指挥。第三队由Q. 奥庇乌斯③指挥。每位将军都有四万人，既有骑兵，也有步兵。有了这大批训练有素的老兵，将军们便开始发起进攻。也许是因为缺乏明智的合作，也许是因为太轻视敌方、太高看自己，他们从一开始就不顺利，好几次战败。没过多久，罗马军队的士气就崩溃了，最后被敌人轻松征服。马尼乌斯·阿基利乌斯和Q. 奥庇乌斯被敌人俘虏。他们麾下的精锐部队只剩下惊惶而逃的残兵败将。这一结果如此出乎意料，如此惨烈，让整个罗马共和国就像触电一样，无比震惊。米特里达梯被那些深受罗马压迫的民族誉为公共恩人。整个小亚细亚、希腊好几个城邦，以及爱琴海（Aegean Sea）诸岛（只有罗得岛除外），全都放弃效忠罗马，宣布拥护米特里达梯。④

---

① 查士丁，《<腓力史>概要》，第三十八卷。——原注
② 即卢基乌斯·卡西乌斯（Lucius Cassius，主要活跃于公元前1世纪）。——译者注
③ 即昆图斯·奥庇乌斯（Quintus Oppius，主要活跃于公元前1世纪）。——译者注
④ 见阿庇安的《外战史》（*The Foreign Wars*）之《米特里达梯战争》篇。——原注

第 12 章 第一次及第二次米特里达梯战争

虽然米特里达梯可能是为国家独立而战，但他绝非善类。在军队溃散后，马尼乌斯·阿基利乌斯就逃走了。由于备受精神折磨和身体疲惫双重打击，他病倒了。在这种沮丧和忧虑状态下，他去了莱斯沃斯岛（Lesbos）的首府米蒂利尼（Mytilene），期望在那里休息和恢复。尽管他躺在病床上，奸诈的米蒂利尼人还是将其交给了无情的米特里达梯。米特里达梯认为马尼乌斯·阿基利乌斯的方针是引发战争的根源，便极度野蛮地对待马尼乌斯·阿基利乌斯。他有时会下令把不幸的马尼乌斯·阿基利乌斯放到驴上，强迫这个俘虏在胜利的军队面前，在那些士兵粗俗下流的嘲讽中，大声喊道："我是马尼乌斯·阿基利乌斯。"有时，他又会把倒霉的俘虏用铁链锁着，拴在马尾上，让马拖着示众。最后，米特里达梯这个恶魔厌倦了自己的残暴行为，便让马尼乌斯·阿基利乌斯吞下了一些熔化的铅，结束了其长期遭受的痛苦。除这一暴行外，公元前88年，在小亚细亚的几个城市和小镇，米特里达梯还在一天内杀害了至少八万意大利人。不分年龄，不分身体状况，不分性别，这些意大利人一律遭到屠杀。①

人们现在听到米特里达梯这个名字就感到恐惧。这一名字成了一种符咒。在意大利境内，几乎无人抵抗或质疑这一名字的力量。米特里达梯利用这种普遍惊慌，派出一支庞大的军队前去攻占雅典。雅典太过谨慎，不敢质疑米特里达梯的权力。米特里达梯麾下的本都将军阿基劳斯（Archelaus）顺利入城，很快拉拢了希腊好几个城邦，加入了自己主人的阵营。

---

① 卢基乌斯·阿内乌斯·弗罗鲁斯：《<罗马史>概要》（*Epitome of Roman History*），见阿庇安的《外战史》之《米特里达梯战争》篇。——原注

地中海霸权之争：三次布匿战争

长久以来，整个小亚细亚和希腊一直依附于罗马这棵大树，现在都被米特里达梯从这棵树上狠狠地打了下来。高卢人和罗马共和国其他遥远的成员则以同情的心理观望着这场灾难。在首都罗马，这些灾难虽然引起了巨大震动，但人们坚毅迅速地采取措施应对。

独裁官苏拉受命率领一支罗马军队，前去惩罚米特里达梯，以恢复公共安宁。

苏拉率军围攻雅典

苏拉立即起航前往希腊。其麾下军队规模很小，只有一万五千步兵和一千五百骑兵。苏拉抵达后，希腊所有城市都敞开了城门，只有雅典例外。苏拉劝雅典投降，遭到拒绝。当时雅典的统治者是僭主亚里斯顿（Aristion）。亚里斯顿是米特里达梯的宠臣。雅典这座曾经辉煌的城市陷入包围，遭受着战祸和饥荒。几个月后，公元前86年，苏拉率军攻陷雅典。亚里斯顿成了苏拉报复的首要目标之一。这次复仇也许是必然的，因为亚里斯顿挑衅了一个自己毫无希望去征服的力量，并且还肆意给不幸的雅典人带来了前所未闻的苦难。雅典城中，只有少数人在极度饥荒和恐怖围困中幸存。这些人也在敌人的刀剑下投降了。但苏拉不许自己麾下愤怒的军团烧毁雅典。看着雅典的一切，苏拉非常钦佩。雅典有宏伟的柱廊、剧院和神殿，有高贵精致、崇高优雅、充满哲理的文学，有诗人、历史学家和演说家及这些人的沉思，还有爱国者的英勇。这些都被展现在每座祭坛之上——几乎在每尊雕像中都能感受到这些气息。苏拉的这一命令是一种虔诚崇敬的赞美，赞美这种卓越智慧所展现的威严。这种卓越智慧继续吸引和启迪着世界上最文明的那些国家。

第 12 章 第一次及第二次米特里达梯战争

苏拉两次大胜米特里达梯麾下的将军们。米特里达梯的所有追随者都逃离了希腊。公元前85年，米特里达梯被迫求和，以最屈辱的条件接受了和平。这就是第一次米特里达梯战争的结局。

亚里士多德的著作

解决了雅典事务后，苏拉从以弗所乘船驶往希腊，第三天在希腊登陆。他几乎是无形之中向罗马人民介绍了亚里士多德的著作。

著名的逍遥学派 (Peripatetic school) 哲学家亚里士多德也许是古代甚至到19世纪中叶最全面的天才。他临终时把自己的文学作品交给了门徒泰奥弗拉斯托斯 (Theophrastus) 照管。泰奥弗拉斯托斯又把这些作品传到了小亚细亚，给了瑟柏雪的纳留 (Neleus of Scepsis)。瑟柏雪的纳留的继承人是个粗俗无知的人。也许正如有人猜测的那样，由于害怕帕加马国王欧迈尼斯会夺取亚里士多德的著作，因为欧迈尼斯当时正在建立一座公共图书馆——帕加马图书馆 (Library of Pergamum)，瑟柏雪的纳留的继承人便把亚里士多德的著作锁在一个潮湿的地窖里。结果，这些著作在地窖里躺了将近一百三十年。直到后来，瑟柏雪的纳留的后裔陷入极度贫穷，才把这些遗赠之物卖给了雅典富人忒欧斯的阿佩利孔 (Apellicon of Teos)。忒欧斯的阿佩利孔是个品位高雅、享受优雅生活的人。他获得如此可贵的珍宝后，便小心翼翼地开始复制这些作品。由于潮湿或是年代久远，原件中的一部分损坏了，于是他就用最能符合作者想法的语言填补了缺失的部分。苏拉攻陷雅典时，忒欧斯的阿佩利孔已经死了。苏拉夺取了忒欧斯的阿佩利孔的藏书室。回到罗马后，他把斯塔基拉 (Stagira, 亚里士多德生于该城) 的圣人亚里士多德的著作放到了自己的藏书室里，并允许语法学家阿米

地中海霸权之争：三次布匿战争

———

苏斯的泰伦尼翁(Tyrannion of Amisus)抄写一份。因此，罗得岛的安德罗尼柯(Andronicus of Rhodes)也得以第一次出版亚里士多德的著作。

这也许是苏拉给予这个世界的唯一好处。①

第二次米特里达梯战争的持续时间很短。苏拉把穆雷纳②留下来管理小亚细亚。后者几次进攻米特里达梯。米特里达梯迅速武装起来，在锡诺普(Sinope)遭遇穆雷纳的军队，击败了他。苏拉不赞成穆雷纳的措施。米特里达梯急于停止战争。苏拉便在公元前81年与米特里达梯缔结了和平协议。

---

① 这个故事被一些德国评论家怀疑。参见海因里希·里特尔的《古代哲学史》(The history of ancient philosophy)，第三卷，第二十五页。——原注
② 即卢基乌斯·李锡尼·穆雷纳(Lucius Licinius Murena，主要活跃于公元前2世纪末至公元前1世纪上半叶)。——译者注

13

马略与苏拉

苏拉不久前受命出任执政官。他选取了小亚细亚作为自己的行省和政权所在地。马略对苏拉的嫉妒一天天加深。米特里达梯战争的爆发给马略提供了一个机会去超越苏拉。马略拉拢了能言善辩的平民护民官普布利乌斯·苏尔皮基乌斯[①]，废除了一条法令。该法令规定，新加入的意大利公民应在新的部族中投票。然后，马略颁布了新法。与旧法相反，新法规定，新公民应在三十五个原有部族中一同投票。选举权的扩大增加了民主派的影响力。马略是民主派的公认领袖。由于意大利各邦大多都是马略的崇拜者，所以马略在选举中得到了绝大多数人的支持。他设法让自己获得了军队指挥权，征战米特里达梯。

苏拉当时正在诺拉，陷于萨莫奈那迟迟不结束的战争泥潭。得知对手马略一方的阴谋后，苏拉立即率领军团前往罗马。公民基本上都支持马略一方。在苏拉逼近罗马时，公民们惊恐万分，便关上了城门。但苏拉很快强行打开城门。马略一方企图阻止敌人前进，但徒劳无功，被迫撤退。马略和儿子小马略（Gaius Marius the Younger），以及朋友普布利乌斯·苏尔皮基乌斯，成功逃走了。得胜的苏拉立即宣布这些人是逃犯。不过在

[①] 即普布利乌斯·苏尔皮基乌斯·鲁弗斯（Publius Sulpicius Rufus，公元前124年—公元前88年）。——译者注

地中海霸权之争：三次布匿战争

这件事上，他对其余公民非常宽容，只是推翻了自己认为可憎的那些法令。普布利乌斯·苏尔皮基乌斯在劳伦图姆（Laurentum）被人发现，并被处死。马略躲在明图尔诺的沼泽地里，在那里躲了一段时间，十分可怜，后来被人意外发现。当地人很仁慈，同情马略的苦难，使他摆脱了逃难中遭受的饥寒交迫，并给了他一艘小船和所有其他必需品，让他前往阿非利加。马略登陆迦太基后，似乎忘掉了不幸。他一边凝视着迦太基，这座城市曾长期与罗马对抗，给罗马带来了无尽恐怖，现在已然是一片废墟；一边又回想着汉尼拔，其胜利，还有其命运。

对马略逃亡的审视

对马略逃亡这件事，我倾向于相信西塞罗。[①]西塞罗生活在马略那个时代，同马略交谈过，因此，肯定比记录这些事件的其他任何人都有更好的依据做出评判。通常的说法是，明图尔诺人发现了马略的藏身之处，便立即把这位逃亡者送进了监狱。那里的行政官害怕苏拉发怒，派了一个高卢士兵去马略这位老将军所在的地牢里行刺。马略的声音和神色吓得暗杀者魂飞魄散。经此一事，这些明图尔诺人就把马略带上船，送到阿非利加去了。在这段叙述中，不止一处有矛盾。首先，明图尔诺人先是把马略送进监狱，然后又找来一个暗杀者行刺，暗杀者却害怕紧张起来！于是，明图尔诺人虽然害怕苏拉报复，但还是给马略提供了一艘船，送他到阿非利加去了，让其敌人抓不到！

征服敌人马略一方后，苏拉在罗马短暂停留了一阵，然后就开始了

[①] 《为格涅乌斯·普兰西斯辩护》（*In Defense of Gnaeus Plancius*）。——原注

逃亡的马略坐在迦太基城的废墟中。18世纪画家约瑟夫·克雷默(Joseph Kremer)绘

地中海霸权之争：三次布匿战争

米特里达梯战争。马略一方得到了卢基乌斯·科尔内留斯·秦那的支持。卢基乌斯·科尔内留斯·秦那在公元前87年当选为执政官，其执政官同僚是格涅乌斯·屋大维(Gnaeus Octavius)。

卢基乌斯·科尔内留斯·秦那提出了一项法令。该法规定，被苏拉放逐的人都要被召回，这些人的财产也都要归还给他们。

卢基乌斯·科尔内留斯·秦那

罗马元老院害怕再次出现与苏拉的争夺战，便宣布卢基乌斯·科尔内留斯·秦那为罗马人民公敌，罢免了其执政官职务，将其和六个护民官一起赶出城。卢基乌斯·科尔内留斯·秦那这位遭到流放的执政官极度愤怒，立即征召了一支军队，并派人去找马略。马略很快就应召而来，在伊特鲁里亚海岸登陆。忧郁和冷落令年迈首领马略的面目显得十分可怕。卢基乌斯·科尔内留斯·秦那派给马略一些刀斧手，以示对其的尊敬。后者拒绝接受，并立刻召集和激励自己的追随者。罗马元老们惊恐万分。罗马元老院与苏拉的一切联系也已被切断。此时，罗马元老院发现向叛乱分子投降为时已晚。

卢基乌斯·科尔内留斯·秦那和马略的联军首先在意大利北部大肆破坏，然后包围了罗马。饥荒就摆在不幸的罗马居民面前，他们无奈只得向叛军投降——因为这些叛军保证不再使用暴力。马略装出极其尊重本国法律的样子，要求在自己进城前必须废除对自己的放逐。然而，他并没给出时间让人们举行这一必备仪式，就命令自己那些残暴的部下向毫无防御的罗马居民扑去。屠杀持续了五天。罗马最高贵、最优秀的公民都因此受害。马略一派那些手持兵器的奴隶和士兵，极度狂喜，狰狞

第13章 马略与苏拉

恐怖，冲向苏拉一派那些不幸的贵族的藏身之处，一家接着一家，把贵族们拖出来，将他们残忍地杀害了。亲情和忠诚的纽带在叛乱中被粉碎。罗马这座不幸的城市在自己居民手中遭受着恐怖摧残。罗马遭遇的这场内战堪比最凶残的外敌入侵，极度恐怖残忍。卢基乌斯·科尔内留斯·秦那厌倦了屠杀，请求马略消灭其手下获得自由的奴隶。这些奴隶曾是马略暗杀敌人的主要工具。塞多留立即处决了这些奴隶。后来，他因在西班牙保卫马略一派而为人熟知。

这些暴行过后，罗马强化了立法。如果一个残酷军人的强制意愿可以称为选举，那么马略就是第七次当选执政官了。在他之前从未有过任何一个罗马人获得这样的"荣誉"。但几天后他便去世了，时年七十岁。当时是公元前86年。马略就是个雇佣兵，头脑简单，目不识丁，鄙视文明生活的一切成就。① 在兵营里，他冷漠、细心、谨慎。无论采取任何措施，他都喜欢首先求得占卜预兆。他密切关注战争形势，寻找战争机会。通过憎恨贵族，他让自己成为平民领袖。然而，他并不同情平民的处境，仅仅只是利用平民让自己得势掌权。一切慷慨的情感对他而言都是陌生的。他残酷、狡猾、凶狠。他所处时代有很多能力与时代相称的人。他只是其中之一。但他那错误的野心毁了自己的国家，践踏了人性。

卢基乌斯·科尔内留斯·秦那现在是马略一派的领袖。为了防备苏拉返回，他派了一支军队进入小亚细亚，让颇有军事才能的军官G.F.菲

---

① "我没学过希腊文学，也不打算去学。"撒路斯提乌斯，《朱古达战争》，第八十五章。——原注

地中海霸权之争：三次布匿战争

姆布里亚^①指挥。但G.F.菲姆布里亚麾下的士兵被苏拉收买撺掇，抛弃了自己的将军。不幸的G.F.菲姆布里亚无奈在绝望中结束了人生。

苏拉有一支三万人的军队。在结束了与米特里达梯之间的战争后，他决定打回意大利，惩罚在罗马城的敌人。卢基乌斯·科尔内留斯·秦那积极准备迎战苏拉这个对手，争夺统治权。在阿里米努姆，他以极大的热情招募军队。然而，他太过严厉地惩罚了一个士兵，引发了一场兵变，结果被自己的士兵谋杀。这一年是公元前83年。

马略之子小马略继承了卢基乌斯·科尔内留斯·秦那的指挥权。一同指挥军队的还有卡尔博^②和诺尔巴努斯^③。三人都无力与苏拉抗衡。这一派中唯一具有真正军事才能的将军只有塞多留。但塞多留已撤退到了西班牙。他似乎厌倦了这样的战争。苏拉来到坎帕尼亚，在那里立即得到了卢库鲁斯(Lucullus)和庞培的支持。这几人的军队开始进攻小马略。当时，小马略得到了一大群萨莫奈人的协助，正在拉丁姆展开战争。战败后，他逃到了帕莱斯特里纳，在那里又被苏拉率军围困，最后绝望地自杀了。苏拉听说有一支萨莫奈军队就在罗马附近，便急忙率军前往，在科丽纳门前与萨莫奈军队展开战斗。公元前82年，萨莫奈人彻底被击溃，八千士兵在露天圆形竞技场被征服者下令屠杀。萨莫奈人恐怖的惨叫声，告诉了战栗着的马略一派他们将会有什么样的下场。苏拉向那些不幸的公民实行了惨无人道的报复，毫无怜悯。他下令列出一份份公敌宣告(Proscription)，属下们严格执行命令。他是公敌宣告的创造者——然

---

① 即盖乌斯·弗拉维乌斯·菲姆布里亚（Gaius Flavius Fimbria, 约公元前115—公元前85年）。——译者注
② 即格涅乌斯·帕皮里乌斯·卡尔博（Gnaeus Papirius Carbo, 约公元前129年—公元前82年），是公元前85年的罗马执政官。——译者注
③ 即盖乌斯·诺尔巴努斯（Gaius Norbanus, ?—公元前82年）。——译者注

第13章 马略与苏拉

而,这是一个不值得羡慕的恶名。①公敌宣告上写着马略一派那些朋友和追随者的名字。这些名单挂在城里最显眼的地方。上面写着奖赏,悬赏注定要被毁灭的马略一派首领。

这种公敌宣告并不局限于罗马,而是传遍了意大利的所有城市,造成了惨烈影响。人们除被怀疑是马略一派外,拥有任何财产也极其危险,会遭到苏拉麾下士兵肆无忌惮的抢劫和谋杀。当时年仅十七岁的尤利乌斯·恺撒侥幸逃脱了公敌宣告。马略娶了尤利乌斯·恺撒的姑妈。尤利乌斯·恺撒自己则娶了卢基乌斯·科尔内留斯·秦那之女科涅莉亚②。因此,尤利乌斯·恺撒与马略一派有了双重亲缘关系。苏拉担心科涅莉亚会影响丈夫尤利乌斯·恺撒,左右丈夫选择支持哪一方,于是几次设法诱使年轻的尤利乌斯·恺撒抛弃妻子。这一计划失败后,苏拉便剥夺了尤利乌斯·恺撒的朱庇特神祭司(Flamen Dialis)职位,夺走了其妻子的财产。

尤利乌斯·恺撒发现苏拉决意要毁灭自己,便逃到了乡下,来到萨宾人生活的地方。然而,苏拉的士兵发现了他的藏身处。不过,他用大笔贿赂换取了自己的性命,给了那些无赖之徒的指挥官两塔兰特。即使如此,他那时也不是很安全。不过,维斯塔贞女们和其他一些有权势的人出面调解,都愿意保护他。苏拉极不情愿地接受了调解,但同时宣告,那些人如此关心尤利乌斯·恺撒的安危,总有一天尤利乌斯·恺撒会毁了自己千辛万苦要恢复的贵族统治,因为自己在尤利乌斯·恺撒身

---

① 维莱伊乌斯·帕特尔库鲁斯(Velleius Paterculus):"苏拉是第一个开创公敌宣告先例的人,也会是最后一个!"——原注
② 即科涅莉亚·秦那·米诺尔(Cornelia Cinna Minor,约公元前97年—公元前69年)。——译者注

地中海霸权之争：三次布匿战争

上看到了许多马略的影子。①不过应该指出的是，如果这一说法正确，尤利乌斯·恺撒必定是在这之前就已经结婚了。那么，他在结婚时最多只有十五六岁。一个十五岁的少年，应该没有足够力量或是机会去激起苏拉这样一个人的恐惧。

那些动荡时期的恐怖稍稍平息后，苏拉就自封为独裁官，处理罗马共和国的事务。这一职位在过去一百二十年中一直都空缺着。授予苏拉这一最高职务的法令赋予了其绝对指挥权，使其所做的或该做的一切都免受责罚，授权了其不经审讯或审判就能处死任何公民。②这是一个可怕的权威，但必须承认，苏拉并没怎么滥用这一至高权力。

为了纠正贵族贪赃枉法，格拉古兄弟赋予了罗马骑士阶层与贵族享有同等权利，可以审判一切案件。但罗马人民后来发现罗马骑士阶层和贵族阶层一样腐败。独裁官苏拉依附于贵族阶层，因而就恢复了这一阶层审理一切案件的专有权。他知道，护民官滥用权力是造成当时可怕状况的主要原因。因此，他规定，谁只要担任了护民官一职，就再无资格担任其他任何官职。任何护民官都不能再去担任执政官一职。他还限制了护民官的上诉权，剥夺了护民官的主要特权——为平民提出法案的特权，只留给了护民官否决法律通过的权力。③对苏拉的这些措施，西塞罗曾公正地说："苏拉留给护民官的权力是帮助国家，而不是损害国家。"④当然，这些改革完全是贵族性质的，符合其个人偏见。无论这

---

① "因为在尤利乌斯·恺撒身上不止一个马略。"苏埃托尼乌斯，《罗马十二帝王传》(The Life of the Caesars)。——原注
② 西塞罗，《论反鲁拉斯之土地法》。——原注
③ 几年后，护民官权和罗马骑士阶层的司法特权被恢复：前者由庞培在担任执政官时恢复；后者由L.科塔在担任罗马司法官时恢复。——原注
④ 西塞罗，《论法律》，第三篇，第十节。——原注

第 13 章 马略与苏拉

条改革的小溪来自什么偏僻或隐蔽的泉源，溪水都是有益的，对抚平国家的创伤非常有利，给人们带来了实际的自由，而非派系斗争，指引着罗马的命运。然而，正是苏拉——这位独裁官的行为毁坏了自己的声誉，这表明其改革诚意多么令人怀疑，其爱国精神多么富有派系斗争的痕迹。这只手阻止了护民官滥用权力。同样是这只手，指挥了至少三十二个军团遍驻意大利，掠夺各地的原住民。即使没有遭遇抵抗，那些军团也照抢不误。苏拉知道，这样就可以得到那些军团的支持，尽管当时正值罗马派系斗争盛行时期。他解放了科涅莉亚家族的一万个奴隶，把这些人分布在三十五个部族中，担任保镖以保护他的人身安全。

苏拉并未长久享受自己沾满血腥的权威。公元前79年，他放下了独裁统治，退隐到巴亚（Baiae），不久去世，享年六十岁。他的遗体被火化了。人们为他举行了极其壮丽、庄严的葬礼。虽然苏拉引发的派系斗争早已消逝，然而将近十七万罗马人被屠杀的事实仍然触目惊心。苏拉这一名字总是与令人痛恨的各种称号相关。他是家族中第一个尸体被火化的人。他之所以这样下令，不是出于虚荣，而是出于恐惧。他残忍地挖出了马略的遗骸，将其扔进阿涅内河。为了防止自己遭到类似的侮辱性报复，他便嘱托手下在自己死后烧掉自己的尸体。

现在的执政官是小卡图卢斯（Catulus the Younger）和M. 李必达。然而，两人的政治立场截然相反。小卡图卢斯之父是个富有才华之人，曾遭受过马略一派的迫害。小卡图卢斯继承了父亲的才华和原则。与此相反，M. 李必达则支持沮丧的马略一派，并提议召回被苏拉放逐的那些人。马略的事业一直受到广大平民的赞许。因此，M. 李必达也成了马略一派的朋友，颇受那一派的欢迎。小卡图卢斯极成功地反对了同僚M. 李必达的计划，致使其撤回自己管辖的山南高卢行省。M. 李必达在那里组建了一支

地中海霸权之争：三次布匿战争

军队，希望借此让自己那一派重新掌权，惩罚敌人。罗马元老院得知M.李必达为战争做了充分准备，感到十分震惊，明智地撤销了M.李必达的执政官职务。这一行为给了后者一个发起更严重的暴力行动的借口。M.李必达当上了军队首领，效仿马略和苏拉，直接进军罗马。由于他的任期现在已经结束，于是他要求再次出任执政官。小卡图卢斯和刚从阿非利加回来不久的庞培——此人当时还是个年轻人——奉罗马元老院之令保护政府。两人合兵一处，在距离罗马约一英里外的米尔维安大桥(Milvian Bridge)遇上了M.李必达，将其彻底击败。M.李必达逃往撒丁岛，不久便绝望而死。然而，山南高卢行省仍然十分忠于M.李必达及其事业。M.李必达的副官M.布鲁图[①]仍在指挥其军队。于是，庞培率军前往镇压。一番徒劳无功的挣扎后，M.布鲁图向庞培投降，但要庞培确保自己性命无忧。然而，庞培背信弃义，极其卑鄙地让骑兵把M.布鲁图送到不远处的波河，在那里将其杀害。M.布鲁图就是密谋反对尤利乌斯·恺撒的那个布鲁图(Brutus)之父。M.布鲁图之死结束了M.李必达内战。

塞多留

不久，庞培与长期在马略手下服役的塞多留发生了一场战争。塞多留进入西班牙后，在那里召集了马略一派的残余势力。塞多留因才华横溢、文品雅致而闻名于世。他对西班牙人十分慷慨，很快就极好地安抚了西班牙人，赢得了西班牙人的好感。西班牙人因其名誉对他极为信

---

① 即马库斯·尤尼乌斯·布鲁图（Marcus Junius Brutus，约公元前85年—公元前42年10月23日）。——译者注

第13章 马略与苏拉

任,纷纷投奔到他旗下。西班牙酋长们甚至大方地把孩子送到他资助创办的学校里,在那里接受卓越的教育。他的目标是将西班牙建立成一个新的"罗马共和国"。他那数百名背负罗马公敌宣告的同胞与其一起合作实施了这一计划。西班牙人认为他是来自天上的人。这个来自天上的人在散步时,总有一只白色的小鹿陪伴着。西班牙人把那只小鹿视作精灵来敬畏。这只小鹿令西班牙人更加尊重他。

八年来,庞培和梅特卢斯[①]想方设法征服塞多留。但两人的军队仍然被塞多留击溃。要不是副将佩尔佩尔纳[②]背叛,企图获得整个军队的指挥权,在一次宴会上刺杀了塞多留,塞多留这个优秀之人的大胆计划很可能就会成功。叛徒佩尔佩尔纳的背叛行为得到了应有的惩罚。他的军队被歼灭。为了活命,他主动向庞培提供了塞多留的所有通信和文件。其中有许多私人书信来自最优秀的罗马人。那些人请求塞多留率军前往罗马,推翻政府。但庞培看都没看就"大度地"烧掉了那些文件,拒绝接见佩尔佩尔纳这个恶棍,并下令将其立即处决。记录中庞培这种偶尔的智慧和慷慨之举令人感到欣慰,因为一般说来,没有人比他更虚荣自负,更卑鄙败坏,更自命不凡。

不久,马略一派的最后一点残余力量发起了战争。其首领名叫斯巴达克斯,是个角斗士。斯巴达克斯诱使自己那一行的许多大胆之徒逃出卡普阿,来到战场上反抗罗马人。这支小队伍很快得到成千上万起义奴隶的响应,人数大大增加。这支队伍摧毁了维苏威火山附近的坎帕尼亚。在那里,斯巴达克斯又得到大批高卢人的支持,队伍更壮大了。他

---

① 即昆图斯·凯基利乌斯·梅特卢斯·庇乌斯(Quintus Caecilius Metellus Pius,约公元前128年—公元前63年)。——译者注

② 即马库斯·佩尔佩尔纳·韦扬托(Marcus Perperna Veiento,?—公元前72年)。——译者注

地中海霸权之争：三次布匿战争

率军打败了执政官们率领的两支军队。在凶残追随者的迫使下，他向罗马进军。不过，在卢卡尼亚的首府佩塔利亚（Petalia），他被马库斯·李锡尼·克拉苏（Marcus Licinius Crassus）击溃。叛乱分子不顾一切地奋战，但还是被彻底消灭了。首领斯巴达克斯也死在战场上。这场短暂的血腥战争带来了极其惨烈的后果。许多繁华的城市不是被斯巴达克斯及其追随者摧毁，就是被罗马人摧毁。这些城市中，有的与叛军确有联系，有的则是罗马人臆想它们与叛军有联系。这场奴隶战争就此结束。现在罗马恢复了平静。然而，这只不过是暴风雨来临前的短暂平静。这场暴风雨很快便出现在喀提林（Catiline）的阴谋，还有尤利乌斯·恺撒和庞培的内战中。

HISTORY OF
ROMAN

古罗马800年

[爱尔兰] W.C.麦克德默特 著 谭华 译

恺撒与庞培：
帝制与共和的最后对决

中国画报出版社·北京

目录

CONTENTS

第 1 章

第三次米特里达梯战争

— 001 —

第 2 章

前三头同盟

— 021 —

第 3 章

恺撒远征高卢与大不列颠岛

— 041 —

第 4 章

恺撒执政及死亡

— 061 —

第 5 章

后三头同盟

— 083 —

第 6 章

腓立比战役与亚克兴战役

— 099 —

第 7 章

罗马帝国建立

— 125 —

第 8 章

提比略

— 143 —

第 9 章

卡利古拉、克劳狄及尼禄

— 159 —

第 10 章

伽尔巴、奥托、维特里乌斯及韦斯巴芗

1

第三次米特里达梯战争

公元前75年，由于罗马税务官肆意滥征苛捐杂税，以及一些其他原因，小亚细亚的好几个城市都宣布放弃效忠罗马，转而依附于米特里达梯，因为米特里达梯是唯一可能支持那些城市保持独立的人。为了平息这场叛乱，罗马元老院派出卢库鲁斯和M.科塔①各率一支庞大的军队前往镇压。卢库鲁斯在奇里乞亚(Cilicia)和卡帕多西亚耽搁了几天，在那里纠正了一些滥用政府职权的行为。为获得无人协助、独立取胜的美名，M.科塔不愿等待同僚卢库鲁斯到来，于是贸然出击。

米特里达梯和M.科塔在卡尔西登(Chalcedon)相遇。卡尔西登是比提尼亚的一座城市，靠近博斯普鲁斯海峡(Bosporus)入口。这场战役持续时间不长，结果也毫无疑问。M.科塔在海上和陆上都遭遇了失败，损失了四千名老兵和六十艘战船。他也被迫逃到卡尔西登城堡寻求庇护。卢库鲁斯听闻自己同僚的悲惨遭遇，忧心忡忡，非常关切，毫不介怀后者嫉妒自己。一些人劝卢库鲁斯让自私的M.科塔听天由命。卢库鲁斯高尚地回答道："不，我将尽力帮助他，因为我一直认为，拯救一个罗马公民

---

① 即马库斯·奥雷利乌斯·科塔（Marcus Aurelius Cotta，主要活跃于公元前1世纪）。——译者注

恺撒与庞培：帝制与共和的最后对决

的性命比占领一个敌人的领土更高尚。"

卢库鲁斯极其成功地指挥了这场战争，在陆上和海上的好几次战役中都击败了米特里达梯。在格拉尼库斯河（Granicus）岸上的一次大战中，米特里达梯损失了两万人。然而，不久，精力旺盛的米特里达梯又召集了一支强大的军队。卢库鲁斯继续率军抗击，不过，在前两次交战中被打败了，但在第三次交战中大获全胜，彻底击溃了米特里达梯麾下的军队。米特里达梯被迫逃跑，连一匹马和一个仆人都没有。他混在惊恐逃窜的混乱队伍中，没人知道，也没人注意。最后，一个奴隶认出了他，见其处境如此悲惨，就下了马，让这位逃跑的国王骑上自己的马，使这位不幸的国王在疲惫不堪、即将遭到追捕者俘虏时成功逃走了。米特里达梯继续逃亡，一直逃到了女婿提格兰的王国亚美尼亚。但即使在亚美尼亚，他也没得到客人该有的礼遇，更没享受到亲人该有的接待。他在那里成了一个无家可归的乞求者。也许是出于政治上的权宜之计考虑，也许是出于某种卑微的感情，提格兰只许米特里达梯在自己的宫殿里待十二个月，甚至都不愿屈尊与岳父见一面。最后，他选择了帮助米特里达梯共同对抗卢库鲁斯的大军。多次交战后，两人都败在了卢库鲁斯的勇敢和谨慎之下。但由于国内派系之间的钩心斗角，又或者是由于那些无法判断卢库鲁斯行动意图的人发起责难，就在卢库鲁斯几乎要彻底瓦解米特里达梯的势力时，其指挥权被他人取代。庞培这个政治倾向可疑、野心难以估量的人，受命前去终结在亚细亚进行的战争。他就这样收获了前任卢库鲁斯播下的荣誉。卢库鲁斯回到了罗马。他忠心为国家服务，得到的回报却是阴谋诡计、忘恩负义。这让他厌恶至极。由于拥有一笔巨大的财富和一个气派的图书馆，他向各国学者开放，慷慨赞助这些学者。也正是他第一次把樱桃种植技术引入了欧洲。樱桃最初叫

第 1 章 第三次米特里达梯战争

克拉苏斯（Cerasus），得名于卡帕多西亚一个叫吉雷松（Cerasus）的地方。据说，樱桃这种水果正是在那里最早兴盛起来。

面对更强劲的敌人的进攻，米特里达梯认为有必要撤退。庞培紧随其后，在幼发拉底河（Euphrates）岸边追上了他。两军在午夜时分借着月光交战。米特里达梯的军队很快溃败，陷入一片恐慌。他自己则率领八百名骑兵，个个手持利剑，从罗马人的队伍中杀出一条血路。这一小队人马逃过了敌人的追击。每个人都只求个人安全，留下了不幸的米特里达梯一个人。最后只剩三个忠实的追随者，随他流浪。在这种窘迫处境下，他再次把希望寄托在女婿提格兰身上，并派了几个朋友前去寻求相助。因为害怕庞培发怒，提格兰不仅蔑视这些信使，并且悬赏捉拿那位逃亡的国王。最终，米特里达梯被迫到辛梅里亚博斯普鲁斯王国〔Kingdom of the Cimmerian Bosporus，位于克里米亚半岛（Crimea）〕的荒凉地带躲避。他在那里招募士兵，组建了一支规模很大的军队。即使在这次撤退中，他的勇敢仍然不减。他有了一个大胆的计划，即带领那些斯基泰人（Scythians）和其他部族组成的大军进军罗马本土，把战局引向追兵的家乡。他那不屈不挠的毅力使自己对这一伟业充满热情。他联系了几个高卢城邦。那些城邦早已不堪忍受罗马的残酷统治。他行军近两千英里，穿过了许多不同国家和敌对部族，越过了巍峨的阿尔卑斯山脉，进入让大名鼎鼎的汉尼拔战败的国家罗马。频繁战败已让军队疲惫不堪，士兵们也厌倦了战争。由于军队的这种状况，他的这一耀眼征服之旅很快就黯淡了。事实上，士兵们极不赞成对意大利的这种长驱入侵，甚至可以说从一开始就反对这一企图。因此，本着军团特有的权利，士兵们罢免了米特里达梯，选举了他的儿子法尔奈克①为首领。法尔奈克这个不孝子策划了罢免其父的阴谋。他不许自己年老的父亲去往想去的地方。法尔奈克的行为如此可疑，理所当然惊动了米特里达梯这个老人。米特里达梯害怕儿子背叛自己，便回到了自己的房间，实行了他的亚细亚式暴政。他先毒死了妻子、女儿和姬妾，以免她们落入敌人之手，然后自己也服下了致命之毒。但他迟迟未死。他认为这种药水不够有效，没有耐心等死，便用匕首刺死了自己。他死去时已七十二岁，在位六十年。

西塞罗

我们现在必须从揪心的亚细亚悲剧中走出来，转向罗马和意大利的国内状况。如果要更好地理解那个时代，就必须采取一种个人视角，将罗马历史视为一部伟大的戏剧，去审视剧中的一些主要演员。

公元前106年，西塞罗在阿尔皮诺出生。阿尔皮诺生活着萨莫奈人。在承认罗马主权后，阿尔皮诺获得了自由，由科涅莉亚部族管辖。年轻的西塞罗很早就展露出了卓越超群的才华。正是这些才华让他在罗马共和国的最后时光中扮演着引人注目的角色。他的家族古老可敬：父亲是罗马骑士；母亲赫尔维娅(Helvia)给丈夫带来了大笔财产，并且和丈夫一样，也与罗马骑士阶层颇有渊源。有些人在派系纷争的愤怒中声称，西塞罗只不过是卑微商人的后代，另一些人则宣称其血统可以追溯到传说中的萨宾人君主。西塞罗在演说和书信中都没有声称自己的祖先具有王室血统，只告诉我们，其祖先对家乡的祖传家业感到满足，没有

---

① 即法尔奈克二世（Pharnaces II，约公元前97年—公元前47年）。——译者注

第1章 第三次米特里达梯战争

去冒险追求只有罗马才能授予的荣誉。

西塞罗的家族在阿尔皮诺的宅邸环境宜人,适于休息和学习。西塞罗之父看到了儿子超凡的天赋,在西塞罗很小的时候就将其送到罗马。在那里,这位父亲毫不吝惜金钱,不辞辛劳,让西塞罗接受最好的教育。西塞罗天生体质柔弱,但善于思考。不过,他这种长于思考的特质在内战的动乱中受到了影响。这个时代纷繁错乱,使他无法享受宁静和隐秘,也没办法沉浸于哲学研究。这也许使他丧失了一半的声誉。和其他有名的年轻人一样,他曾在马尔西战争中主动为苏拉效力。在二十六岁那年,当了好长一段时间的候补律师后,他进入了罗马法律界,取得

正在读书的小西塞罗。
文琴佐·福帕(Vincenzo Foppa,? —约1516)绘

恺撒与庞培：帝制与共和的最后对决

了极其卓越的成就，并在第二年审理了著名的亚美尼亚人S.罗西乌斯[①]一案。该案案情如下：

S.罗西乌斯的父亲在苏拉统治后期的公敌宣告中被处死。他的财产价值约相当于六万英镑，遭到没收，被以极低的价格卖给了一个叫克里索古努斯[②]的人。后者是苏拉最喜欢的一个奴隶，被主人释放，获得了自由之身。克里索古努斯为了更好地保护自己对这一财产的所有权，控告S.罗西乌斯弑父。因此，S.罗西乌斯不仅被掠夺，失去了世袭财产，现在还面临着失去生命的危险——因为弑父是最可憎的罪行。法律界所有大律师不约而同地拒绝为不幸的S.罗西乌斯进行辩护。他们深知接下这项危险任务，就意味着弹劾一个暴君的奴仆。然而，西塞罗却欣然接下了这一案件，最后还成功让委托人S.罗西乌斯得以无罪释放。这一结果让其成了一个一流的演说家，跻身于罗马最优秀的人物之列。此时，苏拉和马略之间的争斗变得令人十分恐惧。一切和平手段都被抛弃。人们只想着杀戮和派系斗争。西塞罗也许是担心自己的安全，也许是由于国家纷乱而倍感伤心，想去缓解受伤的心情，便离开罗马前往外国旅行。他去了希腊，在那里一直待到国内部分恢复平静。

在罗马这个曾经如此伟大、如今已然衰落的国家逗留期间，西塞罗早年对雄辩之术的偏爱变得更加强烈，尽管此时的雄辩之术只不过是希腊民族特质即将消逝的余光。曾经鼓舞和启发希腊演说家的自由精神现在早已不复存在，如今有的只是诡辩家（Sophist）和修辞学家。祖先给这些人留下了巨大的知识遗产。知识正是希腊人目前拥有的唯一力量，

[①] 即小塞克斯特斯·罗西乌斯（Sextus Roscius the Younger，主要活跃于公元前1世纪）。——译者注
[②] 即卢基乌斯·科尔内留斯·克里索古努斯（Lucius Cornelius Chrysogonus，？—公元前80年之后）。——译者注

第1章 第三次米特里达梯战争

使其区别于罗马统治下被征服的隶农。不过,为了提高自己的希腊语水平,西塞罗还是经常在雅典的学校里用希腊语演说与朗诵,并结识了好友——著名的阿提库斯[①]。他还学习了希腊哲学,并在随后一段时间里,把希腊哲学注入了自己国家的文学之中。

在外旅行两年后,西塞罗回到罗马,受命出任西西里岛的财务官,也就是公库税收年度总干事。任期届满后,每位财务官都会成为罗马元老院的终身成员。三十七岁时,西塞罗出任市政官,对西西里岛前任裁判官G. 维勒斯发起了著名的诉讼。

苏拉和马略麾下的士兵遍驻农村。村民遭到驱逐,为那些满怀复仇和野心的狂怒之徒让道。一般说来,这些士兵不安分,野蛮粗鲁。他们高声叫嚣要夺取行军途中看到的繁茂农场,但夺取之后,又毫无能力耕种,无法供养自己或者造福村落。没有一个地方像古意大利那样,拥有这么多的财富,又如此迅速地更换主人。在古意大利,财产缺乏安全是导致其饥荒频发的主要原因之一。这种状况逼迫许多品性良好的居民变得目无法纪。由于居民频频遭受压迫和掠夺,或者是由于地方长官施行暴政,各行省处境更加悲惨。

G. 维勒斯

G. 维勒斯在西西里岛担任了三年裁判官。他劣迹斑斑,残忍无道、不讲公正、公开抢劫。西西里岛人深受其害,对其深恶痛绝。除锡拉库

[①] "此人是西塞罗的同学,叫蒂图斯·庞波尼乌斯。此人极度热爱雅典,因此获得了阿提库斯这一姓氏。"《善与恶的终结》,第五卷,第二节。——原注

恺撒与庞培：帝制与共和的最后对决

萨和墨西拿外，西西里岛上每个城市都派了一个代表团去见西塞罗，恳求他接下饱受压迫的西西里行省的诉讼，请他提起公诉，将罪犯G.维勒斯绳之以法。西塞罗接下了案件。G.维勒斯得到了罗马所有势力庞大的贵族的支持，并且请了著名的Q.霍尔特恩西乌斯[①]为他辩护。后者是罗马法律界最有成就的首席律师之一。对西塞罗而言，贵族们对G.维勒斯的支持和Q.霍尔特恩西乌斯的辩护都是可怕的对手，但他深信自己的才华，也深知这是一项正义事业，便以自己一贯的精力勇往直前。

西塞罗对G.维勒斯这个极其恶劣的公共罪犯提出弹劾，列出其四项重大罪行：一、担任裁判官期间，在裁决案件时贪污腐败；二、强取西西里岛的公库；三、抢劫几个西西里岛贵族的金银盘子；四、非法、暴虐地惩罚抗议其毫不公正的不幸之人。这些指控充分证明G.维勒斯是个恣意放荡的恶棍，既不诚实，也没人性，心中只有抢劫、残忍和贪婪，毫无其他情感。然而，G.维勒斯正是受到那些腐败贵族的影响才犯下了这么多罪行。那些贵族庇护下的类似暴行还有很多。因而，尽管G.维勒斯的罪行毫无争议，执政官也无法为其辩护，但西塞罗还是没能将其定罪。G.维勒斯甚至也比那些审判官更加"正派"。看到公诉无可辩驳，并且公众舆论又如此强烈地反对自己，G.维勒斯便自愿流亡国外。这就是当时罗马法律状况的可悲。如此一个数罪并犯的公共罪犯竟然可以从所犯罪行之中全身而退，逃过司法的正义惩罚。不过，他也并非没有吃苦头。G.维勒斯这位罪恶的前裁判官在流亡中生活了许多年，遭到了自己那些贵族朋友的抛弃和遗忘。据

[①] 即昆图斯·霍尔特恩西乌斯（Quintus Hortensius，公元前114年—公元前50年）。——译者注

第1章 第三次米特里达梯战争

说,多亏了西塞罗仁慈相助,他才在流亡之地得到救济。①他流亡时随身携带了一些极好的雕像和华丽的器皿,那是他在西西里岛掠夺的部分财物。这些东西不仅是他在罗马丢脸败落的原因,更是其悲惨结局的直接根源。他拒绝把那些财物交给马克·安东尼(Mark Antony)。马克·安东尼就把G. 维勒斯这个可怜的流亡者列入了公敌宣告之中。G. 维勒斯最后就死在了后三头同盟之一的马克·安东尼匕首之下。

喀提林

西塞罗现在正尽情享受着自己应得的名声和荣誉。但在公元前65年,镇压喀提林的阴谋(Catiline conspiracy)让其精力受到前所未有的极度严峻考验,同时让其美德焕发出更加纯洁的光彩。

喀提林,即卢基乌斯·塞尔吉乌斯·卡蒂利纳(Lucius Sergius Catilina),来自罗马贵族阶层。恣意挥霍、骄奢淫逸的生活使他陷入巨大的财政危机。他急切渴望将某个行省掌握在自己手中,希望通过掠夺来偿还债务。为达到此目的,他曾多次试图获取执政官一职。尽管他有着贵族地位和无可置疑的才能,声名狼藉却是他无法逾越的障碍。在苏拉实行公敌宣告期间,他是苏拉一派中最凶残的一员——他亲手杀死了好几个支持马略的公民。后来,他到阿非利加行省当上了地方长官。由于压迫阿非利加人,他受到了审判。但他设法大肆贿赂起诉人,最终逃过了审判。在第二次请求担任执政官一职时,他公开贿赂,毫不掩饰。因此,西塞罗提出了一项法案来限制这些贿赂行为。这让喀提

---

① 《元老院》,第一章,第六节。——原注

恺撒与庞培：帝制与共和的最后对决

林非常恼怒。于是，喀提林便策划杀死西塞罗和其他几个罗马元老，但被挫败了。在愤怒和失望的驱使下，他构想了一个邪恶计划，那便是让国家陷入全面暴乱状态，屠杀罗马元老院成员，夺取公库。

时势似乎对喀提林有利。内战留下的残余力量给他提供了许多工具来实施其计划。苏拉的士兵大约有十万人。他让士兵们驻扎在意大利各地。士兵们侵占了贫苦平民的农场。但他们现在游手好闲，奢侈享乐，挥霍通过暴力获得的财产。他们渴望再有类似的掠夺机会。他们是喀提林的忠实追随者，因为喀提林一直拥护苏拉一派。此时，在罗马有一种普遍的不满情绪，在整个意大利也是如此。这是之前内战带来的自然结果。喀提林向不满者派出使者。使者们前去探查目前的公共事务状况，同时许诺给加入喀提林一派的人奖赏和荣誉。有个叫曼利乌斯(Manlius)的人，是一个勇敢进取的百夫长，曾参与实施苏拉的公敌宣告。喀提林派此人去了伊特鲁里亚。此人在伊特鲁里亚通过演说号召，不久就召集了一支军队。这支军队随时准备就绪，等候喀提林的召唤。许多罗马人虽然出身名门，身份地位高贵，却家道中落，陷入贫寒，一遭蛊惑很容易就参加了这场阴谋。喀提林的同谋中，已知的大约有三十五人，其中主要有P. 科尔内留斯·雷恩图卢斯[①]、L. 卡西乌斯·朗基努斯[②]、G. 凯特

[①] 即普布利乌斯·科尔内留斯·雷恩图卢斯（Publius Cornelius Lentulus，公元前114年—公元前63年12月5日）。——译者注

[②] 即卢基乌斯·卡西乌斯·朗基努斯（Lucius Cassius Longinus，约公元前106年—公元前63年之后）。——译者注

第1章 第三次米特里达梯战争

古斯①、塞尔维乌斯②、P.苏拉③、P.奥特罗尼乌斯④,以及其他五人。这些人全部是罗马元老院成员。

P. 科尔内留斯·雷恩图卢斯出身于一个古老家族。其祖父是罗马元老院贵族。然而,其本人生活淫逸,臭名昭著,被罗马元老院驱逐。G. 凯特古斯的历史也很不光彩。他原本就是马略一派的,和马略一起被苏拉赶出了罗马。过了一段时间,他恳求苏拉,并做出了很大承诺,才得到苏拉的宽恕。他暴戾、凶狠、放荡,早已失去了品格、信用和声誉。他接受了喀提林提出的孤注一掷的手段。P.奥特罗尼乌斯曾当选执政官,但其当选被宣布无效,理由是其本人太过贫困。L. 卡西乌斯·朗基努斯是个令人失望的执政官候选人。塞尔维乌斯和P.苏拉都是已故独裁官苏拉的侄子。两人都是品行败坏的人。

共谋者在喀提林家进行了多次会谈,商讨策略方案和行动计划。这些人决定把整个意大利分成几个区,每个区都由这一阴谋团伙的一个成员管理;几个首领在整个意大利发起一次全面暴动;喀提林指挥伊特鲁里亚的军队,直接向罗马进军;L. 卡西乌斯·朗基努斯负责在几个地方同时纵火烧毁罗马;与此同时,他们要对罗马元老院成员进行一次大屠杀,惩罚反对自己一派的人,一个都不放过,只留下庞培的两个儿子作人质,以此威胁其父庞培让其倒戈相助,屠杀罗马元老院成员这一血腥

---

① 即盖乌斯·科尔内留斯·凯特古斯(Gaius Cornelius Cethegus,主要活跃于公元前1世纪)。——译者注
② 即塞尔维乌斯·科尔内留斯·苏拉(Servius Cornelius Sulla,主要活跃于公元前1世纪)。——译者注
③ 即普布利乌斯·科尔内留斯·苏拉(Publius Cornelius Sulla,?—公元前45年)。——译者注
④ 即普布利乌斯·奥特罗尼乌斯·帕埃图斯(Publius Autronius Paetus,主要活跃于公元前1世纪)。——译者注

恺撒与庞培：帝制与共和的最后对决

的任务由G. 凯特古斯负责执行；P. 科尔内留斯·雷恩图卢斯负责担任临时政权的首脑。

喀提林的第一个目标是赢得执政官选举，出任执政官。他希望以此身份获得罗马驻军的最高指挥权。他的这一希望被西塞罗粉碎，因为西塞罗已经隐约掌握了喀提林的一些密谋的消息，但仅凭这些消息还不足以逮捕任何涉案当事人。西塞罗成了执政官候选人。另一位候选人是盖乌斯·安东尼①。此人是喀提林的秘密党羽。演说家西塞罗得到公众认可和支持，成功当选执政官。盖乌斯·安东尼同样当选。由于计划中最重要的一环遭到挫败，喀提林便和共谋者一起商议如何刺杀西塞罗。

罗马有一种习俗。无论是文职官员还是神职人员，每天早晨都要接待一大群来访者，有朋友，也有受保护人。来访者借此机会表示自己对庇主的尊敬，或者为自己博取好感，谋取好处。因此，共谋者决定，让阴谋团伙之中的两人，即G.科尔内留斯②和L.瓦尔古特乌斯③，清早前往西塞罗家里，到其卧室去行刺。因为共谋者认为，这两人的地位身份可以确保获准进入西塞罗的卧室。共谋者之一L. 卡西乌斯·朗基努斯把这个计划告诉了自己一个女性朋友富尔维娅（Fulvia）。富尔维娅立即向西塞罗报告了阴谋团伙的计

---

① 即盖乌斯·安东尼·希布里达（Gaius Antonius Hybrida，主要活跃于公元前1世纪）。——译者注
② 即盖乌斯·科尔内留斯（Gaius Cornelius，？—公元前63年）。——译者注
③ 即卢基乌斯·瓦尔古特乌斯（Lucius Vargunteius，主要活跃于公元前1世纪）。——译者注

第1章 第三次米特里达梯战争

西塞罗在元老院谴责喀提林。
塞萨尔·马卡里（Cesare Maccari，1840—1919）绘

划。西塞罗命令仆人拒绝接受G.科尔内留斯和L.瓦尔古特乌斯来访。喀提林发现政府开始有所警觉，便不顾一切加紧叛乱。

与此同时，西塞罗也准备采取有力措施。他认为此时再也不宜隐瞒自己对这一阴谋的了解了。一有机会，只要喀提林出现在罗马元老院，他就揭穿其恶毒的阴谋计划，公开宣称其是个重犯，是个叛徒。起

恺撒与庞培：帝制与共和的最后对决

初，喀提林抹黑西塞罗的品格，谴责西塞罗是个傲慢张狂的投机者，企图以此击退其指控。但他发现自己受到了普遍憎恨与厌恶，便狂怒地冲出了罗马元老院，如雷鸣般地喊道："我会点起一场大火，只有罗马最高贵公民的鲜血才能扑灭。"他立刻离开罗马，前往曼利乌斯的营地。曼利乌斯在菲耶索莱附近集结了一支强大的伊特鲁里亚叛军。喀提林把罗马城里的阴谋交给了P. 科尔内留斯·雷恩图卢斯、G. 凯特古斯和另外几人指挥——因为这几人不像他那样招人怀疑。

罗马元老院担心城内即将爆发叛乱，便不愿派兵攻打伊特鲁里亚的叛军。不过，由于P. 科尔内留斯·雷恩图卢斯和G. 凯特古斯的轻率，加上西塞罗的警觉，罗马元老院摆脱了这一可怕的危机。当时，阿洛布罗基人〔Allobroges，生活于萨伏伊（Savoy）和多菲内（Dauphiné）〕派出的使者正在罗马，痛诉罗马统治者对阿洛布罗基人的勒索和压迫。就在使者们责骂罗马元老院无视自己时，喀提林阴谋团伙的密使找到了那些使者，劝诱那些使者加入阴谋计划，并且许诺，一旦成功，将给予那些使者许多豁免权。起初，那些使者对获得独立这一美好前景深感兴趣，但经过深思熟虑后，认为失败的可能性很大，并且一旦失败，自己和部族都将遭受可怕的后果，便决定向罗马元老院详细揭发共谋者的姓名。最初，那些使者通过Q. 费边·桑加①转达自己发现的阴谋。Q. 费边·桑加立刻把这个重要消息报告给了西塞罗。西塞罗立即将那些使者召集到面前，向他们做出了大量许诺，说服他们继续参加共谋者的会议，一直到逮捕和惩罚共谋者的时机成熟为止。

与此同时，P. 科尔内留斯·雷恩图卢斯及其追随者正在积极加速准

---

① 即昆图斯·费边·桑加（Quintus Fabius Sanga, ? —公元前45年）。——译者注

第1章 第三次米特里达梯战争

备发动阴谋。在其他各行省,喀提林一派行事放纵,肆意分发武器,向鲁莽轻率且毫无头脑的平民发表激烈演说,结果导致几名嫌疑人物被逮捕。但政府目前尚未采取强制措施。

P. 科尔内留斯·雷恩图卢斯、G. 凯特古斯和其他共谋者被捕及死亡

阿洛布罗基人准备离开罗马。P. 科尔内留斯·雷恩图卢斯决定让这些人在途中顺道拜访喀提林的营地,让喀提林确认自己的追随者与这些人在罗马城签下的协议。有个叫蒂图斯·沃尔图基乌斯(Titus Volturcius)的人在途中陪同那些阿洛布罗基使者。蒂图斯·沃尔图基乌斯是其中一个共谋者,受托带了信给喀提林。这一消息也立即传到了西塞罗那里。于是,西塞罗在米尔维安大桥上逮捕了蒂图斯·沃尔图基乌斯及其同伴。那些使者被释放了。蒂图斯·沃尔图基乌斯发现自己被出卖,便向罗马元老院交代了整个阴谋的过程。P. 科尔内留斯·雷恩图卢斯、G. 凯特古斯和罗马城里的其他共谋者也立即被逮捕,在罗马元老院接受审判。在小加图(Cato the Younger)的支持下,西塞罗用自己那雄辩的口才让这些共谋者被判处了死罪。唯一的反对声音来自尤利乌斯·恺撒。尤利乌斯·恺撒当时当选了司法官,但被强烈怀疑,被指控参与阴谋。但他发表了一场非常温和又似乎有理有据的演说,提议没收那些共谋者的财产,把所有共谋者关在意大利一些设防的城市里,任何人都不得擅自请求减轻这些人的惩罚。但即便如此,罗马元老院的义愤也未消除。罗马元老们下令即刻处决在押的共谋者。西塞罗担心那些人可能会在夜里被人救走,便立刻从罗马元老院出来,带着一个强壮的护卫,从临时囚牢

恺撒与庞培：帝制与共和的最后对决

中带走了P. 科尔内留斯·雷恩图卢斯，将其关进了公共牢房，让行刑者将其勒死。司法官们控制了G. 凯特古斯、斯塔蒂利乌[①]、加比尼乌斯[②]和卡帕留斯[③]。四人当晚都在马梅尔定监狱（Mamertine Prison）里遭受了同样的命运。在这悲伤又必需的一幕结束时，罗马元老院全体成员，还有罗马骑士阶层，将西塞罗送回家中。街道上灯火通明，挤满人群。人人都高呼西塞罗是罗马的救星。

喀提林得知了自己那些罗马朋友的命运，便在伊特鲁里亚集结了军队，与曼利乌斯的军队联合，决定逃往高卢。然而，他发现这一逃跑计划不可能实现，因为西塞罗发挥了自己无尽的智慧，让罗马军队封住了阿尔卑斯山脉的关口。他发现自己陷入包围，只好与执政官盖乌斯·安东尼的军队交战，在伊特鲁里亚北部的皮斯托亚（Pistoia）展开厮杀。

喀提林的军队共有一万两千人，由罗马难民和外行省流民组成，其中只有四分之一的士兵全副武装。只要能大肆掠夺战利品，这些人就会随时准备迎接战争。

喀提林竭尽全力，不仅言语鼓舞，还身先士卒，用自己不屈不挠的勇气激励军队。现在双方正面遭遇。随之而来的战斗将为古罗马最具骑士精神的时代增光添彩。罗马共和国军队指挥官盖乌斯·安东尼因痛风卧病在床。然而也有传言说，他是不愿与自己以前的同僚和共谋者喀提林开战。不过，其副将彼得利乌斯[④]完全胜任这一空缺，适合对付喀提林。彼得利乌斯麾下的士兵士气高昂、精神抖擞地进入了战斗，却

[①] 即卢基乌斯·斯塔蒂利乌斯（Lucius Statilius，主要活跃于公元前1世纪）。——译者注
[②] 即盖乌斯·加比尼乌斯·辛布尔（Gaius Gabinius Cimber，主要活跃于公元前1世纪）。——译者注
[③] 即马库斯·卡帕留斯（Marcus Ceparius，主要活跃于公元前1世纪）。——译者注
[④] 即马库斯·彼得利乌斯（Marcus Petreius，公元前110年—公元前46年）。——译者注

第1章 第三次米特里达梯战争

遭到共谋者一方坚决的抵抗。因此,在很长一段时间里,罗马军队甚至对这场战役是否能取胜产生过怀疑。然而,罗马人在人数上占有明显优势。喀提林的军队遭到罗马禁卫军(Praetorian Guard)步兵的决定性冲锋,最终溃败。曼利乌斯和其他人一样倒在了战场上。残余叛军在队伍中拼命战斗,最后全部战死。喀提林这个胆大妄为、无法无天的人,发现大势已去,无力回天,便冲到敌人最密集的队伍中,与周围敌军展开一阵厮杀,最终遍体鳞伤,倒地身亡。后来,他的尸体在一堆罗马士兵的尸体之间被发现。这场战役彻底粉碎了喀提林的阴谋。罗马举行了公众欢庆

喀提林的尸体在一堆罗马士兵的尸体之间被发现。
阿尔西德·塞戈尼(Alcide Segoni, 1847—1894)绘

活动。罗马元老院尊称西塞罗为"国父"(Pater Patriae)。这是国家能赐予他的最高荣誉,也是个人凭公共美德能荣获的最高荣誉。

2

前三头同盟

喀提林阴谋的粉碎已过了大约三年。当时整个罗马似乎团结一心，齐心给予西塞罗荣誉和奉承。庞培在叙利亚和犹地亚（Judea）展开了一场成功的战役。之后，他受海卡努斯①和阿里斯托布卢斯②两兄弟之邀，去了布林迪西（Brundusium）。两兄弟都想争夺犹太人的王位，产生了内部纷争。海卡努斯被阿里斯托布卢斯一派驱逐，便求得罗马人的保护。他对耶路撒冷（Jerusalem）展开围攻，三个月后打败了阿里斯托布卢斯在此的驻军，攻下了耶路撒冷。庞培似乎没有大肆掠夺耶路撒冷。然而，他却深深地伤害了犹太人的宗教感情，因为他进入了犹太人的耶路撒冷圣殿（Temple in Jerusalem）的神圣密室——这个地方即使是犹太人的大祭司一年之内也只允许进入一次。庞培这一侵犯的结果就是：犹太人获得了充分的宗教信仰自由，海卡努斯当选大祭司，犹地亚成了罗马的一个行省。

就在这次远征后，庞培回到意大利，打算此后投身于罗马的国内政治，实现雄心勃勃的计划。到达布林迪西后，他做的第一件事就是解

---

① 即海卡努斯二世（Hyrcanus II, ？—公元前30年）。——译者注
② 即阿里斯托布卢斯二世（Aristobulus II, 主要活跃于公元前1世纪）。——译者注

恺撒与庞培：帝制与共和的最后对决

散自己的军队。难道这不是对他后来摧毁罗马共和国的一种炫耀式的致敬吗？

公元前61年初，庞培到达罗马，随即举行了一次最辉煌的凯旋式，获得了自己垂涎已久的"马格努斯"〔Magnus, 伟大的 (the Great) 〕称号。但这一称号此后似乎并未得到传承。他把大量的财宝分给了军队。只要是参加了旷日持久的东方战役、在他旗下服役的士兵，每人都获得了相当于四十五英镑的标准纯银。在亚细亚的那段时间，他全权处理当地事务。他把自己的胜利之师一直带到底格里斯河（Tigris）沿岸，在那里建立了二十九个新殖民地，把新征服的地区分配给了在米特里达梯战争中协助罗马的君主们。现在，他急切想要罗马元老院批准这些安排，以此向外国盟友证明，自己没有许下任何履行不了的诺言。然而，他为此遭遇了意想不到的巨大困难。他那强烈的专制手段及其对军队的绝对影响力，都使西塞罗及罗马元老院一方以怀疑的眼光看待他。这些人的嫉妒也许是因为他那招摇的凯旋式，还有他让人刻在密涅瓦神殿（Temple of Minerva）里的那段铭文，而这座神殿又是用夺取自米特里达梯的战利品所建造的。这一铭文告诉人们，庞培斩杀或俘虏了两百一十八万三千人，击沉了八百四十六艘战船，摧毁了一千五百八十三座城市和城堡。

公元前60年的执政官是梅特卢斯和L.阿弗拉尼乌斯[①]。梅特卢斯出身于一个古老家族，是个贵族。他在喀提林战争中指挥了一支军队，成功阻止了叛军逃往高卢。他肯定不支持庞培的计划。但庞培在L.阿弗拉尼乌斯那里获得了支持。后者准备对庞培的所有计划都给予帮助。庞培

---

① 即卢基乌斯·阿弗拉尼乌斯（Lucius Afranius, ？—公元前46年）。——译者注

第 2 章 前三头同盟

利用了一位叫弗拉维乌斯①的护民官,让其提出一项措施,批准自己在外交方面的所有政策。此外,弗拉维乌斯还提议了一项重要的土地法,以便给庞培的士兵分配土地。这一提议遭到梅特卢斯、卢库鲁斯和小加图,以及罗马元老院绝大多数成员的强烈反对。这些人理直气壮地谴责了在没有经过长时间仔细考虑的情况下制裁涉及众多不同利益的行为的政策,而且目前还无法确定到底涉及了哪些人的利益。好斗的弗拉维乌斯对这些人的顽固不化十分愤怒,仗着庞培的支持,蛮横地监禁了梅特卢斯。尽管罗马元老院全体成员都抗议这种侵犯自己特权的粗暴行为,还宣布愿意与梅特卢斯一起遭受监禁,弗拉维乌斯仍然拒绝给梅特卢斯恢复自由。庞培对弗拉维乌斯这位追随者的胆大妄为感到惊恐,私下劝其释放梅特卢斯。于是,梅特卢斯立刻得到了释放。

庞培企图强行左右立法机关的意见。然而,这一行为彻底损害了其与贵族之间的关系。他感到自己在贵族阶层的影响力已经走到尽头,便转而拥护平民一方的事业。他后来肯定十分后悔自己走了这一步,因为他的垮台也许正始于此。

这一时期,罗马人民的注意力开始被一位军事领袖——尤利乌斯·恺撒吸引。尤利乌斯·恺撒正值壮年,已经在征服西班牙的过程中立下了卓越功勋。

尤利乌斯·恺撒之名在喀提林阴谋的故事中有所提及。他生于公元前100年,家族在罗马颇有名望。他父亲的姐姐茹利娅(Julia)嫁给了马略。尤利乌斯·恺撒这位罗马未来的独裁官当时参与了马略一派,并在塞多留遇刺后成为该派领袖。如前所述,他早年深受苏拉迫害。苏拉的

---

① 即卢基乌斯·弗拉维乌斯(Lucius Flavius,主要活跃于公元前1世纪)。——译者注

恺撒与庞培：帝制与共和的最后对决

死让他不再深陷恐惧。然而，苦难并没有让他忽视对文学的高雅追求。尤利乌斯·恺撒这位年轻的贵族在激烈的内战期间，安然地在罗得岛享受文学熏陶，接受那个时代最好的老师的教导。他精力充沛，才华横溢，很快就受到同胞们的赏识，接连担任了大祭司（Pontifex maximus）和司法官之职，之后又担任了西班牙总督。在西班牙总督职位上，他尽心尽力地为罗马共和国服务，干得十分出色，非常成功，一直干到公元前60年才回到罗马，与M. C. 比布鲁斯[①]一起当选执政官。他对罗马元老院分配给自己的行省很不满意。他看到罗马共和国处于软弱和混乱状态，便调转心思，积极与庞培和马库斯·李锡尼·克拉苏结盟。庞培和马库斯·李锡尼·克拉苏贪得无厌，对尤利乌斯·恺撒当时领导的政府非常不满。马库斯·李锡尼·克拉苏和庞培长期不和。不过，尤利乌斯·恺撒决策英明，很快促使两人与自己结成联盟，组成了前三头同盟（First Triumvirate）。从这时开始，即公元前60年，罗马元老院便不再统治罗马这个国家。

前三头同盟极度渴望得到西塞罗的关注和合作。然而，西塞罗这位慷慨无私的爱国者拒绝参与前三头同盟的计划，因为他预见到，前三头同盟的计划会毁灭罗马的自由。

尤利乌斯·恺撒采取的首个策略是与庞培加强联盟，把女儿茹利娅嫁给了庞培。不过，这一联姻似乎从未达到预期目的。从那时开始，尤利乌斯·恺撒和庞培彼此嫉妒。两人之间后来发生了许多灾难性冲突。这些嫉妒很可能就是前奏。尤利乌斯·恺撒和M. C. 比布鲁斯名义上仍

[①] 即马库斯·卡尔普尔尼乌斯·比布鲁斯（Marcus Calpurnius Bibulus，约公元前102年—公元前48年）。——译者注

第 2 章 前三头同盟

然都担任着执政官。然而,后者的权威不过是个影子,形同虚设。因此,无论M. C. 比布鲁斯对自己的处境有多不满,也无法阻止同僚尤利乌斯·恺撒那雄心勃勃的计划。

这一时期,由于克洛狄乌斯的内讧阴谋,罗马一直处于动乱中。克洛狄乌斯是个挥霍放荡的贵族。其祖上属于有名的古老家族克洛狄乌斯家族。克洛狄乌斯娶了卢库鲁斯的一个妹妹,曾跟随卢库鲁斯远征。然而,他几乎没有什么功劳。他作恶多端,在罗马臭名昭著。即使如此,他依旧胆大妄为,频频作恶。他藐视法律,还获得了一个强大派系的帮助。他的这些种种恶行劣迹使他成了大公害,让那些品性善良的罗马人不堪忍受。罗马人经常遭受克洛狄乌斯那伙人的侮辱和虐待。当时的法律和公共道德非常混乱。谁敢反抗克洛狄乌斯的放荡行径,谁的房子就肯定会被他那群武装暴徒袭击烧毁。人们也指望不上惊恐万分的罗马元老院给予任何帮助。如果提供帮助,罗马元老们可能就会为此付出生命的代价。

一年前,克洛狄乌斯犯了一件事。对一个普通人而言,这件事似乎已经构成犯罪。当时,尤利乌斯·恺撒的妻子庞培娅(Pompeia)和许多其他罗马妇女正在举行良善女神(Bona Dea)秘仪。这是一个极受崇拜的庄严仪式,不许任何男子参与。然而,克洛狄乌斯不顾一切规矩,穿着女装,带着某种犯罪意图,设法藏进了尤利乌斯·恺撒的家里。这里当时正在举行那些秘仪。克洛狄乌斯这位入侵者很快就被发现。屋里的人惊恐万分,随即陷入一片混乱。克洛狄乌斯这位浪荡登徒子趁着混乱逃走了。但他那渎神行为很快就传遍了全罗马,引起了普遍的愤怒。尤利乌斯·恺撒当时是大祭司。得知大祭司的神圣身份受此侮辱,罗马人深感愤恨。克洛狄乌斯使出各种拖延和诡计,最终还是

恺撒与庞培：帝制与共和的最后对决

受到审判。当时，他试图求得西塞罗为自己做辩护律师。西塞罗愤怒拒绝，坚决不为这样一个人出卖自己的才能，并且在此案的随后调查中，还提供了对这个恶棍不利的有力证词。克洛狄乌斯的阴谋诡计，加上公共道德的腐败，最终使其逃脱了应受的惩罚。他花费了大量金钱收买裁判官，让其保持沉默，或是给予支持。当初，他因荒淫放荡遭到那个腐败法庭的传唤，而如今这个法庭又将其无罪释放。尤利乌斯·恺撒似乎毫不关心这件事。虽然他相信妻子没有参与克洛狄乌斯的任何计划，但还是抛弃了她。他还宣称："尤利乌斯·恺撒的妻子必须不容置疑（Caesar's wife must be above suspicion）。"不过，这一宣称似乎更多是出于自负，而非真诚。

克洛狄乌斯意外得到无罪释放。西塞罗对此表示强烈反对，因而激起了克洛狄乌斯的仇恨。现在，克洛狄乌斯极力争取自己当选护民官。他觉得只要在这个职位上，自己就可以狠狠地报复西塞罗和其他敌人，也能让自己在将来犯罪后免受惩罚。为达此目的，他放弃了贵族头衔，让一个平民家庭收养自己，因为他知道，法律规定贵族无法担任平民护民官。他的阴谋得逞了。大约两年后，尤利乌斯·恺撒和庞培因西塞罗总是拒绝批准实行前三头同盟执政，两人便纵容克洛狄乌斯当选护民官，以此激怒西塞罗。

罗马人的领养制度（Adoption in ancient Rome）非常特殊：首要条件是领养人的年龄应大于被收养人，并且领养人的年龄应大到不能生育子女；此外，领养不应损害任何一方家庭的尊严；领养不能有任何诈骗或欺骗意图；所有这些详情都要先由祭司团（College of Priests）调查，并且整个程序必须经过祭司团批准。但这些条件每一条都被放肆的克洛狄乌斯藐视。那个假领养人比克洛狄乌斯本人要年轻许多，结了婚，还有孩子。克洛狄

第 2 章 前三头同盟

乌斯也从未征询过祭司团的意见。此外，他的养父还和他解除了收养关系，并且他还在当选护民官后恢复了贵族身份。

克洛狄乌斯与当年（公元前58年）的执政官，即加比尼乌斯[①]和卡尔普尔尼乌斯·皮索[②]，达成不正当的协议之后，将大量谷物分发给了平民。他还促成了一项法令的颁布。该法令规定，任何非法处死罗马公民的人都违法。西塞罗觉察到这条法令会让自己和追随者陷入危险，因为自己当年惩罚了G. 凯特古斯和喀提林一派的其他一些人，便想尽一切办法阻止这一法令过审，却徒劳无功。克拉苏知道西塞罗怀疑自己与喀提林阴谋有关。因此，他不喜欢西塞罗。尤利乌斯·恺撒虽然不是西塞罗的公开之敌，却暗自惧怕其美德。西塞罗拒绝在高卢做尤利乌斯·恺撒的副将，也不愿在其政府里任职。这让尤利乌斯·恺撒尤其恼怒。

西塞罗出逃

在此情况下，西塞罗决定亲自向剩下的前三头同盟之一庞培请求保护。庞培冷淡地接待了西塞罗。西塞罗极其谦卑地恳求庞培给予帮助，以对抗克洛狄乌斯的阴谋诡计。然而，庞培断然拒绝并且自私地说，自己不会做出任何违背尤利乌斯·恺撒意愿的事。为此，西塞罗立即召集朋友们商议，征求意见，看看自己是该留在罗马，保持自己的清白，以武力对抗敌人，还是及时撤离，等待这场风暴结束，以避免流血冲突。

[①] 即奥卢斯·加比尼乌斯（Aulus Gabinius，约公元前101年—公元前48年或公元前47年）。——译者注
[②] 即卢基乌斯·卡尔普尔尼乌斯·皮索·凯索尼努斯（Lucius Calpurnius Piso Caesoninus，公元前101年—约公元前43年），公元前58年的罗马执政官。——译者注

恺撒与庞培：帝制与共和的最后对决

卢库鲁斯建议他坚守罗马。Q.霍尔特恩西乌斯、小加图和阿提库斯则建议他及时撤离罗马。西塞罗的家人也感到害怕，支持他及时撤离。于是，当天晚上，他在许多朋友陪同下秘密离开罗马。这些朋友充当了护卫，和他一起行进了两天，然后离开了。朋友们无比钦佩其美德，对其劫难感到无限悲伤。

克洛狄乌斯发现西塞罗离开了罗马，便在第二天来到罗马广场，在那里依仗自己的诡计，加上自己那些雇佣兵的暴力，强行通过了一项法令，指责西塞罗是人民公敌。这一法令规定，任何人都不得冒死擅自窝藏或接纳西塞罗，任何人只要胆敢提出召回西塞罗，就同样是人民公敌。西塞罗这位贵族流亡者的财产也成了合法的掠夺对象。西塞罗在帕拉丁山有座宅邸。宅邸里有许多大理石柱，也被执政官卡尔普尔尼乌斯·皮索卑鄙地占为己有。另一位执政官加比尼乌斯，则掠夺了西塞罗在塔斯库勒姆的庄园，抢走了那里所有昂贵、精美的艺术品。然而，暴行没有就此停止。面对这些暴力场面，西塞罗的妻子特伦蒂娅（Terentia）自然担心人身安全，便逃到一个神殿里避难。但在那里，她被强行拖走，被人粗暴地带到了克洛狄乌斯的法庭上，在那可笑的法律庄严之下，被迫交代自己那显赫丈夫西塞罗的财产。然而，在这件事上，克洛狄乌斯被特伦蒂娅的坚定和勇气挫败。①

克洛狄乌斯这个护民官无法无天，接着又打算夺走西塞罗年仅六岁的幼子小西塞罗（Cicero Minor），企图将其谋杀。小西塞罗当时完全不懂这些险恶。多亏监护人小心翼翼地把他带走，让他远离了恶棍克洛狄乌斯。然而，克洛狄乌斯不满足于毁掉流亡者西塞罗的帕拉丁山府邸。为

---

① 西塞罗，《致亲友书》（*Epistulae ad Familiares*），第十四卷，第二封。——原注

西塞罗的妻子特伦蒂娅在神殿里被强行拖走。
作者信息不详,绘于 1808 年

了防止府邸在此重建，他怀着最毒的恶意，将那块地永久地用作宗教用途，在那里建起了一座自主神（Libertas）神殿。他就是这样信奉宗教和践行自由观念的。

西塞罗在西西里岛寻求避难遭拒

西塞罗一直是西西里岛人的忠实朋友，是西西里岛人的权利捍卫者。因此，他前往西西里岛，希望在西西里岛上尽可能平静地度过流亡生涯。就在他看到自己期盼的这些海岸时，西西里司法官G.维吉利乌斯[①]因为害怕克洛狄乌斯报复，就派人告知西塞罗，不能在那里登陆。这是西塞罗流亡时第一次感到痛苦。他想起G.维吉利乌斯以前曾受自己的恩惠，就更加心酸了。在此情形下，他被迫返回意大利，打算从那里乘船去一个更好客的地方。不过，即使在这种受辱状态下，他也感到了些许安慰。虽然他的敌人烧毁了他在罗马的宅邸，掠夺了他的财产，但在他一路流亡经过的所有城市，人们都以最热烈的赞美和掌声欢迎他。他在塞萨洛尼基（Thessalonica）留了下来。当地财务官Gn.普兰西斯[②]不惧克洛狄乌斯的愤怒，非常热情地接待了西塞罗，尽力给西塞罗提供最舒适的居住环境。

---

① 即盖乌斯·维吉利乌斯（Gaius Virgilius，主要活跃于公元前1世纪）。——译者注
② 即格涅乌斯·普兰西斯（Gnaeus Plancius，主要活跃于公元前1世纪）。——译者注

第 2 章 前三头同盟

罗马召回西塞罗

西塞罗尽心为国家服务,得到的却是忘恩负义的回报。这真是让罗马人蒙了羞。不过,西塞罗的同胞并没让自己的这种忘恩负义持续多久。克洛狄乌斯成功实施了那些阴谋诡计,使罗马历史上最杰出的人物西塞罗长期受到迫害。现在,他又沉迷于权力之中,不时地侮辱尤利乌斯·恺撒、庞培,甚至还有时任执政官的加比尼乌斯。此前,正是这几人的认可和纵容,他才得以对西塞罗实施恶行。最后,平民都开始支持西塞罗。他完全无法阻止,也无法逮捕那些平民。

公元前57年秋,在马略建的一座神殿中,罗马元老院终于在遭到多次干扰后通过了一条法令,推翻了克洛狄乌斯对西塞罗的流放判决,邀请西塞罗立即返回罗马。听到这一宣布,所有阶层的人都欢呼雀跃。伟大的伊索配斯(Aesopus)为此上演了一出悲剧,讲述一个著名的流亡者遭受了种种苦难。这一悲剧激起了人们的极大热情,让罗马所有热爱宪法自由的人看到了极大的希望。

离开了大约十六个月后,西塞罗回到了罗马,受到了最热烈的欢迎。西塞罗这位"国父"在经过的每一座城市都受到热情的接待。那些城市的官员代表和政府机构,虽然不那么热情,但诚意丝毫不弱,也祝贺他的归来,为其竖立雕像,赋予其公共荣誉。从布林迪西一路到罗马,沿途一队队人,神殿中、门廊里、房顶上,都有男女老少为他的回归欢呼。他靠近罗马城时,迎接他的场面十分壮观,或者如他自己所说:"那一天真是值得永远铭记,因为我看到罗马元老院和所有罗马人民都出来迎接我,罗马城就像是从地上蹦出来,冲去拥抱它的守护

恺撒与庞培：帝制与共和的最后对决

西塞罗回到罗马。
弗朗西斯比亚比奥（Franciabigio, 1482—1525）绘

者。"① 他的一切荣誉都得以恢复。罗马元老院给了西塞罗两万两千镑拨款，让其重建自己在帕拉丁山的府邸，还有塔斯库勒姆和福尔米亚的庄园。然而，这笔拨款远远低于西塞罗那些财产的实际价值。

西塞罗之梦

西塞罗说，自己在流亡期间做了一个印象十分深刻的梦。② 梦境

---

① 西塞罗，《反皮索》（*In Pisonem*），第二十二节。——原注
② 西塞罗，《论占卜》（*De Divinatione*），第一卷，第二十八节。——原注

第 2 章 前三头同盟

中,他正在荒凉的原野上郁郁寡欢地徘徊,这时,马略的影子出现在面前,马略那束棒上还绑着月桂花环桂冠。这个影子看见他满是阴郁和悲伤,便嘱咐他不要绝望,还告诉他他会从在罗马的那座马略纪念碑里找到庇护。西塞罗向人们讲述了这一异象。所有人都相信,西塞罗很快就会光荣地返回自己的国家。而召回西塞罗的法令正是在马略的神殿里颁布的。[①] 这一情形深深印入西塞罗的脑海。他宣称自己梦中那一异象是诸神的神圣恩惠。不过,他也并非总是这么认为。他对梦境学说的见解极其合理,富有哲理,值得注意。他的家人常常谈到他这个梦。他曾在写作中讲到这个梦:"所有的梦只不过是虚空的幻觉,是我们清醒时的思想留在脑海中微弱的模糊印象。在流亡期间,我自然会想到某个人。这个人和我一样,也是个被祖国抛弃的人,比如马略就是这样。因此,我经常想到这个人。于是,这个人便出现在我的梦中。这各种各样的梦境,有时正好是因为出现了某种幻觉而产生的,否则就连老妇人都不会愚蠢到相信任何梦。"

在此期间,前三头同盟绝对控制了罗马共和国,瓜分了罗马共和国的全部权力,并且划分了共和国各大行省的统治权。划分方式如下:尤利乌斯·恺撒统治高卢,庞培统治西班牙,马库斯·李锡尼·克拉苏则统治叙利亚和东方,统治期均为五年。这种粗暴的僭权行为无视一切许可授权。对此,罗马元老院做出了反对,不过,元老们的反对没有作用。小加图曾大胆痛骂这种违宪行为。尤利乌斯·恺撒便将其送进了监狱。但他对自己的这一行为感到羞愧,便立即释放了小加

[①] 在罗马,马略用马尔西战争的战利品建了一座神殿。因此,这座神殿也通常称为马略纪念碑。——原注

图。他和马库斯·李锡尼·克拉苏都得到了自己想要的一切，过了一段时间，就离开了罗马，到各自的行省去了。两人在自己的行省经历了截然不同的命运。

米罗弹劾克洛狄乌斯

　　整整六年，克洛狄乌斯一直都极度放纵、大胆妄为，最后被护民官米罗弹劾，被控严重破坏公共治安。然而，罗马法律的现状极其混乱。克洛狄乌斯一派设法阻止了自己的领袖遭受审判。米罗是个大胆无畏之人。他看清了这种状况，决意以暴制暴，武力对付克洛狄乌斯。为此，他买下了一群角斗士。这群角斗士在罗马大街上与克洛狄乌斯的角斗士发生了几次小冲突。几年后，米罗竞选执政官，克洛狄乌斯则竞选司法官。后者竭力阻止前者，不让其成功当选，免得自己被迫为仇敌服务，当其下属。所有尊崇秩序和宪法的人都支持米罗。不过有三个护民官，其中一个是历史学家撒路斯提乌斯，支持克洛狄乌斯。在这样的情形下，米罗和克洛狄乌斯刚好就在城外的亚壁古道（Appian way）上偶然相遇。当时，两人都带着随从。就在两人经过对方时，各自的随从开始互相嘲弄。克洛狄乌斯又准备施行自己那惯常的暴力，威胁要惩罚对手米罗的仆人。就在这时，他的肩膀突然遭到米罗麾下的角斗士比里亚（Birria）的攻击。他受了伤，逃往附近一家小酒馆避难。但米罗一直铭记着复仇，便冲进了那间房屋，将他拖了出来，连同其十一个随从，一起当场杀死。第二天，克洛狄乌斯的朋友把他的尸体抬进了广场。尸体全身赤裸，浑身血迹，满是污垢。平民们看到克洛狄乌斯这个极具煽动性的政客的尸体，失去了理智，赶忙将其抢走，搬到了罗马元老院议事

第 2 章 前三头同盟

厅,拆了那里的椅子和长凳,堆成一个火葬堆,把尸体和议事厅一起烧掉了。平民们满腔怒火,接着开始猛攻米罗和其他人的府邸。罗马城陷入一片恐怖混乱之中。庞培受命出任执政官。没有同僚,就他一人。罗马元老院要求庞培务必确保国家不受任何危害,还要求他召集足够多的军队保护国家。不久,米罗遭到审判。虽然他的朋友西塞罗能言善辩、足智多谋,但还是没能帮他摆脱罪名。于是,米罗被流放,去了马赛(Marseille)[①]。

马库斯·李锡尼·克拉苏极度贪婪。他之所以选择叙利亚作为自己的行省,主要就是受极度贪心驱使。公元前55年,在前往叙利亚途中,他经过了犹地亚,让不幸的犹太人更加不幸,掠夺了耶路撒冷圣殿里那些华丽的金银器皿。当年庞培在以色列时,都不曾毁坏过这些圣物。

马库斯·李锡尼·克拉苏在叙利亚待到了公元前54年冬,在那里用丰富的战利品满足自己的贪婪。他每天都掠夺财物,让叙利亚行省无时无刻不沉浸在恐惧中。同时,他在准备远征帕提亚帝国。

帕提亚帝国的人十分好战,曾多次顽强抵抗罗马军队。该国王公贵族的金库里躺着巨额财富。仅是这些财富就足以让马库斯·李锡尼·克拉苏前去冒险。帕提亚万王之王奥罗德斯[②]得知了马库斯·李锡尼·克拉苏的意图,派出使者前往罗马军营,试图劝服其放弃计划,却枉费了工夫。亚美尼亚国王阿尔塔瓦兹德[③]提出协助罗马人,给罗马人派出一支大军,并且建议罗马人沿着亚美尼亚沿线向帕提亚方向进军。然而,

---

[①] 米罗被放逐四年后,由司法官马库斯·凯利乌斯·鲁弗斯召回。这两人试图腐化支持庞培的那支军队,但他们想要贿赂的士兵却破坏了他们的企图。——原注
[②] 即奥罗德斯二世(Orodes II,?—公元前37年)。——译者注
[③] 即阿尔塔瓦兹德二世(Artavasdes II,?—公元前31年)。——译者注

恺撒与庞培：帝制与共和的最后对决

马库斯·李锡尼·克拉苏还是同样的傲慢，忽视了亚美尼亚人的建议。帕提亚军队的将军苏雷纳（Surena）是个极具军事才能的人。他很快就发觉马库斯·李锡尼·克拉苏那刚愎自用的脾气，认为这可能会对奥罗德斯的事业有所帮助。于是，他便派了一个狡猾的间谍前往马库斯·李锡尼·克拉苏的营地，说自己是个逃犯，摆脱了君主奥罗德斯的暴政。马库斯·李锡尼·克拉苏被该间谍的故事冲昏了头脑，很快便对其产生了绝对信任。

根据间谍的描述，罗马军队越过了幼发拉底河，进入美索不达米亚。然后，这支军队就偏离了肥沃地区，被引入了气候闷热的广阔平原。那里缺乏水源和健康的食物，因此很快就给罗马人带来了极其惨重的后果。将军们开始怀疑向导的动机。尽管那些将军急切地劝阻，马库斯·李锡尼·克拉苏还是继续行军。然而，罗马士兵们精疲力竭，行军日益艰难。

此时，帕提亚军队正在迅速逼近。这一消息加剧了罗马军队的混乱。没过多久，两支军队就在卡雷（Carrhae）相遇。帕提亚人第一次进攻后，似乎要撤退。然而他们突然转身，向敌人——罗马军队射出了极具杀伤力的阵阵箭雨，穿透了敌人的紧身盔甲。罗马人尸横遍野。马库斯·李锡尼·克拉苏之子是个英勇的年轻军官。他试图用罗马骑兵冲破帕提亚大军，结果战死了。其不幸的父亲第一次看到自己的军队在帕提亚人的飞箭之下全军覆没，被迫投降。苏雷纳起初很客气。但不久，马库斯·李锡尼·克拉苏就遭到暗杀。具体是怎么死的，不得而知。马库斯·李锡尼·克拉苏的贪婪使他既不被同僚怀念，也得不到同胞的惋惜。他的头被人得意地带到了奥罗德斯面前。奥罗德斯下令将他的头颅里装满熔化的黄金，并说道："你既如此贪恋此物，便如你所愿！"将

克拉苏之死。作者信息不详

恺撒与庞培：帝制与共和的最后对决

近两千名罗马士兵在卡雷战役（Battle of Carrhae）中阵亡。在G. 卡西乌斯·朗基努斯①的带领下，有一小部分罗马军队逃到了叙利亚。这位首领后来参与了杀害尤利乌斯·恺撒的密谋，令世人难忘。

前三头同盟执政至此结束。

---

① 即盖乌斯·卡西乌斯·朗基努斯（Gaius Cassius Longinus，约公元前86年—公元前42年10月3日）。——译者注

3

恺撒远征高卢与大不列颠岛

尤利乌斯·恺撒目睹了西塞罗的逃亡。正是他间接导致了西塞罗的逃亡。首都罗马的这些纷争给了高卢人反抗罗马统治的胆量。于是，尤利乌斯·恺撒前往镇压。他的主要作战地点是索恩河（Saône）和莱茵河（Rhine）。很快，他就取得了惊人的胜利。

赫尔维蒂人（Helvetii）是坚韧的山地民族，居住在日内瓦湖东北方向的乡间。他们英勇抵抗了尤利乌斯·恺撒的进军，在比布拉克特〔Bibracte，19世纪中叶的欧坦（Autun）〕附近与罗马军团遭遇。尤利乌斯·恺撒的好运占了上风。赫尔维蒂人战败，惨遭杀戮。尤利乌斯·恺撒的下一个对手是苏维汇人（Suebi）的首领阿利奥维斯塔（Ariovistus）。阿利奥维斯塔率领十五万人越过莱茵河，前来解决两个高卢部族之间的一些争端。尤利乌斯·恺撒不同意这种裁决，便立即进军莱茵河河畔，在那里彻底挫败了阿利奥维斯塔及其军队。阿利奥维斯塔撤退到莱茵河对岸。尤利乌斯·恺撒认为不宜过河追击。高卢人如果把军队联合起来，就很可能以绝对优势力量将罗马人赶出自己的领土。然而，组成高卢军队的各个部族争执不休，削弱了军队的力量。结果，尤利乌斯·恺撒得以将那些部族各个击破。内尔维人（Nervii）是尤利乌斯·恺撒最顽固的对手之一。在萨比斯战役（Battle

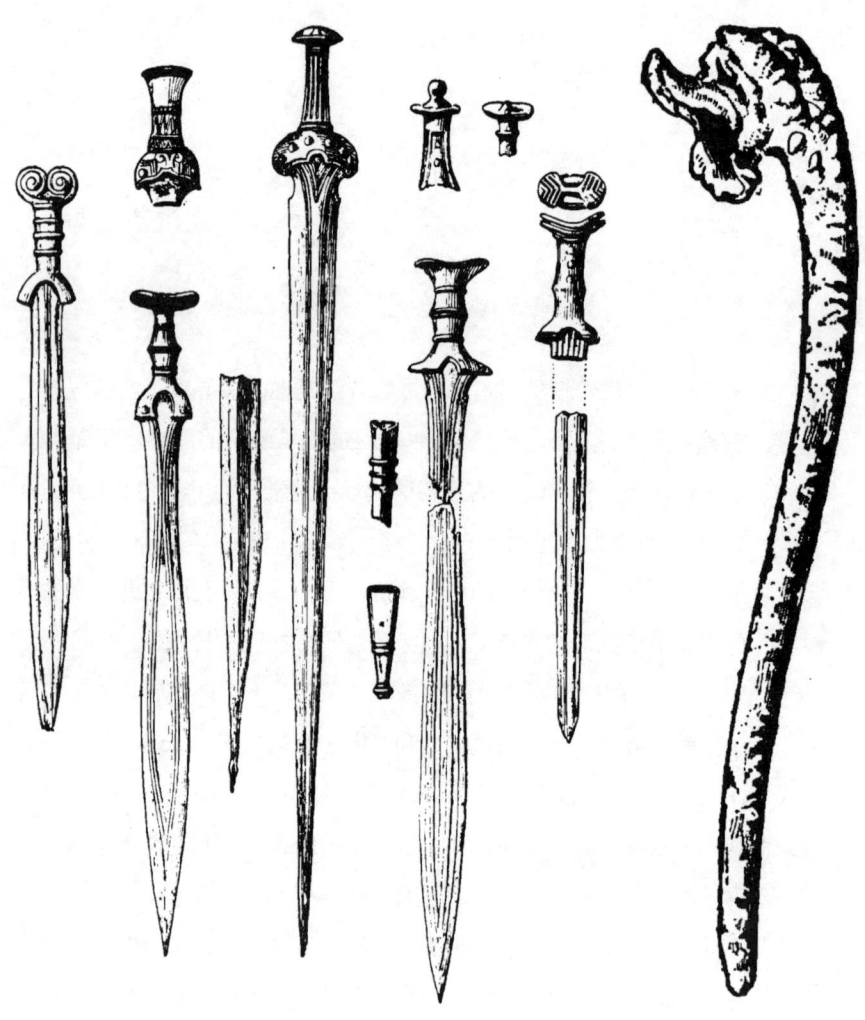

高卢人的铜剑与匕首　　　　　　高卢人的号角

高卢人的各种头盔

有关与高卢人战斗的浮雕

恺撒与庞培：帝制与共和的最后对决

of the Sabis) 中，尤利乌斯·恺撒率军极其艰难地击败了内尔维人，内尔维人损失了五万五千人。这场战役中，罗马人也损失惨重，与敌人的损失不相上下。尤利乌斯·恺撒很快就征服了高卢。他在莱茵河上建了一座结构精巧独特的大桥，然后启航前往大不列颠岛。据说，岛上居民曾在一场战役中援助高卢部族，共同抗击罗马人。从高卢沿海就可以看到大不列颠岛的海岸。公元前54年，尤利乌斯·恺撒率领两个军团渡海，在肯特海岸的迪尔（Deal）附近登陆。

尤利乌斯·恺撒入侵大不列颠岛

尤利乌斯·恺撒入侵大不列颠岛时，不列颠人还是所谓的"蛮族"。他们勇敢地抵抗罗马人，但其军队混乱无序，很快就被军纪严明的罗马人赶出了阵地。尤利乌斯·恺撒便是第一批抓住旗帜、跳上海岸的人。罗马人刚刚登陆，不列颠人就停止了抵抗，向征服者投降了。然而，一场风暴刮起，摧毁了许多罗马战船。尤利乌斯·恺撒感觉这些部族打算重新展开战斗，就从岛上撤退了。第二年，他带着一支人数更多的军队卷土重来，征服了东不列颠人的首领卡西维拉努斯（Cassivelaunus）。由于无法在东不列颠遍地驻军，他一离开，岛上的不列颠人就放弃了之前的被迫效忠，恢复了独立。当他回到高卢，埃杜维人（Aedui）和塞夸尼人（Sequani）再度挑起战争。尤利乌斯·恺撒率军包围了其首府阿莱西亚（Alesia）。最终，该城居民无法抵抗饥荒，被迫投降。高卢将军维钦托利（Vercingetorix）十分勇敢。他为了让同胞们免遭苦难，提出自己一人投降，以保全同胞们。然而，尤利乌斯·恺撒展现了自己的野蛮残暴，不接受这样的条件。于是，他俘虏了维钦托利，让其和其他被俘的首领一起，

维钦托利为了让同胞们免遭苦难,自己解下佩剑,向恺撒投降。莱昂内尔·罗耶(Lionel Royer,1852—1926)绘

恺撒与庞培：帝制与共和的最后对决

为自己的凯旋式增光添彩，然后将其处死。

尤利乌斯·恺撒是马略一派的最后一位代表。他的凯旋式遭到庞培的妒忌，也让罗马元老院对他产生了怀疑。他把女儿茹利娅嫁给了庞培，以便更好地确保庞培支持自己。然而，不久，两人发现，这条纽带完全不足以抑制彼此之间的嫉妒。

茹利娅在世期间，两人因顾及公众形象克制了对彼此的敌意。然而，茹利娅红颜薄命。茹利娅刚一去世，尤利乌斯·恺撒和庞培这两位权力争夺者之间就立刻出现了巨大隔阂。庞培采取了自己的第一个敌对行动，即趁尤利乌斯·恺撒远在高卢期间，设法当上了执政官，没有同僚，就他一人担任。他还诱使自己的朋友盖乌斯·马克卢斯[①]提议，令尤利乌斯·恺撒在公元前50年年终时卸下军队指挥权。这一提议被护民官G.库里奥[②]否决。尤利乌斯·恺撒因此得救。否则，如果他就此被迫回到罗马，面临的将是一场灭顶之灾。他现在完全意识到庞培的险恶用心，于是想尽一切办法确保军队忠诚于自己，保证阿尔卑斯山南侧的高卢居民衷心拥护自己。

尤利乌斯·恺撒在行进途中，沿途城市的居民都列队为其送行。罗马元老院听说后，极其惊慌。梅特卢斯·西庇阿（Metellus Scipio）是尤利乌斯·恺撒的亲戚，也是其同僚，最近刚刚上任。他提议颁布一项法令，果断解散尤利乌斯·恺撒的军团，命其返回罗马。不过，这一提议遭到G.卡西乌斯·朗基努斯和马克·安东尼两位护民官的强烈反对。在这

[①] 即盖乌斯·克劳狄·马克卢斯（Gaius Claudius Marcellus，公元前88年—公元前40年5月），公元前50年的罗马执政官。——译者注
[②] 即盖乌斯·斯科里波尼乌斯·库里奥（Gaius Scribonius Curio，约公元前84年—公元前49年）。——译者注

第 3 章 恺撒远征高卢与大不列颠岛

场危机中,罗马元老院显得软弱,并且摇摆不定。最终,罗马元老们把"维护共和国利益"的重任交给了庞培。这让庞培立刻成了宪法守护者。然而,不管是出于虚荣,还是因为软弱,庞培采取了一种不作为的奇怪方案。他宣称尤利乌斯·恺撒绝不敢冒险向自己发动战争,自己只要一跺脚,大军就会踏遍意大利。

罗马现在弥漫着极度的恐惧和骚动。人们眼中,尤利乌斯·恺撒现在对祖国的自由充满敌意,而庞培则是祖国自由的保护者和守护人。贵族们极其惧怕尤利乌斯·恺撒,后者当时正率军驻扎在高卢。这些贵族提出各种措施来挫败和侮辱尤利乌斯·恺撒。尤利乌斯·恺撒在罗马的一些党羽强烈反对那些措施,因为这些人收受了尤利乌斯·恺撒的巨额贿赂。最终,摇摆不定的罗马元老院通过了一项法令,命令尤利乌斯·恺撒解散军团,如果后者拒绝,就视其为人民公敌。

尤利乌斯·恺撒听说了这一法令。当时,他正驻扎在拉韦纳(Ravenna)。在那里,他被告知如果他越过卢比孔河,便会被视为罗马之敌。卢比孔河是一条小溪,隔开了意大利和尤利乌斯·恺撒控制的山南高卢行省。如果没有罗马元老院的许可,任何军队都不可跨越这条河。尤利乌斯·恺撒凭着自己那股劲头,立刻拆了营地,令军队向那条河的河岸挺进。他在那里犹豫了一会儿,思考该走什么路。不过,他相信士兵的忠诚,也深知投降不会让自己免受庞培和罗马元老院的报复,于是策马扬鞭,冲进溪水,高喊:"回不了头了!"从那一刻起,他不再动摇,而是以勇气,时常还以宽广的胸襟,继续追求自己那早已开启的伟大事业。

尤利乌斯·恺撒一路向南挺进罗马。沿路上,阿里米努姆、安科纳、佩萨罗(Pesaro)、阿伦蒂乌姆(Arentium)等城立刻向他敞开城门。他踏

恺撒与庞培:帝制与共和的最后对决

上的这条道路违背了他对祖国的忠诚,在这条道路上不曾丝毫放松。他提出了最讨人喜欢的和平条件,但这绝非出于他的真心。

此时,罗马弥漫着恐怖和混乱。执政官、罗马元老院成员,四散奔逃。公众对尤利乌斯·恺撒复仇之心的印象极其深刻。平民们甚至认为尤利乌斯·恺撒是要来极度残酷地对付那些不幸的罗马公民。不过,平民们的这一想法完全错了。佩利格尼人的首府科尔菲尼奥(Corfinium)投降后,尤利乌斯·恺撒展现了极大的仁慈之心。那里有几个罗马元老成了他的俘虏,其中有西塞罗的朋友L.斯皮恩特尔[①]。此人在担任执政官时,为召回西塞罗积极奔走。尤利乌斯·恺撒给了这些俘虏自由,对他们非常仁慈。这一行为使公众舆论转而支持尤利乌斯·恺撒。由于朋友L.斯皮恩特尔受到征服者尤利乌斯·恺撒的仁慈对待,西塞罗极其高兴,便给他写了一封感谢信,告诉他自己对他给予L.斯皮恩特尔的任何恩惠都充满感激,并且认为这是其对自己的赞美。尤利乌斯·恺撒对这封信极其满意,因为他一直希望能与西塞罗合作——至少得到西塞罗认可。他在回信中称,自己的任何行为,只要得到西塞罗认可,自己都无比高兴。于是,他要求在罗马与西塞罗会面。他极度渴望在那里得到西塞罗的建议和帮助。[②]

科尔菲尼奥被占领后,庞培才意识到自己的现实处境,便从罗马逃到了布林迪西,在那里乘船前往希腊。不久,尤利乌斯·恺撒就到了首都罗马。

几位执政官在逃走前,把公库的钱财锁在了农神殿(Temple of Saturn),

---

① 即普布利乌斯·科尔内留斯·雷恩图卢斯·斯皮恩特尔(Publius Cornelius Lentulus Spinther,约公元前100年—公元前47年)。——译者注
② 西塞罗,《致阿提库斯书》(*Epistulae ad Atticum*),第九卷,第十六节。——原注

第 3 章 恺撒远征高卢与大不列颠岛

并带走了钥匙。他们相信这个神圣之地会确保财富足够安全,不会遭遇任何暴力掠夺。然而,尤利乌斯·恺撒下令立刻撞开农神殿大门,夺取了那笔钱,并据为己用。护民官梅特卢斯[①]运用职权干涉此事。尤利乌斯·恺撒对这位多管闲事的官员极其愤怒,扬言要立刻处死他。对尤利乌斯·恺撒而言,黄金战利品的诱惑胜过维护被践踏的宪法权利,也压倒了宪法的无能代表——梅特卢斯的愤怒。尤利乌斯·恺撒在农神殿里找到的财富数额巨大。罗马共和国也从未像那一刻那样富裕过。[②]

尤利乌斯·恺撒知道西班牙的重要性,也清楚西班牙对庞培一派的普遍支持。于是,他决定,在与庞培展开任何战争之前,先打破庞培一派在西班牙的势力。因此,他去了西班牙。那里有庞培的副将L.阿弗拉尼乌斯和彼得利乌斯。两人在加泰罗尼亚(Catalonia)的列伊达(Lleida)附近集结了一支庞大的军队,准备对抗尤利乌斯·恺撒的军队。但两人的军队几乎立刻就向尤利乌斯·恺撒投降了。尤利乌斯·恺撒四十天就完全征服了西班牙行省。然后,他便回到了罗马。不久,他的朋友、时任裁判官李必达[③]拥立他为独裁官。不过,他只出任了执政官,与P.塞维利乌斯·伊萨乌里库斯[④]共事。就这样,在庞培离开意大利仅仅十二个月后,尤利乌斯·恺撒带着执政官的权威——他也深知这一职位的价值,率领军队前往布林迪西,从那里乘船前往希腊寻找对手庞培。

---

① 即卢基乌斯·凯基利乌斯·梅特卢斯(Lucius Caecilius Metellus,主要活跃于公元前1世纪)。——译者注
② "罗马共和国没有在其他任何时候更富裕过。"老普林尼,《博物志》(*Natural History*),第三十三卷,第三节。——原注
③ 即马库斯·埃米利乌斯·李必达(Marcus Aemilius Lepidus,约公元前89年—公元前13年末或公元前12年初),为后三头同盟之一。——译者注
④ 即普布利乌斯·塞维利乌斯·伊萨乌里库斯(Publius Servilius Isauricus,主要活跃于公元前1世纪)。——译者注

恺撒与庞培：帝制与共和的最后对决

　　尤利乌斯·恺撒到达马其顿的都拉基乌姆 (Dyrrachium) 后，发现庞培在该城的防御很坚固。结果，他在那里遭遇了一些挫折。如果庞培一直采取拖延行动战术——这也是费边·马克西穆斯曾经运用得非常成功的策略，便很可能延长对峙时间，最终消灭尤利乌斯·恺撒，因为尤利乌斯·恺撒当时极其缺乏军需补给。然而，当时，庞培却犯下了一连串大错。他逃离了意大利，那里有他的众多朋友和丰富的资源；他任由西班牙和其他重要地方落入尤利乌斯·恺撒之手，没用调用丝毫力量去守护那些地区。之后，他又从都拉基乌姆逃走，而尤利乌斯·恺撒曾在那里吃了大亏。他贸然想发动一场大决战，便退到了帖撒利亚，因为他知道尤利乌斯·恺撒很快会追到那里。尤利乌斯·恺撒和庞培一样渴望这场大战。然而，他的军队仍需大量增援——这也正是他无时无刻的期待。增援迟迟未到。他越来越没耐心等待，便在伊庇鲁斯海岸登船，打算亲自去把援军送到都拉基乌姆。他上船出海不久，就遭遇了一场剧烈风暴，小船差点沉没，水手们惊恐不已，吓得不知所措。然而，他毫不畏惧大自然的这种狂怒，便激励舵手们，大喊道："勇敢起来！我的朋友，你们载的是尤利乌斯·恺撒和他的命运。"小船只得返回岸边。不过，他很快得知，自己期待已久的援军已经登陆，正在赶去与自己会合。这令他非常满意。然后，他开始追击庞培。公元前48年，几场无足轻重的冲突后，尤利乌斯·恺撒在帖撒利亚的法萨卢斯平原与庞培正面交锋。

　　庞培的军队有四万五千步兵、七千骑兵，而尤利乌斯·恺撒的人马总共不过两万。不过，尤利乌斯·恺撒的军队都是老兵，勇敢无畏，久经沙场，在高卢和西班牙的战争中学到了严酷的战争艺术，对尤利乌斯·恺撒的天赋和命运深信不疑。

第3章 恺撒远征高卢与大不列颠岛

与此相反，庞培的军队大多是新兵，毫无作战经验，常常叛变，并且其麾下军官都是罗马贵族，年轻放荡。不过，庞培的排兵布阵却显示出非常审慎的用兵之术。他把久经沙场的老兵排在队伍中间，深知这些老兵要在战斗中承受最大冲击；西班牙士兵由D. 阿赫诺巴布斯①指挥，守卫右翼；左翼有两个军团，这两个军团以前曾为尤利乌斯·恺撒效力。尤利乌斯·恺撒决心亲自对抗庞培的侧翼，于是将自己排在右翼，将马克·安东尼排在左翼，多米蒂乌斯·卡尔维努斯②排在中间。他命令士兵将长矛对准庞培骑兵的脸去刺。那些骑兵大多是罗马贵族中的年轻成员，特别注重个人外表。

战斗刚开始十分激烈。战况一时胜负难料。后来，尤利乌斯·恺撒的战略奏效。他麾下的士兵在庞培的罗马骑兵脸上刺出道道伤口，吓得那些骑兵陷入一片混乱，落荒而逃。然而，庞培的步兵仍在继续战斗，但最后也被彻底击溃。庞培军中成千上万士兵被砍杀。首领庞培被迫弃阵逃亡。尤利乌斯·恺撒下令停止屠杀。据说，他察看了阵亡同胞的尸体，心里无比痛苦。"他们甘愿如此，我也是迫不得已啊"，他常常如此感叹。然而，他觉得，正是自己的野心，还有庞培的野心，使罗马遭受了如此苦难。因此，他说这话肯定是在悔恨自己的行为。这种行为没有任何借口可以为之辩解。

战败者的营地里储备有大量财富，现在通通落入尤利乌斯·恺撒这位征服者手中。尤利乌斯·恺撒将其分给了士兵。庞培带着一小支

---

① 即卢基乌斯·多米蒂乌斯·阿赫诺巴布斯（Lucius Domitius Ahenobarbus，约公元前98年—公元前48年8月9日）。——译者注
② 即格涅乌斯·多米蒂乌斯·卡尔维努斯（Gnaeus Domitius Calvinus，主要活跃于公元前1世纪）。——译者注

恺撒与庞培：帝制与共和的最后对决

庞培派使者去接自己的妻子科涅莉亚。作者信息不详

残军逃到了拉里萨（Larissa），在那里加强了防御。然而，他听说尤利乌斯·恺撒正在赶往拉里萨，便乘船逃到了莱斯沃斯岛，在那里遇到了第五任妻子科涅莉亚[①]，并向其讲述了自己的不幸遭遇。这对不幸的夫妇从莱斯沃斯岛乘船前往埃及，期望得到埃及在位法老托勒密[②]的庇护和款待。托勒密得知庞培乘坐的船已到亚历山大（Alexandria）附近，就召集会议，商议接待逃犯是否妥当。他手下那些残忍懦弱的谋士提议暗杀庞培，以此讨好尤利乌斯·恺撒。他指望尤利乌斯·恺撒会帮助自己解决自己和姐姐，即著名的克娄巴特拉（Cleopatra），关于埃及法老之位的争端。为此，他派了两个朝臣前往庞培的船上，邀请其上岸。两位朝臣一个叫阿基拉斯（Achillas），一个叫塞普提米乌斯[③]。后者曾在庞培军中服役。庞培得知了二人的来意，带着不祥预感告别了科涅莉亚，踏上了来使的小船。在船上，他读着一篇打算在托勒密面前发表的讲稿。然而，就在他全神贯注读着讲稿时，来使却突然用刀捅伤了他。他发现自己无力抵抗来使的暴

[①] 即科涅莉亚·梅特拉（Cornelia Metella，约公元前73年—公元前48年之后）。——译者注
[②] 即托勒密十三世（Ptolemy XIII，约公元前62年—公元前47年1月13日）。——译者注
[③] 即卢基乌斯·塞普提米乌斯（Lucius Septimius，主要活跃于公元前1世纪）。——译者注

第1章 第三次米特里达梯战争

庞培被杀。出自雅各布·阿伯特所著《恺撒大帝》

行,便把头蒙到长袍里,倒在船上死去了。他那不幸的妻子从船上看到了这场悲剧。船上的水手吓坏了,立即起锚,驶离了这冷漠无情之地。他的头和右手被人砍掉了,送到了托勒密那里。托勒密将其送给了尤利乌斯·恺撒。尤利乌斯·恺撒豁达地接受了,心里一阵悲痛,咒骂那些埃及恶棍背信弃义。岸边,庞培释放的奴隶腓力(Philip)悄悄给庞培举行了葬礼,安葬了主人。

庞培死后,尤利乌斯·恺撒再次受命成为独裁官。马克·安东尼为其骑士统领。在尤利乌斯·恺撒征战各地时,马克·安东尼则负责监视敌人的动向,为尤利乌斯·恺撒一派在罗马保驾护航。接着,尤利乌斯·恺撒便进军亚历山大,在那里遇到了年轻迷人的克娄巴特拉,也就是当时埃及法老托勒密的姐姐。克娄巴特拉很快诱使征服者尤利乌斯·恺撒支持自己的事业,让自己坐上了弟弟托勒密的法老之位。但年轻法老托勒密的党羽对尤利乌斯·恺撒的干涉非常愤怒。为了躲避那些

关于恺撒与克娄巴特拉共同祭神的浮雕

头戴月桂花冠的恺撒雕像

恺撒与庞培：帝制与共和的最后对决

人的愤怒，尤利乌斯·恺撒只得从亚历山大逃离，游到了自己停在港湾的一艘船上。据说，他完成这一壮举时，左手拿着自己那著名的《高卢战记》(Commentarii de Bello Gallico)，牙齿则咬着盔甲。不过，尤利乌斯·恺撒这位庞培征服者很快又回来了，还迫使亚历山大投降。克娄巴特拉登上了法老之位。她的弟弟托勒密则被人淹死在尼罗河里。尤利乌斯·恺撒在埃及这个奢华的首都亚历山大逗留了几个月。

尤利乌斯·恺撒的最后一个对手是捍卫罗马自由的小加图。小加图这个著名人物是个迷恋共和制的狂热分子。他那一派在法萨卢斯遭遇了失败。此后，他便隐退到阿非利加的乌提卡，在那里和一些狂热的流亡者一起，建立了一个新的共和国和元老院。尤利乌斯·恺撒千方百计诱使小加图屈服，向小加图承诺，只要小加图承认自己的权力，就给小加图财富和荣誉。为此目的，他派出了一个信使。这个信使到达时，小加图正在自己的"小元老院"里议事。他便把这个问题摆在那些元老面前商议，却发现那些元老想向征服者尤利乌斯·恺撒屈服，就让元老们自己权衡，去留随意。朋友的背叛和独裁官的成功，让小加图焦虑不安、心烦意乱。于是，他回到家中，花了一段时间阅读柏拉图 (Plato) 关于灵魂不朽的论著。他不愿向一个被他认为是罗马自由之敌的人屈服，最终自刎而死。

公元前46年，小加图死后，以乌提卡为首府的努米底亚便成了罗马的一个行省。著名的历史学家撒路斯提乌斯受命担任努米底亚行省总督。他在那里积聚了大量财富。尤利乌斯·恺撒回到罗马后，享受了普遍的欢呼和无限的荣誉。不过，这究竟是一个践踏国家自由的派系发出的呼声，还是一个民族对尤利乌斯·恺撒表达的感激之情，感谢他胜利之后令人钦佩的宽容？现在已经不值得探究了。

4

恺撒执政及死亡

法萨卢斯战役结束后不久，尤利乌斯·恺撒就去了阿非利加，彻底击败了梅特卢斯·西庇阿和努米底亚国王犹巴①。他们二人曾试图维持庞培一派在那里的势力。尤利乌斯·恺撒回到罗马后，极度渴望与西塞罗建立友谊。不过，西塞罗曾加入庞培一派，并且曾在庞培的都拉基乌姆营地里效力。尽管如此，尤利乌斯·恺撒仍然用尽一切办法去取悦西塞罗这位"国父"。这也许是因为他钦佩西塞罗的美德；也或许是因为，他觉得与西塞罗这样一个人交往会给自己的政府增光添彩，还会对其他敌视自己王朝的人产生极大震慑影响。对于尤利乌斯·恺撒所说的话，西塞罗战战兢兢地给予了淡漠的认同。不过暗地里，他却哀叹，不负责任的统治竟然取得了成功。

小加图死后不久，西塞罗就以其鲜明的独立思想为这位杰出人物撰写了传记。尽管当时众所周知，小加图全家都极力反对尤利乌斯·恺撒，对其毫不妥协，视其为僭主，西塞罗仍然在书中毫不吝啬地赞美小加图的美德。就如对军事极其精通一样，尤利乌斯·恺撒对文学很有

---

① 即犹巴一世（Juba I，约公元前85年—公元前46年）。——译者注

鉴赏力。他回应了西塞罗的书。尽管在他脑海里，小加图不可饶恕，西塞罗写的书也是推论臆想，试图损害自己的人格，但他仍然没有对西塞罗产生任何恶意。相反，他对西塞罗这位作家表达了极度钦佩，将其比作伯里克利（Pericles）和其他一些杰出的古希腊人，赞赏西塞罗毫不保留地表露了自己的坦诚。他还声称，通过经常阅读西塞罗的《加图颂词》（Cato），自己在文体风格①和想象力方面都获得了极大进步。这种自白构成了尤利乌斯·恺撒一生中最悦人的一种品质。如果文体风格和想象力是尤利乌斯·恺撒唯一要获得的，也是其雄心壮志所在，那么对其本人、对其祖国、对其子孙后代来说，都会是好事。

尤利乌斯·恺撒的统治

对罗马人而言，尤利乌斯·恺撒的统治是一场重要的，也是必要的、令人感激的变革。持续不断的革命让人们烦恼不安。随之而来不可避免的公敌宣告又吓坏了他们。他们内心想要彻底反抗。那些制度曾经让他们深感自豪。但如今，那些制度却明显展现出了迅速瓦解的迹象。他们想要彻底推翻这些制度。平民或是因赋税而穷困潦倒，或是因内战和派系争斗而贫困不堪。人们乐于接受任何变革，希望摆脱无数僭主的统治。尤利乌斯·恺撒经常慷慨施舍谷物和钱财。他尽其所能，引导人们产生想要休养生息的愿望，让人们完全臣服于自己的绝对权威。人们经常举行宴会，还有角斗士表演——这是古代所有流行

---

① "我读了这封信——不断反复阅读，增长了见识。"《致阿提库斯书》，第十三卷。——原注

第4章 恺撒执政及死亡

娱乐中最堕落腐化、最令人厌恶的一种。贵族强烈反对尤利乌斯·恺撒这位独裁官的统治。贵族虽然无能，不配拥有那一权力，却仍然对其充满渴望。贵族的一些密谋败露，遭到镇压。尤利乌斯·恺撒却对这些被挫败的敌人宽容大度，引来许多人以忠诚的名义臣服于自己。他对高卢、埃及、本都和努米底亚国王犹巴的战争取得了四次辉煌胜利，让罗马人为之喝彩欢呼。这些壮举昭示罗马统治了辽阔的疆域。罗马人可能将尤利乌斯·恺撒的战功与马略和苏拉的穷兵黩武进行比较。然而，马略和苏拉的战利品浸满了同胞的鲜血。罗马元老院发布了一条法令，授予尤利乌斯·恺撒十年的独裁统治。对于当时专制统治允许的短暂任期而言，这是能授予的最长任期。此外，罗马元老院还授予尤利乌斯·恺撒任期三年的监察官和风俗礼仪长官之职，便于其实施计划已久的法律改革。尤利乌斯·恺撒出台了《禁奢法》（Sumptuary law），以抑制贵族日益增长的奢侈挥霍之风；缩减了地方行省的施政时间，若是司法官，施政期限减为一年，若是执政官，施政期限减为两年；相应地，也要求这些官员在施政期间，对自己的行为承担更大责任。各地方行省之前被统治者压榨掠夺，民穷财竭，通过这些有益规定，现在变得逐渐富裕，可充实罗马公库。

尤利乌斯·恺撒革新历法

尤利乌斯·恺撒不仅为罗马人，也为文明世界带来了真正持续的利益。这种利益延续了许多世纪。这是他一生中最伟大的成就。

努马·庞皮里乌斯制定的罗马历法完全受大祭司的操纵。祭司们只要认为有必要，就常常缩短或延长年份，以提前或推迟某些公职选举，

恺撒与庞培：帝制与共和的最后对决

或是延长某个支持特定利益一派的执政期限。双纪年法已经存在了很长一段时间了。一种是一年包含十二个农历月，由努马·庞皮里乌斯制定，在宗教祭祀中使用；另一种是罗慕路斯旧历，一年包含十个月，即三百零四天，这种历法在涉及哀悼期限、金钱利息期限和其他事务时经常使用。尤利乌斯·恺撒那敏锐的头脑注意到了两种纪年法的差异。公元前46年，尤利乌斯·恺撒发现按历法计算的时间比实际时间提前了几个月①，于是请来亚历山大的索西琴尼（Sosigenes of Alexandria）和弗拉维乌斯②一同修订历法。亚历山大的索西琴尼是逍遥学派哲学家，在数学方面颇有成就。弗拉维乌斯是罗马人，可能是个公证人，或者是抄写员。在两人的协同下，尤利乌斯·恺撒废除了已有的三百五十四天制罗马农历纪年，以三百六十五天六小时制阳历纪年取而代之，也就是太阳升起，穿过黄道带，再回到原地所用的时间。一年三百六十五天中多余的六个小时，经过四年就变为一天。尤利乌斯·恺撒把额外的一天加到了每五年的第一年。这就构成了三百六十六天。他将额外的一天记入了每五年的第一年的二月二十四日，即在二月记入两次二十四日，把二月二十四日称为第六历，每五年记入两次。因此，每个第五年又叫闰年。③

---

① 西塞罗在给阿提库斯的信中（第十七封）说，由于春分时的暴风雨天气和随后的平静，自己在意大利停留的时间比打算的时期更长。然而那时已经将近五月末了！这就是当时的日历带来的混乱。——原注
② 即马库斯·弗拉维乌斯（Marcus Flavius，主要活跃于公元前1世纪）。——译者注
③ 但这个儒略年（Julian year，为赞美尤利乌斯·恺撒而称），即三百六十五天六小时，实际上比阳历年多十一分十二秒，那么经过一百三十年，就会比自然年多了整整一天。为了纠正如此严重错误，教皇格列高利十三世（Pope Gregory XIII）于1582年巧妙下令，每隔四个世纪，就去掉三个闰年，也就是说，在每四个世纪的前三个世纪中，都去掉第一个闰年，在第四个世纪中则不去掉。这就是所谓的新式历法。19世纪中叶的日历就是按这种方式调节的。——原注

第4章 恺撒执政及死亡

蒙达战役 (Battle of Munda)

西班牙爆发了一场剧烈暴动,转移了尤利乌斯·恺撒的注意力,让其放下了崇高的事业,转而捍卫其不择手段获得的权威。法萨卢斯战役结束后,庞培的儿子们逃到了西班牙。他们在那里聚集了父亲的党羽,以及一些其他追随者。那些追随者在小加图死后便离开了乌提卡。很短时间里,庞培儿子们的队伍就壮大起来。于是,他们下定决心,要么彻底推翻尤利乌斯·恺撒的政权,要么光荣抵抗到死,绝不屈服于征服者,苟且偷生。西班牙的许多城市都敞开城门迎接这支队伍。尤利乌斯·恺撒到达科尔多瓦之后,发现敌人严阵以待。这支庞培一派的残余队伍顽强地抵抗了一阵,但在决定性的蒙达战役中,经过一场激烈大战,最终战败。这一战粉碎了庞培一派在西班牙取胜的希望。

蒙达战役发生在公元前45年3月。尤利乌斯·恺撒的军队遭到庞培一派的骑兵不断猛烈进攻,差点就要溃败。他几乎陷入绝望,正要用剑

蒙达战役。作者信息不详

恺撒与庞培：帝制与共和的最后对决

结束自己的生命。这时，他觉得为了成功，自己必须再尝试一次。他用了近乎超人的力量阻止士兵逃跑，把自己挡在士兵逃跑的路上，含泪恳求士兵们不要抛弃曾多次带领他们夺得胜利的老将。在其恳求下，士兵们重整旗鼓，击退了庞培一派。遭遇尤利乌斯·恺撒军队的多次进攻后，庞培一派最终溃败。这些溃败的士兵拒绝接受敌军的宽恕，因而在撤退之中几乎全部被屠杀了。两兄弟中的哥哥格涅乌斯·庞培[①]试图逃上一艘船，但中途遭到杀害。不过，弟弟塞克斯特斯·庞培（Sextus Pompey）成功躲开了尤利乌斯·恺撒密使的警戒，逃到了西班牙的山中城堡，在那里躲藏了几年，一直待到尤利乌斯·恺撒死后罗马内战再度爆发。

  尤利乌斯·恺撒非常渴望与西塞罗建立友谊，于是便把西班牙的战况告知了西塞罗。考虑到自己和庞培之间的关系，西塞罗似乎不太能接受尤利乌斯·恺撒的这一示好，因为他认为庞培是罗马自由的代表。然而，他看到庞培的犹豫和软弱，深感遗憾和痛苦。不过，他也不赞赏庞培儿子们的暴力行为，认为庞培儿子们发起的战争对罗马共和国没有任何益处。因此，他在给朋友阿提库斯的一封信中宣称，自己毫不关心那场战役的结果或者是格涅乌斯·庞培、塞克斯特斯·庞培两兄弟的命运。这一观点也得到罗马有史以来最坚定的共和派成员G.卡西乌斯·朗基努斯的认同。在给西塞罗的一封信中，他表示极其害怕格涅乌斯·庞培、塞克斯特斯·庞培两兄弟成功。尤其是那个格涅乌斯·庞培，G.卡西乌斯·朗基努斯认为他是一个疯狂的傻瓜，"总是把残忍当作一种美德"。

---

① 即格涅乌斯·庞培·马格努斯（Gnaeus Pompeius Magnus，公元前106年9月29日—公元前48年9月28日）。——译者注

第4章 恺撒执政及死亡

尤利乌斯·恺撒在西班牙的胜利是对罗马自由的最后一击。那些此前只是暂时效忠他的人,现在却相互竞争,表现自己最卑下的奴性。罗马元老院甚至在他回来之前就投票,决定举行五十天的公众感恩庆祝。罗马元老们通过了法令,授予他特权,允许他一直穿凯旋长袍。罗马元老院还下令在所有神殿中竖立尤利乌斯·恺撒雕像。这些法令几乎实质上推翻了罗马共和国。尤利乌斯·恺撒出生的月份(七月)以其名字"Julius"命名。这一名称直到19世纪中叶仍在沿用。罗马元老们还赋予了他许多其他荣誉:其中一项荣誉,我们可以认为是尤利乌斯·恺撒当选为终身皇帝;还有一项是宣告尤利乌斯·恺撒的人身不可侵犯的一条法令。如果说尤利乌斯·恺撒不是一个僭主,这种卑躬屈膝也定会使他成为一个僭主。罗马元老院似乎失去了自尊。许多场合,罗马元老们都以一种恳求的态度去讨好尤利乌斯·恺撒[①],仿佛尤利乌斯·恺撒已经正式终止了他们的自由。

尤利乌斯·恺撒将自己的天赋用来制订有益、独创的计划,以改善祖国现状,巩固自己的统治。然而,他却没有时间去完成这些计划。他在短短几个月的统治期内开启了很多伟大的事业。我们深感遗憾,这位真正的伟人未能完成自己的那些计划。那是尤利乌斯·恺撒一直长期致力于思考的伟业。历史记载了其中几项计划,其大胆和宏伟令人惊叹不已。在科林斯地峡中修建运河,连接科林斯群岛海湾;排干庞廷沼泽,以开辟大量土地,供意大利居民耕作使用,同时大大改善这一带的环境;重建罗马法律,建立公共图书馆,以教育人民;扩建位于台伯河口的奥斯蒂亚港,建立许多殖民地,扩大罗马在东方的势力。这些计划如

---

① 西塞罗,《致亲友书》,第四卷,第四封。——原注

恺撒与庞培：帝制与共和的最后对决

果付诸实施，也许会使他成为这个世界有史以来最伟大的人。然而，这些宏图的杰出设计者野心过大，注定要遭受致命打击。

很长一段时间，尤利乌斯·恺撒这位独裁官一直在考虑正式、合法地宣布自己在罗马的统治权。他没有婚生子女，便收养了甥外孙屋大维作为养子和继承人。屋大维后来以英白拉多·恺撒·奥古斯都（Imperator Caesar Augustus）之名为人熟知。尤利乌斯·恺撒和同僚马克·安东尼达成协议，将在二月举行的庆祝潘神的牧神节运动会期间，从马克·安东尼手中接受王冠加冕。在这一运动会中，年轻人赤裸上身，手里拿着鞭子，疯狂地跑过街道，遇到谁就鞭打谁，不用受罚。尤利乌斯·恺撒在那里主持运动会。他坐在金椅之上，穿着其凯旋长袍。两人的计划要比预想的危险得多。尤利乌斯·恺撒看到人群中出现了明显的不满迹象，便拒绝了马克·安东尼献上的王冠。这一拒绝得到了人们的阵阵热烈掌声。然而，马克·安东尼作为执政官，却极其厚颜无耻，把王冠放到了卡比托利欧山朱庇特神殿档案中。在人民的支配下，他向尤利乌斯·恺撒授予了国王头衔，但尤利乌斯·恺撒拒绝了。

仍然潜在的共和精神突然爆发，令尤利乌斯·恺撒这位独裁官深感难堪。他决心把计划推迟，找一个更合适的机会再去实施。但为了发泄心中的懊恼，他严厉地惩罚了护民官马鲁卢斯①和凯塞提乌斯②，因为两人摘掉了演讲台中那座独裁官雕像上的王冠。这是尤利乌斯·恺撒的一些追随者悄悄戴上去的。几位护民官甚至还把几个在街上宣扬尤利乌

---

① 即官盖乌斯·埃皮迪乌斯·马鲁卢斯（Gaius Epidius Marullus，主要活跃于公元前1世纪）。——译者注
② 即卢基乌斯·凯塞提乌斯·弗拉乌斯（Lucius Caesetius Flavus，主要活跃于公元前1世纪）。——译者注

第4章 恺撒执政及死亡

斯·恺撒为国王的人送进了监狱。这一举动激怒了尤利乌斯·恺撒。然而，他在掩饰愤怒的同时，却急切地想要复仇，放弃了自己对政治对手通常表现出的那种宽容慈悲。他在罗马元老院面前控告那些护民官，指控护民官们企图煽动公众反对自己，说得好像自己真的想当国王似的。他对罗马元老院的影响巨大。这个谄媚的机构正要对那些正直的护民官做最后判决，尤利乌斯·恺撒便亲自来干预了，满意地将护民官们撤了职，并且逐出了罗马元老院。然而，尤利乌斯·恺撒内心深处仍然迷恋着一顶"国王之冠"。正是这一幻想让他走向毁灭。

尤利乌斯·恺撒看到王权在罗马人心中极不受欢迎，便采取了另一种办法。这种方法，从人性角度来看，很可能让他的计划取得成功。罗马–帕提亚战争 (Roman-Parthian Wars) 的准备工作此时已经完成。尤利乌斯·恺撒决定亲自率领军团展开这场战争。对这次远征，他打算至少离开两年。作为独裁官，他任命了国家的几个重要官员，负责处理民事事务，自己则负责处理军事事务。他将执政官职位交给了多拉贝拉 (Dolabella)[①]，任期为公元前44年剩余的时间；A. 希尔提乌斯[②]和G. 蓬萨[③]则担任下一年的执政官，之后再由布鲁图·阿尔比努斯 (Brutus Albinus) 和Gn. 普兰西斯接替二人。这些人常在尤利乌斯·恺撒身边。人们便认为，尤利乌斯·恺撒向这几人交代了一项卑鄙无礼的任务，就是趁他离开期间鼓动人们支持王权。他自己则出去征服共和国的敌人，或是扩大共和国疆域，一直到他预计人们对自己更有好感，更愿支持自己的计划。他甚至

---

① 即普布利乌斯·科尔内留斯·多拉贝拉（Publius Cornelius Dolabella，约公元前85年—公元前43年）。——译者注
② 即奥卢斯·希尔提乌斯（Aulus Hirtius，约公元前90年—公元前43年）。——译者注
③ 即盖乌斯·维比乌斯·蓬萨·卡埃特罗尼安努斯（Gaius Vibius Pansa Caetronianus，？—公元前43年）。——译者注

让自己在罗马的党羽宣扬：《西卜林书》早就声明，除非运用国王之手，否则永远无法征服帕提亚人。

共和派共谋反叛尤利乌斯·恺撒及共谋者的头领

尤利乌斯·恺撒的这一切安排都被共和派看在眼里、记在心里了。那些人憎恨王权，不管王权多么柔和，也不管由谁来执掌王权。结果引发了一场大密谋，约有六十人共谋反叛尤利乌斯·恺撒。这些合谋者几乎都是社会最高阶层的人物。他们决定尽早除掉尤利乌斯·恺撒，重建古老的共和统治。这场密谋的两个头领是布鲁图和G. 卡西乌斯·朗基努斯。

布鲁图来自罗马一个最显赫的家族，是罗马共和国创建者尤尼乌斯·布鲁图的直系后裔[①]，还是小加图的外甥兼女婿，娶了小加图的女儿波尔恰（Porcia）。因此，可以说，布鲁图对君主制有一种家族传承式的憎恨。

年轻的布鲁图因卓越超群的理解力而引人注目。这得益于其极度刻苦学习。短短一段时间内，他就精通了罗马年轻贵族擅长的一切艺术。那些年轻贵族雄心勃勃，渴望赢得尊贵的荣誉。布鲁图虽然认真学习军事知识，但律师和罗马元老院那些更优美雅致的学问更符合其口味。他吃苦耐劳、克己忘我。由于个性冷淡，他参加了斯多葛学派（Stoics）。不过，其本性似乎不适合那一宗派的严厉原则。修辞学是他最喜欢研究

[①] 这一血统遭到狄奥尼修斯否认，不过却得到西塞罗和科尔内留斯·奈波斯（Cornelius Nepos）的支持认同。——原注

第4章 恺撒执政及死亡

的。其修辞学对逻辑学家产生了深厚的影响。不过，其修辞风格粗糙，而且往往达不到效果。他的政治原则极其纯粹。虽然庞培是他的杀父仇人，但他认为庞培是罗马自由的代表，因而原谅了庞培的行为，跟随了庞培，还在庞培麾下参加了法萨卢斯战役。

长久以来，尤利乌斯·恺撒一直仰慕布鲁图的才能，希望将其从小加图和共和派那边拉拢过来。在法萨卢斯战役中，尤利乌斯·恺撒下令要找到布鲁图，饶了他的性命。他的宽恕引发了一个流传甚广的故事。那就是尤利乌斯·恺撒这位征服者相信布鲁图是自己的儿子，其母亲是自己的情妇塞薇利娅(Servilia)。然而这不可能，因为即使不考虑其他事实，从年龄来看，布鲁图也只比尤利乌斯·恺撒本人小十五岁。尤利乌斯·恺撒宽恕了布鲁图与他之间的所有政治分歧，将其带到罗马，尽一切可能诱导其不要追随小加图和其他领袖。那些人在法萨卢斯战败后已退守阿非利加。就算是追随了尤利乌斯·恺撒，布鲁图也深陷苦恼，因为他对祖国的忠诚远远胜于对朋友的忠诚。他在苦苦挣扎于这种忧郁的情感时，受到了G.卡西乌斯·朗基努斯的劝诱，加入了G.卡西乌斯·朗基努斯和其他一些人正在策划的一个阴谋——夺取独裁官尤利乌斯·恺撒的生命。

G.卡西乌斯·朗基努斯也是贵族出身。他是布鲁图的妹夫，娶了布鲁图的妹妹朱妮娅·特蒂娅(Junia Tertia)。他勇敢无畏，很少纵情享乐，喜欢自我克制，从不饮酒，只喝清水。与布鲁图不同，他热情而又残忍。罗马-帕提亚战争中，他在马库斯·李锡尼·克拉苏手下担任财务官。如果后者采纳他的建议，卡雷战役也就不会失败。在叙利亚期间，他有一段时间担任了庞培的副将。其残忍和贪婪的行为让当地居民非常厌恶。作为一个狂热的共和派，他参加了法萨卢斯战役，然后乘船驶往

恺撒与庞培：帝制与共和的最后对决

小亚细亚，把战争带到本都，继续对抗征服者尤利乌斯·恺撒。尤利乌斯·恺撒很快追了过去。G. 卡西乌斯·朗基努斯得到情报，知道了对手打算登陆的地方，便计划出其不意地杀死他。为此，他藏到奇里乞亚的基德诺河（Cydnus）河口。在此期间，尤利乌斯·恺撒却在河对岸登陆了。G. 卡西乌斯·朗基努斯看到四面八方的人为尤利乌斯·恺撒大声喝彩，便放弃了计划，与征服者讲和了。在这段叙述中，我们采用了西塞罗的说法。关于这件事还有另一种说法。G. 卡西乌斯·朗基努斯恰巧遇到尤利乌斯·恺撒乘着一条普通敞篷小船渡越赫勒斯滂（Hellespont）。当时，尤利乌斯·恺撒完全处于G. 卡西乌斯·朗基努斯的掌握之中。然而，看到尤利乌斯·恺撒出现时，G. 卡西乌斯·朗基努斯吓得魂飞魄散，立即懦弱地请求尤利乌斯·恺撒饶命，把船队交给了尤利乌斯·恺撒。鉴于G. 卡西乌斯·朗基努斯的性格激烈暴躁、不屈不挠，这一说法绝不可信。

布鲁图和G. 卡西乌斯·朗基努斯狂热地崇拜小加图和西塞罗。他们早就获得了小加图和西塞罗的政治支持。因此，他们出于自己认为的公共道德原则，共谋了这一计划。然而，据说所有共谋者之中，只有布鲁图一人是为公共利益着想。不过，这一说法出自臭名昭著的马克·安东尼，因而完全不足取。

布鲁图·阿尔比努斯

在刺杀尤利乌斯·恺撒的共谋者中，还有另一个引人注目的人物——布鲁图·阿尔比努斯。他是布鲁图的亲戚。他在这一谋划中的出现惊呆了所有人，也许还惊呆了他自己。他一直待在尤利乌斯·恺撒身边。尤利乌斯·恺撒曾给过他最高荣誉，还交给了他一些最重要的指挥

第4章 恺撒执政及死亡

任务。尤利乌斯·恺撒最近把山南高卢行省给了布鲁图·阿尔比努斯，并令其在下一年担任执政官。不仅如此，尤利乌斯·恺撒甚至令其继承自己的财产，[①]以防自己那年轻的甥外孙屋大维万一去世，自己的财产没有人继承。这样一个人，受到尤利乌斯·恺撒的尊敬、信任和钟爱。布鲁图·阿尔比努斯可能不赞成自己的保护人尤利乌斯·恺撒的行为，这也可以理解。然而，这个人却在尤利乌斯·恺撒身处危难时，用剑攻击他，这便是卑鄙无耻，背信弃义。有人试图为布鲁图·阿尔比努斯的行为辩解，认为其对祖国的热爱高于其个人友谊，甚至连西塞罗也曾尝试支持这种辩解。但这徒劳无益。在其他方面，布鲁图·阿尔比努斯的品格则令人敬佩。在战争中，他勇敢无畏，富有才华；和平时期，由于拥有大笔财产，他过着贵族生活，热情好客；他热切盼望共和派取得成功，为此花掉了自己四十万镑财产；他始终忠于这一事业，最终为了捍卫这一事业而牺牲。

这一谋划同样得到了其他胆大之徒的支持。盖乌斯·特雷波尼乌斯（Gaius Trebonius）是执政官，以仁慈博爱、谈吐优雅和文学品位高雅著称。同布鲁图·阿尔比努斯一样，他也经常伴随尤利乌斯·恺撒左右。据说，他对尤利乌斯·恺撒感情深厚。狂热追求罗马自由的西塞罗说这几位共谋者是要消灭而不是维护暴政。他说这番话似乎是在为这些人辩解。此外，共谋者之中还有提利乌斯·辛布尔（Tillius Cimber）、M. 秦那（M.Cinna）、庞提乌斯·阿奎拉（Pontius Aquila），以及罗马许多重要家族的人。另外，也有几个地位比较卑微，但同样值得尊敬的人。共谋者的意图是一旦遇上有利机会，就暗杀尤利乌斯·恺撒，重建共和国。也有人提议消灭

---

① 阿庇安，《罗马史》，第二卷，第一百八十五节。——原注

马克·安东尼，但这一提议在布鲁图的游说下被否决了。布鲁图比较心软，不愿夺走老谋深算的政治家马克·安东尼的命，因而致使谋杀马克·安东尼的计划流产了。共谋者原本打算将马克·安东尼这个像尤利乌斯·恺撒一样厉害的人一起干掉。

独裁官尤利乌斯·恺撒的生命即将受到威胁的消息传到了其本人耳中。消息也许传达得太含糊，虽然罗马元老院愿意提供护卫队保护他，但这位独裁官以自己那战场上的骑士精神拒绝了。

尤利乌斯·恺撒之死

罗马元老院宣布将在公元前44年3月的月中日 (Ides，即15日) 召开会议。人们预料，这一天将会宣布独裁官尤利乌斯·恺撒成为国王。因此，共谋者抓住了这个机会，准备实施计划。有一个陌生人和一个占卜者都提醒尤利乌斯·恺撒，不要在那一天参加罗马元老院的议事。但尤利乌斯·恺撒决定，不让这些迷信妨碍自己实现长久的愿望，但其妻卡尔普妮娅 (Calpurnia) 的不断恳求，让他有些胆怯了。过去一段时间里，他的妻子一直遭受恶梦的困扰，因而恳求丈夫不要参加3月月中日的罗马元老院议事。然而，共谋者之一布鲁图·阿尔比努斯说服了尤利乌斯·恺撒前往。他告诉尤利乌斯·恺撒，如果他不去，罗马元老院将认为这是对元老院的公然藐视。

公元前44年3月月中日清晨，布鲁图和G.卡西乌斯·朗基努斯作为司法官，来到罗马广场，坐上了自己通常坐的位子，听取应由自己审理的案件。两人裁决着这些案件，显得极其平静，又漫不经心，一直没有离开审判席。等到有人宣布尤利乌斯·恺撒将进入罗马元老院议事厅，

第 4 章 恺撒执政及死亡

两人才起身去解决一个更大的争端。

在前往罗马元老院议事厅的路上,尤利乌斯·恺撒收到过一封信。信中有整个密谋的细节,还有共谋者的姓名。然而,他忽略了这封信,没有拆开看。如果他读了信,其事业也许不会受到阻止。他一进大厅,提利乌斯·辛布尔就抓住了他的长袍,假装执拗地乞求其给予恩惠。就在这时,普布利乌斯·卡斯卡[①]和其他几个共谋者从后面攻击尤利乌斯·恺撒的脖子。他立刻跳了起来,奋力保护自己,但发现自己遭到了

普布利乌斯·卡斯卡等人从后面攻击尤利乌斯·恺撒的脖子。
文森佐·卡姆奇尼(Vincenzo Camuccini,1771—1844)绘

---

① 即普布利乌斯·塞维利乌斯·卡斯卡(Publius Servilius Casca,？—约公元前42年)。——译者注

恺撒与庞培：帝制与共和的最后对决

———

布鲁图的袭击——那可是自己的朋友和亲近的人。①

于是，他用长袍遮住了脸，倒在了庞培雕像的底座上。他的身体几乎瞬间就让共谋者刺了二十三道伤口。布鲁图和G.卡西乌斯·朗基努斯都急切地想要杀死尤利乌斯·恺撒。结果两人在刺杀过程中伤了彼此，浑身也沾满了受害者尤利乌斯·恺撒的鲜血。据可靠证据，我们得知，

---

① 通常认为，布鲁图十分爱戴尤利乌斯·恺撒。因此，尤利乌斯·恺撒很喜欢布鲁图。这似乎是一个常见错误。在尤利乌斯·恺撒这个独裁官心中，与布鲁图相比，布鲁图·阿尔比努斯的地位无可撼动。他尊重布鲁图，肯定只是出于自己与布鲁图之母塞薇利娅之间的友谊。他施政有一个显著特点，那便是尽可能安抚罗马所有领头的人，让那些人同意自己的措施。为此，他几次尝试拉拢布鲁图。然而，终究，他似乎害怕布鲁图，就如害怕G.卡西乌斯·朗基努斯一样。尤其是在布鲁图发表激烈演说，支持戴奥塔鲁斯（Deiotarus）之后，尤利乌斯·恺撒更加害怕。而对布鲁图·阿尔比努斯，尤利乌斯·恺撒则毫不迟疑地委以重任，赐其荣誉，将其立为自己甥外孙屋大维之后的下一顺位继承人。此外，这些交易中有一些内在证据表明，布鲁图从来都不曾是尤利乌斯·恺撒的知己。因此，这件事中，他不可能牺牲了个人友谊。首先，他在政治上与尤利乌斯·恺撒完全对立。尤利乌斯·恺撒从未能使布鲁图改变立场。其次，众所周知，尤利乌斯·恺撒和布鲁图之母塞薇利娅之间，多年里一直保持着可耻的亲密关系。因此，布鲁图对一个让自己的家庭如此蒙羞之人，除最深的愤慨外，不可能会有任何其他感情。虽然他似乎对母亲的耻辱并不太在乎（《致阿提库斯书》，第十五章，第十节），但无论如何，他对尤利乌斯·恺撒的爱都不会超过其对罗马的爱。

综上所述，我认为，当尤利乌斯·恺撒看到共谋者之中，那个自己定为继承者、视为朋友和亲信的人，举起匕首要杀死自己时，一定是对布鲁图·阿尔比努斯而非布鲁图，喊了那句众所周知的话："你也是个畜生！"这一观点还有一个事实依据，也就是，由于布鲁图·阿尔比努斯深受尤利乌斯·恺撒信任，在谋杀当天，共谋者们便派其前去诱导尤利乌斯·恺撒前来罗马元老院议事厅。

普鲁塔克认为，尤利乌斯·恺撒看到自己遭到布鲁图攻击，便放弃了活命的所有希望。但当时有两个布鲁图在场，普鲁塔克并未区分那两人。不过，严密考查并非普鲁塔克的长处所在。——原注

尤利乌斯·恺撒被刺杀,倒在了庞培雕像的底座上。
维克多·奥诺雷·詹森斯(Victor Honoré Janssens, 1658—1736)绘

恺撒与庞培：帝制与共和的最后对决

西塞罗当时也在场，并且还证明刺杀是正当行为。①

于是，罗马共和国最后一位伟大将军尤利乌斯·恺撒就这样去世了，时年五十六岁。他一生的主要事件和性格特点，在前面几页已经叙述过了。但历史无法完全公正地评价他的多才多艺，也无法公正评价他那沧桑的生涯。作为一名将军，他的常胜不败得益于两个方面的完美结合，一是超凡卓越的才能，二是精力充沛。他具有极其出色的演说才能。被控参与喀提林阴谋时，正是由于及时发挥了演说才能，他才得以为自己辩护成功。其《高卢战记》被保存了下来，是优雅的拉丁语言之典范。在《高卢战记》中，我们不得不钦佩尤利乌斯·恺撒这位杰出作家的谦逊。他极力掩饰自己的优点，盛赞自己军队的英勇。《高卢战记》中充满了对部族风俗习惯的精辟、独到的见解。当时的罗马世界对这些部族知之甚少。不过，这些部族的后裔注定要在罗马废墟上建立另一种文明。对政敌，他慷慨大方，宽容大度，不苛刻，除非政敌们违背了诺言不再效忠于自己的政府。在道德上，他风流放荡，不守规矩。他

---

① 《致阿提库斯书》，第十四卷，第十四节。尤利乌斯·恺撒死去时，西塞罗在场吗？科尼尔斯·米德尔顿（Conyers Middleton）信心满满地声称，西塞罗在尤利乌斯·恺撒遭遇刺杀时是在场的。他还引用了西塞罗本人的信（《致阿提库斯书》，第十四卷，第十四节），其中写道："我有幸看到僭主倒下，这是他应得的。"要不是我们也有西塞罗写给G.卡西乌斯·朗基努斯的信，这一点似乎就无可置疑了。（《致亲友书》，第十二卷，第四封）"真希望你在3月月中日邀请我与你共进晚餐，我便会在那里向你保证，不会留下任何后患。""事情中没有失误。"意思很明显，如果当时西塞罗在场，这位"国父"会将马克·安东尼和尤利乌斯·恺撒一起除掉。西塞罗一直痛惜共谋者饶过了马克·安东尼，谴责这个最大的错误。如果不是因为布鲁图，这个错误就不会发生。布鲁图那些同僚对马克·安东尼既无法信任，也不尊敬，赞成把马克·安东尼也杀了。然而，布鲁图却否决了同僚们的意见。

当然，现在无法解释这两封信之间的矛盾。因此，我们无法明确断定，尤利乌斯·恺撒死去时，西塞罗是否在场。不过十分奇怪，科尼尔斯·米德尔顿这样的作家竟然忽视了这封写给G.卡西乌斯·朗基努斯的信。——原注

第 4 章 恺撒执政及死亡

在豪华宴会上非常奢侈，在角斗士表演中也非常奢华，其挥霍程度简直令人难以置信。他本身就是一个天才，对别人的天赋才能却也慷慨地表达赞赏。然而，他在错误的野心上却偏偏充满激情。仅在高卢，他展开的战争就付出了巨大的代价，牺牲了一百二十万人的生命才得以成功。很难确定他是什么时候开始决心追求至高权力的。然而，他一生中将近四十年的时间（这一时间对一生而言绝不算长），似乎都将目标放在获得那种权力上。四十年期间，战争危险、内讧阴谋，以及享乐诱惑，都不曾使他有过片刻偏离。他获得了寻求已久的奖赏，却只享受了短短五个月，然后就死在了二十三位共谋者的匕首下。

5

后三头同盟

尤利乌斯·恺撒倒下了，罗马元老们立刻惊恐失措，各自慌忙回家，不知道该怎么办，也不知道该怎么看待那天发生的可怕悲剧。布鲁图发表了一篇深思熟虑的演说，请求罗马元老们留下来，对这件事做出判决。遥想当年，人们在驱逐塔奎尼乌斯家族时曾如此积极地响应尤尼乌斯·布鲁图的号召。然而，五个世纪已经大大地改变了罗马人的性格。罗马人民对共谋者投以怀疑的目光，以沉默回应他们的号召。共谋者的慷慨陈词也没能触动人们心中那根同情心弦，因为尤利乌斯·恺撒那位独裁官的辉煌成就和恩惠宽容已深深迷惑了这些人。G. 卡西乌斯·朗基努斯一派看到自己的事业无人支持，不得人心，就退到卡比托利欧山朱庇特神殿，在那里加强了防御，并向马克·安东尼和李必达提议和解，因为两人已经夺取了尤利乌斯·恺撒的果实，掌握了政府统治权。马克·安东尼无意求取和平，不打算和解。其唯一目标就是掌握最高权力，做个僭主。为此，他拉拢了李必达为自己效力，给了后者大祭司之职。这个职位在尤利乌斯·恺撒死后就空缺了。此外，为了更好地巩固篡夺的权力，他还把自己的女儿许给了李必达的儿子。尤利乌斯·恺撒死后第三天，马克·安东尼召集了元老院议事会。在那里，他

恺撒与庞培：帝制与共和的最后对决

　　表现得极其友善，提议邀请布鲁图及那一派的其他人都加入议事会。为了显示诚意，他还把自己的儿子当作人质派了过去，让布鲁图一派安全返回。带着似乎如此合理的条件，共谋者们走出了卡比托利欧山朱庇特神殿。共谋者极其信任马克·安东尼，认为他是一个守信誉和正直的人。G. 卡西乌斯·朗基努斯便在那天和马克·安东尼一起进餐，布鲁图则和李必达一起进餐。这一结合皆大欢喜。当时所有人都一厢情愿地认为可以获得自由了。然而，马克·安东尼一面为和平与和谐做着看似最合理的承诺，一面又从城市周围各个地方调来军队，当着军队的面，为了军队的利益，颁布了几条违背共和派意愿的法令，还特别颁布了一条法令，下令为尤利乌斯·恺撒举行公共葬礼。这一法令遭到布鲁图那些朋友的强烈反对，但现在已经太迟了——马克·安东尼要这么做，并且有能力实现自己的愿望。

　　葬礼上，面对士兵和一群雇来的暴徒，马克·安东尼激情洋溢地进行演说，高度赞扬尤利乌斯·恺撒。这次演说极具煽动性，又慷慨激昂，激起了暴徒的暴力行为。这群暴徒大部分是尤利乌斯·恺撒解放的奴隶。结果，布鲁图和G. 卡西乌斯·朗基努斯费了极大力气才从这群暴徒中逃了出来，捡回一条命。其他人也受到了这群乌合之众的虐待。暴徒们误把秦那(Cinna)当成了时任司法官M. 秦那，当场将其杀死，因为M. 秦那最近向人们发表了一篇公众演讲，试图证明尤利乌斯·恺撒之死正当合理。

　　共和派认识到了自己的致命错误。这些人信任了一个一直恣意放荡的人——马克·安东尼，让其有时间周密地部署自己的计划。这个人现在还成了这些人的主人。共和派没有军队支持，朋友也四散奔逃，也没有防御，唯一的选择就是逃离罗马，沦为流亡者。而几天前，共和派还

马克·安东尼在恺撒的葬礼上发表演说。
乔治·爱德华·罗伯逊（George Edward Robertson）绘于19世纪末

恺撒与庞培：帝制与共和的最后对决

以为自己已经在罗马永远推翻了暴政。布鲁图·阿尔比努斯秘密离开罗马，前往自己的山南高卢行省。盖乌斯·特雷波尼乌斯去了其辖区亚细亚行省。布鲁图和G.卡西乌斯·朗基努斯则前往了盖乌斯·特雷波尼乌斯的拉努维奥庄园。拉努维奥庄园距离罗马约有十六英里，他们在那里思考自己的未来和过去事业中的离奇转折。西塞罗同样离开了罗马。在穿越祖国的一路上，他目睹了许多人对尤利乌斯·恺撒之死极其高兴。这让他既痛苦又高兴，他充分反思了自己的派系立场，认为自己不应该反对尤利乌斯·恺撒。这在西塞罗给朋友阿提库斯的信中说得很好："每个人都聚在我周围，来听这一令人愉快的消息（即尤利乌斯·恺撒之死）。""我们多么矛盾啊——害怕我们征服的那些人为了生存而忍受暴政。僭主被杀害时，我们恢复了自由，却失去了共和国。"①

马克·安东尼是个彻头彻尾的伪君子。他把共和派的首领都赶出了罗马，然后又装出一副痛惜这些首领不在的样子，并且许诺，自己将以执政官身份颁布一项法令，永远废除独裁官的称号。冒名之徒伪马略(Pseudo-Marius)②是暴徒中最狂暴的一个。此人是尤利乌斯·恺撒葬礼上的暴徒领头人，对所有疑似偏袒布鲁图和G.卡西乌斯·朗基努斯的人，以及与尤利乌斯·恺撒之死有任何关联的人，都实施了暴行。他要么是受马克·安东尼的唆使，要么就是得到了马克·安东尼的纵容。然而，马克·安东尼利用伪马略实现了自己的意图，之后就让人在监狱里勒死了他，并且让人拖拽着其赤裸着的身体在罗马大街上示众，以此表明自己热爱自由，愿意支持平民事业。这一举动给尊崇宪法的人们带来了希

---

① 西塞罗，《致阿提库斯书》，第十四卷，第六节。——原注
② 伪马略自称小马略之子。——译者注

第 5 章 后三头同盟

望。不久，布鲁图和G. 卡西乌斯·朗基努斯就与马克·安东尼私下会谈，讨论国家事务及马克·安东尼的最终计划。这次会谈中，各方似乎都感到十分满意。

在所有这些行动中，马克·安东尼都是一个彻底的伪君子。他虽然把那些共和派领袖都成功赶出了罗马城，却最担心那些人会离开意大利，抑或是拿起武器来解决这场争端。他知道那些人的事业很受欢迎，如果那些人去到罗马共和国的一些大城市，在那些地方一定会得到战争所需的一切军用物资，那么自己目前没有能力对付那些人。这就是他态度明显温和的真正动机。正是通过这种温和态度，他成功地瓦解了对手们的议事会。在此期间，他游历了意大利，走遍了罗马军团驻扎的所有地方，通过种种贿赂腐化，吸引了大批军团前往罗马。出于对尤利乌斯·恺撒的怀念，他用非常高明的手段诱使罗马元老院通过了一项法令，认可了尤利乌斯·恺撒的所有行为。也就是说，尤利乌斯·恺撒做出的所有承诺，以及据说尤利乌斯·恺撒曾做出的所有承诺，无论是对其将军们，对外国君主们，或者对人民，并且不管是在罗马什么地方做的承诺，都得到了认可。尤利乌斯·恺撒的一切承诺都是口述。真正的行使录则由其私人助理起草完成。马克·安东尼现在已经收买了这位助理。如果他想要扩大特权、免征税款，或者是施行任何恩惠，便密令这个助理根据自己的意愿起草法案。起草完后，他就宣布这是从尤利乌斯·恺撒行使录中找到的文件。没有任何证据能够反驳马克·安东尼。马克·安东尼使用了同样的手段，使他的一切措施全都得以通过，成为法令。他公开出售尤利乌斯·恺撒的这些行使录，以此攫取了巨额财富。他还夺取了公库，获得了相当于19世纪中叶数百万的财富。用这笔掠夺来的财富，他在十四天内就还清了三十万镑的债务，并且还有足够的钱来贿赂和供养任何一支军队。

共和派能依靠的只有自己的正直，还有他们纯洁的事业。但这些都是抽象的东西，奸诈世俗的马克·安东尼对此不感兴趣。只有权力才是马克·安东尼的目标，因为权力能满足其最粗野的欲望。布鲁图现在终于认识到了自己的真实处境。他当初执迷不悟，宽恕并放过了马克·安东尼，这是他犯的致命错误。他现在既无法纠正这一错误，也无法控制这一错误发展。他和G.卡西乌斯·朗基努斯给马克·安东尼写了一封联名信，抗议其行为。不过，正是那些受制于他人、自己本身无权的人，才用笔捍卫自己的权力。马克·安东尼仍然继续表示尊敬那些共和派领袖及其事业。然而，他同时却在想尽一切办法试图将两者全都粉碎。布鲁图和G.卡西乌斯·朗基努斯发现，如果继续待在意大利，自己面临的就只有危险和屈辱了，便立即动身前往各自的行省。那是尤利乌斯·恺撒在计划远征帕提亚之前分派给两人的。马其顿归布鲁图所属，叙利亚则归G.卡西乌斯·朗基努斯所有。

屋大维

在马克·安东尼和共和派争斗期间，罗马来了一位新的罗马最高权力的候选人。这位候选人深受人们的爱戴。那便是尤利乌斯·恺撒的甥外孙屋大维。屋大维继承了尤利乌斯·恺撒的财产。当时，他仅仅十九岁。不过，他在首都罗马的出现却大大改变了公共事务的面貌。他发现尤利乌斯·恺撒的大部分财产都被马克·安东尼通过欺骗夺取了。马克·安东尼奢侈放荡的生活使自己陷入了经济困境。这些财产被其夺来解决了他的经济困境。屋大维虽然年轻，却非常谨慎。他觉得像自己

第 5 章 后三头同盟

这样的年轻人,斥责马克·安东尼不讲道义是极其危险的,不仅因为马克·安东尼是罗马当时最有权势的人,还因为他自称是尤利乌斯·恺撒之死的复仇者。然而,屋大维仍然继续请求归还尤利乌斯·恺撒的财产。他的恳求言辞令人钦佩,没有给马克·安东尼留下任何借口,因而让后者无法公开与自己争论。马克·安东尼对此感到失望,只得接受屋大维的恳求,但对屋大维很是蔑视,并且公开反对尤利乌斯·恺撒这个甥外孙获得其极度渴望的护民官之职。这两人本应投入同一事业。然而,两人之间的敌对却让共和派重新燃起了希望。据说,屋大维发现自己所有期望遭到挫败,于是制订了一个杀死马克·安东尼的计划。为此,他雇了暗杀者到马克·安东尼家里去行刺。阴谋遭到泄露。暗杀者们在埋伏中等待受害者时,被人抓获了。有人声称,这只不过是马克·安东尼广泛散布的谣言,目的是为自己辩解,为自己不公正对待屋大维,还有无耻侵占尤利乌斯·恺撒的财产开脱。不过,西塞罗自信地宣称,所有智者和善者都相信事实,并为事实喝彩。①

屋大维也没闲着。他凭借巨额财产和与尤利乌斯·恺撒的关系,很快就组建了一支强大的军队,其中有许多士兵是尤利乌斯·恺撒麾下的老兵。

马克·安东尼曾称屋大维只是个孩子,现在却害怕这个孩子的势力,于是急忙离开罗马,去迎接从马其顿返回的四个军团,想拉拢这些军团站在自己这边——因为现在已经很明显,自己和那位年轻对手之间的战争已经无法避免。他随这些军团来到布林迪西。其中三个军团完全拒绝了他的一切邀请,让他感到极其受辱。这些军团声明拒绝加入任何

---

① 西塞罗,《致亲友书》,第十二卷,第二十三封。——原注

后三巨头中的李必达

后三巨头中的安东尼

后三巨头中的屋大维

恺撒与庞培：帝制与共和的最后对决

一方，这令他非常愤怒。他便从那几个军团中诱骗了三百个百夫长到自己的布林迪西宫殿，残酷地屠杀了他们。当时，他和妻子富尔维娅竟然平静地站在一旁，享受着观看这一残酷场面！随后，他便回到罗马，决心在那里当个僭主。然而几天后，他就得知，曾经拒绝自己的那三个军团，有两个实际上已经宣布支持屋大维，并且现在已经驻扎在阿尔巴。阿尔巴距离罗马只有几英里。得知这一消息后，他惊恐万分，当晚便带着军队匆忙离开罗马，决心占领山南高卢，也就是布鲁图·阿尔比努斯统治的行省。

就在僭主马克·安东尼撤退时，西塞罗立刻离开了隐居生活之地，回到了首都罗马，希望再次拯救祖国。这似乎是恢复宪法的大好时机。屋大维通过信使和书信，一再恳求西塞罗庇护自己，许诺在任何事情上都听从其劝告。然而，他突然组建了一支强大的军队，并且还在老兵中极受欢迎。西塞罗听说此事后便宣布，除非屋大维能证明他是布鲁图的朋友，并且不会反对曾经给了尤利乌斯·恺撒第一击的护民官普布利乌斯·卡斯卡，否则自己便不会支持他。西塞罗认为，屋大维满足这些条件后才算表明诚意。所有这些，屋大维都照做了。普布利乌斯·卡斯卡也当选为下一年的护民官。屋大维没有做任何干涉。西塞罗便立即放弃了所有的怀疑和恐惧。虽然他哀叹布鲁图此时不在罗马，但还是把自己所有的经验都传给了屋大维，也利用自己的影响力帮助屋大维这个年轻人。在他的建议下，屋大维带领军队去观察马克·安东尼的动向。执政官A. 希尔提乌斯和G. 蓬萨则联合起来前去支援布鲁图·阿尔比努斯。布鲁图·阿尔比努斯当时在摩德纳 (Modena)，正遭到马克·安东尼军队的围困。

从马克·安东尼的措施中，尊崇宪法和自由的人们看出，这个人只

第 5 章 后三头同盟

不过是在竭力使自己成为绝对权威。西塞罗是其中一个看穿马克·安东尼意图的人。于是,他坚决反对马克·安东尼。他反对马克·安东尼,主要是通过在罗马元老院连续发表的长篇激烈演说。他将这些激烈演说称为自己的《反腓力》(Philippicae),因为这些演说与希腊人狄摩西尼(Demosthenes)斥马其顿国王腓力二世(Philip II of Macedon)的演说相似。通过这些手段,他促使罗马元老院宣布马克·安东尼为人民公敌,并且派出军队去支援布鲁图·阿尔比努斯,而没有容忍马克·安东尼的肆意篡权。这支军队由A. 希尔提乌斯和G. 蓬萨率领。与此同时,年轻的屋大维受命担任资深长官。西塞罗一厢情愿地希望屋大维能恢复罗马的自由独立。公元前43年,执政官的军队前往救援布鲁图·阿尔比努斯。马克·安东尼在此战中彻底失败。不过,A. 希尔提乌斯也战死了。不久,G. 蓬萨也因受伤而亡。这两人也就成了罗马共和国的最后两位执政官。非常不幸,两人之死同时预示着罗马自由的消失。据说,屋大维秘密令人暗杀了A. 希尔提乌斯。根据苏埃托尼乌斯(Suetonius)的说法,屋大维在G. 蓬萨的伤口上下了毒。但西塞罗驳斥了这一指控[①],维护了屋大维的名誉。然而,屋大维对此给予了极其卑鄙的回报。这使他受到的任何指控都可能属实——无论多么邪恶。此外,很明显,屋大维并不希望马克·安东尼被完全征服,因而没有乘胜追击,因为他知道,如果马克·安东尼被毁灭,共和派的力量对于反对共和制一派来说就太过强大了。

马克·安东尼逃到了高卢,投奔了李必达。面对马克·安东尼,李必达称其为征服者。屋大维接管了执政官的军队。但不久,罗马元老院就发布了法令,任命布鲁图·阿尔比努斯担任那一军队的指挥之职。

---

① 西塞罗,《致布鲁图书》(Epistulae ad Brutum),第六封。——原注

恺撒与庞培：帝制与共和的最后对决

屋大维谨慎地服从了罗马元老院的命令，隐藏了自己的失望，假装服从各位元老们的意愿。不久，他开始渴望获得执政官一职。然而，令人惊奇的是，即使那时正是站队的好时机，也没有发现任何罗马元老投票支持屋大维。于是，屋大维派出一个军官代表团前去为自己请求这一荣誉。但此时，罗马元老院展现出了公正，认为这一程序违反宪法。虽然元老们意识到屋大维这位候选人势力强大，也担心他会复仇，但还是对代表团充满怀疑，对那些军官很冷淡。当时，其中一个军官十分直率，不像其他人那么谨慎。他脸上露着蔑视的神情，把长袍往后一甩，一边把手放在剑上，一边大喊："你们要是不让他当执政官，这把剑会让他当。"于是，屋大维立刻率领军团向罗马进军，亲自恳求担任下一年的执政官，从而结束了这场冲突。然而，有一个强大的贵族派系仍然拒绝支持屋大维。但在军团明确、强烈的呼声下，屋大维获得了执政官之职。不过，尤利乌斯·恺撒的另一个甥外孙昆图斯·佩迪乌斯 (Quintus Pedius) 受命担任另一位执政官，成了屋大维的同僚。此时，屋大维获得了执政官之职，在自己周围聚集了一支规模庞大的军队。而且，由于老兵们对尤利乌斯·恺撒怀有敬爱之情，加上屋大维给每个人发了巨额赏金，这支军队的人数还在与日俱增。之后，屋大维便开始展露真正意图。

屋大维显露绝对权威的第一个行为就是掠夺公库。然后，他把钱财分发给了士兵，宣称自己这么做是迫不得已，因为罗马元老院忽视了那些士兵的利益，这是不可原谅的，士兵们是在为罗马元老院的事业而战，为罗马元老院的事业而流血。对西塞罗，屋大维曾经非常感激，常常声称按其建议行事。现在，他却装作对西塞罗生气，宣称西塞罗曾用一些模棱两可的话评价自己的生活。这些事及一些其他事情明显表明，

第 5 章 后三头同盟

他已经改变了自己的原则(如果他曾有过原则的话)。他的这一改变，令罗马元老院，还有共和派，都感到十分震惊。那些人明白，屋大维这个年轻人已经掌握了巨大的权力。

不久，屋大维便率军向意大利北部进发。据说，他是要去对抗李必达和马克·安东尼，因为两人当时已经从阿尔卑斯山脉来到意大利。在此期间，昆图斯·佩迪乌斯的第一个行动是在罗马元老院通过一项法律，宣布谋杀尤利乌斯·恺撒的所有人都被流放。这显然是屋大维设计的阴谋。屋大维的这一做法不仅是为了家庭感情，更是为了剥夺罗马元老院最近授予布鲁图·阿尔比努斯的权力。昆图斯·佩迪乌斯的下一个重要行动是诱使各位元老撤销对马克·安东尼和李必达宣判的放逐令。屋大维现在已经前去公开反对两人进军。然而，现在反对那两位将军只不过是一种幻像，因为罗马元老院的放逐令已被屋大维自己的阴谋解除掉了。屋大维害怕马克·安东尼和李必达两人将力量联合起来，于是前去看看能和他们达成什么条件，以便壮大自己的势力。

6

腓立比战役与亚克兴战役

只要马克·安东尼继续在意大利之外流亡,屋大维就放心了。屋大维相信自己能够应付其他困难。然而,他发现,马克·安东尼——这个拥有让自己惧怕的天赋的人,现在带着一支强大军队回来了,并且这支军队中有很多人是罗马训练有素的士兵。于是,他决定私下与马克·安东尼会谈,并且大胆尝试建立另一个"三头同盟",不去冒险发动结局难料的战争。马克·安东尼、李必达和屋大维虽然彼此为敌,但三人之间有一个共同想法——那便是彻底摧毁维护罗马自由的那些人。

这一令人难忘的会谈发生在一座小岛上。该岛由流经博洛尼亚(Bononia)附近的莱茵河冲刷而形成。三人的行事方式表明,这三个人也许是三个最卑鄙的坏蛋,聚集在一起干了最卑鄙的勾当。三人各自都挑选了自己军中最好的老兵,分别组成五个护卫军团,分布在不同营地,监视着小岛。李必达首先过河,去检查会谈之地,确保那里没有阴谋或背叛行为。他检查完后,对那里的安全很满意,便发出了约定信号。马克·安东尼和屋大维分别从对岸过桥去了岛上,各自带着三百守卫护身。三人见面后,互不信任,互相搜身,以免有谁带了匕首,偷偷藏在长袍下面。卑鄙地互相搜身之后,三个臭味相投的人便坐了下来,

恺撒与庞培：帝制与共和的最后对决

开始了持续三天的秘密邪恶会谈。密会结果是：三人共同拥有至高无上的绝对权力；所有政府官员，无论是罗马的还是殖民地的，都要经过三人共同同意才能得到任命；分配给李必达控制的行省是西班牙和纳博讷高卢（Gallia Narbonensis），分配给马克·安东尼控制的行省是山南高卢和山北高卢（Transalpine Gaul），分给屋大维控制的行省则是阿非利加、西西里岛、撒丁岛和地中海诸岛。李必达带领三个军团去保卫罗马，马克·安东尼和屋大维则各带二十个军团前去攻打布鲁图和G.卡西乌斯·朗基努斯。战争结束后，意大利最富有的十八个城市，连同其土地和财产，将被从现在的所有者手中拿出来，作为为三人征战的报酬，分给三人各自麾下的士兵。

为了更好地实行这些措施，三人起草了一份公敌宣告名单。据说，名单上面列有两千名骑士和三百名罗马元老院成员的名字。所有这些人，无论是真的拥护罗马的自由，还是被怀疑拥护罗马自由，注定要倒在后三头同盟的匕首下。这份公敌宣告名单暴露了三人的懦弱和凶残。李必达交出了自己的弟弟保卢斯[①]，马克·安东尼交出了自己的舅舅卢基乌斯·恺撒[②]，屋大维则交出了自己的朋友和支持者——西塞罗！普鲁塔克曾称，屋大维极不情愿地同意让西塞罗死。但这都是老谋深算的屋大维在装模作样。西塞罗反对暴政。他不仅是最有影响力的反对者，也是最激烈的反对者。因此，后三头同盟不可能放过他。至于李必达放弃自己的弟弟保卢斯，马克·安东尼放弃自己的舅舅卢基乌斯·恺撒，

---

① 即卢基乌斯·埃米利乌斯·保卢斯（Lucius Aemilius Paullus，主要活跃于公元前1世纪）。——译者注
② 即卢基乌斯·尤利乌斯·恺撒（Lucius Julius Caesar，主要活跃于公元前1世纪），公元前64年的罗马执政官。——译者注

第6章 腓立比战役与亚克兴战役

是因为只有这样才有可能消灭西塞罗。然而很明显,这只不过是一种诡计,目的是为暗杀古代最伟大的灵魂之一粉饰,因为保卢斯和卢基乌斯·恺撒都没有因公敌宣告而倒下。相反,这两人还受到了当权亲属的保护。①

三人把公敌宣告名单分发给了士兵去执行,甚至还雇了暗杀者参与执行这个血腥计划。接下来便出现了极其恐怖的场面——在史册上也许从未有过如此恐怖的场面。那些不幸的"公敌"试图逃离罗马,却遭到后三头同盟密使的追捕屠杀。奴隶因背叛主人而得到奖赏;妻子和孩子遭到严刑拷打,被逼出卖丈夫、父母和兄弟,暴露其藏身之所;亲情这一人与人之间的亲密纽带被暗杀者的刀剑割断,可怜的亲人被禁止为亲友的命运哀悼。后三头同盟圈出了十七个人。这十七人必须立即被处死,不得耽搁,不得暂缓。后三头同盟不允许这些人的存在,认为这些人会给自己的邪恶契约带来致命的危险。这十七人中,西塞罗最重要,也最令自由之敌害怕。

后三头同盟的密使到了罗马,来执行血腥任务。十七个注定遭受即刻暗杀的人之中,有四个被突然袭击,几乎瞬间被杀死。四人的朋友当时就在他们身边,眼睁睁地看着这四人遇害。剩余十三人则被四处追捕。家家搜捕,殿殿追查。罗马居民陷入一片恐惧中。每个人都不知道自己何时会成为这一暴政的牺牲品。这种公众恐慌和混乱场面极其可怕,遍布全城。为了减轻这种恐慌,执政官昆图斯·佩迪乌斯不得不整夜在城里来回巡逻,安抚惊慌失措的罗马居民。第二天早上,他公布

---

① 卡西乌斯·狄奥:《历史丛书》,第四卷。摘自阿庇安《罗马史》,第四十七卷。——原注

了那些死在暗杀者刀下之人的姓名，同时向其他所有人保证，保护大家的安全。然而，在那个恐怖之夜，他自己也深陷恐惧，并且累得精疲力竭，第二天就去世了。[①]

谋杀西塞罗

得知公敌宣告的消息时，西塞罗正同侄子和弟弟昆图斯[②]一起待在自己塔斯库勒姆的庄园里。三人立即动身前往阿斯图拉岛（Astura）——西塞罗在那里有一个海上住所。三人打算乘船前往马其顿，或者去往暗杀者无法到达的某个遥远港口。然而，很不幸，昆图斯认为自己没有足够的钱和其他必需品供航行之用，便带着儿子回到了罗马，希望在那里躲起来，等到有条件再去与哥哥西塞罗会合。在此期间，西塞罗在阿斯图拉岛上了船。由于风向相反，他航行了一小段距离后，便在奇尔切奥山（Mount Circeo）上岸，在那里过了一夜。他感到极其痛苦，不知道该何去何从。忠实的仆人劝他重新登船启程，驶往加埃塔（Gaeta）。西塞罗在那里再次上岸，去了自己在福尔米亚的庄园。在那里，他休息了几个小时。但他十分沮丧，既厌倦了生活，也厌倦了海上的危险，便宣布不再逃亡了，就死在自己曾多次拯救的那个国家——罗马共和国。[③]

朋友们不听西塞罗的丧气话。他们发现有士兵在庄园周围暗中徘徊，就立刻把西塞罗放进轿子里，沿着秘密小路送往港口的船上。然

---

① 阿庇安：《罗马史》，第四卷。普鲁塔克：《希腊罗马名人传》之《安东尼传》。——原注
② 即昆图斯·图利乌斯·西塞罗（Quintus Tullius Cicero，公元前102年—公元前43年）。——译者注
③ 据说，"死在多次拯救的祖国"。（李维，《罗马史》残卷）。——原注

第 6 章 腓立比战役与亚克兴战役

而,后三头同盟的暗杀者很快就追了上来。仆人们准备不顾一切危险保护主人的生命,但西塞罗命令自己那些勇敢忠心的仆人把自己放下来,不要抵抗了。西塞罗看着那些恶棍,勇敢无惧,然后把脖子尽量伸出轿子,让那些恶棍去实现血腥目的。眨眼之间,他的头颅和双手就被砍掉,被送到了马克·安东尼面前。看到这些,马克·安东尼露出了凶狠残忍的胜利面孔。他还把罗马最伟大的演说家西塞罗的可怜的遗骸放到罗马广场示众。当年,正是在那里,这位演说家随时准备用呼声维护祖国的自由。

西塞罗将脖子伸出轿子,任由恶棍杀害。
作者信息不详,绘于 19 世纪末

恺撒与庞培：帝制与共和的最后对决

西塞罗的弟弟昆图斯在家里躲了一段时间。然而，这个可怜的父亲后来发现儿子遭到严刑拷打，被逼泄露父亲的藏匿之地，便从藏身之处跳了出来，承认了自己的身份。父子俩立刻被杀害，死在了残忍的暗杀者手中。

西塞罗是古代最伟大的人之一。这个伟人生活在一个充斥着盲目崇拜和低俗迷信的环境下，没有上天的启示来指引他。然而，凭借强大的过人的智慧，他几乎成了一个"基督徒"。他教导人们：灵魂不朽；未来或受奖赏或遭惩罚；只有一个神；神永恒不朽，独立存在，创造了世界，并且用天意来维持这个世界。他始终相信：我们拥有了人类最大的智慧，但还无法抵达这种智慧的深处，也无法抵达这种创造了辉煌荣耀的智慧深处；即便如此，如果一个人认为一切辉煌创造都是某种盲目的、无法解释的偶然结果，那么这个人就不配叫人。[1]这些学说，还有许多其他类似观点，引得西塞罗的仰慕者伊拉斯谟（Erasmus）激昂地说道："竟有流淌出如此情感的胸怀，那一定是受到了神的启示。"[2]

有位现代作家[3]认为，西塞罗的哲学论述价值不大，甚至毫无价值，因为西塞罗只是提出了别人早已提出的观点。在某种程度上确实如此。但可以肯定的是，在坚持灵魂不朽、死后有受赏或受罚之地、唯一神、宇宙创造者和维持者及其他许多这样的信条时，西塞罗并没像那几位前辈一样，用愚蠢方式来亵渎这些伟大"真理"。为了证明轮回和灵魂不朽论，柏拉图宣称，死者源于生者，生者源于死者。另一位杰出的

---

[1] 西塞罗，《论诸神的本性》（De Natura Deorum），第二卷，第三十八节。——原注
[2] 伊拉斯谟，《伊拉斯谟书信集》（The Epistles of Erasmus）之《致约翰·乌拉特努姆书》（Ad Ioannem Ulattenum）。——原注
[3] 海因里希·里特尔著，亚历山大·J. W. 莫里森（Alexander J.W. Morrison）译，《古代哲学史》英译本。——原注

第6章 腓立比战役与亚克兴战役

柏拉图主义者也相信灵魂不朽，但只承认诸神和"七星"，而不相信其他神。毕达哥拉斯虽然相信灵魂不朽，但坚信灵魂会从一个躯体转世到另一个躯体，并且宣称，记得自己最初是赫耳墨斯之子埃塔利得斯（Aethalides），以欧福耳布斯（Euphorbus）的身份助力了特洛伊战争，接着化身为克拉佐美纳伊的赫尔墨提姆斯（Hermotimus of Clazomenae）。后来，克拉佐美纳伊的赫尔墨提姆斯的灵魂进入了一个渔夫的身体，最后进入了毕达哥拉斯的身体。斐洛（Philo）是希伯来人（Hebrew），受希伯来的教育，理应对真正的上帝、其力量和旨意有正确认识。然而，他严肃地宣称，亚伯（Abel）不懂广泛流传的科学（文法、修辞和几何），因而沦为该隐（Cain）邪恶激情的牺牲品。根据相同原则，他也会解释摩西（Moses）和亚伦（Aaron）的权力伙伴关系。然而，西塞罗超越了这种神秘主义幻想。他是第一个以异教徒的身份清清楚楚地宣告这些伟大"真理"本身就是神圣的人。因此，他的著作产生了巨大影响，不仅影响了其自己所处的时代，还影响了基督教哲学盛行的时代。

西塞罗的政治生涯一直受到指责，被指犹豫软弱。但这种指责肯定没有充分的理由。如果说曾经有段时期，西塞罗似乎把庞培看作本国的天才，有望恢复祖国正在消失的自由；那么必须指出，西塞罗当时完全信任庞培，到访军营为其添彩，以己之名为其增光。然而，庞培沉溺于徒劳的自吹自擂，面对尤利乌斯·恺撒，犹豫不决，胆战心惊，逃离祖国，弃最强的朋友而去，却遇上强大的敌人，在异国既不能指望朋友，也无法依靠其他资源。西塞罗看清了庞培是这样一个人，在他那里找不到希望，便藏起了忧伤，苦闷地服从法萨卢斯的征服者尤利乌斯·恺撒，向一个自己无法控制的力量屈服了。这是智慧，而非软弱。

后三头同盟停止了血腥行动，摧毁了罗马人民中他们能杀害或消灭

恺撒与庞培：帝制与共和的最后对决

的所有具有高尚精神和骑士精神的人。然而，他们三人很快就被迫从这些冷血暴行中抽身出来，到战场上去面对一个英勇的敌人。布鲁图和G. 卡西乌斯·朗基努斯凭着一支庞大的老兵军队，成了希腊、马其顿和叙利亚的统治者，还为罗马元老院和罗马人民获得并控制了罗马几乎所有的东部属地。然而，两人看到屋大维正在阴谋寻求专制霸权，并且最近得到罗马元老院批准，颁布了法令对付杀害尤利乌斯·恺撒的人，便决定发动战争。于是，两人带领各自军队，约定在吕底亚（Lydia）的萨迪斯（Sardis）会面。此前，两位宪法拥护者的首领布鲁图和G. 卡西乌斯·朗基努斯之间曾发生过一些纠纷。这次会面，两人选择了一个私人宅邸，在那里解决分歧，吩咐仆人不要打扰。两人都很自负、严厉、急躁，于是相互抱怨，相互指责。最后，由于情绪过于激烈，两人一时激动，竟然哭了起来。最终，两人共同的朋友介入了，消除了这场误会。这个朋友担心会发生什么致命结果，便闯入了宅邸。

据说有一天晚上，在离开亚细亚前，布鲁图在帐篷里坐着看书。当时是夜晚的第三个时段[①]，他为战争做了许多必要准备，感到很疲倦。这时，一个巨大身影站在了他面前。他严厉地看着那人影，问道："你是什么人？是神还是人？你来这干什么？"那人影回答道："我是你邪恶的一面，布鲁图！你将在腓立比见到我。"布鲁图答道："不见不散。"第二天一大早，布鲁图便把这件事告诉了G. 卡西乌斯·朗基努斯。作为一个伊壁鸠鲁学派的人（Epicurean），G. 卡西乌斯·朗基努斯不相信有幽灵之类的超自然生物存在。为了不让这种想法影响朋友布鲁图的心神，他便用自己的学派论点来解释这个问题："思想永远在运动。那

[①] 罗马人一天为四个时段，每个时段三小时，第一个时段开始于下午六点。——原注

第6章 腓立比战役与亚克兴战役

种运动就是想象,或者是思想。如果像你那样心智劳累过度,我的布鲁图,那么大脑的自然功能就会遭到破坏,容易产生怪念和幻觉。我的布鲁图,就是这些怪念和幻觉一直困扰着你。"

与此同时,屋大维和马克·安东尼一直率军追踪布鲁图和G. 卡西乌斯·朗基努斯。共和派军队立即从吕底亚返回马其顿。公元前42年,共和派军队在腓立比附近与后三头同盟的军队相遇。无论是因为自己是个好将军,还是由于情绪沮丧,G. 卡西乌斯·朗基努斯都不愿意把命运寄托在仅仅一场战役上。他知道,自己的军队与后三头同盟的军队相比,军资供应更加充足,金钱更加充裕——金钱正是一支目无军纪的军队的主要刺激品,而这些,自己的军队正有很多。同时,共和派的船队规模还非常庞大。然而,对于这一点,他遭到了布鲁图和其他指挥官的极力反对,这也带来了致命的后果。

腓立比战役首战

腓立比战役这场难忘之战的早晨,布鲁图和G. 卡西乌斯·朗基努斯的帐篷里升起了深红长袍。这是战斗信号。罗马的命运现在将由它的"儿子"们不近人情的争斗来决定。布鲁图想要负责右翼,然而这一位置更适合G. 卡西乌斯·朗基努斯,因为后者的经验更丰富。但后者立刻顺从了朋友布鲁图的意愿,同时慷慨地和梅萨拉[①]及自己一些最好的军团分开,将其交给布鲁图指挥。双方将领都用尽全力鼓舞各自军队,不

[①] 即马库斯·瓦勒留斯·梅萨拉·科尔维努斯(Marcus Valerius Messalla Corvinus,公元前64年—8年或12年)。——译者注

恺撒与庞培：帝制与共和的最后对决

失任何机会为自己的事业而战。布鲁图的士兵不等命令，就匆忙猛攻马库斯·维普撒尼乌斯·阿格里帕（Marcus Vipsanius Agrippa）军队的左翼。当时，马库斯·维普撒尼乌斯·阿格里帕已经接替了屋大维的位置，因为屋大维此时躺在了床上——或许是身体真的有恙，或许是假装不适。布鲁图的军队主力在敌军中间展开了恐怖屠杀，冲到了敌军营地，大肆掠夺，摧毁了敌军大本营。然而，由于右翼的冲动出击，G.卡西乌斯·朗基努斯指挥的左翼陷入了混乱，完全不知右翼战友在布鲁图的指挥下取胜。在此情形下，G.卡西乌斯·朗基努斯的军队被敌军包围。骑兵逃跑了，步兵也退缩了。G.卡西乌斯·朗基努斯只得自己带着小队士兵撤到附近一座山上。此处可以俯瞰平原。他从那里只能看到自己被掠夺的营地。他担心布鲁图的命运和自己的命运相似，便派自己麾下的军官泰提尼乌斯（Titinius）前去确认，以便减轻自己的担忧。与此同时，布鲁图得知自己的朋友遇挫，便派出一支骑兵前去救援。G.卡西乌斯·朗基努斯看见这支骑兵逼近，误认为是马克·安东尼的胜利之师奉命来消灭自己。他立刻下定决心，宁可去死也不愿成为僭主的俘虏。回到空帐篷后，他用长袍把脸遮起来，诱使自己的自由人平达鲁斯（Pindarus）将自己杀死。泰提尼乌斯，这个G.卡西乌斯·朗基努斯派去侦察那些自己误认为是马克·安东尼士兵的人，现在回来了。他觉得给自己那忧郁的将军G.卡西乌斯·朗基努斯带回了好消息，但他回来得太晚了。G.卡西乌斯·朗基努斯那颗骄傲的、膨胀的心现在已经冰冷不动了。无论是逃跑的耻辱，还是胜利的呐喊，都不会再扰乱G.卡西乌斯·朗基努斯！泰提尼乌斯看到G.卡西乌斯·朗基努斯的尸体后，拒绝独活，便用匕首刺进了自己的心脏，倒在了自己敬爱的首领身边，随着首领死去了。布鲁图走进G.卡西乌斯·朗基努斯的帐篷，看到朋友死去的尸体，便像个孩子一样趴在朋

第 6 章 腓立比战役与亚克兴战役

友身上哭泣,将其体面下葬,宣称G. 卡西乌斯·朗基努斯是最伟大的、最后的真正罗马人。

毫无疑问,在这场较量中,如果不是因为两个首领在关涉对方的命运上犯了错误,如果不是因为布鲁图手下的士兵没有首先消灭敌人,却冲进了屋大维的营地大肆抢掠,结果造成了混乱,那么共和派的军队就会取胜。共和派损失了大约八千人。不过,屋大维一方的损失至少是这个数字的两倍。

腓立比战役第二战

尊崇宪法的那一方似乎在其事务中频频出现混乱和失误。马克·安东尼和屋大维这边的一切事务也极其不顺。后三头同盟的军队兵营简陋,给养供应不足。首战打响的那天,布鲁图的船队在伊奥尼亚海(Ionia sea)完胜敌方船队。如果布鲁图知道这个消息,就会拒绝展开另一场激烈战斗,因为他可以迫使后三头同盟的军队不战而退。然而,后三头同盟的军队趁布鲁图尚未得知其在海上取得巨大胜利,便迫使其展开了另一场战斗。腓立比首战结束二十天后,同样的双方,同样的地点,发生了第二战。但布鲁图的军队似乎已经失去勇气。布鲁图有理由担心士兵们的忠诚。他害怕士兵逃亡,便立即下令开战,进攻敌人左翼。然而,很不幸,他军队的左翼在第一轮进攻中,由于行动不慎,失败而逃。就在此时,后三头同盟的军队竭力包围布鲁图的军队。布鲁图展现出了自己的英勇和指挥能力,无奈最终不敌,被迫逃跑。小加图的儿子在这场战役中丧生。他在最后才告诉大家自己是小加图的儿子,宣称自己是为了罗马的自由而战。布鲁图看到大势已去,绝望地恳求仆人杀了自己。他就这样死在了仆人剑下。[1]马克·安东尼仁慈恭敬地处理了这个对手——布鲁图的遗体，派人把他的骨灰送到了其母塞薇利娅那里。此时，共和派已经完全失败了，许多人逃往西西里岛。西西里岛仍然有塞克斯特斯·庞培在继续抵抗后三头同盟的势力。但经过几年海盗式战争后，塞克斯特斯·庞培被马克·安东尼的副将提蒂乌斯[2]征服，后被提蒂乌斯杀死了。

布鲁图和G. 卡西乌斯·朗基努斯之比较

布鲁图和G. 卡西乌斯·朗基努斯，这场可怕阴谋的两个首领，就这样倒下了。对比评价这两人各自的优点，也许是一项艰难的任务。不过，普遍意见倾向于支持布鲁图更优秀。G. 卡西乌斯·朗基努斯是罗马自由的狂热支持者——布鲁图也是。两人都一样勇敢。G. 卡西乌斯·朗基努斯举起旗帜反对后三头同盟后，在沿途经过的各个地方，既十分严苛地征兵，也极其严酷地征税。这让他遭人诟病。然而，必须注意，这是一种必然行为——他认为祖国的自由要依靠这种征兵征税。况且在类似的情况下，这种做法在所有将军当中都十分普遍。因此，道德家可能会责备这种做法，政治家却不会。

布鲁图的名声更坏。虽然布鲁图装作一个哲学家，装作对财富或权

---

[1] 偶尔有人称，布鲁图的妻子波尔恰得知丈夫的命运后，吞火而死。不过这只是个传说。波尔恰在丈夫死之前就死于某种慢性疾病。在普鲁塔克的时代，发现了一封布鲁图的信，信中谈到了波尔恰的死亡。那封信已不存在了。不过，西塞罗曾给布鲁图写了吊唁信（《致布鲁图书》，第十七封）。这封信只阐明了波尔恰死了，至于死因、何时死的一概看不出来，同样参见《致布鲁图书》，第二封。——原注

[2] 即马库斯·提蒂乌斯（Marcus Titius，主要活跃于公元前1世纪）。——译者注

腓立比战役结束后的布鲁图及其麾下将士。
作者信息不详，绘于 19 世纪末

恺撒与庞培：帝制与共和的最后对决

力不感兴趣，但我们发现，在当时并没有任何公共需求的情况下，这个伪装的哲学家借钱给了遭受掠夺的卡帕多西亚国王阿里奥巴尔赞[1]，并索要了巨额高利贷利息。[2]我们还发现，布鲁图以债券形式放贷，收取巨额利息。他借出了两万镑纯银债券给塞浦路斯（Cyprus）的萨拉米斯岛人。斯卡普蒂亚斯[3]是布鲁图的傀儡。布鲁图对此人谎称萨拉米斯岛人的债务到期了，便通过自己的岳父奇里乞亚的资深执政官阿比乌斯·克劳狄[4]，让此人当上了塞浦路斯的总长。布鲁图任命斯卡普蒂亚斯的唯一目的就是骚扰那些破产的萨拉米斯岛人，直到那些人付清利息为止。斯卡普蒂亚斯似乎是担任这一职务、实现这一目的最佳人选。他把萨拉米斯岛元老院的全部元老都关在了元老院议事厅里，一直关到其中五人饿死。[5]不幸的萨拉米斯岛人提出，根据奇里乞亚时任总督西塞罗的仁慈规定，按照月息百分之一偿还债券，因为塞浦路斯是奇里乞亚行省的一部分。然而，斯卡普蒂亚斯拒绝了这个提议，仍然要求他们按照当初规定的月息百分之四偿还。布鲁图发现无法从贫穷的萨拉米斯岛人那里勒索到钱财，便写信给西塞罗。他毫不尊敬西塞罗，要求西塞罗行使权力，强制萨拉米斯岛人偿还债券。为了施加更大压力，他承认自己两面三刀，其实那笔债是萨拉米斯岛人欠他的，他只是用了斯卡普蒂亚斯的名义，以便更好地避免自己的卑鄙贪婪被人发现。因此，我们发现，备受称赞的布鲁图其实是个残酷的高利贷者，采用了卑鄙手段，用谎言来

---

① 即阿里奥巴尔赞三世（Ariobarzanes III，？—公元前42年）。——译者注
② 西塞罗，《致阿提库斯书》，第六卷，第一节。——原注
③ 即马库斯·斯卡普蒂亚斯（Marcus Scaptius，主要活跃于公元前1世纪）。——译者注
④ 即阿比乌斯·克劳狄·普尔喀（Appius Claudius Pulcher，公元前97年—公元前49年）。——译者注
⑤ "关闭在萨拉米斯岛的法庭，饿死了五个萨拉米斯元老。"（《致阿提库斯书》，第六卷，第一节）。——原注

第 6 章 腓立比战役与亚克兴战役

实现自己那邪恶的需求。西塞罗在这桩交易中扮演的角色，完全配得上自己那崇高的声誉和真正的高贵。虽然他因为政治认同非常钦佩布鲁图，根本不想和布鲁图争吵。然而，他却解除了斯卡普蒂亚斯的塞浦路斯总长一职，决定在自己担任奇里乞亚总督期间，绝不把官职授予罗马贵族的代理人，不让那些罗马贵族的代理人在遭受掠夺的行省进行高利贷交易，也绝不承认此类将利息定在每月百分之一以上的契约。

布鲁图对自己家务事的处理也同样遭人指责。他抛弃了妻子克劳迪娅（Claudia）——一位性格最无可挑剔的女士。这样一来，他便可再娶M. C. 比布鲁斯的遗孀波尔恰，而这仅仅是因为波尔恰是自己舅舅小加图的女儿。他这一行为不仅粗俗，更是不讲道义。虽然这显示了罗马当时的道德标准普遍极其低下，但同样表明他的道德标准并未超越其生活的时代。[①]事实上，即使在当时，他也因那桩婚姻饱受谴责。这种行为可以发生在浪荡子马克·安东尼身上，而不是在哲学家布鲁图那里。从布鲁图对学习的热爱和其文学修养来看，很有可能在更平静的时代，他会在罗马元老院中脱颖而出，或在书房里成就自己。因为对于战争，他似乎从来都不喜欢。另外，吹毛求疵、心高气傲，这些性格缺陷使他犯了几个错误，给其事业带来了致命影响。

从G. 卡西乌斯·朗基努斯在罗马——帕提亚战争中的辉煌生涯来看，他一贯充满精力，性格严厉。这似乎使他比同僚布鲁图更适合指挥军事行动。同时，他也没有犯下布鲁图所犯的有辱名声的罪名。

---

① 西塞罗，《致阿提库斯书》，第十三卷，第九节。普鲁塔克说，布鲁图一生中唯一不可宽恕的事情，就是许诺把斯巴达和塞萨洛尼基两座城市交给其军队，放任士兵大肆掠夺。当然，普鲁塔克不可能不知道像布鲁图这样一个人物的历史，也不可能不知道我们提到的那些无可争辩的史实！——原注

恺撒与庞培：帝制与共和的最后对决

后三头同盟，这个以榨取同胞鲜血凝聚成的同盟，不可能长久。马克·安东尼的妻子富尔维娅对丈夫的长期不在感到愤怒，又嫉妒屋大维的权力，便制造了阴谋，挑唆伊特鲁里亚的农民发动了一场叛乱。这些农民和意大利大多数农民一样，遭到剥削，失去了自己的农场，那些腾出来的土地被分给后三头同盟麾下的那些穷困的士兵。叛军以卢基乌斯·安东尼 (Lucius Antonius) 为首。此人是富尔维娅丈夫马克·安东尼的弟弟。卢基乌斯·安东尼把指挥部设在佩鲁贾。屋大维立即前往佩鲁贾，用自己统领的三支军队包围了佩鲁贾。佩鲁贾很快就陷入饥荒。这场毫无意义的叛乱令不幸的佩鲁贾人饱受灾难。富尔维娅和卢基乌斯·安东尼这两个卑鄙无耻之徒制造了一场自私自利的阴谋。佩鲁贾人就这样卷入了两人的阴谋之中。佩鲁贾遭到一群目无军纪的士兵的大肆掠夺。四百名佩鲁贾贵族被押往罗马。在尤利乌斯·恺撒的周年忌日，这些贵族在这位前独裁官的祭坛被屠杀。

从佩鲁贾被占领开始，马克·安东尼和屋大维就将彼此视为公开的敌人。这种敌意很快发生演变。马克·安东尼和多米蒂乌斯·阿赫诺巴布斯[①]一方首先发起了战争，包围了布林迪西。布林迪西是意大利和希腊之间的主要交通枢纽。屋大维惧怕敌军的大队人马来犯，于是派出使者到布林迪西，前去与马克·安东尼谈判和解。负责这趟差使的有著名的梅塞纳斯 (Maecenas)——屋大维时代的学术赞助人，还有维吉尔的朋友阿西尼乌斯·波利奥 (Asinius Pollio)。此外，诗人贺拉斯也一起加入了使者行列。《他林敦条约》(Treaty of Tarentum) 虽然谈判成功了，但持续时间

---

① 即格涅乌斯·多米蒂乌斯·阿赫诺巴布斯（Gnaeus Domitius Ahenobarbus，？—公元前31年）。——译者注

第 6 章 腓立比战役与亚克兴战役

不长。马克·安东尼抛弃了富尔维娅,娶了屋大维的妹妹小屋大维娅(Octavia the Younger)。但他很快就又忽略了小屋大维娅,迷上了埃及女法老克娄巴特拉。克娄巴特拉受到传唤,到马克·安东尼的法庭前受审,解释自己为何支持尤利乌斯·恺撒一派。克娄巴特拉这位狡猾的女法老立即服从命令,还成功征服了马克·安东尼,使其在埃及的奢华首都亚历山大度过了将近四年时光。在那里,马克·安东尼挥金如土,奢侈放纵。

公元前36年,马克·安东尼进军攻打帕提亚万王之王弗拉特斯(Phraates),但遭到那个好战民族的强烈抵抗,几乎全军覆没,无奈被迫

公元前41年,马克·安东尼与克娄巴特拉会面。
劳伦斯·阿尔玛-达德玛(Lawrence Alma-Tadema,1836—1912)绘

恺撒与庞培：帝制与共和的最后对决

撤退。两年后，他征服了亚美尼亚，将其赐给了克娄巴特拉。回到亚历山大后，他放弃了罗马人应有的品格，屈从于自己最厌恶的东方习俗。在罗马，他的许多朋友都厌恶其所作所为。屋大维尤其愤怒，或者装作尤其愤怒，因为自己的妹妹遭到丈夫的忽视，并且她还跟随其卑鄙的丈夫马克·安东尼去了希腊。很长一段时间里，克娄巴特拉一直都在极力催促马克·安东尼与屋大维开战。马克·安东尼这位色欲旺盛的罗马人不敢展开如此危险的事业。尤其是他意识到，在亚历山大的欢愉日子里，自己军队的英勇和忠诚几乎丧失殆尽，便更不敢开战了。屋大维却急切盼望开战。他预言这场战争将让自己获得罗马绝对统治权。他也确实没有弄错。现在，所有罗马人看到了马克·安东尼的可耻。他们害怕放荡的克娄巴特拉影响这个仍然控制着那么多罗马军团的人。在罗马元老院正式向马克·安东尼宣战时，人们对这一战争的可怕后果感到十分惊恐。这也理所当然。现在是屋大维第三年担任执政官。他受命指挥亚克兴战争(War of Actium)。他把船队交给朋友马库斯·维普撒尼乌斯·阿格里帕指挥。他本人则凭着自己特有的充沛精力，带领军团很快就在伊庇鲁斯登陆，决心尽快追上马克·安东尼。屋大维和马克·安东尼这两位争夺统治权的对手展开了几场战斗，但都未分出胜负，战争也因此拖延了几个月。最后，在伊庇鲁斯海岸的一个海角——亚克兴角，发生了那场令人难忘的亚克兴战役，最终决定了战争的胜负。

马克·安东尼的朋友们怀疑自己的海上战力，建议马克·安东尼从陆路解决亚克兴战争。克娄巴特拉不赞成这一意见。她那痴迷的情夫马克·安东尼因而下令按她的意见行事。公元前31年9月2日早晨，两支敌对船队相遇。克娄巴特拉当时也在场。有一段时间，战斗双方都有同等的胜算。然而，随着战事推进，她像普通的女人一样感到恐惧，带着

亚克兴战役。
劳雷斯·卡斯特罗（Laureys a Castro, 1644—约 1700）绘

恺撒与庞培：帝制与共和的最后对决

埃及船队的六十艘帆船逃走了。马克·安东尼发现克娄巴特拉逃了，便不顾自己胜算如何，丢下朋友们，任凭朋友们自己做选择。其实当时，他仍然与对手屋大维的实力旗鼓相当，却跟着克娄巴特拉那个女法老逃走了。他的船队虽然失去了指挥，但仍然继续着勇敢却无望的抵抗。然而，这支船队觉察到自己完全被抛弃了，便向屋大维投降了。

马克·安东尼退往埃及。在那里，他很快又遭到屋大维的战船和军队追击。他发现自己在亚历山大陷入了包围，并且听到了克娄巴特拉死亡的假消息，便捅伤了自己，最后在克娄巴特拉怀里断了气。这一年是公元前30年。马克·安东尼的死令克娄巴特拉感到很悲痛。她也曾试图在屋大维身上施展自己的引诱之术。屋大维假装非常尊敬她。但她害怕

克娄巴特拉与屋大维。
路易斯·高菲耶（Louis Gauffier, 1762—1801）绘

第 6 章 腓立比战役与亚克兴战役

克娄巴特拉放了一条毒蛇在胸前咬死了自己。
亚历山德罗·图尔奇(Alessandro Turchi, 1578—1649)绘

征服者屋大维把自己留着为其胜利增光添彩,便放了一条毒蛇在胸前咬死了自己。屋大维的使者发现克娄巴特拉在她的宫殿里死去了,还有两个忠心的女仆,不愿离开女主人独活,也一同死去了。

西塞罗怀着炽热的父母之爱,曾为儿子小西塞罗写了著名的《论义务》(De Officiis)。这可能是最完整地论述了道德体系的一本著作,是人类理性的智慧结晶。这也许是史上编写得最好的法典,虽然没有神的启示,却也力图提升人的美德修养,提高人的幸福感。小西塞罗一直在罗马过着隐居生活。但屋大维在胜利后,把小西塞罗选为自己的执政官搭

恺撒与庞培：帝制与共和的最后对决

档，并且在自己取得亚克兴海角和亚历山大的胜利后，以同僚的身份，把胜利战况详细地传达给了小西塞罗。小西塞罗又正式将战况汇报给了罗马元老院。于是，罗马元老院下令摧毁马克·安东尼的所有雕像和纪念碑，并且从今以后，不许安东尼氏族（Antonia gens）任何成员使用马库斯这一名字。这一法令让那些同情西塞罗命运的人极其高兴。那些人看到这一法令交给了小西塞罗来执行，更是感到无比快乐。

然而，历史并未完全公正地记录小西塞罗，而是通常将其描述为一个傻瓜，既没有野心，也缺乏理解力。在下定论前，我们应该仔细考察这个年轻人的行为，同时要考虑其所处的那个时代。刚十七岁时，小西塞罗就投身于庞培的事业，在庞培的军营里，乐于承担士兵的每份应尽之责，取得了卓越战功。①他那些朋友在法萨卢斯大败后，其父西塞罗就将其送到了雅典，在那个以知识闻名的都市学习，师从那里最杰出的哲学家。小西塞罗在雅典确实染上了酗酒的恶习，但很快就从中走了出来，写了两封亲切并且绝佳的书信给父亲的图书管理员泰若（Tiro），② 表达了深深的悔恨之情。布鲁图深受小西塞罗的才能和美德吸引，因而把最高指挥权交给了他。小西塞罗那时虽然年仅二十岁，但在腓立比战役中，以其勇敢和卓越才能，立下了显赫战功。那场惨烈战役后，他去西西里岛加入了塞克斯特斯·庞培的队伍，仍然没放弃罗马共和国的事业，一直战斗到自己认为抵抗再也无益为止。因此，作为一个公众人物，他不可能像历史常常将其描述的那样愚蠢低能。在私人生活中，根

---

① 西塞罗，《论义务》，第二卷，第十三节。——原注
② 西塞罗，《致亲友书》，第十六卷，第二十一封。泰若是西塞罗的奴隶之一，通过自己的奋斗，成了一个颇有成就的学者。他写了西塞罗的传记，还有一些其他作品（现在都已丢失）。对泰若，我们主要感谢他保存和整理了西塞罗那些令人钦佩的书信。——原注

第 6 章 腓立比战役与亚克兴战役

据塞内加（Seneca）的记载，小西塞罗才智过人、举止文雅，为人称赞。的确，他看到父亲西塞罗遇害、祖国罗马共和国毁灭，没有空间施展抱负，便常常沉溺于口腹之欲。他的执政官任期届满之后，屋大维任命其为叙利亚的地方总督。屋大维这位老谋深算的政治家授予小西塞罗这一荣誉，以尽可能更好地掩饰自己对其父西塞罗的暴行。这次任命之后，再也没有听到关于小西塞罗的消息。那位杰出"国父"——西塞罗的一切亲属都已消逝，永远离开了。①

屋大维获得了克娄巴特拉的财富，把埃及变成了罗马的一个行省。他访问了萨摩斯岛和一些其他地方，之后，便于公元前29年回到了罗马。

在结束罗马这段最令人难忘的历史前，我们必须提到这部伟大戏剧另外两位主角的命运。一位是盖乌斯·特雷波尼乌斯。在尤利乌斯·恺撒死后，盖乌斯·特雷波尼乌斯便去统治自己的小亚细亚了。在士麦那（Smyrna），多拉贝拉突袭了盖乌斯·特雷波尼乌斯，对其施以酷刑，逼其招供把钱藏在了什么地方，之后就砍掉了其头颅，将其尸体拖过大街，然后扔进了海里。

另一位是布鲁图·阿尔比努斯。由于军队弃自己而去，布鲁图·阿尔比努斯混入了马克·安东尼的军队。他乔装打扮，四处游荡，希望去马其顿投奔亲戚布鲁图。然而，马克·安东尼的士兵发现了他，便立刻

---

① 西塞罗有两个孩子，一个是小西塞罗，另一个是其疼爱的女儿图利娅（Tullia）。图利娅本分孝顺，是那个时代最有成就的女人之一。她比父亲西塞罗早死三年。西塞罗对此悲伤至极。为了减轻这一悲伤，他写了一篇文章《安慰》〔Consolatio，只在拉克坦提乌斯（Lactantius）的著作里找到一些摘录，都是真实的〕。他的妻子特伦蒂娅活到了一百零三岁。在西塞罗之后，特伦蒂娅嫁过三个丈夫。据圣哲罗姆（St. Jerome）说，特伦蒂娅的第二任丈夫是历史学家同时是西塞罗的政敌。——原注

恺撒与庞培：帝制与共和的最后对决

处死了他，并将其头颅送给了马克·安东尼那个恶棍，以示讨好恭维。

就这样，经过二十一年时间，在不同的首领和政治主张下，罗马内战结束了。在经过五百年时间后，罗马宪法再次改变，从共和政体变为君主政体。

7

罗马帝国建立

罗马共和国垮台了，但没有像罗马之友和罗马之敌担心和预想的那样，带来灾难性后果。屋大维战胜了马克·安东尼和克娄巴特拉。这一胜利在首都罗马引起了全体罗马人的欢欣鼓舞。罗马人厌倦了旷日持久的战争，即使不渴望自由，也渴望休养生息。一方面，屋大维非常谨慎地掌握了权力。他虽然十分清楚整个国家都把自己当作君主，但他仍然假装把自己看作普通民众，只是有幸获得了罗马共和国的信任，受托管理公共事务。

另一方面，罗马元老院与罗马人民争相表现，卑躬屈膝地奉承胜利者屋大维。这些人目睹了不幸的佩鲁贾人被屠杀，看到了屋大维这位胜利者的愤恨是如此之深，所以不敢反对其掌权。佩鲁贾人的遭遇就是反抗的典型后果。屋大维接连在达尔马提亚(Dalmatia)、亚克兴海角和亚历山大荣获三次胜利。公元前27年，在L.姆纳蒂乌斯·普兰库斯的提议下，屋大维受封"奥古斯都"(Augustus)这一称号，获得了神圣的荣誉。不仅如此，他还受任十年的英白拉多之职，也就是罗马所有军队的总司令。"英白拉多"这一头衔后来成为皇帝的代名词。

公元前12年，李必达死后，屋大维成了大祭司，对祭司团(College of

恺撒与庞培：帝制与共和的最后对决

Pontiffs）拥有了无限权力，极度扩大了自己的影响力。同样，他还被任命为终身护民官（tribunicia potestas）。这一官职使他立刻成了名副其实的君主，却没有君主的危险头衔。如今，他可以召集罗马元老院议事，也可以让罗马元老院休会。在罗马元老院，他想采取什么措施，就提议什么措施，还可以撤销元老们的任何法令。所有法院都可向他提出上诉，而他可以限制所有其他行政官的诉讼，无论是民事行政官还是军事行政官。他的护民官身份被视为神圣不可侵犯，确保了他拥有巨大的权力。然而，尽管拥有着巨大的权力，他还是尽量低调行事，使自己不被爱国者或对手时时盯上。他将自己担任的许多职务交给了自己的朋友担任。然而，这些人都只是他的传声筒，向罗马元老院或罗马人民传达其本人提出的法案或条例。因此，虽然罗马元老院、执政官和司法官在公众面前神圣地宣布法律和自由的庄严，但这些人简直就像是亡魂在为逝去的权力和昔日的伟大呐喊。尽管如此，在屋大维的平静篡夺下，罗马人对这个有名无实的共和国感到高兴，为和平带来的切实好处而欢欣鼓舞。

据说，对这一巨大权力，屋大维只是希望能借此帮助自己更好地修正法律，让一个破碎混乱的国家恢复永久和平。在修正法律的改革中，他的主要助手和顾问中有梅塞纳斯。梅塞纳斯是一个罗马骑士，同时是古代伊特鲁里亚国王的后裔。他对文人的资助为自己赢得了一个持久的光荣名声。此外，还有马库斯·维普撒尼乌斯·阿格里帕、阿西尼乌斯·波利奥，以及其他一些没那么有名的人。在亚克兴战役和腓立比战役中，马库斯·维普撒尼乌斯·阿格里帕为屋大维的事业做出了杰出贡献。长久以来，屋大维一直倚重他的才智和稳健。阿西尼乌斯·波利奥是个文学品位极高的人。他是诗人，也是演说家。正是他在罗马建立了第一座公共图书馆。这些人都有温和的见解和高尚的品格。在很大程

第7章 罗马帝国建立

度上，屋大维的成功归功于这些得力助手的审慎建议。同时，这些人常常抑制屋大维的残酷意图。梅塞纳斯成了屋大维的首席大臣，他才干超群，彬彬有礼，情趣品位高雅。这使他得到了屋大维的青睐和友谊，也赢得了同胞们的尊敬。

屋大维和大臣们一道对罗马宪法进行了众多改革。最重要的是，这些改革主要致力于废除那些恶意法令。自私自利的前任政治领袖们肆意颁布了那些法令，以便增强自己的势力。改革后，国家军队由将近五十万正规军组成，分布在各个行省，其中大批军队集中在意大利的主要沿海城市。此外，司法行使制度也得到改进，屋大维采取措施抑制了可耻的贿赂行为，消除了罗马共和国后期立法机关中普遍存在的贿赂恶习。罗马这座城市第一次有了夜间治安巡逻。为了遏制当时几乎普遍存在的通奸罪，屋大维颁布了一项法令，严厉惩罚犯下此罪之人。此外，他还制定了另一项法令，大力提倡结婚，并对育有三个孩子的罗马公民给予奖励（三孩权利）。不过，虽然他的演说非常深刻，但无论最后一项法令多受欢迎，他都拒绝亲自提出来，以免受人诟病说他是为己牟利，而是像在罗马共和国时代一样，让当年在任的执政官提出并通过了这项法令。他非常推崇商业。然而对这一行业，罗马人一直以来都比较陌生。他大大限制了野蛮的角斗士表演，因为这有辱罗马的名声，并且颁布了相关法令。法令规定在同一年内，不得举行两次以上的角斗士表演；每次表演中，那些遭受残酷命运的不幸角斗士也不能超过一百二十人。这一限制让我们无比震惊，使我们不禁想象，在曾经毫无约束的暴行中，那些角斗场曾是何等野蛮残酷。这种野蛮残酷定会令我们不寒而栗。通过这些及其他类似法令，人们的陋习有了极大改善，品德有了极大提升。不过，罗马继任皇帝们肆意挥霍，很快就毁掉了这些改革成果。

恺撒与庞培：帝制与共和的最后对决

　　尽管屋大维推出的有益改革，可能确保了人们的拥戴支持，但仍然时不时地冒出企图谋害屋大维的阴谋。这种阴谋至少出现了四次。密谋者宣称旧的共和主义精神依然存在，还有许多支持者。然而，屋大维的警惕性让自己获胜了。前三个阴谋被秘密镇压，始作俑者也受到了惩罚。这些阴谋告诉谨慎的屋大维，尽管愚蠢的罗马元老院宣称其人身神圣不可侵犯，屋大维仍然认为，自己的安全在一万名护卫的保护下会更有保障。因此，为了自己的人身安全保障，屋大维豢养了这些护卫。不仅如此，他还在内袍里面穿了一件护胸盔甲，以保护自己的生命安全，以免像当年尤利乌斯·恺撒那样，被锋利的匕首刺死。在那些预谋反对皇帝的叛乱之中，这些密谋似乎是最后的尝试。人们看到，罗马共和国的荣耀，就像人类的其他一切事物一样，有其期限，而如今期限已过。此刻，对这个一直前行的国家来说，与其为了毫不确定的自由，放弃目前的真正和平，再次陷入内战的恐怖之中，倒不如接纳一个无法改变的王朝。

　　公元前27年，屋大维派副将 M. 克拉苏[①]前去攻打达契亚人（Dacians）。达契亚人十分凶猛，居住在位于喀尔巴阡山脉（Carpathian）和多瑙河（Danube）之间的古日耳曼地区〔即上匈牙利（Upper Hungary）、特兰西瓦尼亚（Transylvania）和摩尔达维亚（Moldavia）的一部分〕。这个强大的民族反抗罗马人的统治，在多瑙河岸边部署了军队。罗马人尝试了几次，试图使达契亚人顺从自己的统治。然而，这既没让罗马人征服这个民族，也没为罗马人赢得名声。屋大维亲自前往高卢，后来又去了西班牙，在那里征服

[①] 即马库斯·李锡尼·克拉苏（Marcus Licinius Crassus，主要活跃于公元前1世纪），公元前30年的罗马执政官。——译者注

第7章 罗马帝国建立

了许多强大的部族，建立了几个殖民地，其中最重要的是恺撒奥古斯塔〔Caesar Augusta，即萨拉戈萨（Zaragoza）〕。公元前24年，屋大维回到罗马，受到了无限赞美。臣民交口称赞他。不过，人们的这种交口称赞，并非如罗马人所称，是因帕提亚人屈服而抒发民族自豪感，而是因为受到了一种父母似的感情激发。弗拉特斯四世的某个儿子落入了屋大维手中。于是，他提出请求，希望儿子获得释放。屋大维答应放人，但条件是帕提亚人必须奉还三十多年前从前三头同盟的克拉苏军队中夺走的军旗。帕提亚人答应了屋大维的条件。整个罗马民族为此欢欣鼓舞。帕提亚人归还的军旗悬挂在了战神复仇者神殿（Temple of Mars Ultor）。屋大维下令铸造勋章来纪念这一事件。公元前19年，诗人维吉尔在那不勒斯去世，使这一胜利气氛弥漫了一层悲伤。

公元前70年，维吉尔这位非凡人物出生于安第斯（Andes）。安第斯是位于曼图亚附近的一个小村庄。维吉尔在可怕的内乱中度过了早年。这些内乱后来给罗马共和国带来了惨烈后果。在后三头同盟执政期间，维吉尔在克雷莫纳（Cremona）附近拥有的一小块地产遭到没收，被分配给了内战得胜一方的一名士兵。他当时还很年轻，侥幸逃脱了该士兵的暴行。他审慎地向屋大维陈述了自己的冤情，要回了农场。他最早的诗歌便是在庆祝自己的好运和屋大维的仁慈。从这一时期开始，他就成了屋大维的忠实拥护者，还成了梅塞纳斯和阿西尼乌斯·波利奥的特别好友。

内战骚乱平息后，屋大维意识到了维吉尔的才华，得知维吉尔模仿希腊诗人忒奥克里托斯（Theocritus）写了许多优美的田园诗，便希望维吉尔写一首关于农事的叙事诗，描述农事技艺规律，劝告意大利农民回去重操旧业，因为这些职业在激烈的内战期间长久荒废了。维吉尔遵照了屋

恺撒与庞培：帝制与共和的最后对决

大维的要求，花了四年时间——也有人说是七年时间，完成了一首诗，分为四卷，取名为《农事诗》(Georgics)，名称源自两个希腊语单词，意思是耕作土地。这首优美的诗，主要以赫西俄德的《工作与时日》(Works and Days)为创作蓝本，还借鉴了尼坎德 (Nicander)、亚拉图 (Aratus) 和法莱雷奥斯的德米特里 (Demetrius of Phalerum) 的描述性诗歌，既庄重又质朴，同时融合了极其精彩的物理现象描述，以及十分深刻的哲学见解。

《农事诗》第一卷专门讲述了土地耕作、农事劳动和农事工具，以及所有与天气和季节相关的规律。这些规律都是维吉尔那个时代的智慧。第二卷阐述了树木，其性质、用途及最佳栽培方法，尤其是葡萄树和橄榄树。维吉尔对这两种作物赞不绝口。他还赞美了意大利肥沃多产的土地和舒适宜人的环境，结尾还优美地描述了乡村生活的平静安宁。第三卷以华丽的绪言开场，描述了诗人对名声的渴望、对祖国的热爱，还表达了诗人渴望用诗歌来庆祝自己那位作为皇帝的赞助人——屋大维的胜利。接下来，维吉尔阐明了牲畜的饲养方式，特别是马和公牛的饲养，叙述了这些有用动物的优点和特性，最后生动描述了一场爆发在意大利北部的牲畜之中的可怕瘟疫。《农事诗》第四卷，也是最后一卷，叙述了蜜蜂的历史与蜜蜂的养殖。

维吉尔的下一部诗作，也是最后一部诗作，是《埃涅阿斯纪》。这是一部十二卷的史诗，讲述了埃涅阿斯的流浪及其在意大利的定居。《埃涅阿斯纪》是一部真正宏伟的作品，十八个世纪以来一直激起世人的赞美，也许可以和荷马的不朽史诗媲美。维吉尔生前没能完成自己的愿望。他对朋友的最后嘱咐是把这首不完美的诗作付之一炬。幸运的是，其朋友没有遵从这一请求，从而为世界保存了史上最伟大的诗歌大师之一的遗作。

第7章 罗马帝国建立

瓦卢斯 (Varus)

公元前9年，罗马军队在日耳曼遭遇了惨败。日耳曼尼亚行省总督是瓦卢斯。瓦卢斯极其残忍，贪婪无比，招致了切鲁西人 (Cherusci) 的极度厌恶。切鲁西人是个强大的部族，居住在易北河 (Elbe) 与威悉河 (Weser) 附近。有位年轻的日耳曼贵族，叫阿米纽斯 (Arminius)，曾在罗马受过教育。阿米纽斯竭力鼓动同胞造反。当时，他在罗马军队中指挥着一支人数众多的辅助军队。恰巧日耳曼的一个偏远地区突然爆发了一场叛乱，他说服瓦卢斯向叛乱分子进军。最初，瓦卢斯蔑视发动叛乱的这些"蛮族"分子。但叛乱越来越严重，于是他不得不带着大部分军队撤退。然而，阿米纽斯得到了无数日耳曼人的支持，突然发起了攻击。罗马人撤退时要穿过大片密林。森林里到处是可怕的沼泽。在那里，罗马人发

阿米纽斯重创罗马军队。彼得·让桑（Peter Janssen，1844—1908）绘

恺撒与庞培：帝制与共和的最后对决

现，还有敌人可怕的威胁在等着自己。两天内，罗马军队处境凄惨，一直撤退，同时仍在绝望地抵抗。大批勇敢的士兵有的死在沼泽中，有的遭到攻击，死在敌军刀剑下。

第三天，日耳曼人发起了最后一次进攻。罗马军队全军覆没。瓦卢斯亲手结束了自己的生命。罗马四十年的长期征服因而付诸东流。这一失败的消息传到了屋大维耳中，几乎要了屋大维的命。屋大维常常精神错乱，大喊道："瓦卢斯，还我军团！"

为了给罗马的权威抹去这一污点，提比略（Tiberius，后来的罗马皇帝）与侄子①德鲁苏斯（Drusust）向日耳曼边境进军，意图惩罚那些洋洋得意的"蛮族"。但他们十分谨慎，不敢冒险进入荒凉地区的原始森林，仅仅满足于建立军事阵地防卫莱茵河西岸，以保卫罗马帝国免遭更多耻辱和侵犯。

条顿堡森林战役（Battle of the Teutoburg Forest）的惨烈失败，加上许多家庭烦恼，深深刺痛了屋大维的心，破坏了他的安宁，也玷污了他的荣誉。他的外甥，年轻的马塞卢斯（Marcellus），②是个充满希望的青年。屋大维打算立马塞卢斯为继承人，然而后者却突然去世了，令全国上下深感遗憾。屋大维的两个外孙，也就是其女儿大茹利娅（Julia the Elder）的

---

① 根据考据，德鲁苏斯是提比略的弟弟。——译者注
② 为纪念这个马塞卢斯，维吉尔曾留下了那个美丽呼语（《埃涅阿斯纪》，第六卷）："你将成为马塞卢斯！"德莱顿（Dryden）将其翻译得很精美：
　一日幸福景象，
　只会现于地球，又遭人抢走。
　没有青年配得上光荣希望；
　没有青年有如此理由悲伤。
　特洛伊人的荣誉与罗马人的炫耀；
　存在时令人钦佩，失去时让人称道！——原注

罗马军队全军覆没,瓦卢斯亲手结束了自己的生命。
马丁·迪斯特利(Martin Disteli, 1802—1844)绘

恺撒与庞培：帝制与共和的最后对决

孩子——盖乌斯·恺撒(Gaius Caesar)和卢基乌斯·恺撒(Lucius Caesar)，以及屋大维的朋友马库斯·维普撒尼乌斯·阿格里帕，都突然死去了。据说，是皇后利维娅(Livia)用阴谋诡计害死了他们。利维娅要为儿子提比略继承皇位清除障碍。屋大维的女儿大茹利娅先后嫁了三个丈夫，一直挥霍无度。屋大维这个不幸的父亲，尽管有着如此显赫的权势，也迫不得已只好宣告这是自己的耻辱，放逐了自己那恶名昭彰的孩子，让他去了一个荒凉孤寂的海岸，在托斯卡纳海的潘达塔里亚岛〔Pandataria，圣玛丽亚岛（Santa Maria）〕上生活。大茹利娅——屋大维的女儿最终在潘达塔里亚岛上悲惨地死去了。

公元前8年，屋大维又遭受了一场沉重打击。他的忠实朋友，也是英明顾问——梅塞纳斯，在经历了痛苦疾病的长期折磨之后去世了。在生命的最后几年，梅塞纳斯一直遭受着持续的肺热折磨。这让他夜晚无法入睡，逐渐耗尽了生命。在过去几年里，屋大维和梅塞纳斯的友谊逐渐变淡。但在梅塞纳斯即将走向生命尽头时，两人之间这种对双方无益的冷漠也就消失了。梅塞纳斯一直是诗人贺拉斯热情的朋友和赞助人。临终前，他将贺拉斯托付给了屋大维特别照应。然而，贺拉斯只比梅塞纳斯多活了三个星期。贺拉斯的死让屋大维和整个罗马都十分悲痛。

这位杰出诗人——贺拉斯，生于公元前63年，故乡是普利亚的韦诺萨。贺拉斯曾在布鲁图的旗帜下担任过一个光荣职务，还参加过腓立比战役。他在作品中经常幽默暗示道，自己从那场惨烈战役中仓促撤退。如其所言，在那里，"英勇本身被战胜"。共和派彻底失败后，他曾一度陷入极度穷困的境地。不过，他才智过人，学识渊博，很快就进入了罗马文学圈，并且获得了梅塞纳斯的赞助。梅塞纳斯又将他引荐给了屋大维。

第7章 罗马帝国建立

梅塞纳斯的慷慨赞助使贺拉斯很快摆脱了贫困。因此,贺拉斯得以充分发挥自己的诗歌创作天赋。五卷抒情诗、两卷讽刺诗、两卷书信集,是他的全部作品。幸运的是,在时间长河中,这些作品并未遭到破坏。贺拉斯的抒情诗雅致、明快,往往极其优美,充满了关于享受生活的格言。在诗作中,他还向自己那些崇高的赞助人表达了赞美之意。那些人自身也颇具文学品位和鉴别力,这些赞美也受之无愧。这些抒情诗是贺拉斯在不同的人生阶段创作的。贺拉斯的讽刺诗也是如此。在那些讽刺作品中,他以绝妙的幽默,嘲讽了自己那个时代盛行的恶行,描绘了屋大维时代的罗马面貌。贺拉斯的书信古雅、诙谐、有趣。其人生中最后三封书信最宝贵,因为其中包含了一些优秀的诗歌批评原理。他的最后一封书信是写给皮索[①]的。信中包含的内容与韵律有关,尤其是戏剧写作的规律准则。因此,该信叫《诗艺》(Ars Poetica)。《诗艺》后来经常被人模仿,尤其受到布瓦洛(Boileau)和蒲柏(Pope)[②]的模仿。蒲柏的《批评论》(An Essay on Criticism)便模仿了《诗艺》。比起自己的讽刺诗,贺拉斯似乎更喜欢自己的抒情诗。这也预示着他不朽的声名,后来他也的确获得了不朽的声名。

基督降生

五年后,即公元前4年,在犹地亚的伯利恒(Bethlehem),耶稣基督在

[①] 即卢基乌斯·卡尔普尔尼乌斯·皮索·凯索尼努斯(Lucius Calpurnius Piso Caesoninus,公元前48年—公元32年),公元前15年的罗马执政官。——译者注
[②] 即亚历山大·蒲柏(Alexander Pope,1688年5月21日—1744年5月30日),英国诗人、翻译家。——译者注

恺撒与庞培：帝制与共和的最后对决

一个马厩里降生，应验了古代《先知书》（Nevi'im）关于弥赛亚降临的预言。这些预言以某种晦涩的形式为罗马人所知。维吉尔曾写过《牧歌集》〔Eclogues，也叫《田园诗》（Bucolics）〕，讲述了一个惊人的婴儿即将诞生。这个婴儿将让世界摆脱罪恶和悲伤，恢复黄金时代。当时，整个罗马帝国都平静了，雅努斯神殿之门也全都关闭了。这是世界历史上最值得纪念的时刻。此后，我们就告别了旧世界，开启了新世界，建立了新信念，战胜了野蛮世界的傲慢专制暴君，把人类从最黑暗的奴役中解放了出来。

此时，屋大维年岁已高，日渐难以像往日那样积极参与自己习惯的事务管理。由于现在身体虚弱，他常常不能参加罗马元老院的议事，便请求罗马元老院，允许自己成立一个由二十五名顾问组成的委员会。这些顾问的行为，只要经过他批准，便具有法律效力。罗马元老院同意了这一请求，但规定，所有这类法令同时须执政官同意。

公元14年，屋大维对罗马进行了一次大规模人口普查。结果显示，罗马人口达四百一十三万四千。这一数字肯定包括了保留罗马公民身份的意大利殖民地人口。他感觉自己的人生走到了尽头，便立下遗嘱，并将遗嘱交给了维斯塔贞女们保管。同年夏天，提比略向伊利里亚进军。屋大维随同出征，一直行进到了贝内文托。然后，他便从那里返回，到了诺拉。在那里，他病得很重。停留了一阵后，他把侍从叫到床边，问侍从们，在自己过去的人生之剧中，自己扮演的角色怎么样，大家的回答都充满了赞扬，又满是悲痛。"那么，"将逝的皇帝屋大维用古罗马演员离开舞台时特有的用语说道，"再见，请给我掌声！"他逝世时已有七十六岁，在位长达五十七年。在其青年时期——十九岁时，罗马共和国正处于内乱，动荡不安。时事创造了那

第7章 罗马帝国建立

个时代最伟大的人物之一——屋大维。青年屋大维积极投入了那些可怕的内乱纷争中。三年后，他征服了G. 卡西乌斯·朗基努斯、布鲁图、马克·安东尼、塞克斯特斯·庞培，取代了李必达，在短短时间内，就成为罗马世界的唯一统治者。他的独特之处在于很狡猾，擅长发表演说，善用一切有利于自己的条件，又天生具备良好的判断力，让自己能在卓越人物的智慧指引下行事。据说，他长相英俊。他虽然装出一副朴实的样子，却渴望人们认为自己是太阳神阿波罗的儿子。其母阿提娅（Atia）也曾宣称自己的儿子屋大维是阿波罗之子。他精通希腊语，还写过一些戏剧，自然就对文学情有独钟。他还是文学的慷慨赞助人。从未有过一个政治家能有他这样的命运，如此成功地度过危险的风暴；也从未有过一个政治家能从罗马共和国的破碎废墟中，建立起一个如此稳固、持久的皇权。屋大维在位时期确实是罗马的黄金时代。这个黄金时代的统治，一方面起步于罗马共和国时期的原始美德和政治动乱，另一方面在屋大维那些继任者的残暴行为和铁腕统治之下得以延续。不过，屋大维的品德并不十分高尚。但他天赋异禀，狡猾精明，常常使人无法看到其真正的一面。后三头同盟执政时期，他曾犯下了种种暴行。为了向马克·安东尼复仇，他怯懦地抛弃了西塞罗——这表明他丧失了一切真正的荣誉、感激和仁慈之情。虽然臣民并非不知他的罪行和缺点，但仍然对他怀着深深的崇敬之情。

屋大维时代的罗马文学在高雅和精致方面达到了顶峰。在这一时期兴盛活跃的文学人物中，除维吉尔和贺拉斯外，还有提布鲁斯（Tibullus）、卡图卢斯（Catullus）和普罗佩提乌斯（Propertius）。三人同样以抒情诗闻名于世。奥维德（Ovid）则以挽歌闻名。李维的《罗马史》同样闻名。该书共有一百五十卷。然而，很不幸，其中三分之二以上早已失

雅努斯神殿。
彼得·保罗·鲁本斯(Peter Paul Rubens, 1577—1640)绘

屋大维之陵

传。撒路斯提乌斯既是演说家，也是历史学家。他写了两部优美的著述，一部为《喀提林阴谋》(The Conspiracy of Catiline)，另一部为《朱古达战争》。两部著述流传至今，因其简洁准确而备受推崇。

8

提比略

屋大维去世时，提比略已有五十六岁。提比略很快就把屋大维的遗嘱提交给了罗马元老院。屋大维在遗嘱中交代了很多事，指示如何处置自己的财产，但并未提及谁是自己的继任人。他还亲笔写了四份文件，其中两份非常准确地记录了罗马帝国的统计数据，还描述了自己希望罗马统治应该遵循的原则。他下令把四十万塞斯特斯(Sestertius)[①]分给罗马人民，另外还把无数的钱分给军队士兵。罗马元老院动用公库为屋大维举行了盛大葬礼。为了更好地纪念他，罗马元老院为他建造了神殿。罗马的主妇为屋大维哀悼了一整年，就如同在哀悼自己的父亲。

所有人的目光聚集在提比略身上。已故皇帝屋大维在生命的最后几年里给予了提比略宠爱，已把他视为继承人。提比略不愿急着在如此微妙的问题上向元老院施压。但罗马元老院认定提比略是罗马帝国皇位候选人，就催促其表明想以何种身份统治。提比略装作极其谦逊，宣称自己无意统领帝国，又非常谦恭地宣布无法胜任自己这位显赫亲属的职

---

① 塞斯特斯是一种古罗马硬币，在罗马共和国时期，是一种小银币，在罗马帝国时期，是一种大铜币。——译者注

恺撒与庞培：帝制与共和的最后对决

务。衰落的罗马元老院便卑躬屈膝，盛赞提比略的美德，请求其屈尊接受皇位。于是，提比略欣然接受。有几个元老大胆挖苦，隐隐指责提比略虚伪，激起了其警戒和仇恨。经过多番劝说，提比略才感到满意，答应统治罗马世界。

公元14年，新皇提比略继承了屋大维的皇位。继位后，他做的第一件事就是刺杀阿格里帕·波斯图穆斯（Agrippa Postumus）。后者是大茹利娅的儿子，也是已故皇帝屋大维的孙子。提比略担心阿格里帕·波斯图穆斯比自己更有理由继承皇位。人们怀疑这起谋杀是受利维娅煽动。罗马元老院却卑躬屈膝，恬不知耻，立即为此开脱。元老们还装模作样地把这看成是新统治者严厉公正的证明。提比略曾经一度竭力展现自己希望表现出的仁慈品性。他的所有法令都透着仁慈与温和气息。他拒绝了朝臣的阿谀奉承，不接受朝臣们给予的神圣荣誉。有几个人煽动反叛，反对他的统治，被发现，也得到了赦免。许多法令得以颁布实施，以便遏制当时的挥霍和奢侈。他假装一切事务都听从罗马元老院的建议。

日耳曼尼库斯（Germanicus）

不久，潘诺尼亚（Pannonia）行省的军团爆发了一场剧烈兵变。这让提比略抛弃了自己伪装的温和面具。兵变中，愤愤不平的军队抛开了所有军纪，凶残的士兵故意在将军面前杀害百夫长和下级军官。这些消息传到了莱茵河军团时任总指挥日耳曼尼库斯耳中。得知这些灾难后，这位杰出将军便立即赶往叛乱之地。

日耳曼尼库斯是大德鲁苏斯之子，屋大维的外甥女小安东尼娅（Antonia Minor）所生。提比略将日耳曼尼库斯收为养子。日耳曼尼库斯这位

第8章 提比略

皇子英明正直，憎恶自己那些亲戚的残暴和挥霍。他在军中极受拥护。到达叛军营地后，他受到一阵热烈欢呼。成千上万的士兵冲到他周围，向他展示身上的伤疤，逼问他，那极其微薄的军饷是否足以让自己为国家这样拼命付出。他压制住了士兵的喧嚣，专心了解士兵们的要求。他痛惜士兵们目前的混乱状态，竭力使士兵们回想起严格军纪的必要性。然而，他的规劝无济于事。士兵们宣布，自己厌倦了毫无回报的辛劳，要求将军日耳曼尼库斯夺取皇权，并且保证将用鲜血来捍卫自己这位将军的权威。

日耳曼尼库斯听到这一提议，大吃一惊，从座席上跳了下来，拔出自己的剑，宣布宁可把剑刺入自己的胸膛，也不能让自己这样蒙羞。他回到营帐，召集了将军们，商议该怎么应对这场危机。将军们一致同意，以提比略的名义写一封信，答应士兵们提出的一切要求，承诺立即发放屋大维留给士兵的遗产。士兵们要求立即兑现最后一条诺言。于是，日耳曼尼库斯只得动用自己的私人资金，还向朋友寻求了帮助，才最终履行了这一诺言。于是，士兵们同意退回到冬季营地里。然而，罗马来了几个使者。使者们此行的目的虽然与这些交易完全无关，但惊动了士兵，让恐怖的兵变死灰复燃了。

士兵们以为这些使者来此是要收回提比略的一切让步，于是便趁着深夜闯进日耳曼尼库斯的大营，把他从床上拖了起来，指控其设下计谋，违背最近的诺言。次日早晨，日耳曼尼库斯走进营地，把叛变者叫到面前，极其成功地训诫了那些士兵，责备士兵们严重违反了命令和军纪。于是，那些叛变者立即承认自己行为不当，也不该毫无根据地怀疑自己的将军。为了更好地弥补所犯的错误，士兵们把叛乱头目交到了日耳曼尼库斯手中。日耳曼尼库斯接受了士兵的赎罪，然后严厉惩罚了违

恺撒与庞培：帝制与共和的最后对决

背军令的煽动者。

提比略得知士兵们提议向自己的养子日耳曼尼库斯授予皇权，十分惊恐。对日耳曼尼库斯，提比略现在的方针是赞扬他的忠诚、奖励他的拥护。他感到人们不站在自己这边，便心有怨恨。不过，他觉得目前只有大德鲁苏斯之子日耳曼尼库斯的正直才能保障自己的统治。

日耳曼尼库斯决意不再让士兵无所事事，以免滋养兵变的种子，于是准备率领军队前去对抗日耳曼人。那些日耳曼人现在组成了一个强大联盟来对抗罗马的统治。日耳曼尼库斯的想法得到了凯基纳[①]的支持。凯基纳曾谋划屠杀了近期叛乱的所有首领。现在他可以开始新的事业了。两人的最强对手是日耳曼首领阿米纽斯。前面已经提到，阿米纽斯曾经成功对抗瓦卢斯。阿米纽斯这位不屈不挠的首领仍然在继续鼓动同胞对抗罗马军队。他在那个好战民族——日耳曼人中颇有威望，吸引了成千上万人聚集在自己旗下。

日耳曼人加强了许多坚固阵地的防守，等待罗马人的到来。然而，瓦卢斯的命运一直浮现在罗马人眼前。因此，罗马军队行军非常谨慎。到达条顿堡（Teutoburgium）的广阔森林时，罗马人看到了一个奇观，顿时惊恐万分。罗马军队的行军路线经过了一片隐秘危险的沼泽。这片沼泽表面到处散落着人的骨架和盔甲。一见这些盔甲，士兵们就立即认出那是属于自己同胞的。就是在这里，六年前，瓦卢斯不幸与士兵一起罹难。当年有些人从那场灾难中逃了出来。此刻，那些幸存者讲起当年那一幕幕恐怖场景，战友们听之后都毛骨悚然。日耳曼尼库斯在这个不祥之地

[①] 即奥卢斯·凯基纳·塞维鲁（Aulus Caecina Severus，主要活跃于公元前1世纪下半叶到1世纪上半叶），公元前1年的罗马执政官。——译者注

第8章 提比略

停了下来。为了消除士兵们因迷信引起的恐惧,他下令为不幸同胞的亡灵举办丧礼,将同胞们的腐烂遗体埋葬。士兵们在坟墓上置了一堆草皮。据说,19世纪中叶依然可见瓦卢斯及其军团的灭亡之地,也就是桀骜的日耳曼人宣布独立的地方。

日耳曼人自然十分熟悉自己的部族及居住地。对此,罗马人当然不甚了解。日耳曼人军事战术拙劣,罗马人却训练有素。这正好使双方势均力敌。罗马军队行军中,与日耳曼人发生了几次小规模战斗。罗马军队前哨遭到攻击,主力军在混乱中逃回。在前哨被攻击时,全凭日耳曼尼库斯的谨慎和精力,才使罗马军队免遭彻底击溃。诡计多端的阿米纽斯经常假装逃跑,试图引诱敌军分兵追击,从而将罗马强大的军团分散击破。

很长一段时间里,凯基纳和日耳曼尼库斯两人率领的军队一直结伴行军。到达阿米西亚河〔Armisia,埃姆斯河(Ems)〕河岸后,凯基纳加快了行军,以便尽早抵达那条河上的两座桥,以免日耳曼人抢占,在此抵御自己。阿米纽斯猜测到了敌人的目标,便率领主力军强行进入森林,在那里成功隐藏了起来,不让罗马人发现。罗马人没有想到,在寂静荒凉的灌木丛里,藏着人,藏着不安之敌的愤怒。

凯基纳到了桥边,发现桥上无法通行,深感懊恼,觉得军队应该在森林里扎营,等待两座桥完全修好。他谨慎地筑起了营地,但几乎立刻遭到成千上万隐藏的日耳曼人的突然袭击。罗马人只得在一片可怕的沼泽中坚守阵地。经过一场惨烈战斗,罗马人差点被歼灭。敌军这时退了下来,却利用夜色,挖了一条深沟通向附近的一大片水域。沟渠挖通后,湍急的水流冲向罗马军营的战壕。凯基纳立即命令士兵冒着一切危险前进,去占领新的阵地——新阵地要比之前的阵地更高。罗马人疲惫

安东尼纪念柱上的一家日耳曼人

安东尼纪念柱上的日耳曼女祭司

恺撒与庞培：帝制与共和的最后对决

不堪、垂头丧气，等待着日耳曼人前来进攻。凯基纳做了一个恐怖的恶梦。他看见瓦卢斯的恐怖幽灵从沼泽中升起，召唤自己跟着一起走。日耳曼人的进攻非常猛烈，持续了很久。许多罗马士兵不顾命令，冲出自己的队伍，跑到坚实地面，连旗帜也抛下了。凯基纳觉得自己的最后时刻就要来了。

阿米纽斯看到罗马人陷入混乱，对追随者大喊道："看啦，瓦卢斯和他的军团！命运再次把罗马人交给了我们的刀剑！"日耳曼人听了他的话，变得更加勇猛，边冲边高喊，令罗马骑兵陷入了极大混乱。对死亡的恐惧激发了罗马士兵的求生欲，给了他们力量，让他们在阵地又坚守了几天。最后，日耳曼人向入侵者的营地大胆发起总攻，却遭到凶猛屠杀，溃败撤退，四处逃窜。日耳曼尼库斯又正好赶到，彻底击溃了日耳曼人。

日耳曼尼库斯的胜利。
卡尔·冯·皮洛蒂（Karl von Piloty, 1826—1886）绘

第8章 提比略

罗马军队撤退后，日耳曼人之间发生了内讧。或许是因为野心，或许是出于对日耳曼的热爱，坚强不屈的阿米纽斯觊觎最高权力。因此，日耳曼人的国王马罗博杜斯（Maroboduus）向提比略提出请求，获得了保护。好几年里，阿米纽斯时而失败，时而胜利，使其崇拜者和反对者之间引发了新的争端。最后，在年仅三十七岁时，在自己一派的背叛之下，他战死了。不管他犯过什么错，解放古日耳曼、摆脱罗马统治，这个荣誉只属于他。这是日耳曼给予他的永久荣誉。他的声望、英勇和爱国之心，在粗糙简单的民谣中广受褒扬。

阿格里帕·波斯图穆斯有个奴隶叫克莱门斯（Clemens），其声音和容貌都像极了其主人。这个奴隶谎称自己就是阿格里帕·波斯图穆斯，称自己曾成功从提比略派去行刺的密使手中逃脱。轻信者相信了克莱门斯的话。许多人明明知道克莱门斯在撒谎，却又假装不知道，希望借此推翻提比略。然而，过了一段时间，克莱门斯被捕入狱，提比略下令将其处死。

日耳曼尼库斯之死

提比略再次对日耳曼尼库斯产生了恐惧。但日耳曼尼库斯这位和蔼可亲的皇子颇受欢迎。这保护了他免受暴君提比略的迫害。日耳曼战争后，日耳曼尼库斯回到罗马，举行了盛大的凯旋式。这激怒了提比略。提比略看到了人们的热情，认为这是对自己的不满。此后，他就决定不惜一切手段去杀死日耳曼尼库斯这个可怕的对手。首先，他找借口逼日耳曼尼库斯放弃了驻日耳曼的军队的指挥权，假惺惺地说这是为其健康考虑，并且其名声已经够大了。日耳曼尼库斯服从了命令，接受了一个

恺撒与庞培：帝制与共和的最后对决

荣誉职位，担任亚细亚总督。虽然他对提比略的意图持有很大怀疑，但还是很快前往就任。他沿途游览了希腊许多令人难忘之地，然后便进入亚细亚行省，在那里把卡帕多西亚王国和科马基尼王国（Commagene）变成了罗马的两个行省。过了一些时日，他去了埃及，在那里耽搁了很长一段时间。回到安条克（Antioch）后，他就病倒了。医生们束手无策。日耳曼尼库斯就这样死去了。临终前，他在病床上宣称自己中了毒，是皮索① 及其妻子出于仇恨，奉密令毒害了自己。

日耳曼尼库斯之死。
尼古拉·普桑（Nicolas Poussin, 1594—1665）绘

日耳曼尼库斯之死在罗马引起了巨大悲痛，引发了骚乱。如果我们相信塔西陀的叙述，那么人们表达悲伤的行为可以用疯狂和荒谬来形

---

① 即格涅乌斯·卡尔普尔尼乌斯·皮索（Gnaeus Calpurnius Piso，公元前44年或公元前43年—公元20年）。——译者注

第8章 提比略

容。这场灾难期间,日耳曼尼库斯的妻子大阿格丽品娜(Agrippina the Elder)来到罗马。大阿格丽品娜带着丈夫的骨灰,要求找出凶手,为丈夫报仇。为了转移人们的注意力,阴险伪善的提比略下令特派一支护卫队保护大阿格丽品娜,并且下令展开司法调查,尽可能找出日耳曼尼库斯遇害的原因。日耳曼尼库斯的副将皮索遭到公开指控,被控谋杀了他。但控告列出的罪证非常含糊,毫无说服力。①然而,提比略对审判皮索这位嫌疑人的裁判官施加了极大影响。皮索意识到自己这条命肯定是要牺牲在提比略那邪恶的政策之下,但他不愿死在行刑者手中,于是自杀了。

日耳曼尼库斯死后,人们那些不祥的预感,在提比略随后的行为中都可怕地应验了。从那时起,提比略的生活和统治就成了一部连续的罪恶编年史,写满了最无情的残酷和最可憎的罪行。他忙于那些低劣嗜好,因而忽略了政务,放手将国家交给了宠臣塞扬努斯(Sejanus)。后者野心很大、肆无忌惮,并且十分狡猾、极其虚伪,非常适合完成其主人的邪恶图谋。

提比略暴行累累,不胜枚举。退居到坎帕尼亚海岸对面的卡普里岛(Capri)之后,他在那里随心所欲,肆意放荡。从这个罪恶之巢,他向塞扬努斯发出残暴法令。卑躬屈膝的罗马元老以法律形式批准了他的每日暴行。这些暴行或是处死某个杰出人物或是将其流放——因为其美德让提比略感到厌恶。在罗马,塞扬努斯已然获得至高无上的权力。他获得授权,代理提比略管理整个国家。惊恐万状的罗马人你争我夺,争先依附塞扬努斯这位新独裁者,向其表达忠诚。成群的恳求者围着塞扬努斯

---

① 塔西陀和苏埃托尼乌斯证实,日耳曼尼库斯死于慢性毒药,声称在其死前,家里发现了几块人骨,上面有符咒、咒语和魔法!——原注

恺撒与庞培：帝制与共和的最后对决

的家，乞求其放宽严厉的法令。

塞扬努斯这个大胆的宠臣意识到自己的野心之路充满障碍，决心清除这些障碍。但他采取了极其谨慎的措施。长期以来，皇子小德鲁苏斯（Drusus the Younger）一直嫉妒塞扬努斯获得的极高权力，并且对此毫不掩饰。塞扬努斯生性放荡，于是采取了一种独特的报复方式。首先，他败坏了莉薇拉（Livilla）——莉薇拉是小德鲁苏斯的妻子，也是日耳曼尼库斯的妹妹——的名声。一次犯罪往往自然会引发另一次犯罪。于是，塞扬努斯又引诱莉薇拉协助自己去谋杀其丈夫小德鲁苏斯，并且很快就实现了这一阴谋。

为了更好地实现自己的邪恶图谋，塞扬努斯抛弃了妻子阿皮卡塔（Apicata），以便再娶放荡的莉薇拉，因为这样人们就会视其为皇室成员。他想着这一结合肯定会帮助自己继承罗马帝国，便决心迅速实施这一计划。提比略见儿子小德鲁苏斯遭受谋杀而死，十分惊慌，便收养了已故的日耳曼尼库斯的两个儿子。为了挫败提比略的意图，塞扬努斯向提比略递交了一份请愿书，列举了自己的许多功劳。他认为，既然屋大维能通过把女儿大茹利娅嫁给一个罗马骑士为妻，使这个罗马骑士获得了奥古斯都之位，自己也理应可以。

提比略回复了。他夸赞了一番塞扬努斯，但对其请求含糊其词。塞扬努斯认为，既然多疑的提比略没有同意自己的请求，还是推迟以后再提比较明智。不久，在他的邪恶影响下，大阿格丽品娜及其孩子们就遭到放逐。他的敌意也没有就此结束。大阿格丽品娜的两个儿子死在狱中，死前遭受了饥饿的持续折磨。

塞扬努斯现在几乎实现了自己所有野心勃勃的目标，消灭了可能妨碍自己夺取皇权的人。正当他享受着自己耀眼的时刻时，提比略就起了

第 8 章 提比略

疑心。提比略决心从那一刻起，注视自己宠臣塞扬努斯的动向。他尽管对塞扬努斯有所怀疑，但还是按照一贯的政策，让其和自己一起担任执政官，给了其很多荣誉，同意其迎娶莉薇拉。在此期间，塞扬努斯制订了计划，准备立即夺取罗马帝国。他党羽众多，并且都很活跃。但在阴谋实施时机成熟前，其中一个同谋泄露了秘密。塞扬努斯被逮捕，受到

塞扬努斯被逮捕。
巴托洛米奥·皮内利（Bartolomeo Pinelli，1781—1835）绘

了审判，最后被处决。整个罗马一片欢庆。人们将其尸体拖过城市街道，在胜利的咒骂中，将之扔进了台伯河。

提比略在放荡的孤独中又多活了几年。最后，由于遭受恶习和岁月折磨，他经常陷入昏厥。有一次，他昏厥后，侍从以为皇帝驾崩了，就劝年轻的卡利古拉（Caligula），也就是日耳曼尼库斯之子，继位称帝。然

恺撒与庞培：帝制与共和的最后对决

而，在此期间，提比略又苏醒了。所有那些劝告卡利古拉考虑继承帝国的人立刻陷入恐惧。当时，局势充满危机。于是，首要大臣马克罗[①]走近卧榻，用床单闷死了苏醒过来的提比略。37年，提比略就这样在七十八岁时死去了，留下了一个与卑鄙、虚伪和放荡密切相关的名字。

[①] 即纳维乌斯·科尔都斯·苏托里乌斯·马克罗（Naevius Sutorius Macro，公元前21年—38年）。——译者注

9

卡利古拉、克劳狄及尼禄

继位时，卡利古拉二十五岁，据说长得极像其显赫的祖先屋大维。那些年，他在卡普里岛干过的那些臭名昭著的事儿，很可能会使人们不再相信他还有什么美德。然而，他登上皇位后，堕落的罗马公民仍然相信自己可以再次见到罗马黄金时代的到来。卡利古拉有许多品质能够取悦罗马人这个"堕落的民族"。他浮夸、奢侈、放纵，喜欢观看残忍壮观的马戏和角斗士表演。为了满足这些癖好，他滥用罗马帝国的财政收入，花了大量金钱豢养游手好闲和专横跋扈的罗马人。依靠巨大财富，他并没强制征收苛捐杂税，虽然那种手段曾是其财富的主要来源。因此，在那些卑下阶层臣民中，他曾一时极受欢迎。

卡利古拉的第一波行动是为自己那些不幸的亲属举行葬礼，召回那些遭到流放的人，恢复其家园和财产。那些人都曾因提比略或塞扬努斯的嫉妒而遭到放逐。

八个月以来，卡利古拉不断满足臣民们最美好的期望。然而，他突然身患重病，好不容易才康复，但智力明显受损。他那残忍的性格再也无法隐藏在虚伪的面具之下。他后来的统治就是一串串荒谬闹剧，如果不是混合着凶残暴行，可能显得滑稽。康复后，他做的第一件事就是下

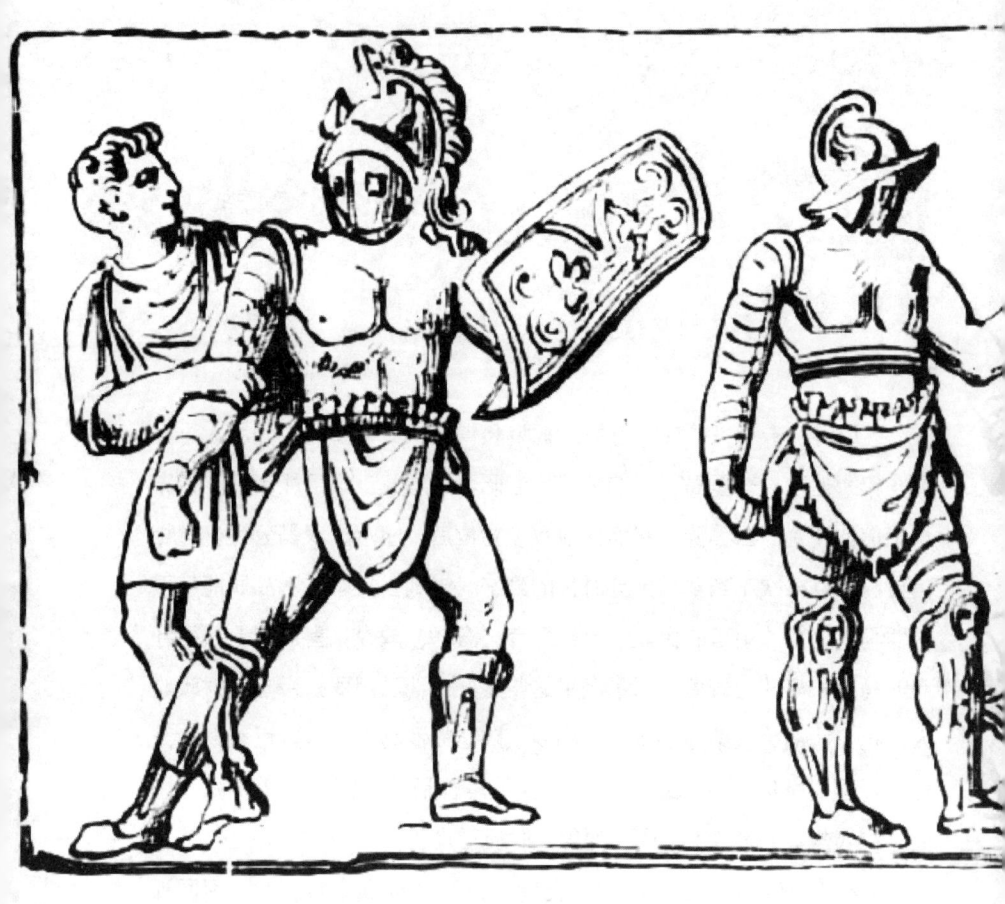

角斗士表演

恺撒与庞培：帝制与共和的最后对决

令立即处决一些荒谬的狂热者。这些人甘愿献身于地狱之神，以祈求皇帝卡利古拉康复。已故皇帝提比略的孙子小提比略①，仅仅是因为有人怀疑他希望卡利古拉无法从最近的病痛中康复，便也遭到了处决。卡利古拉这位暴君任性的残暴行为偶尔也会惩罚该受惩罚的人。刺杀提比略的凶手马克罗罪行无数，便在卡利古拉手中遭受了应有报应。

卡利古拉极其奢侈。他坚持要获得神圣荣誉。为了受到人们至高无上的崇拜，他下令拿掉诸神雕像的头部，用自己的头像来替代。那些谄媚的奉承者建了一座卡利古拉神殿，里面立着这位皇帝的黄金雕像，每天受到无数崇拜者前来膜拜。卡利古拉给自己的马——神速(Incitatus)授予执政官的荣誉。为了更好地彰显神速的新荣耀，他让其享用金灿灿的燕麦的待遇。他的荒唐故事数不胜数。以史实准确著称的塔西陀，在自己的著作中曾描述过卡利古拉的统治。然而，很不幸，这部分描述已经丢失了。因此，完全有理由认为，这些故事很可能被夸大了。

这些过度挥霍的奢侈行为很快就耗尽了卡利古拉的财力。于是，卡利古拉只得依靠征收最严苛、最沉重的苛捐杂税。这笔临时收入填补了他的空缺。然而，这笔钱没有用来支付军队开支，也没有用于维持罗马帝国的正当统治，而是浪费在了建造荒谬的公共工程上，比如一座浮桥。这座浮桥长三英里，建在坎帕尼亚海岸，横跨波佐利(Puteoli)和巴亚之间的海。卡利古拉建这座浮桥仅仅是为了赢得一场赌注。他在那场赌局中宣称，自己会在海上行走，就像在陆地上行走一样。

详细描述卡利古拉的统治生涯令人十分痛苦。卡利古拉这个恶棍下令处死成百上千罗马居民，只为得到他们的财富。这些钱用于满足他

---

① 即提比略·吉梅卢斯（Tiberius Gemellus，公元19年—公元37年或公元38年）。——译者注

第 9 章 卡利古拉、克劳狄及尼禄

那些放荡挥霍的嗜好。这些受害者的痛苦给他带来了无尽欢乐。他几乎从未错过任何机会去欣赏那些人死在行刑者手下。他发现遭受掠夺的臣民再也不能为帝国公库做贡献了，便决心率军征服外国，用敌国战利品来补充自己耗尽的资源。他集结了一支庞大军队，准备在高卢发起一场战役。39年，他亲自率领这支军队，越过阿尔卑斯山脉，向莱茵河边界挺进，意图掠夺高卢部族。因此，高卢许多巨富酋长被他以各种借口处死了。

随后一年里，卡利古拉为远征大不列颠岛做了大量准备，甚至行军到了阿摩里卡〔Armorica，布列塔尼（Brittany）〕海岸。然而，到了这里，他却没了勇气。他从海岸出发没航行多远，就满意地回到岸上，命令士兵收集贝壳作为远征夺得的战利品，然后宣布，所有罗马将军中只有其一人征服了大海。

卡西乌斯·卡瑞亚 (Cassius Chaerea)

从这次荒唐的远征回来后，卡利古拉在罗马重新开始了自己疯狂的残暴行为。他的复仇对象主要是罗马元老院，因为元老们只为其举行了规模较小的凯旋式，没有为其高卢功业举行规模较大的凯旋式。罗马元老院中有好几个人遭到处决。然而，卡利古拉的血腥生涯很快就走向了终结。护民官卡西乌斯·卡瑞亚掌管着罗马禁卫军。他挺身而出，发表演说，加速了暴君卡利古拉的灭亡。他曾在日耳曼尼库斯军中服役，表现十分出色。他经常被卡利古拉侮辱，并且受到越来越多的轻微迫害。他意志坚定。他很快便意识到，如果不采取有力措施来毁灭卡利古拉，他就要为自己的拖延付出代价。他把自己的计划告知了许多罗马贵族，

得到了热烈支持。于是，这些人便常常举行会议，商议刺杀暴君卡利古拉的最佳方式。

刺杀卡利古拉的日期定在了举行帕拉丁山运动会的那一天。卡利古拉参加了运动会。他非常高兴，过来好长一段时间都没有去浴室。卡西乌斯·卡瑞亚和同谋者很早就在浴室等着了。他们担心卡利古拉的耽搁会使自己失去目前的机会，便派了几个同谋前去说服卡利古拉不要忘了去浴室休息。就在这位不知情的暴君穿过通往浴室的大理石走廊时，卡西乌斯·卡瑞亚追了上来，用匕首将其刺倒在地，并大喊道："暴君，尝尝这个。"其他同谋者立刻冲上去，在其身上刺下三十多下，杀死了卡利古拉。

41年，统治将近四年后，卡利古拉就这样死去了。同其他最臭名昭著的恶棍一样，他的名字也让遭受玷污的罗马帝国编年史蒙羞。

同谋者同时谋杀了卡利古拉不幸的妻子和女儿，让自己的胜利蒙了羞。

克劳狄

卡利古拉死去了，满足了罗马人民的热切盼望。然而，他的死却在城里造成了可怕的混乱。共谋者的图谋只不过是要消灭他，完全没有考虑皇位继承问题。军队现在失去了统帅，于是爆发了兵变。士兵劫掠了许多房屋，还杀死了一些共谋者。和平稍稍恢复后，罗马居民高呼，要求罗马元老院选出一位皇帝。但元老们犹豫不决，希望卡西乌斯·卡瑞亚的勇气唤醒了古老的自由精神，甚至还一度幻想着复兴旧共和国。然而，士兵们长期习惯了放荡纵欲，很快就让这些愿望落空了。卡利古拉

卡利古拉被杀,其妻女随之遇害。
拉扎罗·巴尔迪(Lazzaro Baldi,约1624—1703)绘

恺撒与庞培：帝制与共和的最后对决

士兵们宣布克劳狄为罗马皇帝。劳伦斯·阿尔玛-塔德玛绘

的叔叔克劳狄藏在皇宫的一个隐蔽之处，被一些士兵发现了。由于他是日耳曼尼库斯的弟弟，士兵们便得意扬扬地将其抬到了军营，在那里一致宣布他为罗马皇帝。当时，他已有五十岁。罗马元老院虽然渴望恢复自己的古老权力，但非常谨慎，不敢违背骚乱士兵的愿望，于是通过了一项法令，批准克劳狄继承屋大维的皇位。卡西乌斯·卡瑞亚和几个同伙遭到逮捕，被克劳狄下令处死。这几人极其勇敢地迎接了自己的命运。他们曾经一度似乎恢复了逝去的罗马自由精神。

克劳狄清除了对自己的统治构成威胁的敌人，然后便宣布大赦所有寻求恢复共和国的人。除卡西乌斯·卡瑞亚及其同伙外，很少有人试图

第 9 章 卡利古拉、克劳狄及尼禄

反抗他的权威。要不是大臣们残酷无情,他可能成为一位仁慈宽厚的君主。他生性懒惰,无法履行管理国家之责,便把这些职责交给了自己暗自信赖的人。

出于某种原因,克劳狄早年曾遭到自己直系亲属的忽视。不过这一说法似乎缺乏充分证据。据说为了摆脱那种忽视,他便在文学活动中寻求慰藉。除前文提到克劳狄写过伊特鲁里亚和迦太基的历史外,他在自己还是普通公民时,就像是另一位帕拉墨得斯(Palamedes)①,给自己的母语增加了三个字母,还就如何使用这些字母写了一篇论文。至少,那些工作需要极度勤奋和大量脑力,这却与他那出了名的懒散形成了奇怪对比,因为懒散改变了他的本性,让他有时变得十足的愚蠢。

在登基为帝前,克劳狄结过三次婚。他抛弃了前两任妻子,第三任妻子是臭名昭著的梅萨利纳(Messalina)。他忙于管理占卜学院,约束贪婪的高利贷者,禁止舞台上的放荡表演。然而,他的妻子梅萨利纳却沉溺于最肆无忌惮的挥霍放荡之中。克劳狄不在首都罗马。于是,朋友们把克劳狄叫回罗马,向其禀报梅萨利娜给其制造的种种耻辱,然后将其带到军营。士兵们高呼着欢迎克劳狄。克劳狄回到了宫殿。那里的一场豪华宴会和昂贵的葡萄酒让他纵情享受,似乎缓和了他对梅萨利娜的怒气。他命令梅萨利娜第二天来觐见,为自己辩护。他的首要大臣担心梅萨利纳仍会影响皇帝克劳狄,便秘密离开府邸,假借克劳狄的名义,下令立即处死罪恶的梅萨利纳。死亡使者在卢库鲁斯花园(Gardens of Lucullus)

---

① 据说,帕拉墨得斯给希腊字母表增加了四个字母。克劳狄加到拉丁文上的那些字母肯定很快就丢失了,因为在里昂(Lyons)发现的铜表上刻有他写给罗马元老院的演讲,上面却没有那些新字母。参加布里埃尔·布罗捷(Gabriel Brotier)的《塔西陀》(Tacitus)。如果认为帕拉墨得斯发明了那些希腊字母,那是极其值得怀疑的。 —— 原注

恺撒与庞培：帝制与共和的最后对决

暗杀者杀死了梅萨利纳。
乔治斯-安托万·罗切格罗斯（Georges-Antoine Rochegrosse，1859—1938）绘

里发现了梅萨利娜这个不幸的女人。于是，暗杀者立刻一击杀死了梅萨利纳。不久，克劳狄便得知了梅萨利娜的死讯，但对其命运既没表示痛苦，也没显露高兴。没过多久，他便娶了小阿格丽品娜（Agrippina the Younger）为妻，那是他的侄女，也是恶棍尼禄之母。这是罗马历史上第一次出现如此乱伦的婚姻。然而，罗马人竟然对此表示支持。

在情夫帕拉斯（Pallas）阴谋诡计的帮助下，小阿格丽品娜诱使克劳狄收养自己的儿子尼禄，让尼禄进入克劳狄家族，取代克劳狄的亲生儿子布列塔尼库斯（Britannicus）。

从尤利乌斯·恺撒时代以来，连续一百年里，不列颠人一直享受着

第 9 章 卡利古拉、克劳狄及尼禄

自由。后来有个叫贝里库斯(Bericus)①的不列颠人被驱逐出国。他便去投奔克劳狄,诱使他入侵大不列颠岛。为了完成这场征服,克劳狄任命了最能干的将军,派他们率领罗马军队征战。可以说,克劳狄取得了全面成功。现在,P. 奥斯托留斯②是不列颠尼亚总督。在卡拉克塔克斯(Caractacus)的率领下,有几个地区的岛民奋起反抗。岛民的武装队伍未经过任何训练,根本无法抵抗训练有素的罗马帝国军团。一番激烈较量后,岛民们仓皇逃窜,遭到追击屠杀。卡拉克塔克斯向布里甘特人〔Brigantes,生活在范围相当于19世纪中叶的约克郡(Yorkshire)、达勒姆(Durham)、坎伯兰(Cumberland)和威斯特摩兰(Westmoreland)的人〕的女王卡蒂曼杜瓦(Cartimandua)寻求庇护。然而,卡蒂曼杜瓦卑鄙地背叛了同胞,用铁链把卡拉克塔克斯铐了起来,交给了敌人罗马人。卡拉克塔克斯这位不列颠首领及其妻子、女儿、兄弟一起被押往罗马,被公开示众。九年来,虽然卡拉克塔克斯和追随者曾经一起勇敢反对罗马统治,但克劳狄还是大度地宽恕了这位英雄。

小阿格丽品娜肆意挥霍,罪行累累,但她始终控制着罗马帝国事务。克劳狄对妻子小阿格丽品娜提出的任何措施都毫无异议。后来有一次,他不经意间说道,自己命中注定就要经常听说妻子们的恶行,然后去惩罚她们。小阿格丽品娜知道后感到很惊恐。没过多久,克劳狄就病了。其间,小阿格丽品娜命哈洛图斯(Halotus)在蘑菇里放了毒。那是皇帝特别喜欢的一道菜。由于担心药效不够,小阿格丽品娜便收买了宫廷医生。54年,宫廷医生往奄奄一息的皇帝喉咙中注入了一种毒药。这药比之前的毒药更猛烈、更致命,帮助小阿格丽品娜完成了其邪恶目的。

---

① 即维里卡(Verica)。——译者注
② 即普布利乌斯·奥斯托留斯·斯卡普拉(Pubulius Ostorius Scapula,?—公元52年)。——译者注

恺撒与庞培：帝制与共和的最后对决

尼禄

三天里，小阿格丽品娜一直严守克劳狄的死讯，甚至不让宫中仆人知晓，也不许任何人以任何理由离开宫廷。她以克劳狄无法忍受他人的喧闹和来访为借口，只允许自己和同谋进出皇帝寝宫，其他任何人一律不许靠近。她似乎忧心忡忡，经常抱着已故皇帝克劳狄的儿子、年轻的布列塔尼库斯，称他太像自己那威严的丈夫了。同时，她和同党积极采取措施，确保自己的儿子尼禄即位。最后，她的全部计划都成熟了，便在第三天打开了宫门。那里有罗马禁卫军步兵队镇守着。在朋友布鲁斯〔Burrus (Burrhus)〕的陪同下，尼禄出现了。他立即受到人们的拥戴，被士兵抬到了营地。他在营地举行了庄重仪式纪念死去的皇帝克劳狄。然后，时年十七岁的尼禄，许诺给军队一笔可观的捐款，便被拥立为罗马皇帝。罗马元老院批准了这一宣告。罗马各行省都顺从了这一法令。过了一段时间，罗马为克劳狄举行了非常隆重的葬礼。同时，人们把这位已故皇帝奉为神明，位居诸神之列。克劳狄那谋逆的妻子小阿格丽品娜受命担任其在人间的女祭司。

前几年里，尼禄带来了温和统治、宪政统治的希望。他选择了布鲁斯和著名的塞内加为导师，让这些希望有了保障。然而，他很快就脱掉了伪装，只依自己的凶残本性行事。他恋上了女奴，抛弃了自己无可挑剔的妻子屋大维娅[1]。尼禄那放荡挥霍、野心勃勃的母亲小阿格丽品娜开始惊慌起来，担心新宠儿会使自己的影响力削弱。但她发现自己无法斩断或控制儿子尼禄的迷恋，便抑制自己，缓和了惊慌情绪。然而，尼

---

[1] 即克劳迪娅·屋大维娅（Claudia Octavia，公元39年或公元40年—公元62年）。——译者注

第9章 卡利古拉、克劳狄及尼禄

禄仍然对母亲十分冷漠。这使她无法忍受，怒不可遏。即使是当着尼禄的面，小阿格丽品娜也很高兴布列塔尼库斯还活着。布列塔尼库斯具有十足的日耳曼尼库斯遗风。小阿格丽品娜很欣喜自己将和布列塔尼库斯这个年轻人一起去军营，她将在那里承认自己用了臭名昭著的诡计，骗走了克劳狄嫡子布列塔尼库斯的继承权，然后军团会在那里宣称布列塔尼库斯继承罗马帝国皇位。

尼禄惊恐万分。他深知母亲的暴虐，于是更怕了。几天后，布列塔尼库斯和尼禄坐在同一个房间里吃饭。尼禄便秘密命人把布列塔尼库斯毒死了。当天晚上，布列塔尼库斯这位只有十五岁的皇子就这样遭到谋杀。他的尸体被匆匆送出去掩埋了，连一座最普通的坟墓都没有。

尼禄和母亲之间，现在只留下礼貌。他以此掩饰着自己的残暴意图。受了淫逸放荡的波佩娅·萨宾娜（Poppaea Sabina）怂恿，他密谋计划杀害小阿格丽品娜。后来，他娶了波佩娅·萨宾娜，不过又将其杀了。他计划让人在巴亚暗杀小阿格丽品娜。为此，他还专门准备了一艘游船。这次阴谋失败了。但不久，谋杀还是得逞了。尼禄——这个恶魔般的儿子，命令一群暴徒杀死了小阿格丽品娜。这群无耻之徒闯进了小阿格丽品娜住的房间。小阿格丽品娜坚定地面对那些暗杀者，死在了暗杀者们的匕首下。尼禄给罗马元老院写了一封信，为这一行为辩护，声称小阿格丽品娜之所以死去，是因为她企图杀害自己。并且他还指控小阿格丽品娜品性极差，诋毁其形象。公众十分厌恶尼禄这种做法。然而，卑躬屈膝的罗马元老院却对尼禄的无耻行为赞不绝口，毫无底线地谄媚奉承。

如果要详细描述尼禄的疯狂和暴行，那将令人作呕。此时，尼禄雄心勃勃，想要成为一名出色的战车手、音乐家和舞台演员。在这些突发

恺撒与庞培：帝制与共和的最后对决

罗马城大火。
休伯特·罗伯特（Hubert Robert, 1733—1808）绘

奇想中，他谋杀了许多人，或许是为了贪图其财富，或是出于嫉妒其美德。除了这些暴行，他还放火烧了罗马，命人在许多地方同时放火。结果火势十分之猛，让人几乎无法逃离。连续六天，怒火肆虐，让人无法抵抗。火势蔓延之处，一切都被毁灭了。尼禄站在梅塞纳斯花园房顶塔楼上，看着这些大火，欣喜若狂。他从那里去了剧院，穿上舞台戏服，便吹着竖琴，唱起了《特洛伊的陷落》(Iliupersis) 之歌。

第9章 卡利古拉、克劳狄及尼禄

尼禄迫害基督徒

罗马大火（Great Fire of Rome）这场毁灭生命、财产的灾难深深铭刻在了公众脑海中。为了推卸这一残忍暴行的责任，尼禄设法让人相信，纵火烧毁罗马的人是基督徒。紧接着，只要一有机会，那些清白无辜的基督徒就都会立刻被逮捕，惨受折磨而死。为了更方便欣赏受害者的痛苦，他把自己的花园贡献出来，以供展示受害者的悲伤和美德。他用十字架钉死了一些人，让一些人穿上野兽皮，任由烈犬把那些人撕成碎片。还有一些人被他活活烧死，他却满脸欢笑和嘲弄，驾着马车在花园中穿行，尽情欣赏那些不幸之人的痛苦。

最终，尼禄残暴的生涯唤起了罗马许多公民的厌恶。为了摆脱恶棍的专制统治，那些公民密谋起来反对尼禄。他们进行了各种商议，讨论如何实现人们期望的目标。密谋者的队伍很快就变得非常庞大，吸引了首都罗马许多最有影响力的人士参加，有元老、骑士、将军，甚至还有妇女。盖乌斯·皮索[①]是这一阴谋的领导者。他是一个有着古老血统的杰出罗马人，拥有大量财产，彬彬有礼，颇有成就。就在这个大阴谋刚刚成熟、准备实施之际，热情的埃比卡里斯（Epicharis）发现了这个计划。埃比卡里斯是个得到释放的女奴。她非常渴望阴谋能够实现。她把这个计划告诉了另一个人。然而，很不幸，这个人却是个彻头彻尾的叛徒。他立即把这件事告诉了尼禄。不过，埃比卡里斯很谨慎，并没提及同伴的名字。因此，尼禄和告密者一样，对密谋领导者和密谋意图都一无所知。埃比卡里斯立即遭到了酷刑折磨。然而，无论多么痛苦，无论是通

[①] 即盖乌斯·卡尔普尔尼乌斯·皮索（Gaius Calpurnius Piso，？—公元65年）。——译者注

尼禄用十字架钉死了一些人,让一些人穿上野兽皮,任由烈犬把那些人撕成碎片,还活活烧死了一些人。
亨利克·希米拉德斯基(Henryk Siemiradzki, 1843—1902)绘

恺撒与庞培：帝制与共和的最后对决

过言语，还是目光，她都未背叛这一事件中的任何一个同伴。她遭受的酷刑在一天结束时才停止。第二天，为了逼供，她又被人带了出去。由于筋疲力尽，加上剧烈疼痛，她完全无法行走，于是被人放到担架上抬着走，这样就可以让其更快到达遭受折磨之地。在前往那里的路上，她悄悄取下了束腰绳，将其一端系在担架顶头，另一端打了一个活结，套到了自己脖子上，然后自己从担架上滚了下来，就这样断气了。旁人见状，吓得目瞪口呆。

镇压这场可怕的叛乱给尼禄带来了难以言表的极度喜悦。现在，他认为自己战胜了一切敌人。带着这种感觉，他继续着自己罪恶、愚蠢和疯狂的统治生涯。最后，所有阶层都开始厌恶他。当时还在西班牙的伽尔巴 (Galba)，虽然遭到罗马元老院谴责，却得到罗马军团支持，受到拥护夺取皇位。于是，他便积极准备进军罗马，反对尼禄。罗马军团最近也正好从伊利里亚归来，便公开邀请自己的将军维尔吉尼乌斯·鲁弗斯 (Virginius Rufus) 接受同样的荣誉。有了这些事实摆在眼前，尼禄终于意识到自己的危险。为了防止这种危险，出于凶残本性，他提出了一个可怕计划：谋杀罗马元老们，再次火烧城市，把自己所有的野兽都放出去攻击罗马人民，然后自己趁着一片混乱，逃往埃及。他向一个太监提出了这一凶残计划。然而，那个太监泄露了秘密。得知此事，罗马元老院十分震惊。这一计划激起了各地的公愤。尼禄的奴才从前助这位暴君欢愉，助其犯罪，现在都弃这个暴君而去。尼禄穿上最破旧的服饰，乔装逃到了一个偏僻小屋。在那里，经过一番可耻懦弱的挣扎后，他最终刺向了自己的喉咙，死去了。这一年是68年，尼禄三十一岁，在位十三年。尼禄的死宣告了尤利乌斯·恺撒一脉皇位的终结。

10

伽尔巴、奥托、维特里乌斯及韦斯巴芗

伽尔巴登上了皇帝宝座。当时，他已七十二岁高龄。他在军中担任过几次重要的高级职务，还曾两度出任执政官。不过，他德行很高，不适合自己的新职位——皇帝，并且还太过正直，不适合那个腐败的时代。在即位后的第一个行动中，他公正地惩罚了尼姆菲迪乌斯·萨宾努斯（Nymphidius Sabinus）、丰泰伊乌斯·卡皮托（Fonteius Capito）和克洛狄乌斯·马克尔（Clodius Macer）。这些人和尼禄一样充满罪恶，想要扰乱皇位继任者伽尔巴的安宁，甚至威胁其人身安全。伽尔巴这位新皇帝还公开处死了尼禄血腥统治时期的其他几个残暴傀儡。这一措施让罗马人民非常满意。

伽尔巴当时能登上皇帝的宝座要归功于自己军团的支持。现在，他却急于大力压制士兵们的放肆。然而，在改革中，他很快就在帝国统治中遭遇了阻力。罗马元老院和城市居民都蔑视他，嘲笑其节俭。他努力恢复公共秩序和纪律。然而，在某些情况下，他的措施更显严厉而非公正。他麾下的士兵感到不满，因为自己没从伽尔巴这位新皇帝那里得到任何捐助。此外，西班牙军队还给这些士兵树立了榜样。那些军队让自己的将军掌握君权。于是，日耳曼各行省军团纷纷效仿。奥托现在是潘诺尼亚行省新任总督。他曾依附伽尔巴，假装是其朋友。然而，他却没有受伽尔巴提名成为继任者。于是，他挑起了致命斗争。结果，在仅仅

恺撒与庞培：帝制与共和的最后对决

———

六个月的短暂统治后，伽尔巴就在罗马广场遭到一群禁卫军刺杀而死。随即，这些禁卫军就高呼拥立奥托为皇帝。

奥托

奥托用最卑鄙的手段夺取了皇位。像伽尔巴一样，他也惩罚了臭名昭著的尼禄的那些同伙，却温和甚至友好地对待了伽尔巴的几个追随者。他试图活得有价值，或对他人有利，以此来为自己以前的恶行赎罪。然而，事与愿违。维特里乌斯，这个当时的日耳曼军团统帅，却给了军队大量捐助，还给了士兵们更大的许诺，因而成功收买了军队。于是，那些放肆的士兵便宣称，像西班牙士兵，或罗马禁卫军一样，自己也有权选举皇帝。受这种想法驱使，他们立即高呼拥立维特里乌斯为罗马第九位[①]皇帝。

得知这个消息后，奥托打算和对手维特里乌斯达成某种协议，却发现这个措施行不通，于是带领一支大军离开了罗马，前去阻击维特里乌斯进军。行进到布雷谢洛（Brixellum）后，在波河那里，奥托留了下来，军队则在将军苏埃托尼乌斯[②]和凯尔苏斯[③]的率领下继续前进。敌对双方很快就正面相遇。双方至少展开了三次重要战斗。每次交战中，奥托的军队都占据优势。然而在第四次交战中，奥托的军队被彻底击溃，惨遭追击屠杀。在位三个月后，奥托亲手结束了自己的生命。

[①]　根据考据，维特里乌斯是罗马第八位皇帝。——译者注
[②]　即盖乌斯·苏埃托尼乌斯·帕乌利努斯（Gaius Suetonius Paulinus，主要活跃于公元1世纪）。——译者注
[③]　即奥卢斯·马略·凯尔苏斯（Aulus Marius Celsus，主要活跃于公元1世纪）。——译者注

第 10 章 伽尔巴、奥托、维特里乌斯及韦斯巴芗

维特里乌斯

维特里乌斯的大部分青年时光都在卡普里岛度过,曾和那个卑鄙的提比略一起享受着邪恶的欢乐。他的驾车术吸引了卡利古拉。克劳狄和尼禄相继选其作为自己的伙伴,一起犯罪作恶、一起挥霍放纵。通过这些特长,维特里乌斯得以和这些恶棍混在一起。当时,他正在高卢,得知了奥托的命运,便立即出发前往首都罗马。他的首都进军之旅极其奢侈挥霍。到达奥托军队战败之地时,他发现战场上遍布着已故皇帝奥托那些党羽的尸体。这一场面让其他所有人都感到难过悲伤,只有他例外。他看到后却表现出了最兴奋的喜悦,宣称,已死之敌的恶臭也是一种让人愉悦的香味。到达罗马后,他麾下的士兵肆意放纵,毫无节制。但士兵们的每一恶行都不及自己皇帝维特里乌斯的行为那么残忍。维特里乌斯最大的嗜好是暴食。感官享受并非其唯一恶习。他还以毁灭从前的伙伴为乐,卑鄙地背叛了那些伙伴。曾经借钱给他、现在要求偿还的债权人绝对是在找死。其中一个受害者的两个儿子,出于人性,冒昧请求赦免自己的父亲。结果,两人就与可怜的父亲一起被立即处死。这些暴行最终激起了韦斯巴芗的野心。韦斯巴芗是一位能干的将军,见多识广,此时正在镇压犹太人的叛乱。

日耳曼军团和东方的叙利亚军团都为有维特里乌斯这样一个卑劣的皇帝感到羞愧。面对这场危机,叙利亚总督姆基安努斯[①]恳求韦斯巴芗夺取皇权。埃及总督甚至未经韦斯巴芗首肯,就公开宣布韦斯巴芗为皇帝。韦斯巴芗不愿公开自己的个人抱负,可政治家不得不评估自己的机

---

① 即盖乌斯・李锡尼・姆基安努斯(Gaius Licinius Mucianus,主要活跃于1世纪)。——译者注

卡比多山帝王厅中的奥托皇帝像

卡比多山帝王厅中的维特里乌斯皇帝像

恺撒与庞培：帝制与共和的最后对决

会和资源。经过充分权衡，他放下了一切伪装，立志夺取罗马帝国的统治权。当时，他还在埃及。为了更好地向首都罗马的朋友派兵，他便派将军安东尼·普里穆斯[①]率领日耳曼军团去克雷莫纳，对抗维特里乌斯控制的禁卫军。在克雷莫纳，日耳曼军团彻底击溃了维特里乌斯控制的禁卫军，大肆屠杀了敌军，将城市夷为平地。安东尼·普里穆斯随后便进军罗马，很快就引发了敌对双方之间一场恐怖的大屠杀。卡比托利欧山朱庇特神殿在战火中烧为灰烬。最终，韦斯巴芗的朋友一方获胜了。遭到所有人抛弃后，维特里乌斯显露了自己的胆小怯懦和优柔寡断，逃到一个破旧的藏身之地躲了起来，后来被发现，被人拖了出来。69年12月20日，在将近八个月的统治后，维特里乌斯遭到残忍杀害。他的尸体被人拖过罗马的大街，扔进了台伯河。

韦斯巴芗

70年，韦斯巴芗受宣为皇帝。其麾下将军姆基安努斯在罗马担任其代表，其本人则留在亚历山大过冬。如前所述，韦斯巴芗曾参与镇压犹地亚的叛乱。现在，他把犹太战争(The Jewish War)交给了儿子蒂图斯(Titus)，自己则统治罗马帝国。

前些年，也就是我们此时所写的这段时期前，犹地亚一直遭受着罗马总督们最残酷的压迫。这自然引起了犹太人的极度不满。同时，整个犹地亚充斥着抢劫、谋杀和各种混乱，陷入一片恐惧。犹太人看到了各

[①] 即马库斯·安东尼·普里穆斯（Marcus Antonius Primus，约公元20年至公元35年间—公元81年后）。——译者注

第 10 章 伽尔巴、奥托、维特里乌斯及韦斯巴芗

种神秘现象。这让他们极其困惑,"害怕改变"。其中有个超自然警告:公元65年5月21日,午夜时分,神殿里没有其他人,只有祭司,这些祭司听到一个声音大喊:"让我们就此离开!让我们就此离开!让我们就此离开!"长期以来,上帝一直守护着犹太人,现在却向犹太教的祭司明确宣告,自己已经永远抛弃了他们,抛弃了他们的神殿。犹地亚的处境骇人听闻。罗马总督们残酷镇压了这场叛乱,在不同地方屠杀了十二万六千多人。最后,犹太人放弃了混乱抵抗,组成了一支正规军,正式脱离罗马的统治。

多次战斗后,犹太人遭到恐怖大屠杀,最终彻底溃败,被迫退守耶路撒冷,决心保卫自己心爱的耶路撒冷圣殿。他们妄想着耶路撒冷圣殿不会遭到洗劫掠夺,因为上帝会为耶路撒冷圣殿创造某种伟大奇迹。两个对立派系的首领,西蒙[①]和吉斯卡拉的约翰(John of Gischala),担任犹太人的最高统帅。这两人一直互相敌视,一个控制耶路撒冷圣殿,一个占据城市。两人不分轻重的彼此怨恨极大促成了他们共同之敌的成功。70年4月,蒂图斯开始率军攻打耶路撒冷和耶路撒冷圣殿,围攻了好几个月,制造了前所未有的灾难。最终,残酷的战争摧毁了耶路撒冷。城墙内,疾病、饥荒和派系屠杀肆虐。两个月里,至少有十一万五千八百八十具尸体被运出城外埋葬。据说,仅因饥荒而死的人就多得惊人。更糟糕的是,耶路撒冷虽然从不缺少贵金属,但这些毫无用处,因为所有的粮食都已耗尽。许多人都去掏公共下水道,试图寻找吃的东西来缓解饥饿,能找到的都是些十足恶心的东西。公元70年7月17日,已是围攻的第三个月。在耶路撒冷这座虔诚的城市,无数人已

---

① 即西蒙·巴尔·吉奥拉(Simon bar Giora,?—公元71年)。——译者注

恺撒与庞培：帝制与共和的最后对决

经丧命于漫长的围攻。恐怖笼罩全城，既找不到祭司，也没有利未人(Levite)到耶路撒冷圣殿里履行"神圣职务"。《但以理书》(Book of Daniel，第九章，第二十七节)的预言完全实现了，"受害者和祭祀都将失败"。

最终，罗马人的坚持不懈攻破了耶路撒冷的坚固城墙。耶路撒冷圣殿曾以宏伟和美丽著称，如今却被一个莽撞士兵放火烧毁了。那场面真是骇人听闻。到处是鲜血，流满大街。屋里死人成堆，将死之人成片。然而，愤怒的野蛮士兵仍在屠杀所有冲过来的人。耶路撒冷之围(Siege of Jerusalem)是世界编年史记载的最惨痛事件。仅这场战役就导致了一百三十三万七千四百九十名犹太人死亡。蒂图斯把城市和耶路撒冷圣殿都夷为了平地。为了纪念更大胜利，他还公开出售整个犹地亚。就这样，那个永远难忘的预言沉重地应验了：耶路撒冷将会被夷为平地，子民将会一同陪葬，倒在剑锋之下，被异教徒践踏。

这就是耶路撒冷的陷落。在很大程度上，胜利——异教世界的战利品，也随之消失了。对犹地亚这座注定灭亡的大都市——耶路撒冷而言，"诏令已经发布"。那是永恒真理之唇所发，必定要实现。犹太民族已被摧毁，四散而逃。与犹太人一样，犹太教的象征——犹太人高贵的圣殿也要分散于各地了。

韦斯巴芗还镇压了另一场叛乱。那是克劳狄·基维利斯(Claudius Civilis)掀起的巴达维人叛乱(Revolt of the Batavi)。后来，克劳狄·基维利斯战败求和。此外，韦斯巴芗还重新任命P.凯里亚历斯[1]统治大不列颠岛，并派著名历史学家塔西陀的岳父——阿格里科拉(Agricola)为其副手。阿格里

---

[1] 即昆图斯·佩蒂利乌斯·凯里亚历斯（Quintus Petilius Cerealis，约公元30年—公元83年之后）。——译者注

耶路撒冷圣殿曾以宏伟和美丽著称,如今却被一个莽撞士兵放火烧毁了。弗朗西斯科·哈耶兹(Francesco Hayez,1791—1882)绘

恺撒与庞培：帝制与共和的最后对决

科拉征服大不列颠岛时，控制范围远达喀里多尼亚（Caledonia）的北部。人们普遍认为，正是在阿格里科拉执政大不列颠岛时，人们才发现这是一座岛屿。

公元79年，统治罗马帝国十年后，韦斯巴芗在七十岁时去世。从蹄铁匠的卑微职业开始，他经历了士兵能任的所有职位，最终成为罗马皇帝。他很严厉，除了一些特殊情况，他很公正。他使用公共财富时十分谨慎和节俭。他自己虽然是文盲，却慷慨赞助文学。以他的品性，总体而言，可以说是一个合格的首席行政官。在他的主持下，毁于前任维特里乌斯统治时期的卡比托利欧山朱庇特神殿，从废墟中重新屹立，恢复了壮丽辉煌。罗马巨大的弗拉维圆形剧场（Flavian Amphitheatre），又称大角斗场（Colosseum），便是在韦斯巴芗统治时期开始修建的，经后来几位皇帝修建完成，并不断进行装饰。这一庞大建筑占地六英亩，长五百六十四英尺[①]，宽四百五十七英尺，高一百五十七英尺。剧场里面八十个巨拱支撑着六十多排大理石座位，上面还铺有豪华坐垫，场内长廊环绕。整个剧场可容八万名观众。这些观众可以从座位上俯瞰底部椭圆区域。据说，借助完美的错觉，这块区域可以变成能狩猎野兽的森林，又或者运用绝妙技巧，引入无数水库的大量蓄水，这块平地就会立即变成大湖，供装甲帆船打一场模拟海战。通常，这个竞技场会变成一片沙地，用于角斗士表演。成百上千古代勇士在此死于野兽利牙之下，供粗野、残忍、无情的罗马人民消遣娱乐。[②]

[①] 英制长度单位，1英尺约合0.3米。——译者注
[②] 然而，根据一次19世纪中叶的调查，这个区域，或者说竞技场，也就是观众座位席下的区域，似乎只有二百八十九英尺长，一百七十英尺宽，不可能变成森林，捕猎成千上万野兽，或是演示海战。——原注

第 10 章 伽尔巴、奥托、维特里乌斯及韦斯巴芗

在其他方面，韦斯巴芗的统治也卓越非凡。在其统治时期，存在了两千多年的犹太民族失去了自己的国家。罗马在意大利的最高权威可以说是在韦斯巴芗的统治时期终结的。罗马元老院接纳了杰出的外行省人后，社会逐渐准备好迎接罗马帝国的到来。与此同时，拉韦纳和拜占庭（Byzantium）两座城市也在争夺罗马帝国帝都的地位。不过，除宪法滥用和公德心几乎完全丧失外，罗马在任何情况下都没有出现长期侵蚀其生命力的腐朽症状。不像在伊庇鲁斯国王皮洛士时代一样，罗马元老院不再被称为"一群国王的集会"。不过，韦斯巴芗之后，以及此后很久，罗马仍然是一座宫殿和神殿之城，依旧宏伟奢华、富丽堂皇。

我们现在已经回顾了一个历史上最伟大国家之一——罗马的编年史，回忆了八百年漫长历程中，这个国家在岁月沙滩上留下的历史足迹。这一回顾中，我们看到，即使在旧共和国最辉煌的时期，恶行和挥霍也盛行到了惊人地步，而自由只不过是内讧的借口。在我们考察的时期中，也许没有一个渴望文明的国家，像古罗马那样，遭受如此不健全的法律体系困扰。那里没有完整的法律，宪法中各条款彼此冲突，没有任何条款能统领其他条款。贵族力量和护民官权力一直相互对立。罗马人游手好闲，肆意放纵，或以掠夺附庸国家为生，或靠首领为掌权而给的无耻贿赂而活。罗马宪法本身并不包含任何革新原则，而正是这些革新能使过去的经验或现在的错误对公众有益。如果考察各行省，情况也几乎一样。这些属地交由地方总督和司法官管理。这些人大多毫无限制地掠夺。为了保护自己的邪恶行为不受惩罚，他们便贿赂审判自己行为的裁判官，干涉调查。于是，就有了维勒斯和克洛狄乌斯的罪恶斑斑；马略和苏拉的对决；尤利乌斯·恺撒和庞培的血拼；西塞罗的遇刺身亡；腓立比的惨烈战场；马克·安东尼的暴行；到后来的屋大维，把所有权

恺撒与庞培：帝制与共和的最后对决

力掌握在自己手中，开创了首席政务官的坏先例，拥有了完全绝对和无须负责的权力，为后来那些声名狼藉的恶棍开辟了道路、创造了机会；也就有了提比略、卡利古拉、尼禄和维特里乌斯。这一切清楚地表明，19世纪中叶的文明国家，无论是西方的伟大共和国，还是欧洲任何一个古老的君主制王朝，都有理由感谢上帝，感谢自己注定没有处在古罗马时代。因为这些国家之中，即使是最有缺陷的国家，也有更多实践自由、更多社会幸福、更多公民自由和实质自由。罗马远远不知道这些。